安倍内閣史

安倍晋三回顧録 史録編

浅海伸夫

中央公論新社

まえがき

本書『安倍内閣史』は、平成時代から令和の初頭にかけ、憲政史上、最も長く続いた安倍内閣の軌跡をたどったものである。首相を務めた安倍晋三氏（１９５４〜２０２２年）は、２００６年９月に第１次内閣を発足させ、まる１年で総辞職した後、12年12月に首相に返り咲き、第２次〜第４次にわたり内閣を組織、20年９月に退陣した。その通算在職日数は３１８８日に及んだ。

本書は、安倍内閣の政局運営をはじめ、経済や外交・安全保障政策、国会対策、皇室問題などへの対応から醜聞の実態まで、政権内部で何が起きていたのかを、出来事の連鎖を意識しつつ、ほぼ時系列でまとめている。第１次政権が誕生するまでと、首相辞任から、第２次政権で再スタートするまでの５年間の簡単な政治の動きを、第１次・２次政権の叙述の冒頭にそれぞれ置いた。さらに首相退陣後、安倍氏が凶弾に斃《たお》れた事件とその余波にも触れた。

平成期の日本政治を振り返ると、竹下登から森喜朗までの10内閣は、いずれも在職１０００日に達しなかった。さらにその後、小泉純一郎内閣を例外として、第１次安倍、福田康夫、麻生太郎、鳩山由紀夫、菅直人《かんなおと》、野田佳彦の、すべての内閣が１年前後の短命で終わった。

この間、１９９３年に自民党の単独政権は終わり、細川護熙《もりひろ》内閣から連立政権の時代に入った。

自民党は、社会党の村山富市委員長を首相とする自民、社会、さきがけの連立内閣で政権に復帰し、その後、公明党との連立で政権を維持したが、２００９年の衆院選で民主党に惨敗、政権を逐《お》われた。しかし民主党政権は、未熟な政権運営と、東日本大震災・原発事故の対応で国民の信を失って退場。代わって再登板したのが自民、公明連立の第2次安倍内閣だった。そこで安倍氏が直面したのは、中国の経済的・軍事的な台頭であり、北朝鮮の核・ミサイル開発であり、当時「失われた20年」と言われた経済の長期停滞だった。

安倍政権の終幕から4年半、その事績を省みることは、安倍政治とは何だったのか、その超長期政権を可能としたものは何か——などを改めて問うことにほかならない。その強烈な光と深い影に満ちた安倍政権を検証することは、今後の日本政治のあり方を考えるうえで、避けて通れない道だろう。

本書は、安倍氏が残した『安倍晋三 回顧録』の姉妹編として企画された。安倍氏はこの貴重な回顧録を残したことで、退陣後の政治指導者の一つの責務を果たした。それは、政治家の「鼓動」まで聞き取ることを生業《なりわい》としてきた政治記者の筆者にも、安倍政治の思想と行動を知るうえで、きわめて興味深く、刺激的な内容を含んでいたが、他の参考文献と同様、中身を吟味して適宜活用した。

なお、本文では、原則として敬称は略させていただいた。

目次

第2次政権

第2次安倍内閣　2012年12月26日〜2014年11月21日（衆議院解散）　121

第3次安倍内閣 2014年12月24日~2017年9月28日(衆議院解散) 259

第4次安倍内閣

２０１７年11月1日～２０２０年9月16日（内閣総辞職）

資　料　667

装幀　岩郷重力＋Ｋ.Ｎ.

安倍内閣史

安倍晋三回顧録　史録編

第1次政権

2006－2007

序　安倍政権成立前史

米ソ冷戦と55年体制の終焉

１９８９年1月、昭和天皇が崩御し、平成の時代がスタートした。４月に消費税３％が導入され、リクルート事件によって竹下登首相が退陣、７月の参院選で自民党は、与野党逆転の惨敗を喫した。勝者の土井たか子社会党委員長は「山が動いた」と歓喜し、宇野宗佑首相は辞任、８月に海部俊樹内閣が発足した。世界も激動期にあり、６月に北京で天安門事件が発生、11月にはベルリンの壁が崩壊して東西冷戦終焉のベルが鳴った。一方、12月、東証平均株価が史上最高値（当時）を記録し、日本社会は狂乱のバブル経済に酔いしれていた。

90年8月にイラク軍がクウェートに侵攻し、91年の年明けには湾岸戦争が勃発、年末にはソビエト連邦が崩壊した。海部内閣は、湾岸戦争で総額１３０億ドルもの資金協力をしながら国際的に評価されず、政治改革関連法案も自民党内の圧力でつぶされ、衆院解散権も行使できなかった。

92年、宮澤喜一内閣の下で、東京佐川急便から金丸信副総裁への違法献金が発覚し、これを契機に、最大派閥の竹下派は分裂。金丸は93年、巨額脱税容疑で逮捕され、金丸、竹下、小沢一郎の「金竹小《こんちくしょう》」による「竹下派支配」は終わりを告げた。

92年、宮澤内閣は、国会での野党による「牛歩戦術」に耐えて、国連平和維持活動(PKO)協力法を成立させ、カンボジアに自衛隊を派遣した。93年、自民党内で政治改革推進を唱える「改革派」の造反で、内閣不信任案が可決されると、宮澤首相は衆院を解散。改革派は離党し、小沢一郎、羽田孜《はたつとむ》らは新生党、武村正義らは新党さきがけをそれぞれ結成した。衆院選で自民党は過半数割れに陥り、38年間にわたる政権の座から転落、自社両党主軸の「55年体制」は幕を閉じた。安倍晋三は、この時の衆院選で初当選し、野党議員として政界入りした。

自民党、政権に早期復帰

93年8月、衆参両院は、日本新党代表の細川護熙を首相に指名し、非自民8党派の連立政権が誕生した。同時に土井社会党元委員長が憲政史上、初の女性衆院議長に就任した。細川と自民党の河野洋平総裁は、94年1月、小選挙区比例代表並立制や政党交付金の導入で合意し、政治改革関連4法が成立した。その後、社会党が連立を離脱し、新生党党首の羽田孜が少数与党内閣を組織したが、わずか64日で破綻した。

同年6月、自民党は、社会党の村山富市委員長を首相に担ぎ、自民、社会、さきがけ3党連立内閣を発足させ、政権に復帰した。村山は、基本政策の転換に踏み切り、日米安保体制の堅持、自衛隊合憲、日の丸・君が代を容認した。これに対し、同年12月、新生、日本新、民社、公明新党などは、衆参両院議員214人からなる野党「新進党」を結成した。

戦後50年の95年1月、阪神・淡路大震災が発生、「災害の時代」の到来を告げ、3月にはオウム真理教による地下鉄サリン事件が起きた。首相官邸の危機管理のあり方が厳しく問われ、「安心・安全」が政治のキーワードになった。そして7月参院選の投票率は、44・52％と史上最低を記録し、政治不信が改めて顕在化した。村山は8月15日、首相談話を発表し、戦前日本の「植民地支配と侵略」について、「痛切な反省」と「心からのおわび」を表明、歴史認識問題で持論を貫いた。安倍は談話を厳しく批判し、後年、首相として「戦後70年談話」をまとめることになる。

96年、村山を引き継いだ自民党総裁の橋本龍太郎首相は、前年の沖縄米兵による少女暴行事件に対する県民の憤怒を受け、米政府との間で沖縄の米軍普天間基地（宜野湾市）の返還で合意し、同年4月、電撃発表した。だが、普天間基地の辺野古（名護市）への移転問題は難航し続け、本来の目的である基地負担の軽減は置き去りになった。一方、橋本内閣は97年、日米防衛協力のための新ガイドラインを決めるとともに、98年、周辺事態法など関連3法案を閣議決定し、同法は翌年成立した。

橋本は、1府22省庁から1府12省庁への省庁再編を断行し、内閣府を新設して経済財政諮問会議を置いた。これは小泉、安倍政権で開花する「官邸主導政治」の礎になる。しかし、北海道拓殖銀行の経営破綻、山一證券の自主廃業など経済危機に直面した橋本は、恒久減税の実施をめぐる発言の混乱で不信を買い、98年参院選の自民党大敗を受けて、引責辞任した。

他方、野党では、96年に鳩山由紀夫と菅直人が民主党を旗揚げし、新進党は97年12月、結党後、わずか3年で6党に分裂。小沢一郎は自由党を結成し、民主党は新進党から分かれた保守・中道系グループと提携し、98年4月、新・民主党を結成した。

自民、公明の連立政権

橋本の後継を決める党総裁選には、小渕恵三、梶山静六、小泉純一郎が立候補。これを田中眞紀子衆院議員は、「凡人と軍人と変人の争い」と揶揄《やゆ》したが、凡人の小渕が勝って98年7月、内閣を組織した。金融危機に対処するため、小渕は、宮澤元首相を「三顧の礼」で蔵相に迎え、参院過半数割れの「金融国会」では、野党案を丸呑みして金融再生法を成立させた。小渕は、国債の大量発行で自らを「世界一の借金王」と自嘲し、「真空宰相」とも呼ばれたが、任期中、国旗・国歌法、改正住民基本台帳法、通信傍受法（盗聴法）などを成立させた。

98年11月、小渕は自由党の小沢と会談し、自民、自由の連立政権樹立で合意。自自連立内閣は99年1月に発足し、10月には、公明党を加えた3党連立政権となった。公明党の政権参加により、連立はきしみを生じ、２０００年４月１日、小沢は小渕に対して、自民党と自由党との合併を詰め寄り、これを拒絶した小渕は、２日未明、脳梗塞で倒れて病院に搬送され、5月に死去する。これにより固まった自公連立政権は、後の小泉、安倍の長期政権の基盤をなしていく。

小渕の緊急入院を受け、青木幹雄官房長官、森喜朗自民党幹事長、野中広務幹事長代理、亀井静香政調会長、村上正邦参院議員会長の5人が謀議し、後継に森を推すことを決めた。この「5人組」の首相選びは、派閥談合の古い体質を満天下にさらした。森は「日本は天皇を中心とする神の国」などと復古的な発言をする一方、6月の衆院選さなか、「無党派は寝ていてくれればいい」と口を滑らせ、衆院選で議席を減らした。これに対して、加藤紘一元幹事長が森を公然と批判、野党提出の内閣不信任案への同調を示唆し、ネット世論は沸騰した。しかし「加藤の乱」は、野中幹事長の切り崩しにあって不発に終わり、名門派閥「宏池会」は分裂した。

01年2月、ハワイ沖で宇和島水産高校の実習船「えひめ丸」が米原子力潜水艦と衝突、沈没した事故で、森は後手を踏み、同月の内閣支持率は一桁台にまで低下、3月に訪露しウラジーミル・プーチン大統領と会談した後、4月になってようやく退陣した。

テロの恐怖、自衛隊海外派遣

小泉純一郎は、01年4月の党総裁選で、「自民党をぶっ壊す」と宣言、橋本らを破って勝利し、支援を受けた田中眞紀子を外相に抜擢《ばってき》した。「痛みを恐れず」などのワンフレーズ・ポリティックス、テレビのワイドショーをにぎわす劇場型政治を繰り広げ、内閣発足直後の内閣支持率は87％（読売新聞緊急全国世論調査）に高騰し、自民党の救世主となった。

小泉は、「反永田町」「反官僚」「反派閥」の反伝統的な政治手法をとった。「反派閥」は、「竹下派支配」への反撃であり、道路公団民営化や郵政3事業の見直しも、旧竹下派の利権の牙城への斬り込みを意図していた。小泉は、党三役に橋本派を起用せず、組閣でも派閥均衡人事を排し、各派の閣僚推薦名簿を拒否した。小泉は、竹中平蔵経済財政相を使って、経済財政諮問会議で「骨太の方針」を固め、独自のやり方で予算編成を進めた。

同年9月11日、イスラム過激派のアル・カーイダが旅客機を乗っ取り、ニューヨークの世界貿易センタービルに乗員乗客もろとも突入し、日本人を含む約3000人が死亡した。テロの恐怖は世界を震撼《しんかん》させ、米軍はアル・カーイダが潜伏するアフガニスタンへの報復攻撃に踏み切った。小泉は訪米して、ジョージ・W・ブッシュ大統領に全面支援を約束。日本政府は10月、後方支援のためのテロ対策特別措置法をスピード成立させ、直ちに自衛艦をインド洋に派遣、多国籍軍が展開するアラビア海で米英艦船などへの燃料補給を実施した。日本が戦時に自衛隊を海外に派遣したのは初めてのことだった。

米英両軍は03年3月、大量破壊兵器を隠匿しているとしてイラク攻撃を開始し、小泉はいち早くこれを支持した。米側は、9・11テロ時の「ショー・ザ・フラッグ」（旗色を鮮明にせよ）から「ブーツ・オン・ザ・グラウンド」（地上部隊派遣）へと要求をかさ上げし、日本政府は、イラク国民への人道・復興支援と、米英両軍に対する物資輸送支援のための、イラク復興支援特別措置法案を作成した。国会審議で自衛隊を派遣する非戦闘地域の定義を聞かれて、小泉は「自衛隊が活動しているところが非戦闘地域だ」と粗暴な答弁で切り抜け、与党の自民、公明、保守の与党

3党の賛成で強引に法案を可決、7月に成立させた。

一方、その直前に、武力攻撃事態対処法など有事関連3法が、与党3党と民主、自由両党などの圧倒的賛成多数で成立した。04年1月、小泉は、イラク特措法に基づき、陸上自衛隊の本隊をイラク南部のサマワに派遣した。米国はサダム・フセイン政権を打倒したが、結局、大量破壊兵器は発見できなかった。

小泉訪朝、拉致被害者帰国

小泉は02年9月、日本の首相として初めて北朝鮮・平壌《ピョンヤン》を訪問し、金正日《キムジョンイル》総書記と会談した。金正日は拉致の事実を認め、横田めぐみさんら8人の死亡、5人の生存を確認した。10月、拉致被害者5人が24年ぶりに帰国した。北朝鮮と極秘交渉を進めてきた田中均外務省アジア大洋州局長が5人をいったん北朝鮮に返すよう求めたのに対し、安倍晋三官房副長官らは「絶対に返さない」と反対し、小泉は安倍らの意見を受け入れた。

北朝鮮は03年1月、核拡散防止条約（NPT）脱退を表明し、北朝鮮の核・ミサイル開発問題が、日本の安全保障に深刻な影響を与えた。04年5月、小泉は平壌を再訪し、金正日との間で、拉致被害者の帰国と、安否不明の拉致被害者の「再調査」で合意。その後、引き渡された横田めぐみさんの「遺骨」は、DNA鑑定の結果、「別人」と判明した。

他方、小泉は、総裁選の公約に基づいて、01年8月に靖国神社へ参拝して以降、毎年、参拝を繰り返した。この間、04年6月、東シナ海の日中中間線近くで、中国による天然ガス田開発が発覚し、11月には中国海軍の原子力潜水艦が宮古島周辺の日本領海を侵犯するなどして、日中関係は悪化の一途をたどった。

03年9月、民主党と自由党が合併する一方、小泉は自民党総裁選で圧勝し、党幹事長に衆院当選3回、閣僚未経験の安倍を充てると、10月には衆院を解散した。衆院選は、初の「政権公約」（マニフェスト）選挙になり、民主党は177議席と戦後、野党として最大の議席を得た。04年の通常国会で、小泉内閣は、年金保険料の漸増と給付の削減を柱とする年金改革関連法を大混乱のうちに成立させたが、閣僚をはじめ与野党議員に国民年金の未納・未加入期間があることが明らかになって、福田康夫内閣官房長官が5月に突然、辞任。野党側にも飛び火し、菅民主党代表らの「辞任ドミノ」に発展した。7月参院選では、岡田克也代表が率いる民主党が改選第1党となり、2大政党制の可能性が生まれた。安倍は幹事長から幹事長代理に降格された。

小泉劇場と郵政民営化

小泉内閣は05年4月、日本郵政公社を民営化するための郵政民営化関連6法案を国会に提出した。自民党内から反対論が噴き上げ、7月の衆院本会議では大量の造反者が出たが、法案は5票差で辛うじて可決された。8月の参院本会議で案の定、法案が否決されると、小泉は衆院解散の「奇手」に打って出た。衆院選では、法案に反対した議員を「非公認」とし、その議員の選挙区には党公認の対抗馬を立てる「刺客」を擁立して、「抵抗勢力」との戦いを演出、選挙戦は再び「小泉劇場」と化した。自民党は大勝し、公明党と合わせた与党議席は定数の3分の2を超えた。

政府が再提出した郵政民営化関連法は10月には成立。自民党党紀委員会は10人を除名、27人に離党勧告をするなど、苛烈な処分を言い渡した。小泉自民党は、83人の初当選組、すなわち「小泉チルドレン」が群がる政党に変貌した。

結党50年を迎えた自民党は11月、10年ぶりに新綱領を定め、その筆頭に憲法の制定、次いで教育基本法の改正を挙げた。条文形式でまとめた憲法草案では、第9条は、戦争放棄をうたった第1項はそのまま残し、戦力不保持を宣言した第2項を削り、「自衛軍を保持する」と明記した。集団的自衛権の行使は明文化せず、下位法の安全保障基本法で定めるとした。また、憲法改正の発議要件は、衆参両院の3分の2以上の賛成から過半数に引き下げた。党幹事長代理だった安倍は、党新憲法起草委員会の主要メンバーとしてこれらの制定作業に関わった。

小泉首相の私的諮問機関「皇室典範に関する有識者会議」は同月、「皇位の安定的な継承を維持するためには、女性天皇・女系天皇への途を開くことが不可欠」として、皇位継承順位は、男女を問わず、天皇の第1子から出生順の「長子優先」にするとの報告書をまとめた。ところが、皇室典範改正を準備していた06年2月、秋篠宮妃紀子さまのご懐妊が明らかになり、9月には男児を出産され、改正論議は停滞、政府は改正案の提出を見送った。

小泉は同月、通算在職1980日で退陣、小泉以前の竹下、宇野、海部、宮澤、細川、羽田、

村山、橋本、小渕、森という短期政権と比べると、突出して長期の政権を担った。しかし、その後継の第1次安倍政権以降も、首相の短期交代が再び繰り返されることになる。

第1次安倍内閣

2006年9月26日～2007年9月25日（内閣総辞職）

第1章　自民党総裁選

ポスト小泉・麻垣康三

小泉純一郎首相の後継を占う上で注目されたのが、２００５年10月31日の第３次小泉改造内閣の人事だった。「ポスト小泉」の候補としては、麻生太郎、谷垣禎一《さだかず》、福田康夫、安倍晋三の４人が挙げられ、メディアはこれを「麻垣康三」と名付けた。かつての「三角大福中」や「安竹宮」と比べると、いかにも軽量に映るのはやむを得なかった。

昭和の「三角大福中」は、全員が世襲の代議士でなく、一代で政界に進出し、派閥領袖となり、首相という権力の頂点に立った。これに対して平成の「麻垣康三」は、全員が世襲の衆院議員だった。吉田茂、鳩山一郎、岸信介をよく知り、小泉の政治の師でもあった松野頼三《らいぞう》元自民党政調会長は04年、４人の中で国民的人気が高く、当時幹事長だった安倍について、「国運を背負うにはまだ早い。幹事長をあと６年くらい、やらなくちゃ」と評していた。

小泉は、この改造内閣で安倍幹事長代理を内閣官房長官として初入閣させた。麻生総務相は外相に横滑りし、谷垣財務相は留任した。安倍は小泉政権下で、官房副長官―自民党幹事長―幹事長代理―官房長官と一貫して政府・党の要職に起用された。安倍は『安倍晋三 回顧録』（以下、『回顧録』と記す）の中で、こうした人事の背景を語っているが、いずれも小泉でなければ考えないサプライズ人事といえた。[1] 小泉は記者会見で、「安倍官房長官」について、「難しいポストだが、将来、政治家としての大きな財産になる」と説明した。福田康夫元官房長官は、何のポストにも就かず、後継候補から外された感を与えた。

竹中平蔵経済財政相は総務相に異動し、小泉改革の総仕上げを任務とした。二階俊博が経済産業相に就いた。郵政民営化特別委員長として法案成立に努め、党総務局長として衆院選を圧勝に導いた論功行賞だった。与謝野馨《よさのかおる》政調会長は、竹中の後任の経済財政相として入閣した。党三役人事では、武部勤幹事長（山崎派）、久間章生《きゅうまふみお》総務会長（旧橋本派）は留任させ、政調会長に中川秀直国会対策委員長（森派）を起用した。

谷垣は留任後の記者会見で、07年の通常国会に消費税率引き上げ法案を提出する考えを表明した。これに対して、竹中は「歳出削減に切り込もうとしている時に、増税議論だけを先にする方々は抵抗勢力だ」と批判。武部幹事長も「増税はやむを得ないという世論づくりは許されない」と指摘した。これに対して、与謝野経済財政相は「消費税の議論をすると歳出削減の努力が緩む、と言う人は、日本の財政の深刻さを認識していない」と谷垣を擁護した。

小泉政権内部は、これ以降、「小さな政府」「上げ潮成長路線」を掲げる竹中、中川と、財政再建を重視する谷垣、与謝野との対立構図が鮮明になる。小泉は当然、竹中、中川サイドにあり、谷垣と与謝野を批判した。消費増税発言に対する閣僚や自民党内からの強い反発に、谷垣は、「(四面楚歌に陥って劉邦に敗れた)項羽のような心境だ」と語ったが、その後も、「増税提起は私の役目」などと発言し、任期中に消費税率は引き上げないと繰り返してきた小泉の「消費増税凍結」に異を唱えた。与謝野も、06年7月に閣議決定された小泉政権最後の「骨太の方針」に、歳出削減とともに「07年度をメドに消費税を含む税体系の抜本改革をする」との内容を盛り込んだ。

『美しい国へ』

安倍官房長官は、小泉の任期満了に伴う総裁選に向け、着実に準備を進めていた。06年3月には、政府に「再チャレンジ推進会議」を発足させ、自ら議長になった。小泉の「小さくて効率的な政府」路線で生じた経済格差の是正策や、リストラにあった人々の再チャレンジ支援策などを検討するとした。野党では前年9月の民主党代表選で、前原誠司がわずか2票差で菅直人を破り、43歳の若さで党代表に就任。前原は06年1月の衆院代表質問で、国民の負担増、社会の格差拡大、雇用やセーフティネットの破壊、不十分な子ども政策を挙げて、市場原理主義の小泉改革には多くの「影」があると批判していた。

フリーターの削減目標などを掲げた同推進会議の中間報告を具体化するため、6月2日、自民党の中堅・若手議員による「再チャレンジ支援議員連盟」(会長・山本有二衆院議員)が発足した。

安倍が菅義偉《すがよしひで》に議連の結成を要請し、菅と梶山弘志、菅原一秀《いっしゅう》らが発起人となり、設立総会には超党派の94人の議員が出席した。議連は、政策研究グループを装いながら、総裁選で事実上、「安倍派」の実動部隊となっていく。

7月、安倍は自著『美しい国へ』（文春新書）を発刊し、国家・国民のためとあれば、批判を恐れずに行動する「闘う政治家でありたい」と宣言した。[2]

この中で安倍は、反安保闘争でデモ隊に囲まれた祖父（岸信介元首相）の家の記憶を掘り起こし、岸は、隷属的な安保条約を対等なものにした「真摯《しんし》な政治家」であり、「誇らしく思う」と記した。さらに、憲法は、連合国軍総司令部（GHQ）の若手スタッフが短期間で書きあげたもので、制定過程に問題がある。憲法9条によって、日本は独立国としての要件を欠くことになり、「戦力なき軍隊」や、「権利はあっても行使できない集団的自衛権」という矛盾を生んだ。今や国際環境は厳しさを増し、日本の安全保障と憲法との乖離《かいり》を解釈でしのぐのはもはや限界だ――と、自らの改憲論の基本的考え方を強調していた。

福田康夫の総裁選撤退

「麻垣康三」の総裁レースは、安倍優位で進んでいた。読売新聞が全国の自民党員を対象に実施した電話調査（6月23～25日）によると、「次の首相に最もふさわしいと思う人」は、安倍が56・5％でトップ、福田が23・9％で続いた。麻生は2・3％、谷垣は1・8％にとどまった。一般有権者を対象に実施した全国世論調査（同月17～18日）でも、安倍支持が44％、福田が19％で、安倍のリードは変わらなかった。ただ、党重鎮の間では、「福田支持」が少なくなく、対中関係の改善には福田が適任との見方も多かった。

ところが、福田は7月21日、記者団に「僕は最初から出るとは言っていない。年も年（70歳）だ。この年になって（首相を）やれるか」と述べ、総裁選への立候補見送りを表明した。小泉の靖国連続参拝をめぐり、これを支持する安倍と、新たな追悼施設づくりを進める福田とは、相容れぬものがあった。北朝鮮の拉致問題への対応をめぐっても、2人には溝があった。福田は、自ら立候補することで、靖国問題が争点化し、国論二分の印象を内外に与えることは好ましくないと考え、身を引いたものとみられた。さらに同一派閥から2人が出馬すれば、森派の分裂につながりかねないとの事情も大きかった。

「安福対決」の回避により、総裁選の大勢は固まった。そんななか、安倍が春季例大祭前の4月15日、ひそかに靖国神社に参拝していたことがわかった。安倍は8月4日の記者会見で、事実関係を問い質《ただ》されると、「参拝したか、しないかについて申し上げるつもりはない」と、あいまいな答えでかわした。

安倍、総裁選出馬表明

安倍は9月1日、広島市での記者会見で、総裁選出馬を正式に表明し、政権構想である「美しい国、日本。」を発表した。[3]「戦後レジームからの船出」として新憲法制定を挙げたほか、政策目標として教育改革や官邸主導体制の確立、日米同盟の強化などを掲げた。「美しい国」づくりは、歴代政権のキャッチフレーズ――例えば、池田勇人の「寛容と忍耐」、田中角栄の「決断と実行」、村山富市の「人にやさしい政治」、小泉純一郎の「聖域なき構造改革」などと比べると、極めて異色だった。

安倍は会見の中で、「若過ぎる、もう少し待った方がいいとのアドバイスもあったが、国民の多くの期待を真摯に真正面から受け止め、立候補を決意した」と語った。安倍は以前、「出されたものは、すぐ食べないといけない」と周辺に漏らしたことがあった。病気のためチャンスを逃した父・晋太郎のことが頭をかすめたのかもしれない。会見で安倍は、「派閥の意向を人事に反映することはしない。当選すれば派閥（森派）を離脱する」と、小泉張りの発言もした。

政策に関して安倍は、①集団的自衛権は、日米同盟の機能を向上させるため、個別具体的な例を検討し、それが典型的な集団的自衛権の行使にあたるかどうか検討すべきだ②消費税を上げざるを得ないのはその通りだが、何％か、今の段階で言うのは適切でない――などと述べた。靖国神社については、「日本のために戦った人に冥福を祈り、尊崇の念を有する思いは持ち続けたい。行くか行かないかは外国から指図されるものであってはならない」と持説を強調した。

小泉は同月9日、外遊先のヘルシンキでの同行記者団との懇談で、「私の一票は安倍さんに入れる」と明言して援護射撃をした。その理由を、小泉は「官房副長官、幹事長、幹事長代理、官房長官（への起用に）、本人の努力で応えてきた。小泉改革を推進し、最も重要な職責を続けてきた中で、評価は下がるどころか高まってきた」と語った。

安倍の圧勝

いよいよ自民党総裁選の投票日がやってきた。9月20日、党員票の開票と党所属国会議員の投開票の結果は、安倍晋三464票、麻生太郎136票、谷垣禎一102票。安倍が、第1回投票で過半数を大きく上回る票を獲得して、第21代総裁に選出された。安倍は52歳で衆院当選5回、09年9月30日までの総裁任期が約束された。初の戦後生まれの総裁で、戦後では田中角栄の54歳を抜いて最年少だった。

選挙は、議員票403票と党員票300票で行われた。議員票1票が無効となり、有効投票総数は702票。その結果、安倍は、国会議員からは267票、党員からは197票を得た。安倍は、所属する最大派閥の森派（86人）の支援だけでなく、丹羽・古賀、伊吹、高村《こうむら》派からも支持を得た。とくに05年の郵政選挙で初当選した「小泉チルドレン」（83人）は、安倍支援の会を結成するなど活発な動きをみせ、その多くは安倍支持にまわった。それに比べて、谷垣派は15人、麻生の所属する河野派は11人で、弱体に過ぎた。党員票でも、安倍は42都道府県で最多得票となり、都道府県ごとに3～12票割り当てられた「持ち票」の66％を獲得した。

各派閥が領袖を担いで覇を競う時代はすでに去り、リーダー選びの最大の基準は、政治的実績よりも国民的人気になっていた。翌年夏の参院選を控え、自民党は、台頭する民主党勢力に対抗できる、若くて人気のある「顔」を欲していた。安倍は、選挙制度改革でも郵政民営化でも、いわゆる「改革派」ではなかったが、テレビ出演で拉致問題解決を訴え、北朝鮮に対する強硬姿勢で国民の人気を集めていた。また、「宏池会」分裂など党内のリベラル勢力の後退も、「右派の星」的存在の安倍を総裁に押し上げる一因になった。

安倍は、両院議員総会であいさつし、「理想の炎、改革のたいまつをしっかり受け継いでいくことを宣言する」と決意を述べた。9月25日に決定した党の新三役には、幹事長に中川秀直（森派）、総務会長に丹羽雄哉（丹羽・古賀派）、政調会長に中川昭一（伊吹派）が就き、幹事長代理には石原伸晃《のぶてる》（無派閥）を充てた。安倍は幹事長に麻生を据えようと考えていたが、「適任は中川秀直」と推す森喜朗の意向を受け入れた。

一方、安倍は同日、公明党の神崎武法代表と次期代表に内定していた太田昭宏幹事長代行と会談し、連立政権維持に関する合意を交わした。これにより、自公連立は、当初の自由党を加えて発足した自自公連立（1999年）から数えて8年目に入った。合意は、経済財政一体改革の推進による小さくて効率的な政府の実現、社会保険庁の抜本的見直しなど社会保障制度改革、教育基本法の改正など教育改革の推進――を含む9項目からなっていた。憲法改正は盛り込まれなかった。必要な条項を新たに加える「加憲」の公明党との隔たりが大きいためだった。

公明党は10月1日の党大会で、太田代表、北側一雄幹事長、漆原良夫国会対策委員長などからなる新執行部を発足させた。

注

1　安倍は、『回顧録』の中で、「私は、小泉純一郎元首相には、いくつもポストに就けてもらいましたが、育てられたとは思っていません。私を官房副長官にしてくれたのは、森喜朗元首相です。森さんの後継の小泉さんは、引き続き私を副長官にしましたが、それは、小泉さんや私が所属していた派閥・清和政策研究会の中から、不満が出ないようにするためだったと思います。清和研の中には、かねて福田赳夫派と安倍晋太郎派がある。その対立を抑えるために、福田康夫官房長官、安倍晋三官房副長官の体制を取っただけだと思いますよ。その後、小泉さんが私を幹事長にしたのは、自民党支持者の中で私の人気があったから、それを選挙目当てで利用しようと考えたわけでしょう。だって、当選3回で幹事長に抜擢って、私よりベテラン議員の方が圧倒的に多いのに、やり過ぎですよ。育成という面で考えたら、不適切でしょう」などと語っている。しかし、この小泉流の大胆な人事なくして安倍首相の誕生はありえなかっただろう。

2　安倍の著書『美しい国へ』は、政治家本ではあまり例を見ないロマンティックなタイトルで話題を集めた。ただ、その筆致には批判も少なくなかった。例えば、政治学者の牧原出《いづる》は、２００７年4月11日付の『読売新聞』朝刊への寄稿で、「この本で着目すべきは『どこか』という言葉である。『左翼』や『地球市民』を唱える人々に対して、『どこかうさんくさい』『どこか無機質』『どこか不自然』と繰り返されるからである。政敵を猛然と攻撃するのでも、決然と切り捨てるのでもない。言語化不能な猜疑心が、奥底でよどんでいる。そして読み進めると、突然著者は、『闘う』・『批判を覚悟で臨む』と唱える。感覚が論理化されず、立ちすくんでいるかと思えば、敵が何たるものかを論理的に説明し得ない内に唐突に『闘う政治家』を宣言するのが『美しい国へ』の特徴である」と書いていた。

3　安倍の政権構想「美しい国、日本。」の要旨は次の通り。

【政権の基本的方向性】

◇文化・伝統・自然・歴史を大切にする国▽新時代に相応しい憲法の制定▽開かれた保守主義▽家族の価値や地域の再生　◇自由と規律の国▽教育の抜本的改革▽民間の自律と、過度の公的援助依存体質からの脱却　◇イノベーションで新たな成長と繁栄▽国際社会での規範形成力と存在感　◇世界に信頼され、尊敬され、愛される、リーダーシップのあるオープンな国▽日本の強さを生かした積極的貢献

【具体的政策】

一、政治のリーダーシップ確立　①首相官邸主導体制を確立▽内閣・与党一体で官邸主導の政治を明確化▽「大臣、副大臣、政務官」のさらなるチーム化▽開かれた人材登用、内閣官房、大臣官房の抜本的強化　②行政機構の抜本改革・再編　③公務員改革の断行

二、自由と規律でオープンな経済社会　①官と民との新たなパートナーシップ確立▽小さく効率的な政府▽NPO等新たな「公」の担い手支援　②イノベーションの力とオープンな社会で新たな活力▽良いヒト・モノ・カネを世界から集積▽高速インターネット基盤の戦略的活用プラン▽農林水産業、建設業などを戦略産業に　③誰もがチャレンジ、再チャレンジできる社会▽勝ち組、負け組が固定しない社会▽女性や高齢者などの積極的な雇用促進▽テレワーク人口倍増　④地方の活力▽道州制ビジョン策定、民間主導の「強い地方」創出　⑤財政再建▽歳出・歳入一体改革は経済成長前提に歳出改革優先▽消費税のあり方、直接税のあるべき所得再分配効果など、中長期的視点の税制改革推進

三、健全で安心できる社会　①「日本型社会保障モデル」◇小児科、産婦人科等の医師不足対策の推進（中略）◇年金、医療、介護、社会福祉の一体的見直しで持続可能な制度（中略）　②「百年の計」の教育再生◇高い学力と規範意識を身につける機会の保障▽公教育の充実・強化（中略）◇学校、教員の評価制度導入（中略）

四、主張する外交で「強い日本、頼れる日本」　①「世界とアジアのための日米同盟」強化。日米双方

が「ともに汗をかく」体制確立。経済分野でも同盟関係強化　②アジアでの強固な連帯確立◇中国、韓国等近隣諸国との信頼関係強化　③拉致、核・ミサイル問題等、北朝鮮問題の解決　④自由な社会の輪◇米欧豪印など価値観を共有する国との戦略対話推進　⑤グローバル経済統合◇アジア太平洋地域の共同体形成　⑥エネルギー安全保障の確立　⑦責任ある役割◇人道復興支援、大量破壊兵器拡散防止等、平和構築への貢献と人材育成◇戦略的ＯＤＡ、環境・人権外交、留学生の受け入れの拡大などの理念外交　⑧官邸の外交・安全保障の司令塔機能を再編、強化◇情報収集機能の強化

五、党改革　①候補者公募・予備選の徹底　②全国の組織再編・強化　③新産業などへの戦略的対応　④シンクタンク活用

六、「戦後レジーム」からの船出　①21世紀の国家像に相応しい新憲法の制定　②国連常任理事国入りを目指す

なお、安倍は政権発足後、『「美しい国づくり」プロジェクト』をスタートさせ、内閣官房に推進室を設置。２００７年４月には、日本の魅力の再発見を目指す有識者会議「美しい国づくり企画会議」の初会合を開催し、座長に日本画家の平山郁夫を選出した。

第2章　安倍内閣スタート

第1次内閣の陣容

２００６年９月26日、第１６５回臨時国会が召集され、衆参両院の首相指名選挙で、安倍晋三[*1]が第90代、57人目の首相に選出された。衆院初当選からわずか13年、初の戦後生まれの首相だった。第１次安倍内閣が同日夜、発足した。安倍は、人事の動きが外に漏れないようガードを固くして人選を進めた。出来上がった内閣の顔ぶれは、次の通りだった。

首相	安倍晋三	52歳	自民（無派閥）	衆（当選5回）	
総務	菅　義偉	57	自民（丹羽・古賀派）	衆（4）	初入閣
法務	長勢《ながせ》甚遠《じんえん》	62	自民（森派）	衆（6）	初
外務	麻生太郎	66	自民（河野派）	衆（9）	再任
財務	尾身幸次	73	自民（森派）	衆（8）	

第１次安倍内閣

文部科学	伊吹文明《ぶんめい》	68	自民（伊吹派）	衆⑧	
厚生労働	柳澤伯夫《はくお》	71	自民（丹羽・古賀派）	衆⑧	
農林水産	松岡利勝	61	自民（伊吹派）	衆⑥	初
経済産業	甘利　明	57	自民（山崎派）	衆⑧	
国土交通	冬柴鉄三	70	公明	衆⑦	初
環境	若林正俊	72	自民（森派）	参②衆③	初
官房	塩崎恭久《やすひさ》	55	自民（丹羽・古賀派）	衆④参①	初
国家公安委員長・防災	溝手顕正《けんせい》	64	自民（丹羽・古賀派）	参③	初
防衛	久間章生《ふみお》	65	自民（津島派）	衆⑨	
沖縄・北方・少子化	高市早苗	45	自民（森派）	衆④	初
金融	山本有二	54	自民（高村派）	衆⑥	初
経済財政	大田弘子	52	民間		初
行政改革	佐田玄一郎	53	自民（津島派）	衆⑥	初

安倍は、民間から、政策研究大学院大学教授の大田弘子を経済財政相に起用した。大田は、小泉改革を主導した竹中平蔵の要請で内閣府に出向し、政策統括官（経済財政分析担当）などを務めていた。財務相には尾身幸次元科学技術相、文部科学相には伊吹文明元労相を充てた。麻生外

相は再任した。内閣官房長官には、1993年衆院選初当選組で親しかった塩崎恭久外務副大臣を抜擢した。前内閣からの再任は麻生1人で、初入閣が11人。女性閣僚は2人にとどまった。出身派閥の森派と、支持を受けた丹羽・古賀派から各4人を入閣させ、谷垣派からは起用しなかった。安倍の選挙対策本部長を務めた柳澤伯夫元金融相は厚生労働相、「再チャレンジ支援議員連盟」の山本有二会長は金融相として処遇した。

5人の首相補佐官

一方、首相官邸主導の政策決定を目指し、首相補佐官ら官邸スタッフの充実に力を入れた。補佐官を定員上限の5人に増員し、小池百合子(森派)、中山恭子(元内閣官房参与)、世耕弘成《ひろしげ》(森派)、山谷えり子(森派)、根本匠(丹羽・古賀派)を起用した。補佐官は、国会議員4人も含めて官邸に常駐し、5人の個室は、首相や官房長官の執務室の1階下の官邸4階に設けられた。各省庁から公募した課長級職員が彼らの職務をサポートした。

だが、この政府・党役員人事は、塩崎官房長官、中川昭一政調会長、根本首相補佐官をはじめ、随所に昔からの気心の知れた仲間や知り合いを集めたとの印象を与え、「お友だち内閣」とからかわれた。中川と安倍は、従軍慰安婦問題の記述など歴史教科書の見直しを求める若手議員の会でともに活動するなど、政治信条は近く、親しい間柄だった。また、安倍と塩崎、石原伸晃、根本匠は、かねて「NAIS(ナイス)の会」と称する政策研究会を結成していた。安倍は、この首相補佐官たちに政権の重要政策をそれぞれ割り振った。

しかし、「首相補佐官と大臣の関係を整理して、ここまでは大臣、ここからは補佐官としっかり仕分けしないと二重行政になり、混乱が起こる」(片山虎之助自民党参院幹事長)ことは、初めから懸念されていた。案の定、これは的中し、例えば、経済担当の根本は、大田経済財政相と役割が重複した。国家安全保障会議(日本版NSC)設立の準備を指示された小池は、独自に訪米して内閣官房との間に軋轢《あつれき》が生じた。山谷は、政府の教育再生会議の第1次報告を与党教育再生検討会に示したところ、党文教族から強い不満の声が出た。

このほか、広報担当の世耕は、小泉前首相が毎日2回、記者団を相手に行っていた質疑応答(ぶら下がりインタビュー取材)を「1日1回」に減らすと通告し、2回の維持を求める内閣記者会と対立した。記者の質問に当意即妙に答え、露出を多くした小泉に比べ、生真面目な安倍は、小泉のようにはいかず、カメラをにらみつけるような視線もマイナスだった。結局、新たな試みの補佐官制度は、政治主導ならぬ我勝ちな「政治家主導」となって機能不全に陥り、首相官邸の指揮系統に混乱の種をまいた。

一方、事務の官房副長官の的場順三は、旧大蔵省出身で元国土事務次官、元内閣内政審議室長であり、自治、厚生など旧内務省系の次官経験者を官房副長官に充ててきた長年の慣行を破る人事。また、旧国鉄職員から総理府職員に転じたノンキャリアで、安倍の官房副長官当時から秘書官を務めていた井上義行を政務の首相秘書官に起用したのも、異色の人事だった。

初の所信表明演説

安倍は、9月29日午後の衆参両院本会議で、初の所信表明演説[1]を行った。首相補佐官も加えた「チーム安倍」で文案を練り上げた。この演説で安倍は、自らが目指す国のあり方について、「活力とチャンスと優しさに満ちあふれ、自律の精神を大事にする、世界に開かれた『美しい国、日本』だ」と強調した。「戦後レジームからの脱却」「開かれた保守主義」といったフレーズは使わなかった。中でも注目すべきは、集団的自衛権の行使について、個別具体的な事例研究に着手する方針を明らかにしたことだった。

安倍は内閣官房長官当時、郵政民営化関連法を成立させた小泉首相に対し、「残り任期の最後の1年で（集団的自衛権の）行使容認をやりましょう」と進言していた。これに対し、小泉は「君の時にやれよ」と取り合わず、安倍は、官房長官室で外交評論家の岡崎久彦、外務省国際法局長だった小松一郎と勉強会を開き、「限定的ならば許容される」という議論をしていた（『回顧録』）。安倍は、首相就任を機に、集団的自衛権容認へいよいよ踏み出したのである。

また、安倍は、憲法改正の手続きを定める国民投票法案、教育基本法改正案の早期成立に強い意欲を表明。さらに内閣に「教育再生会議」[2]を設置する方針も示した。外交・安全保障分野では、官邸の司令塔機能を強化するとともに、日中、日韓関係について、「未来志向で、率直に話し合えるようお互いに努めていく」と強調した。この発言が、安倍が間もなく敢行する中国、韓国への電撃訪問の布石だと気付いた人はまずいなかった。

憲法改正に関しては、「与野党で議論が深められ、方向性が出てくることを願う」と、控えめな表現にとどめた。これは公明党との連立政権合意に憲法改正が盛り込まれなかったことが響いていた。財政再建に関しては、「成長なくして財政再建なし」とし、２００７年度の新規国債発行額は、06年度の29兆９７３０億円を下回る規模に抑えると表明。消費税引き上げについては『逃げず、逃げ込まず』という姿勢で対応する」と述べた。

安倍は、所信表明演説で内外の課題を網羅して語っていた。内閣の発足時こそ政権に一番力があるというのが安倍の持論だった。安倍は『回顧録』で、「一点集中突破」ではなく、あらゆる課題を「全面突破」しようとしたと振り返った。ただ、「あまりにも急ぎすぎたかもしれない」とも述べている。

人物

＊1　**安倍晋三**　１９５４年９月21日生まれ。明治期から多くの首相が輩出した長州（山口県）出身。母方の祖父が岸信介で、その実弟・佐藤栄作が大叔父。岸は戦前、「革新官僚」として満州国で権勢をふるい、東条英機内閣で閣僚を務めたA級戦犯容疑者。釈放後、55年の保守合同で自民党が結成されると、幹事長に就任。57年２月、公職追放解除からわずか５年で、首相の座を手にした。独特の政治カンと「右四つでも左四つでもとれる」という幅の広さ、戦前に培った人脈と資金力が決め手になった。岸首相は「日米新時代」を掲げて外遊に精を出し、「空飛ぶ政治家」と称された。60年に新日米安全保障条

約に調印したが、全学連（全日本学生自治会総連合）などの反対闘争の前に退陣に追い込まれた。その後は、憲法改正をライフワークとし、「昭和の妖怪」などと呼ばれて政界に隠然たる力をふるった。安倍晋三の歴史認識や憲法観には、岸の影響が強く見られる。

安倍の父・晋太郎は毎日新聞記者で、岸の長女・洋子と結婚して政界に入った。晋太郎の父の寛《かん》も、村長、県議から代議士。42年の翼賛選挙で、岸が山口2区から推薦候補としてトップ当選したのに対し、安倍寛は非推薦で山口1区から出馬、官憲の圧力の中で4位に滑り込んでいる。晋太郎は、中曽根康弘内閣の外相に就くと、成蹊大学を卒業後、神戸製鋼所でサラリーマン生活をしていた晋三に秘書官を命じ、晋三は、晋太郎の外遊にたびたび随行した。晋太郎は、福田派を衣替えして安倍派を旗揚げし、竹下登、宮澤喜一と並ぶ「ニューリーダー」と称されたが、91年、膵臓がんで死去し、首相の座を逸した。晋三は、93年衆院選に初出馬。父の地盤、看板、カバンを引き継いでの「弔い選挙」でトップ当選し、党青年局長、国会対策副委員長などを務めた後、2000年7月の第2次森内閣で内閣官房副長官に就き、小泉内閣で再任。03年9月に自民党幹事長に抜擢されたあと、05年10月、第3次小泉改造内閣の内閣官房長官へと異例のスピード出世をした。

注

1　安倍首相の所信表明演説の要旨は次の通り。

▽世界に開かれた「美しい国、日本」をめざす。「美しい国づくり内閣」を組織する▽官邸スタッフは各省からの順送り人事を排し、首相自ら人選する枠組みを構築して官邸機能を抜本的に強化し、政治のリーダーシップを確立する▽成長に貢献するイノベーション（技術革新）の創造に向け、戦略指針「イノベーション25」をとりまとめ実行する。総合的な「再チャレンジ支援策」を推進する▽「成長なくして財政再建なし」の理念の下、経済成長を維持しつつ、国民負担の最小化を第一に、歳出削減を徹底し、ゼロベースの見直しを行う。２０１１年度に国と地方の基礎的な財政収支を確実に黒字化する。来年度予算編成で、新規国債発行額は今年度を下回るようにする。社会保障や少子化に伴う負担増に対しては、

将来世代への先送りはしないようにする。消費税は「逃げず、逃げ込まず」という姿勢で対応する▽社会保険庁は解体的出直しを行う▽出産前後や乳幼児期などの子育て家庭に対する総合的な支援を行う▽教育基本法案の早期成立を期す。公教育を再生する。内閣に「教育再生会議」を早急に発足させる▽外交・安保の国家戦略を迅速に決定できるよう官邸の司令塔機能を再編・強化する▽中、韓両国との信頼関係の強化は、アジア地域や国際社会全体にとって極めて大切で、未来志向で率直に話し合えるようお互い努めていく▽拉致問題の解決なくして北朝鮮との国交正常化はあり得ない。拉致問題対策本部を設置し、専任の事務局を置く▽日米同盟をより効果的に機能させるため、いかなる場合が憲法で禁じられている集団的自衛権の行使に該当するのか、個別具体的な例に即し、よく研究していく▽国の理想、かたちを物語る、新しい時代にふさわしい憲法のあり方について、与野党において議論を深め、方向性が出てくることを願う。憲法改正手続きに関する法律案の早期成立を期待する。

2　安倍首相は教育再生の具体策を検討するため、2006年10月に首相の諮問機関として「教育再生会議」を設置した。ノーベル化学賞受賞者の野依良治（座長）ら有識者が委員を務めた。07年1月にまとめた第1次報告では、「ゆとり教育」の見直しや授業時間の10％増加、いじめや暴力行為を繰り返す子どもへの出席停止措置、高校での奉仕活動必修化、大学9月入学の普及、教員免許更新制導入、教育委員会の抜本改革などが盛り込まれた。第1～3次報告のあと、08年1月に最終報告を福田首相に提出した。

第3章　始動する安倍外交

電撃的な中国、韓国歴訪

安倍首相の外交は就任早々、電撃的に始まった。それは小泉前首相の靖国神社参拝などで冷え切っていた、2つの隣国との関係を改善するための中国、韓国歴訪だった。小泉が残した「負の遺産」を解消し、政権交代を強くアピールするには、最良の策にみえた。

これには一つのモデルがあった。1983年、中曽根康弘が首相就任直後に行った突然の韓国訪問である。中曽根は、金大中《キムデジュン》事件以降、教科書問題もあって悪化していた日韓関係を一気に打開するため、元大本営参謀の瀬島龍三を「密使」に頼んで訪韓の下工作をした。その時の外相は、安倍の父である晋太郎で、晋三は外相秘書官だった。

今回、安倍訪中の地ならしは、外務事務次官の谷内《やち》正太郎が担った。安倍は半年ほど前から谷内に準備を指示していた。中国側は日本との経済関係の強化を望んでおり、米国も日中関係の改善を期待していた。

２００６年９月23日、谷内は、政策対話のため来日した中国筆頭外務次官・戴秉国《たいへいこく》に対して、安倍が靖国神社を参拝するかどうかについて、「たとえ参拝した写真を撮られても、自身が行ったことを認めない」と語った。安倍が参拝しないという確約はできないが、小泉のような挑発的な態度はとらないとのサインだった。戴は、中国共産党常務委員らの判断を仰ぐため、27日に帰国した。28日に極秘でUターンしてやってきた戴は、安倍の訪中を受け入れると伝えた。谷内が「まず、韓国を訪問し、その後、中国に行きたい」と打診すると、戴は「訪中を先にしてほしい」と強く求めた。

安倍は10月８日、日本の首相として５年ぶりに中国を訪れた。北京空港に到着すると、安倍は妻の昭恵と手をつないでタラップを下りた。中国メディアで夫人の評判は上々だった。従来にない日本の首相夫妻のパフォーマンスは、見る人に新鮮に映った。

「戦略的互恵関係」

安倍は、人民大会堂で中国の胡錦濤《こきんとう》国家主席、温家宝《おんかほう》首相と個別に会談した。安倍は一連の会談で、日中関係について「政治と経済の両輪を力強く作動させ、関係を高度な次元に高めたい。両国が２国間や地域、国際社会の戦略的利益を共有し、それに立脚した互恵関係を築こう」と、「戦略的互恵関係」[1]を提唱した。中国側もこれに同意した。日中関係をこれまでの「友好協力パートナーシップ」から「戦略的互恵関係」へ転換するものだった。これには、国交正常化以来の

「友好協力」という情緒的な言い方をするのではなく、もっとビジネスライクに相互利益を拡大していこうという意味合いが込められていた。この言葉は、当時の外務省中国課長の秋葉剛男《たけお》らが考案したという。安倍は首脳会談後の内外記者会見で、互恵協力の対象について、経済分野では「日中韓の投資協定の締結などたくさんある」とし、また、政治分野では北朝鮮の核・ミサイル問題を挙げた。

一方、首脳会談で、安倍が「アジア諸国に対し多大な損害と苦痛を与えたことへの深い反省の上に、戦後60年の歩みがある。戦後の平和国家としての歩みに正当な評価と理解を求める」と述べたのに対して、胡は「これからも平和発展の道を前進することを望み、そうなると信じて、評価している」と応じた。靖国問題について、胡は「日本の一部の指導者がA級戦犯の祀られた靖国神社への参拝を続け、中日関係が困難な局面に直面した。(首相の参拝は)中日双方が見たくないものだ」として参拝の自粛を求め、「政治的障害を除去してほしい」と語った。これに対して、安倍は「靖国神社への参拝は恒久平和を祈るためで、決して軍国主義を美化しようとするものではない。この問題が外交的、政治的問題となっていることから、『行ったか、行かなかったか。行くか、行かないか』は言及しないことにしている。政治的困難を克服し、両国の健全な発展を促進させる観点から、適切に対処したい」と答えた。

安倍の「行くか、行かないかは言わない」という曖昧発言は、安倍が希望する靖国参拝にフリーハンドをもつ一方、中国側も「安倍が参拝しないと受け取れるような表現」として、日中双方が妥協した。双方が主張し出せばきりがない、これで問題を凍結してしまおう——という狙いがあった。首脳会談の後の記者会見で、安倍は、「私の説明に対して、先方の理解は得られたものと思う」と語った。

北朝鮮が10月3日、「核実験」の実施を予告したことに関して、胡は「中国としても強く抗議し、懸念を表明する。北朝鮮が核実験を抑制するよう中国としても働きかけたい」と表明した。安倍は、北朝鮮による拉致問題について中国側に協力を要請した。双方は会談後、さまざまな合意点を盛り込んだ「日中共同プレス発表」[2]を公表した。

北京からソウルへ

安倍首相は10月9日朝、日韓首脳会談のため、北京からソウルに飛んだ。安倍はその機中で、北朝鮮の核実験の一報を得た。午前11時にソウルに到着すると、同11時46分、北朝鮮の国営朝鮮中央通信が、「地下核実験を安全かつ成功裏に行った」と報じた。国立韓国地質資源研究院（大《テ》田《ジョン》市）は、同日午前10時35分33秒、咸鏡北道《ハムギョンブクド》を震源とする地震波を観測し、日本の気象庁も同じ頃、通常の波形とは異なる地震波を探知した。

午後3時すぎからソウルで日韓首脳会談が始まった。安倍はまず、「北朝鮮の核実験は、断じて容認できない。地域の安保環境が激変し、我々はより危険な新しい核の時代に入った。日韓で一致して厳しいメッセージを出す必要がある。国連安全保障理事会は、北朝鮮に核を放棄させるべく、断固とした対応を直ちに取るべきだ」と強調した。これに対して、韓国の盧武鉉《ノムヒョン》大統領は、「核実験は南北非核化宣言にも反する。北朝鮮に核兵器を放棄させる必要がある。日韓ともに北朝鮮に対して強く対応する必要がある」と述べた。

ところが、盧は、北朝鮮問題を簡略にすますと、歴史問題に関する持論をとうとうと論じ始め、約2時間の首脳会談のうち、ほぼ半分を歴史問題に費やした。安倍は、歴史問題に関して、「我が国は、かつてアジア諸国に多大な損害、苦痛を与え、傷跡を残したことの反省の上に、戦後60年の歩みがある。日韓間の過去をめぐる韓国国民の心情を重く受け止めている」と表明した。

また、盧は、「靖国問題について具体的に新たな国立追悼施設を検討できないか」「慰安婦問題の河野官房長官談話が守られていないのではないか」などと迫った。これに対して安倍は、「自分が靖国へ参拝してきたのは、軍国主義の美化でもA級戦犯の賛美でもない。靖国問題は、双方が政治的困難を克服する観点から適切に対処したい。追悼施設には日本国内でいろいろな議論がある中で、慎重に検討している」と述べた。

北朝鮮の核実験に制裁

安倍首相は10月9日夜、ソウル市内の日本大使館でブッシュ米大統領に電話を入れた。二人は、北朝鮮の核実験は「核不拡散体制への深刻な脅威」であり、国連安保理では、北朝鮮に対して断固とした制裁決議を採択すべきだという点で意見が一致した。米国、中国、日本、ロシア、韓国、北朝鮮の6か国協議などで北朝鮮に自制を求めてきた核保有が現実化する事態を前に、ブッシュは、「日米同盟に基づく米国の抑止力は揺るぎない」と述べた。

国連安保理は9日午前（現地時間）、対北朝鮮制裁決議案の採択に向けて協議を開始した。安保理は14日、北朝鮮の核実験実施発表に対する制裁決議を全会一致で採択。これに先立ち、安保理常任理事国5か国と日本は大使級会合を開き、決議の最終案で合意した。安保理の北朝鮮制裁決議の採択は初めてのことだった。

決議は、強い拘束力をもつ国連憲章第7章に基づくもので、大量破壊兵器関連物資の移転阻止に向け、船舶などの貨物検査や金融制裁など幅広い制裁措置を盛り込んだ。ただ、中国の国連大使は、採択後の演説で、貨物検査はしないと明言した。安保理決議に先立ち、日本政府は11日、①全ての北朝鮮籍船舶の入港を禁止する　②北朝鮮からの全ての品目の輸入を禁止する　③北朝鮮国籍保有者の入国を原則禁止する――という、日本独自の追加制裁措置を決定した。北朝鮮はこれに先立つ7月、テポドン・ミサイルを7発連続発射し、当時、官房長官だった安倍は、北朝鮮の貨客船「万景峰号《マンギョンボン》」の入港を禁止する措置をとったが、今回は、首相として「全船舶」に対象を広げるなど制裁を強化した。

注

1　「戦略的互恵関係」について、安倍は論考の中で、以下のように説明している。「戦略的互恵関係とは何か。従来の日中関係は『友好第一』、すなわち『友好に反する』と言われれば、日本の国益を損なってでも、友好関係を維持していた面があります。友好はあくまで国益に適った手段であるべきところ、手段が目的化していた。これは本末転倒です。戦略的互恵関係においては、両国はあくまで国益を求め、海を通じて国境を接している以上、国益がぶつかることもあります。しかし、日本は中国に投資をし、利益を上げていると同時に、中国も日本の投資によって一千万人以上の雇用を生み出している。つまり、切っても切れない関係です。この関係を壊さないという共通の認識を持つ、その上において、政治問題を解決していく。これこそが、戦略的互恵関係であります」(『文藝春秋』２０１３年１月号)

2　２００６年10月8日北京で発表した「日中共同プレス発表」のポイントは次の通り。

一、双方は、日中共同声明、日中平和友好条約及び日中共同宣言の諸原則を引き続き順守し、歴史を直視し、未来に向かい、両国関係の発展に影響を与える問題を適切に処理し、政治と経済という二つの車輪を力強く作動させ、日中関係を更に高度な次元に高めていくことで意見の一致をみた。双方は、共通の戦略的利益に立脚した互恵関係の構築に努力し、また、日中両国の平和共存、世代友好、互恵協力、共同発展という崇高な目標を実現することで意見の一致をみた。

一、中国側は、中国の発展は平和的発展であり、中国が日本をはじめとする各国と共に発展し、共に繁栄していくことを強調した。日本側は、中国の平和的発展及び改革開放以来の発展が日本を含む国際社会に大きな好機をもたらしていることを積極的に評価した。日本側は、戦後60年余、一貫して平和国家として歩んできたこと、そして引き続き平和国家として歩み続けていくことを強調した。中国側は、これを積極的に評価した。

一、双方は、東シナ海を平和・協力・友好の海とするため、双方が対話と協議を堅持し、意見の相違を適切に解決すべきであることを確認した。また、双方は、東シナ海問題に関する協議のプロセスを加速し、共同開発という大きな方向を堅持し、双方が受け入れ可能な解決の方法を模索することを確認した。

一、日中有識者による歴史共同研究を年内に立ち上げる。

一、双方は、核実験の問題を含む最近の朝鮮半島情勢に深い憂慮を表明した。双方は、関係方面と共に、6者会合の共同声明に従って、6者会合プロセスを推進し、対話と協議を通じて、朝鮮半島の非核化の実現、北東アジア地域の平和と安定の維持のため、協力して共に力を尽くすことを確認した。

第4章　戦後レジームからの脱却

教育基本法の改正

安倍首相は、自らの政治理念を示した「戦後レジームからの脱却」を象徴する課題として、改正教育基本法の成立を目指した。これは、2005年11月の自民党新綱領が、憲法制定に次ぐ重要課題として打ち出したものだった。

教育基本法は、戦前・戦中の国家主義教育に結びついた「教育勅語」にかわるものとして、1947年3月に制定された。「戦後憲法の理念」を具体化した法律で、党則に「自主憲法制定」をうたって結党された自民党内では、かねて同法への不満が強かった。とくに、「保守」改憲派や文教族は、同法が米占領下で制定されたうえ、過度に「個人」「個性」「自主性」を重んじ、日本の伝統文化や国家意識を軽視していると批判。「戦後の日教組（日本教職員組合）教育で失われたものを取り戻す」などと主張してきた。これに対し、社会党など「革新」勢力は、「戦前教育への回帰だ」などと改正に反対してきた。

しかし、戦後の保革対立の構図が崩れる中、小渕首相が2000年3月に設置した私的諮問機関「教育改革国民会議」（座長・江崎玲於奈前筑波大学長）が、同法の見直しの必要性を提言、中央教育審議会（文科相の諮問機関）も「新しい時代にふさわしい基本法の在り方」などを答申してから、検討が本格化した。

改正案では、「愛国心」をめぐって与党内調整が難航した。公明党は、改正案に『国を愛する心』は受け入れられない」と抵抗し、「国は英語でカントリーやステート。前者は郷土を愛する意味でいいが、後者は統治機構を愛することになる。『愛する統治機構のために死ね』なら戦前の国家主義、国粋主義だ」などと異議を申し立てた。民主党案でも「日本を愛する心を涵養し、祖先を敬い、子孫に想いをいたし、伝統、文化、芸術を尊び」とあり、自民党内に賛同者がいたほどだったが、結局、自民党は「我が国と郷土を愛する」態度を養うという文言で公明党と折り合い、小泉内閣は06年4月、改正案を閣議決定し国会に提出した。

ところが、政権末期の小泉首相は、教育基本法改正案や憲法の国民投票法案などの成立に熱意を欠き、同年6月の財界人との会食でも、「与党が多数の議席をもって、（野党の）反対を封殺して通す法案ではない」と発言。結局、国会会期は延長されず、教育基本法改正案は継続審議となった。

タウンミーティングで「やらせ」

臨時国会で、改正案の衆院審議がヤマ場を迎えた06年11月、小泉前内閣が開催していた「教育改革に関するタウンミーティング」で、内閣府が参加者に対し、教育基本法改正案に賛成の立場からの意見・質問を依頼していたことが明るみに出た。

タウンミーティングは、小泉内閣が国民の声を聞く場として企画し、閣僚が各地に出向いて、教員改革や司法制度など政府の重要政策について説明、質問等に答えていた。01～06年度にわたり全都道府県で１７４回開催、延べ約６万８０００人が参加した。政府による意見・質問の依頼は１１５回に及び、教育改革に関するタウンミーティングでは、開催した８回のうち５回で、質問案を事前に提示する「やらせ質問」が行われていた。安倍首相は、官房長官在職中、タウンミーティングを所管しており、責任を取って給与３か月分を返納した。

野党は、「やらせ」について、世論誘導の疑いがあるとして問題視し、教育基本法改正案の早期採決に反対した。政府・与党は同月15日、衆院教育基本法特別委員会で、野党４党が欠席する中、改正案を可決した。19日投開票の沖縄県知事選[1]への影響を懸念する声があったが、安倍は強気で押し切った。16日の衆院本会議での採決も、野党欠席のまま、自民、公明両党などの賛成で可決、12月15日、参院本会議で改正法は成立した。同日、民主、共産、社民、国民新の野党４党が衆院に安倍内閣不信任決議案を、参院では伊吹文明文部科学相の問責決議案をそれぞれ提出したが、いずれも否決された。

改正教育基本法[2]は、１９４７年に制定された教育基本法を全面的に改めていた。前文と18条で構成され、前文には旧法が重視していた「個人の尊厳」に加え、「公共の精神を尊び」「伝統を継承」の文言を加えた。教育目標には「愛国心」の表現として、「伝統と文化を尊重し、それらをはぐくんできた我が国と郷土を愛するとともに、他国を尊重し、国際社会の平和と発展に寄与する態度を養うこと」と明記した。義務教育年限の延長も視野に「９年」を削除するとともに、家庭教育と幼児期の教育の条項も新設し、「父母その他の保護者は、子の教育について第一義的責任を有する」との条文が新たに入った。

郵政造反組の復党

06年11月、郵政民営化に反対して無所属になっていた衆院議員の復党問題が政局の焦点になった。復党をめぐっては、中川秀直幹事長がその条件として誓約書の提出を迫った。誓約書は、「安倍首相の所信表明を全面支持するとともに、郵政民営化を含む政権公約の実現に邁進《まいしん》する」とし、この誓約に違反した場合は議員辞職することを明記するよう要求していた。

これには造反組の平沼赳夫元経済産業相らが怒りをあらわにし、誓約書提出を拒んだ。党内でも、青木幹雄参院議員会長や片山虎之助参院幹事長は、翌07年に控えた参院選の勝利のため、早期復党を促していた。中川昭一政調会長が「平沼らは昔からの仲間ではないか」と「情」を強調したのに対して、中川秀直幹事長は、「情だけに支配されたら相当の批判を受ける」と譲らなかった。

結局、11月27日、平沼を除いて、堀内光雄（山梨2区）、保坂武（山梨3区）、野田聖子（岐阜1区）、古屋圭司（岐阜5区）、山口俊一（徳島2区）、武田良太（福岡11区）、今村雅弘（佐賀2区）、保利耕輔（佐賀3区）、江藤拓（宮崎2区）、古川禎久《よしひさ》（宮崎3区）、森山裕《ひろし》（鹿児島5区）の11人の復党が内定した。なお、平沼赳夫は15年10月になって復党する。

9月の首相指名選挙で、無所属の12人は、そろって安倍に投票していた。安倍は『回顧録』で、造反組の早期復党を容認したことについて、「刺客を送り込むというのは、私は、日本的な方法ではなかったと思います」と小泉流を批判。すでに「安倍内閣が発足して、これは決着が付いた問題だと思った」し、復党した議員はそれぞれ能力が高く、戻すべきだと考えたと説明。自分は「相手を完全に打ちのめす殲滅戦《せんめつせん》はしません。マイナスもありますが、これは性格というか、生き方ですから」と語っていた。

安倍は「小泉亜流」との見方を打ち消すためにも、小泉政治からの「離陸」をはかろうとしていた。総裁選出馬の記者会見でも、「私の政治手法は、破壊するよりも、なるべく多くの人に参加してもらい、国をつくるスタイルで臨みたい」と述べていた。しかし一方で、小泉内閣の継承を掲げながら、前政権の遺産である郵政民営化の造反議員を早々に復党させたことは、「その場その場で何でもありの政党だ」（小沢一郎民主党代表）との印象を与え、安倍の政権運営の躓《つまず》きの始まりとなった。

安倍内閣の支持率は、読売新聞の10月の全国世論調査（14〜15日）では70％を記録していたが、復党正式決定後の12月調査（9〜10日）では、55％に低下した。政権に対する世論の失望感がはっきりみてとれたのである。

防衛庁の省昇格

継続審議になっていた防衛庁の省昇格関連法が06年12月15日、自民、民主、公明3党などの圧倒的多数の賛成で成立した。同日夜、発足から半世紀を経て悲願の「省昇格」が認められた防衛庁の1階ロビーでは、国会から戻ってきた久間章生防衛長官や幹部らを、約600人の職員や自衛官が割れるような拍手で出迎えた。防衛庁が独立の省となることで、これまでは内閣府を通じて行っていた予算要求や重要案件の閣議への提案を、防衛相が主任大臣として行えるようになった。英語名も「Japan Defense Agency」から「Ministry of Defense」に変わった。

防衛庁の省昇格は、これまでその必要性が再三指摘されながら、長期間にわたって先送りされてきた。省庁再編では総理府から内閣府の外局になっただけだった。公明党内でも慎重論が強く、最後まで「防衛省」でなく別の名称とするよう求める声もあった。また、省昇格関連法では、自衛隊の国際平和協力活動が付随的な任務から「本来任務」に格上げされた。

安倍は同月19日、臨時国会閉幕を受けて記者会見し、改正教員基本法や防衛省昇格法成立などを挙げ、「戦後レジームから脱却する大きな一歩をしるした」と述べた。07年1月9日、防衛省が発足した。

安倍内閣は06年12月24日の臨時閣議で、初めてとなる07年度予算案を決めた。一般会計総額は、82兆9088億円。新規国債発行額は25兆4320億円で、このうち、歳入不足を補う赤字国債（特例公債）は20兆2010億円。これは06年度当初予算より4兆2880億円減り、6年ぶりの低水準になった。それでも07年度末の国債発行残高の見通しは、547兆円に達していた。一般歳出は46兆9784億円と3年ぶりに増加した。

「戦後レジームの見直し」表明

安倍は07年1月26日、首相就任後初の施政方針演説で、「憲法を頂点とした、行政システム、教育、経済、雇用、国と地方の関係、外交・安全保障などの基本的枠組みの多くが、21世紀の時代の大きな変化についていけなくなっている」との認識を示し、戦後60年にわたって積み上げられてきた「戦後レジーム（体制）を原点にさかのぼって大胆に見直し、新たな船出をすべき時が来ている」と表明した。

そのうえで「美しい国、日本」の実現に向けて、「次の50年、100年の時代の荒波に耐えうる新たな国家像を描いていくことこそが私の使命だ」と強調。また、「新しい国創りに向け、国の姿、形を語る憲法改正の議論を深めるべきだ」と述べ、憲法改正手続きを定める国民投票法案の今国会での成立に意欲を示した。

憲法改正について、憲法は「各議院の総議員の三分の二以上の賛成」で、国会が発議し、国民に提案してその承認を経なければならないと規定。承認には、特別の国民投票などで、「過半数の賛成を必要とする」（96条1項）と定めている。ところが、「特別の国民投票」は法定されておらず、この憲法上の不備を解消するため、06年6月、与党と民主党が国民投票法案をそれぞれ提出。衆院憲法調査特別委員会で実質審議に入ったが、継続審議となっていた。

同年12月、自民、公明、民主3党は修正内容で合意に達し、同特別委の中山太郎委員長や、民主党の枝野幸男憲法調査会長らは、超党派で法案を共同提案するつもりでいた。しかし、安倍が07年1月4日の年頭会見で、「私の内閣で憲法改正を目指すということを、当然、参院選でも訴えていきたい」と表明したことに対して、民主党は、改憲を参院選の争点にするものだと反発。小沢代表は、「この国会で国民投票法を成立させても、首相の手柄になるだけ」と、与野党協議にブレーキをかけ、同月24日には「与党が丸のみしない限り、修正合意には応じない」と、態度を硬化させた。このため、民主党は、国会の予算審議でも、参院選にらみの与野党対決モードに転じ、法案の共同提案を目指す機運は一気に失われた。

国民投票法が成立

3月27日、超党派の改憲運動を進めてきた「自主憲法期成議員同盟」（1955年発足）が、憲法施行60年を機会に改組し、「新憲法制定議員同盟」として発足した。自民党などの国会議員、元議員ら約190人が参加した。新同盟の会長に就任した中曽根元首相は、4月5日、首相官邸で安倍と会談し、「憲法改正を真正面から取り上げたのは安倍首相が初めてだ。それに呼応して我々も、国民運動を展開したい」と激励した。中曽根は当時、安倍の「戦後レジームからの脱却」は、自らが掲げた「戦後政治の総決算」[3]に似ていると語っていた。

同月13日の衆院本会議は、与党修正の国民投票法案を自民、公明両党などの賛成多数で可決した。国民投票の対象を憲法改正だけでなく、統治機構や生命倫理の問題などに広げる民主党の修正案は、同党だけが賛成し否決された。共産、社民両党は、与党と民主党の両修正案に反対した。同法案は5月14日の参院本会議で可決、成立した。

国民投票法（正式名称は「日本国憲法の改正手続に関する法律」）は、①国民投票の対象を憲法改正に限定する　②投票権者は原則18歳以上（当面は20歳以上）の日本国民　③法施行は公布から3年後（10年5月18日施行）　④投票用紙は「賛成」「反対」に○印を記入。×印なども有効　⑤賛成票が有効投票総数の過半数を占めた場合に改憲案を承認する――などと規定していた。[4]

民主党は国民投票法案の参院審議で、一定の投票率を満たすことを投票の成立条件とする「最低投票率制度」を盛り込むよう求めたが、与党は「投票ボイコット運動を誘発する」として応じなかった。5月11日の参院憲法調査会特別委では、採決に先立つ質疑で、民主党議員が「参院選の争点にすることで、憲法改正を国民から遠ざけた」と批判したのに対し、安倍は、議員提出法案では異例の答弁に立って、「私たちの草案はこうで、スケジュールに乗せるべきだ、と国民に訴えるのは、誠意ある姿勢だ」と強く反論した。同法成立によって、安倍は憲法論議に弾みをつけようとしたが、この時の与野党対立が尾を引き、新設の憲法審査会は、民主党のボイコットで委員の選任が行われず、4年以上始動できなかった。

日本版NSCの創設、集団的自衛権見直しへ

06年11月14日、塩崎官房長官は記者会見で、首相官邸主導で外交・安保政策を立案・決定する「日本版NSC」(国家安全保障会議)の創設に向け、有識者による「国家安全保障に関する官邸機能強化会議」を設置すると正式発表した。議長は安倍首相、塩崎官房長官と小池首相補佐官(国家安全保障問題担当)のほか、元内閣官房、外務、防衛官僚ら11人をメンバーに、同月22日の初会合から検討を開始した。07年2月、会議の報告書が出され、それを踏まえて政府は4月6日、NSCを設置するための安全保障会議設置法改正案など関連法案を閣議決定、国会に提出した。

法案では、形骸化していた安全保障会議を改組、メンバーは議長の首相と官房長官、外相、防衛相の計4人に限定し、他の閣僚は首相の判断で参加させる。海外経済協力など特定の問題を審議する「専門会議」も設置するなどとしていたが、このNSC創設法案は廃案となり、第2次安倍内閣で仕切り直しされる。

一方、安倍首相は4月25日、首相の私的諮問機関として「安全保障の法的基盤の再構築に関す

る懇談会」（安保法制懇）の設置を発表した。これにより、政府はこれまで「集団的自衛権は行使できない」としてきた憲法解釈の見直しを含む議論に初めて着手した。懇談会メンバーは13人で、座長に柳井俊二前駐米大使を互選した。メンバーには、従来の政府解釈で憲法上禁じられてきた集団的自衛権の行使容認に積極的な論客がそろっていた。

5月18日の初会合で、安倍は、①日米が公海上で共同訓練中などに、米艦船が攻撃された場合に自衛隊艦船が反撃する　②米国に向かう可能性がある弾道ミサイルを、日本のミサイル防衛（MD）システムで迎撃する　③国連平和維持活動（PKO）などで他国部隊が攻撃された際に自衛隊が駆けつけ反撃する　④武力行使と一体化せず、外国軍隊に補給、輸送などの後方支援を行う――の4類型について、現行憲法下で対処が可能かどうかを研究するよう要請した。

これに関して、連立与党の太田昭宏公明党代表は、18日の記者会見で「集団的自衛権の行使は認めないというのが、我が国の踏み固められた憲法解釈だ」と述べて、懇談会が独走しないよう牽制《けんせい》した。懇談会は8月末までに4類型に関する議論を一通り終え、11月に提言を提出する予定だったが、安倍がその前に退陣。08年6月、4類型の具体的な問題を取り上げ、憲法解釈の変更によって、集団的自衛権の行使と集団安全保障措置への参加を認めるよう求める報告書を福田首相に提出したが、事実上、お蔵入りした。

注

1　稲嶺恵一知事の任期満了に伴う沖縄県知事選は11月19日に投開票され、新人の前沖縄電力会長、仲井眞弘多《ひろかず》（無所属＝自民・公明推薦）が、前参院議員の糸数慶子（無所属＝民主・共産・社民・国民新党・新党日本推薦）らを破って初当選した。仲井眞は、那覇市で記者団に、普天間飛行場（宜野湾市）をキャンプ・シュワブ沿岸部（名護市）に移設する政府案について、「県民の頭越しに決めた現行の案は認められない」と述べる一方、「地元や県民の意見を聞いたうえで政府と協議したい」と語り、移設に向けて政府と接点を探る考えを示した。

2　改正教育基本法の「前文」と第2条の「教育の目標」、第10条の「家庭教育」の条文は次の通り。

【前文】我々日本国民は、たゆまぬ努力によって築いてきた民主的で文化的な国家を更に発展させるとともに、世界の平和と人類の福祉の向上に貢献することを願うものである。我々は、この理想を実現するため、個人の尊厳を重んじ、真理と正義を希求し、公共の精神を尊び、豊かな人間性と創造性を備えた人間の育成を期するとともに、伝統を継承し、新しい文化の創造を目指す教育を推進する。ここに、我々は、日本国憲法の精神にのっとり、我が国の未来を切り拓《ひら》く教育の基本を確立し、その振興を図るため、この法律を制定する。

【教育の目標】教育は、その目的を実現するため、学問の自由を尊重しつつ、次に掲げる目標を達成するよう行われるものとする。一　幅広い知識と教養を身に付け、真理を求める態度を養い、豊かな情操と道徳心を培うとともに、健やかな身体を養うこと。二　個人の価値を尊重して、その能力を伸ばし、創造性を培い、自主及び自律の精神を養うとともに、職業及び生活との関連を重視し、勤労を重んずる態度を養うこと。三　正義と責任、男女の平等、自他の敬愛と協力を重んずるとともに、公共の精神に基づき、主体的に社会の形成に参画し、その発展に寄与する態度を養うこと。四　生命を尊び、自然を大切にし、環境の保全に寄与する態度を養うこと。五　伝統と文化を尊重し、それらをはぐくんできた我が国と郷土を愛するとともに、他国を尊重し、国際社会の平和と発展に寄与する態度を養うこと。

【家庭教育】父母その他の保護者は、子の教育について第一義的責任を有するものであって、生活のために必要な習慣を身に付けさせるとともに、自立心を育成し、心身の調和のとれた発達を図るよう努めるものとする。（以下略）

3　中曽根の「戦後政治の総決算」は、1982年の政権発足当初からのキャッチフレーズではなかった。84年に第2次内閣が発足してから、国会演説では必ず、このキャッチフレーズが用いられるようになり、この言葉が定着した。後年、「戦後政治の総決算」について、中曽根は「吉田政治の是正」「行財政改革の遂行」「国際貢献に邁進」の3点を挙げていた。ただ、首相在任中の83年、「憲法改正を政治日程にのせるということはやりません」と改憲論は封印した（服部龍二『中曽根康弘』）。

4　国民投票法の付則は、①選挙権年齢や成年（成人）年齢の引き下げ　②公務員の憲法改正への意見表明の容認　③国民投票前に国民の意見を聞く「予備的国民投票」導入を検討――という3つの課題に結論を出すよう求めた。その後、改正国民投票法が2014年6月に成立し、国民投票の年齢を当面は「20歳以上」とし、改正法施行から4年後に「18歳以上」に引き下げるとした。また、改正法には、政治行為が禁止されている公務員について、憲法改正に関する個人的な賛否の表明や投票の勧誘などに限り容認することも盛り込まれた。15年6月には選挙権年齢を「18歳以上」に引き下げる改正公職選挙法が成立。また、成年年齢については、22年4月、18歳に引き下げる改正民法が施行された。

5　「安全保障の法的基盤の再構築に関する懇談会」のメンバーは次の通り。
▽岩間陽子（政策研究大学院大准教授）▽岡崎久彦（元駐タイ大使）▽葛西敬之《よしゆき》（JR東海会長）▽北岡伸一（東京大学教授）▽坂元一哉（大阪大学教授）▽佐瀬昌盛（防衛大学校名誉教授）▽佐藤謙（元防衛次官）▽田中明彦（東京大学教授）▽中西寛（京都大学教授）▽西修（駒澤大学教授）▽西元徹也（元統合幕僚会議議長）▽村瀬信也（上智大学教授）▽柳井俊二（前駐米大使）

第5章　失言と「消えた年金」

「女性は産む機械」

安倍内閣発足から3か月、政権を痛撃する不祥事、失言が相次ぎ、政権運営に黄信号がともる。2006年12月21日、政府税制調査会の本間正明会長が辞任した。国家公務員宿舎に家族ではない女性と入居していたという週刊誌報道がきっかけだった。安倍は11月、これまで財務、総務両省が担当してきた税調の事務局業務を内閣府に移した。税調に対する内閣主導、財務省の影響力排除が狙いだった。本間大阪大学大学院教授の起用は、成長戦略を重視する首相が、財務、総務両省の「石弘光《ひろみつ》前会長続投」案をひっくり返して実現したものといわれた。

年末の12月27日、佐田玄一郎行政改革相が、自らの政治団体で不適切な会計処理があったとして辞任した。佐田の政治団体「佐田玄一郎政治研究会」が1990～2000年の間、実際には不動産賃貸借契約を結んでいない「事務所」の事務所費や光熱費などの支出を計上した政治資金報告書を国に提出していた。この間の経費は約7840万円に上っていたという。安倍は同日夜、

「国民に対して責任を感じている」と、自らの任命責任を認めた。後任には渡辺喜美《よしみ》内閣府副大臣を起用した。

年が明け、第166回通常国会召集（07年1月25日）直後、柳澤伯夫厚生労働相が舌禍事件を起こした。同月27日、松江市内の講演で、「人口統計学では、女性は15歳から50歳までが出産してくださる年齢ということだから、もう他からは生まれようはない。（中略）そういうことで、産む機械と言ってはなんだけど、装置がですね、もう数が決まっちゃってる。（中略）となると、あとは、機械と言ってごめんなさい、その産む役目の人が、ひとり頭で頑張ってもらうしかないんです」と述べた。

この「女性は産む機械」との失言に対し、野党は辞任を要求するとともに、衆院予算委員会の審議をボイコットした。自民党内からも「これでは統一地方選と参院選が戦えない」（舛添要一党参院政策審議会長）と、近づく選挙への悪影響を懸念して辞任を促す声も出た。しかし安倍は、柳澤の辞職回避に動いて辞任要求を突っぱねた。

年金の記録漏れ問題

07年2月、社会保険庁改革関連法案の審議で、年金手帳などに記載されている基礎年金番号に統合されていない記録、すなわち持ち主不明の年金記録が約5000万件に上ることが明るみに出た。厚生年金、国民年金、共済年金など公的年金制度ごとに異なる番号で管理されていた年金記録を、1997年導入の基礎年金番号に統合した際、古い番号で残されたままの記録が多数あることが判明したのだ。このほか、紙台帳で管理していた年金記録をコンピューターに転記する際、正確に記載されなかったケースも見つかった。このため、全国各地の社会保険事務所などに相談に訪れる人や、「ねんきんダイヤル」の電話相談が急増するなど、多くの国民を深刻な「年金不安」に陥れた。

与党は、議員立法で年金時効撤廃特例法案を提出し、社会保険庁のミスで年金が支給されなかった人には、過去5年の時効にとらわれず全額を補償することにした。同法は、社会保険庁改革関連法[1]とともに6月30日に成立した。

この政府の失態は、国会で格好の攻撃材料になった。本来もらえる年金額を行政のミスで受給できないというのは明らかな失政で、民主党の小沢執行部は5月下旬、「生活重視」の民主党の主張にも合致する年金の記録漏れ問題を、07年参院選の争点とすることを確認した。04年参院選で、国民年金保険料の未納問題を争点に勝利した成功体験がこれを後押しした。なお、この参院選当時、安倍は自民党幹事長の職にあり、選挙の陣頭指揮をとっていた。

国会審議で民主党は、「消えた年金記録5000万件」をキャッチフレーズに、「銀行なら一人でも記録がなくなれば業務停止だ。我々は被害者救済に全力で取り組む」などと、政府側を厳しく追及した。先頭に立って論陣を張った長妻昭は、「ミスター年金」の異名をとった。

松岡農相の自殺

07年5月28日正午すぎ、東京・赤坂の新衆院議員宿舎の自室で、松岡利勝農相（62歳）が首をつっているのを、部屋を訪れた秘書が見つけた。通報で駆け付けた救急隊が現場で蘇生措置をとり、慶應義塾大学病院に搬送したが、午後2時、死亡が確認された。

松岡農相は、佐田前行政改革相と同じ事務所費問題で、野党側の厳しい追及を受けていた。松岡は、資金管理団体の事務所を衆院議員会館に置きながら、05年に約3300万円、01～05年の5年間で計約1億4200万円と高額な事務所費を計上、光熱費や水道代は、衆院が負担しているにもかかわらず、05年に約507万円、01～05年で計約2800万円を計上していた。これに対して、松岡は3月5日の参院予算委員会で、「ナントカ還元水（の装置）をつけている。光熱費も別途ある。詳細が必要なら、確認してから答える」と答弁したが、その後、詳しい説明を避け続けた。13日の衆院予算委員会の集中審議でも、内訳の公表を拒み、安倍首相は「農相は法律にのっとって適切に報告している」と繰り返した。

松岡は当選6回、農水副大臣、党農林部会長などを歴任した有力な「農水族」。その頃、農水省所管の独立行政法人「緑資源機構」の発注事業をめぐる官製談合事件が浮上し、東京地検特捜部は5月24日、機構の理事ら6人を逮捕した。26日、金子一義衆院予算委員長は、岐阜市での会合で、松岡の地元・熊本県における事業でも、新しい談合疑惑が発覚したことに触れ、「（農相は）国会終了後、自ら辞任すべきだ」と強調した。松岡は自殺した日の午後、参院決算委員会で、談合事件をめぐり質問を受ける予定になっていた。松岡は、安倍ら複数の政治家に宛てた遺書を残しており、松岡は進退窮まり、自殺したものとみられた。一貫して松岡を擁護してきた安倍は同月28日、松岡の自殺について、「当然、責任をもって任命した。責任の重さを改めてかみしめている」と述べた。後任には、農水官僚出身の赤城徳彦《のりひこ》（高村派）が起用された。

久間防衛相の原爆発言

閣僚の失言は続いた。今度は初代防衛相の久間章生（衆院長崎2区）だった。久間は07年6月30日、千葉県柏市の麗澤大学で講演し、「長崎は本当に無数の人が悲惨な目にあったが、『あれで戦争が終わったんだ』という頭の整理でしょうがないなと思っている」などと発言した。[2] 久間の発言に対して、広島市の秋葉忠利市長は、「原爆投下国の代弁をするような発言は、被爆者の気持ちを踏みにじる暴言」と批判し、長崎市の田上富久市長も、「被爆地として到底容認できず遺憾。核兵器使用はいかなる理由があろうとも正当化できない」とコメントした。民主党など野党も久間の罷免を要求した。

久間は7月1日、長崎市で記者会見して陳謝し、これを受けて自民党の中川幹事長は、これ以上は問題視しない考えを示した。安倍は2日午前、首相官邸に久間防衛相を呼び、「誤解を与える発言は厳に慎んでもらいたい」と注意したが、記者団に対し罷免の考えはないことを強調した。

しかし、これで火消しとはならなかった。長崎市議会は2日、発言の撤回を求める意見書を可決し、田上長崎市長らは3日、防衛省に久間を訪ねて発言の撤回を求めた。参院自民党や公明党を中心に辞任論が強まり、公明党の冬柴鉄三国土交通相は3日の閣議後の記者会見で、「政治家として出処（進退）を考えるのが当然だ」と語った。

久間は同日午後、安倍を首相官邸に訪ねて辞意を伝え、首相も了承した。久間は、イラク戦争への日本政府の対応について、国会で「政府として（米国を）支持すると公式に言ったことはない」と答弁したり、米軍普天間飛行場移設について、講演で「（米国に）あまり偉そうなことを言ってくれるな。日本のことは任せてくれ、と言っている」と語ったり、問題化しかねない発言を繰り返していた。

久間の後任には、小池百合子首相補佐官が就任した。女性初の防衛相となった小池は7月4日、皇居での認証式のあと初登庁し、栄誉礼で迎えられた。小池は訪米前の8月6日、在任期間が4年を超えた守屋武昌《もりやたけまさ》防衛次官を9月で退任させる人事構想を安倍に伝えた。小池は、次官人事が正副官房長官による人事検討会議を経て決まるルールを無視しており、塩崎官房長官は、帰国した小池に対し、「人事は内閣改造で（新たに）選ばれる大臣が決める」と突き放した。

一方、自分の解任を新聞で知ったという守屋は、激しく抵抗し、小池との間で激しいバトルを演じた。防衛省内は07年1月、海上自衛隊2曹の自宅を、中国人妻に対する入管難民法違反容疑で捜索した際、特別防衛秘密のイージス艦の情報ファイルが見つかった事件で揺れ続けていた。

結局、次官人事は内閣改造後に先送りされ、小池は内閣改造で防衛相を退任した。[3]

注

1　社会保険庁改革関連法の成立により、社保庁は２００９年末に廃止され、10年より非公務員型の特殊法人「日本年金機構」に変わることになった。社保庁職員はいったん解雇され、同機構に再就職するか、厚労省に配置転換された。社保庁の解体は、年金の記録漏れ問題以前に制度設計されたもので、加入者情報の漏洩などの不祥事が続発したことによる。その要因の一つとして、職員組合が業務のオンライン化に強く抵抗するなど、国民軽視の体質が指摘されていた。

2　久間防衛相は、６月30日の講演で次のように述べた。「日本が負けるとわかっているのに、（アメリカは）あえて原子爆弾を広島と長崎に落とした。長崎に落とすことによって、そこまでやったら日本も降参するだろう、そうしたらソ連の参戦を止めることが出来るということだったが、８月９日にはソ連が満州その他に侵略を始めた。（中略）原爆も落とされて長崎は本当に無数の人が悲惨な目にあったが、『あれで戦争が終わったんだ』という頭の整理でしょうがないなと思っているし、それに対してアメリカを恨むつもりもない。勝ち戦と分かっているときに原爆まで使う必要があったのかという思いはいまでもしている。国際情勢や占領状態からすると、そういうことも選択としてはあり得るんだな、ということを頭に入れながら考えないといけない」（07年７月１日付『読売新聞』朝刊）

3　守屋は退官後の２００７年11月28日、東京地検特捜部に収賄容疑で妻（共犯容疑）とともに逮捕された。防衛次官在任中の03年８月～06年５月、航空・防衛分野の専門商社「山田洋行」の元専務から、装備品受注で便宜を図った謝礼としてゴルフ旅行（総額約３８９万円）の接待を受けていた疑いだった。小池は、守屋逮捕の夜、講演の中で、「(守屋は次官在任が）明らかに長かった。私は一種の地雷処理をしたようなもの」と語った。

第6章　対豪州、インド外交

「価値の外交」

安倍首相は、2006年10月の中国、韓国歴訪のあと、11月にはアジア太平洋経済協力会議（APEC）首脳会議に出席した。12月にフィリピン、翌07年1月には欧州諸国（英国、ドイツ、ベルギー、フランス）をそれぞれ訪問したあと、東アジア・サミットに参加した。

ハノイで開かれたAPEC首脳会議は、「アジア太平洋自由貿易圏」（FTAAP）に関する共同研究の開始などを盛り込んだ首脳宣言を採択した。また、議長を務めたベトナムのグエン・ミン・チェット国家主席は、「北朝鮮の核実験に関する声明」を読み上げ、7月のミサイル発射と10月の核実験は地域への明白な脅威だとして、国連安保理の非難決議と制裁決議の完全な実施を求めた。

安倍はこの場で首相として初めて国際会議への参加を果たし、ブッシュ米大統領、ウラジーミル・プーチン露大統領ら計8か国の首脳と会談した。のちに頻繁に会談を重ねることになるプーチンとの首脳同士の関係はここから始まった。

一方、麻生太郎外相は06年11月30日、日本国際問題研究所セミナーで、「拡がる日本外交の地平」と題して講演し、ユーラシア大陸を弧状に囲む新興民主主義国家群を支援する政策「自由と繁栄の弧」を提唱した。麻生はこの中で、第一に、民主主義、自由、人権、法の支配、そして市場経済という「普遍的価値」を、外交上、大いに重視する「価値の外交」と、第二に、ユーラシア大陸の外周に成長してきた新興の民主主義国（北東アジアから中央アジア・コーカサス、トルコ、そしてバルト諸国まで）を帯のようにつないで「自由と繁栄の弧」を作りたい、と述べた。そして、米国はいうまでもなく、豪州、インド、それに欧州連合（EU）あるいは北大西洋条約機構（NATO）諸国という利益を共有する国々と堅固に結ばれつつ、この「弧」の形成・拡大に努めていくと強調した。

日豪安保共同宣言

豪州のジョン・ハワード首相が07年3月、日本を訪問した。同月13日の首脳会談で、安倍とハワードの両首相は、「安全保障協力に関する日豪共同宣言」（日豪安保共同宣言）に署名した。[1]同盟国である米国以外の国との包括的な安保協力関係の構築は初めてのことで、画期的なものだった。

共同宣言では、日豪両国は民主主義や人権、自由、法の支配など共有の価値観や安全保障上の共通利益の下、戦略的パートナーシップを継続・発展させることをうたい、両国の外相・防衛相による定期協議（日豪版2プラス2）の新設、テロ対策・災害救助活動での協力、自衛隊と豪州軍との共同訓練の実施などを盛り込んだ。

これまでも、自衛隊がイラクで人道復興支援活動を行った際、豪州軍は自衛隊の展開地域で治安維持にあたっていた。また、04年のインドネシア・スマトラ沖地震・津波災害では、豪州軍と自衛隊が連携して救援活動を行った。安倍は、自民党総裁選の政権構想でも、「米欧豪印など価値観を共有する国との戦略対話推進」を掲げていた。豪州やインドとの関係強化は、その一環とはいえ、「中国囲い込み」と受け止められるのは避け難かったが、前年10月の安倍訪中を契機とする中国との関係改善の流れを止めはしなかった。

温家宝「氷を融かす旅」

中国の温家宝首相が07年4月、日本を公式訪問した。安倍は同月11日、温首相と会談し、安倍訪中時に合意した「戦略的互恵関係」の具体策として、羽田空港と上海・虹橋《ホンチャオ》空港の定期チャーター便の開設や、日本米の中国輸出再開、新型インフルエンザ・がん対策などの日中医学協力で合意した。日中ハイレベル経済対話の年内開始でも一致し、環境とエネルギーの協力に関する共同声明も発表した。

懸案の東シナ海のガス田開発問題では、両国間の隔たりは大きかったが、5月に局長級協議を開くことで合意し、共同プレス発表に「今秋までに共同開発の具体的方策を首脳に報告する」と盛り込んだ。温は、北朝鮮による日本人拉致問題について、「必要な協力をしたい」と表明。台湾問題で温が「独立反対を明確にしてほしい」と要請したのに対し、安倍は「台湾独立は支持しない」と明言した。

温首相の訪日で、最も注目されたのは国会演説だった。翌12日、衆院本会議場で行われた「友情と協力のために」と題した演説の中で、温は、前年の安倍訪中が「氷を割る旅」だったなら、自分の訪日が「氷を融かす旅」になるよう願っていると表明。とくに中国への日本の政府開発援助（ODA）に関し、「中国の改革開放と近代化建設」に対する日本国民の支持と支援を「中国人民はいつまでも忘れない」と謝意を表した。

また、歴史認識問題では、「日本政府と日本の指導者が侵略を公式に認め、被害国に深い反省とおわびを表明したことは積極的に評価している」と強調。ただ、その「約束を実際の行動で示されることを希望する」と付言し、安倍が靖国神社を参拝しないよう暗に求めた。また、台湾問題は「中国の核心的利益にかかわる」ものであり、慎重に対処するよう希望すると述べた。

中国では、温来日前、国営の中央テレビが日本紹介番組を3週間にわたって放送し、温の国会演説もテレビで中国国内に生中継された。

慰安婦問題で対米摩擦

安倍は06年10月の国会質疑で、それまで否定的だった従軍慰安婦問題に関する「河野内閣官房長官談話」（1993年）について、「政府として受け継いでいる」と述べ、談話を継承する考えを表明した。ところが、米国では年明けの07年1月、民主党のマイケル・ホンダ下院議員らが、慰安婦問題の対日非難決議案を議会に提出し、「旧日本軍が若い女性を強制連行し、性的奴隷としていたことを公式に認め、日本の首相は謝罪すべきだ」と要求した。

これに対し、自民党の「日本の前途と歴史教育を考える議員の会」（会長・中山成彬元文科相）などから反発が相次ぎ、安倍は3月5日の参院予算委員会で、「非難決議があったからといって、我々が謝罪することはない。決議案は客観的事実に基づいていない」と強調。河野談話に関して、「慰安婦募集の際、官憲が家に押し入り、人さらいのごとく連れて行く『慰安婦狩り』のような狭義の意味での強制性はなかった」とする一方、民間業者が本人の意に反して事実上、強制する「広義の解釈では強制性があった」と述べた。安倍は、「狭義」と「広義」に分け、米側の事実誤認を正そうとしたとみられるが、これは裏目に出て、「旧日本軍の強制」を否定するたびに、米国メディアの批判は高まった。

トーマス・シーファー駐日米大使も3月9日、日本人記者団との懇談で、「日本政府が河野談話から後退することを望む友人は、日本にも米国にもいない」と述べたうえで、「この問題の米国への影響を軽視するのは誤りだ」などと表明。安倍は同月11日のNHKの番組「総理にきく」に出演し、慰安婦問題について、「心の傷を負い、大変な苦労をされた方々に心からおわびを申し上げている。小泉前首相、橋本元首相も、元慰安婦の方々に（おわびの）手紙を出している。その気持ちは私も全く変わらない」と強調した。

4月末に就任後初の訪米を控えていた安倍は同月3日、ブッシュ米大統領に電話を入れ、「自分の真意や発言が正しく報道されていない」と指摘、河野談話を継承する立場を伝えて理解を求めた。ブッシュは、「元慰安婦に対する日本国民の同情の気持ちを信じている」と答えた。

初の訪米、サミット

安倍首相は07年4月27日、メリーランド州の米大統領山荘キャンプ・デービッドで、ブッシュ大統領と約1時間半、会談した。北朝鮮の核問題をめぐる6か国協議で合意している、核放棄に向けた初期段階措置の早期履行で一致。また、エネルギー安全保障や気候変動問題の解決に向けた共同声明を発表し、クリーンエネルギー技術の開発などに関する日米協力を約束した。

ブッシュは、日本人拉致問題の解決に向けて、「日本政府に協力する」と表明した。安倍が慰安婦問題について、「人間として、首相として、心から同情し、申し訳ない思いだ」と述べ、ブッシュは「首相の謝罪を受け入れる」と応じた。

日本政府はその後も、慰安婦問題に関する決議案の採決回避を目指したが、参院選後の7月30日、米下院本会議は、従軍慰安婦問題を「人身売買事件」と位置付け、日本政府に公式謝罪を求める決議を採択した。

安倍は6月、ドイツで開かれたハイリゲンダム・サミット（主要8か国首脳会議）に、首相として初めて参加した。このサミットの最大の焦点は、地球温暖化問題だった。各国首脳は同月7日、温室効果ガスの排出量について、2050年までに地球規模で少なくとも現状から半減させるという日本やEUなどの提案を「真剣に検討」することで合意した。安倍は会議の後、記者団に「日本の提案を軸に議論した」と述べ、日本が提案した「美しい星50」が協議のたたき台になったと強調した。G8首脳は8日、中国、ブラジル、インド、メキシコ、南アフリカの5か国の首脳と協議し、合意内容を説明したが、新興国側からは消極的な反応が相次いだ。

安倍の「インド太平洋」演説

安倍は、参院選後の07年8月19日、インドネシア、インド、マレーシア3か国歴訪に出発した。安倍は21日から23日までのインド訪問について出発前、「日印関係は最も可能性を秘めた2国間関係だ。信頼関係をさらに強化したい」と意欲を示した。安倍は22日、ニューデリーでマンモハン・シン首相と会談し、シンはこの中で、温室効果ガスの削減目標を定めた「京都議定書」の後の新たな枠組みに参加する意向を表明した。両首脳は、環境・エネルギー、安全保障、経済など各分野での協力強化を盛り込んだ共同声明に署名した。

安倍は同日、インド国会で「二つの海の交わり」（Confluence of the Two Seas）と題する演説を行った。安倍は、「世界最大の民主主義国において、国権の最高機関で演説する栄誉に浴しました」と切り出し、「二つの海」すなわち太平洋とインド洋は、「今や自由の海、繁栄の海として、一つのダイナミックな結合をもたらしています。従来の地理的境界を突き破る『拡大アジア』が、明瞭な形を現しつつあります」と強調した。

そのうえで、日本は、インドと戦略的グローバル・パートナーシップを結び、両国関係を一層強化していく考えを表明。そのパートナーシップとは、「自由と民主主義、基本的人権の尊重といった基本的価値と、戦略的利益とを共有する結合」と説明した。そして、「日本とインドが結びつくことによって、『拡大アジア』は米国や豪州を巻き込み、太平洋全域にまで及ぶ広大なネットワークへと成長するでしょう」と述べて、日米豪印の連携強化に言及した。[3]

安倍は、官房長官時代の06年7月、読売国際経済懇話会（YIES）での講演で、「インドのように自由、民主主義、人権という価値を共有している国がある。日米豪とインドで戦略的に話し合う場をつくってもいい」と述べ、日米豪印4か国による協議構想を提唱していた。

1998年のインドの核実験と日本の制裁によって日印関係が停滞する中、米国は2004年、インドと戦略的パートナーシップを結び、その後、核拡散防止条約（NPT）未加盟のインドを特別扱いする政策に転換。05年に日本がインド、ドイツ、ブラジルとともに国連安保理常任理事国入りの運動を進めた際には、それまで新常任理事国は日本しか認めてこなかった米国が、インドも認めるようになった。これらには、中国の海洋での活発な動きが背景にあり、安倍はインドでの国会演説で、日本も戦略的にインドを重視する考えを明確にしたのだった。

南北アメリカの西海岸からアジアを経てアフリカの東岸に至る広大な「インド太平洋」という概念は、07年当時、「日本ではまだ使われたことがなく、その地政学的発想自体も斬新なもの」だったという(鈴木美勝『日本の戦略外交』)。安倍は演説について、「日本は海洋国家として、アジア・太平洋にとどまらず、より広いインド・太平洋地域を意識して外交を展開した方が国益につながるのではないか、と考えた」からだと『回顧録』で述べている。

この後、安倍は、第2次政権下でもインドとの連携強化を進め、16年8月のアフリカ開発会議(TICAD)で、「自由で開かれたインド太平洋戦略」を打ち上げることになる。

注

1　日豪安保共同宣言は、前文で▽日豪間の戦略的パートナーシップは、民主主義という価値並びに人権、自由と法の支配、共通の安全保障上の利益、相互への尊敬、信頼と深い友情関係に基づく▽テロリズム、大量破壊兵器とその運搬手段の拡散、災害救援、感染症大流行等、地域的、世界的な安全保障上の課題に関し有益な協力を進め、地域の平和と安定に貢献する▽日豪の自衛隊・軍の間における実際的な協力を強化するとともに、日米豪3国間の外務、防衛及び他の関係当局間の協力を強化する――などをうたった。

2　安倍首相は、地球温暖化への日本政府の基本戦略を「美しい星50」と題して、2007年5月24日、国際交流会議「アジアの未来」(日本経済新聞社主催)で公表した。その中で、「世界全体の温室効果ガス排出量を現状に比して2050年までに半減」することを長期目標に掲げた。また、ポスト京都議定書の枠組みの3原則として、①主要排出国がすべて参加し、世界全体の排出量削減につなげる　②各国の事情に配慮した柔軟かつ多様性のある枠組みとする ③省エネなどの技術を生かし、環境保全と経済発展を両立する——ことを挙げ、これらをハイリゲンダム・サミットで提案した。

3 安倍は、国会演説の最後で、祖父の岸信介が50年前、日本の首相として初めて訪印した際、当時のジャワハルラル・ネルー首相が、数万の民衆を集めた野外集会に岸を連れ出し、『この人が自分の尊敬する国日本から来た首相である』と力強い紹介をしたのだと、私は祖父の膝下、聞かされました。敗戦国の指導者として、よほど嬉しかったに違いありません」と語った。安倍は翌8月23日、コルカタ市内のホテルで、第2次世界大戦後の東京裁判でインド代表判事を務めたラダ・ビノード・パル判事の長男と面会し、「お父様は今も多くの日本人の尊敬を集めている」と述べ、判事団でただ1人、被告全員の無罪を主張したパル判事への敬意を伝えた。

第7章　参院選で惨敗

国会会期末の攻防

通常国会は、与野党対立のあおりで2007年6月23日までの会期を12日間延長して7月5日までとなった。能力・実績主義による人事評価制度の確立と、天下り規制強化を柱とする公務員制度改革関連法[1]は、07年6月30日未明、参院本会議で自民、公明両党などの賛成多数で可決、成立した。戦後の公務員制度の弊害にメスを入れるという意味で、「戦後レジームからの脱却の一環」という触れ込みだったが、それにはほど遠かった。

同関連法案を審議していた参院内閣委員会では、民主党の藤原正司《まさし》委員長が、与党要求の採決に応じなかったため、与党は午前1時半過ぎ、委員会審議の「中間報告」を求める動議を可決。野党は、委員会採決を省略した異例の手法に激しく反発した。同2時半、再開された参院本会議で、藤原委員長は「まるで本院が法律製造会社の下請けであるかのごとき官邸の振る舞いに対し、唯々諾々と中間報告で対応するとの結論しか取り得なかった本院に無上の悲しみと怒りを感じざるを得ない」と抗議した。法案の採決直前、民主、社民、国民新の野党3党は一斉に議場を後にした。

他方、教育改革関連3法は6月20日、参院本会議で成立した。3法は、改正教育基本法に沿って義務教育の目標に「公共の精神」などを盛り込み、副校長や主幹教諭などを新設する改正学校教育法と、文科相に教育委員会への指示・是正要求権を与える改正地方教育行政法、教員免許に有効期間10年の更新制を導入し、指導が不適切な教員への人事管理を徹底する改正教員免許法等からなっていた。また、クウェートを拠点にイラクのバグダッドなどの空港に多国籍軍や国連の要員や物資を輸送している航空自衛隊の派遣期間を2年間延長する改正イラク復興支援特別措置法も、同日成立した。

しかし、公務員制度改革関連法のような生煮えの法案を強行突破したことは、度重なる失言・失政と、それに対する拙い対応で傷ついた政権のイメージを一層悪くした。このため、通常国会で数多くの法律を成立させたにもかかわらず、政権の業績評価の向上にはつながらなかった。

内閣支持率の低下

読売新聞の07年3月の全国世論調査（17〜18日）で、安倍内閣の支持率は43％と、5か月連続して下落し、発足当初の70％の高支持率は過去のものとなった。安倍の首相就任以来半年間の実績を「評価する」人は36％に対し、「評価しない」人は60％に上った。6月調査（16〜17日）では支持率が38％と、前月から11ポイントも減少した。年金記録漏れ問題などが響き、「年金不安」と「政治不信」が政権を直撃していた。

これに対して、小沢一郎が率いる民主党の支持率は、6月調査で14％を記録し、この頃から上昇傾向を示した。1998年の新・民主党（菅直人代表）結党以来、民主党は、2001年参院選を除き、1998年参院選、2000年衆院選でそれぞれ躍進、自由党との合併直後の03年衆院選では、比例選で第1党となった。04年参院選では改選議席でわずか1議席ながら自民党を上回り、2大政党化が進行していた。同年参院選の後、安倍は党幹事長を辞任しており、07年参院選は、リベンジを果たさなければならない選挙だった。

小沢は06年4月7日、偽メール問題による前原誠司代表辞任に伴う民主党代表選で、菅直人元代表を破って代表に就任。旧新進党、旧自由党時代の「壊し屋」イメージの払拭《ふっしょく》に努め、「まず私が変わらなければならない」と宣言し、執行部人事では、菅を代表代行に起用し、鳩山由紀夫幹事長、渡部恒三国会対策委員長、松本剛明政務調査会長を再任した。

安倍は、首相として初めて迎えた全国規模の国政選挙で、元自民党幹事長の小沢と雌雄を決しようとしていた。国会は7月5日に閉幕し、参院選は12日公示、29日投開票に決まった。

「絆創膏」大臣

ところが、参院選公示を控えて、赤城農相の醜聞が明るみに出た。またも事務所費にまつわる不祥事だった。農相の政治団体「赤城徳彦後援会」が、茨城県の農相の実家を「主たる事務所」とし、多額の経常経費を計上していたことなどが発覚した。農相は「架空計上」はないと否定したが、野党は、「虚偽報告」の疑いがあるとして、赤城の罷免を要求した。

安倍は、内閣発足以来、4人目の閣僚交代を何とか回避しようと、農相を擁護し、罷免要求を押し返した。選挙公示後の7月17日、赤城は閣議後の記者会見で、「他の事務所の経費も合算して計上している」などと改めて説明したが、赤城はこの日、左の頬と額に大きなガーゼを貼って現れた。理由を聞かれても、「たいしたことではない」と無愛想に繰り返し、かえって種々の憶測を呼んだ。赤城は、のちに「吹き出物」と説明したが、その映像は、まるで満身創痍の政権を象徴するかのようで、赤城は「絆創膏《ばんそうこう》」大臣と称された。

さらに、その2日後、麻生外相の「アルツハイマー」発言が飛び出した。麻生は富山県高岡市での講演で、日本のコメの対中輸出が再開されたことに関連して、「(日本では)コメ1俵1万6000円くらい(で販売している)。中国では1俵で7万8000円だ。7万8000円と1万6000円はどっちが高いか。アルツハイマーでもこれくらいは分かる」と述べた。自民党を離党して民主支援に回っていた元外相の田中眞紀子は、「口の曲がった、わけのわからない、おっちょこちょいの外務大臣は、自分がアルツハイマーだからそんなことを言っているのでしょう」と、〝眞紀子節〟で痛罵した。

参院選公示、「政権選択」問う

7月12日に公示された第21回参院選には、選挙区選218人、比例選159人の計377人が立候補を届け出た。改選定数121（選挙区選73、比例選48）に対する競争率は3・12倍で、少数激戦となった。自民党は83人、民主党は80人が立候補した。

安倍首相は、若者文化の発信地である「アキバ」、東京・秋葉原駅前で第一声を上げた。同日夜のNHKの報道番組で、安倍は、「自民党の責任者である私、（民主党代表の）小沢さん、どちらが本当のことを言い、政策を実行できるのか。国民にご判断いただきたい」と述べて、党首の選択、すなわち衆院選と同じように、政権選択を問う発言をした。

これに対し、民主党の小沢代表は、この番組で「自公の政治にストップをかけるため、（野党で）過半数を取る最大で最後のチャンスだ」と力を込め、参院の与野党逆転を目指す考えを示した。小沢は「国民の生活が第一」をスローガンに、子ども手当や農家の戸別所得補償などを掲げ、安倍が首相就任以来取り組んできた憲法や安保政策などの争点化を避けた。小沢が第一声を上げた岡山（改選定数1）は、民主党の女性新人、姫井由美子が自民党現職の片山虎之助参院幹事長に挑む、民主党の重点区の一つだった。その名にちなんだ「姫の虎退治」のキャッチフレーズが功を奏し、全国的に注目を集め、結果は姫井が勝利し、自民党に強い衝撃を与えることになった。

新潟県中越沖地震

公示から4日後の7月16日午前10時13分ごろ、新潟県上中越沖を震源とする地震（新潟県中越沖地震）が起きた。同県長岡市、柏崎市、刈羽《かりわ》村、長野県飯綱町で震度6強を記録した。震源の深さは約17キロ、マグニチュードは6・8と推定された。関連死を含め新潟県内では15人が死亡し、約2300人が重軽傷を負った。全半壊家屋は6900棟を超えた。

震源地から9キロの距離にあった、東京電力柏崎刈羽原子力発電所（新潟県）も、強い揺れに見舞われた。7基ある原子炉のうち、稼働中だった2、3、4、7号機が自動的に緊急停止し、定期検査で停止中の6号機で、微量の放射性物質を含む水が建屋の床などに漏れ、海に流れ込んだ。最終的な外部への漏洩量は、約1・2トンと推定された。

政府は、発生から2分後に官邸対策室を設置するなど初動は早かった。参院選応援のため、長崎市にいた安倍首相は、秘書官から一報を受けると、遊説を切り上げて直ちに帰京した。午後3時5分、陸上自衛隊のヘリコプターで官邸屋上のヘリポートを発ち、同4時半過ぎ、柏崎市に到着。同5時には発電所隣接の東京電力の施設に入った。危機管理上、迅速な対処をアピールする狙いがあったとみられるが、余震が続く中で、首相自らが現地に飛び込んだことには野党などから批判が出た。

与党惨敗、民主第1党に

参院選は7月29日、投開票された。自民党は、改選議席64から37へと転落した。歴史的な惨敗だった。これは、宇野宗佑政権下、「消費税」「リクルート事件」「首相の醜聞」が響いて36議席に落ち込んだ1989年の参院選以来の敗北だった。自民党の参院議席は、非改選の46を含めて83議席に落ち込み、結党以来、初めて参院第1党の座を失った。

公明党も、埼玉、神奈川、愛知の複数区で敗れるなど9議席と振るわず、非改選を含めて20議席。この結果、自公連立与党は、非改選議席を含めて計103議席にとどまり、参院の過半数(122議席)を初めて割り込んだ。これに対して、民主党は32の改選議席を60へと大幅に伸ばし、初の参院第1党に躍進した。自民党は、選挙区選の29の1人区で、6勝23敗と大きく負け越した。過去の参院選で圧倒的に勝利してきた山形、鳥取、島根、愛媛、宮崎などで民主党や野党系無所属候補などに競り負けた。四国の自民党候補は全滅した。

参院選は、これまでも1人区の帰趨《きすう》が選挙の行方を左右してきた。小沢は、1人区を重視して地方行脚を続け、地方の選挙を担う労組「連合」(日本労働組合総連合会)との関係を強めるとともに、社民党や国民新党との共闘態勢を整えてきた。さらに景気回復の遅れ、公共事業の削減などへの反発が、自民離れを起こしており、これも民主党への追い風になった。

比例選でも、自民党は過去最低だった98年と同数の14議席。これに対して民主党は過去最多の

20議席を獲得した。共産党は3、社民党は2、国民新党は1、新党日本は田中康夫代表が議席を得た。

注

1　公務員制度改革関連法は、官房長官を責任者とする「官民人材交流センター」（新人材バンク）を内閣府に設置し、各省庁がバラバラに行っていた再就職の斡旋《あっせん》を一元化するものだった。各省庁から集めた専任スタッフが企業や団体から求人を募り、再就職先を探す職員との間で調整や交渉に当たる。しかし、斡旋業務が機能するのか、天下りの公認機関になるのではないか、といった批判が当初から根強かった。２００８年末、麻生内閣の下で設置されたが、鳩山内閣が09年に省庁斡旋による天下りを禁止する方針を打ち出したため、事実上、機能を停止。13年10月に早期退職制度の利用者に限って業務を再開した。

第8章　安倍首相の退陣

安倍首相、「辞任せず」

投票日の2007年7月29日午後4時から、森喜朗元首相、青木幹雄参院議員会長、中川秀直党幹事長が東京・紀尾井町のホテルで会談し[1]、自民党の改選議席が40を下回れば、首相の退陣は避けられないとの見方で一致した。青木は安倍が党総裁に選ばれた時、参院選の責任ラインとして「与党で過半数」をあげていた。その後、参院選公示前は、選挙情勢の悪化から、1998年に橋本首相が辞任した「44議席」とラインを下げていた。退陣やむなしの判断の下、協議終了後の午後6時前、中川が首相公邸を訪ね、「総理、続投されるんですか？　最後は総理のご判断ですが、それは茨の道ですよ」と語りかけた。しかし、安倍はまるで耳を貸さなかった。

中曽根元首相は、「いかなる結果でも、自らの信条で剛胆にやりなさい」と安倍に助言。首相に就任した時も、中曽根からは「総理大臣というのは一回弱気になったらもう駄目だ」「常に前方から強い風が吹いてくる。それに向かっていくという信念があって、初めて立っていられる」

と聞かされていた（『回顧録』）。同日午後5時前、公邸に安倍を訪ねた麻生外相は、「総理が続投を決断するなら、私は支持します」と激励、小泉前首相からは「絶対、辞めるなよ」と、念押しの電話があった。これらが惨敗に打ちのめされた安倍を支えた。

安倍はこの時、辞職するつもりは全くなかった。それは、「政権選択選挙はあくまで衆院選であり、衆院選と三年ごとの参院選でその都度政権が代わる可能性があるというのでは、外交政策はもちろんのこと、安定した政権運営も難しくな」るためであり、それは「信念」だったと記している（「独占手記　わが告白　総理辞任の真相」『文藝春秋』２００８年2月号）。しかし、それを言うなら、選挙戦で「自分を選ぶか、小沢を選ぶか」などと不用意な問題提起をすべきではなかった。とくに、自民党が参院で初めて第1党の座を失ったことを考えると、その責任は重大であり、辞任は不可避というのが大方の見方だった。

安倍は、同日夜のテレビの報道番組でも、「惨敗の責任は私にある」としながら、「私の国づくりは、まだスタートしたばかり。改革を進め、首相として責任を果たしていかなければならない」と、辞任を否定した。30日の記者会見では、内閣改造と自民党役員人事を8月後半にも断行する意向を表明した。

自民党執行部は、首相の意向に従い、退陣論封じに動いた。しかし、加藤紘一元幹事長や、谷垣派や津島派からは「続投は容認できない」といった声が相次ぎ、石破茂元防衛長官は、「首相は辞めるべきだ。そうでないと、自民党が終わってしまう」と、明確に安倍辞任を迫った。比例選自民党トップで再選された舛添要一参院政審会長も、「常識で言えば、これだけ負けたのだから、出処進退はきちんとすべきだ」と述べた。

安倍は8月1日、突然、首相官邸に赤城農相を呼び、辞表を提出させた。後任には若林正俊環境相に農相を兼務させた。内閣改造を予告したあとの更迭劇に首をかしげる人は少なくなかった。これまでも閣僚の不祥事への対応は後手に回ってきたが、この赤城の処断もあまりにも遅きに失していた。

幹事長に麻生、官房長官に与謝野

安倍は、8月27日の第1次安倍改造内閣発足に先立ち、党三役人事を決定した。幹事長には、麻生派会長の麻生太郎外相、総務会長に二階派会長の二階俊博国会対策委員長、政調会長に無派閥の石原伸晃幹事長代理を起用した。

改造の主たる狙いは、「お友だち内閣」というイメージ、安倍に言わせれば「レッテル」を払拭することだった。まず、内閣の要の官房長官には、通産相や党政調会長も歴任した「知恵袋」的存在の与謝野馨を充てた。経済界からも与謝野を推す声が安倍に届いていた。[2]

実のところ、安倍は当初、菅義偉総務相の起用を検討し、改造人事でも菅に度々、相談していた。しかし、菅は安倍の「側用人《そばようにん》」とみられていたうえ、改造の直前、事務所費に関する報道もあって、結局、「菅官房長官」は幻に終わった。それが実現するのは5年後である。世耕弘成ら

5人の首相補佐官は、中山恭子、山谷えり子の2人だけになり、防衛相に転じていた小池百合子は交代した。「チーム安倍」は解体された。

改造内閣では、閣僚経験豊富な額賀《ぬかが》福志郎財務相のほか、町村信孝外相、伊吹文明文科相、高村正彦防衛相ら、派閥領袖クラスが入閣した。初入閣組も、安倍批判をしていた舛添要一を厚労相にして閣内に取り込み、前岩手県知事の増田寛也を総務相にして新味を出すなど、顔ぶれは全体に「大人の内閣」の雰囲気を醸し出していた。改造内閣のメンバーは、次の通りだった。

首相	安倍晋三	52歳	自民（無派閥）	衆（当選5回）	
総務	増田寛也	55	民間		初入閣
法務	鳩山邦夫	58	自民（津島派）	衆（10）	
外務	町村信孝	62	自民（町村派）	衆（8）	
財務	額賀福志郎	63	自民（津島派）	衆（8）	
文部科学	伊吹文明	69	自民（伊吹派）	衆（8）	留任
厚生労働	舛添要一	58	自民（無派閥）	参（2）	初
農林水産	遠藤武彦	68	自民（山崎派）	衆（6）	初
経済産業	甘利　明	58	自民（山崎派）	衆（8）	留
国土交通	冬柴鉄三	71	公明	衆（7）	留

環境	鴨下一郎	58	自民（津島派）	衆（5）	初
防衛	高村正彦	65	自民（高村派）	衆（9）	
官房	与謝野 馨	69	自民（無派閥）	衆（9）	
国家公安委員長・防災	泉 信也	70	自民（二階派）	参（3）	初
沖縄・北方	岸田文雄	50	自民（丹羽派）	衆（5）	初
金融・行政改革	渡辺喜美	55	自民（無派閥）	衆（4）	留
経済財政	大田弘子	53	民間		留
少子化	上川陽子	54	自民（丹羽派）	衆（3）	初

しかし、内閣改造から8日目、新閣僚が辞任する不祥事が起きた。遠藤武彦農相が9月3日、自らが組合長を務めていた農業共済組合が国から補助金を不正受給していた問題の責任をとって辞表を提出した。後任には、若林正俊前環境相が起用された。野党は首相の問責決議案提出の検討に入り、10日召集の臨時国会は、波乱含みの展開が予想された。

「国際公約に職を賭す」

安倍首相は、内閣改造に先立ち、07年8月下旬、1週間の日程でインドネシア、インド、マレーシアを歴訪したあと、内閣改造後の9月7日から10日まで、アジア太平洋経済協力会議（ＡＰ

EC）首脳会議が開かれる豪州を訪問した。帰国後は直ちに臨時国会が開幕する予定で、かなりのハードスケジュールが組まれていた。

9月8日、シドニー市内で行われた日米首脳会談と日米豪首脳会談では、インド洋での海上自衛隊の給油活動を継続するための、テロ対策特別措置法の延長問題が焦点になった。同法は小泉政権下の01年、2年間の時限立法として成立したが、その後、延長を繰り返し、07年11月1日に期限切れを迎えることになっていた。

日本は、米同時多発テロ以来、米英などによる海上阻止行動の後方支援として、海上自衛隊の護衛艦と補給艦の2隻を、おおむね4か月交代で北部インド洋を中心に派遣していた。同年8月までに米国、パキスタン、フランスなど11か国に給油支援を行い、給油回数は774回、総量約48万キロリットルに上っていた。ブッシュ米大統領は、会談の中で「日本の支援は、テロとの戦いに参加する国際社会のメンバーに不可欠だ」と述べ、活動の継続を迫った。安倍は、「最大限努力する」と述べたが、参院第1党になった民主党が、延長に反対の姿勢を崩していないことから、成立の見通しは立っていなかった。

安倍は9月9日、シドニー市内での記者会見で、給油活動という国際貢献は、「主張する外交」の根幹の一つであり、その継続が「国際的な公約となった以上、私には大変大きな責任がある。民主党はじめ野党の理解を得るため、職を賭して取り組む」と決意を表明、延長に反対している小沢民主党代表との早期の党首会談に期待を示した。そのうえで、「すべての力を振り絞って職責を果たしていかなければならない。私の職責にしがみつくことはない」と述べ、「国際公約」が果たせない場合は、総辞職する可能性にも言及した。必要以上に自らを追い込むような発言であり、これにより安倍は自衛隊の給油活動の継続に政権の命運を賭ける形になった。

ねじれ国会開幕

第168回臨時国会が9月10日、召集された。会期は、11月10日までの62日間。安倍の所信表明演説のあと、9月12日から14日にかけて衆参両院で代表質問が行われることになった。先の参院選での与野党逆転を反映し、衆参の勢力分野（9月8日現在）は次のようになっていた。

【衆院】自民党・無所属会305▽民主党・無所属クラブ113▽公明党31▽共産党9▽社民党・市民連合7▽国民新党・そうぞう・無所属の会6▽無所属9

【参院】民主党・新緑風会114▽自民党・無所属の会84▽公明党21▽共産党7▽社民党・護憲連合5▽国民新党4▽無所属7

参院選のあと、民主党の小沢代表は、ねじれ国会であっても与党との妥協を否定し、「これからは参院が主戦場だ」と強調。小沢と菅代表代行、鳩山幹事長による定例の「トロイカ会談」に参院議員会長の輿石東《こしいしあずま》も加えて、4者会談とした。逆に、参院自民党は、青木参院議員会長が参院選惨敗の責任を取って辞任し、後任には尾辻秀久元厚生労働相が就いた。

安倍は9月10日、衆参両院で所信表明演説を行い、これまでの成長戦略を微修正し、地方対策や格差解消など、「改革の影の部分にきちんと光を当てる」考えを強調した。過去2回の国会演説で意欲を示していた集団的自衛権行使に関する事例研究にも触れなかった。参院選の結果を色濃く反映した内容で、全体の長さも過去2回の国会演説の半分程度に抑えられた。

力感に乏しい演説内容とは別に、安倍は、参院本会議での演説で重大なミスを犯した。翌年7月の北海道洞爺湖サミット（主要8か国首脳会議）で地球温暖化対策を前進させるため、リーダーシップを発揮していく、と表明する部分を読み飛ばしたのである。野党席からの「サミットを飛ばしているぞ」とのヤジにもかかわらず、安倍はそのまま演説を終えた。変調を来していた安倍は、この「3行の読み飛ばし」に強いショックを受ける。

安倍は後に、先の『文藝春秋』の「独占手記」の中で、「参院で演説する段階では、体力的にも相当しんどいと痛感しました。集中力も続かず、（中略）読み飛ばしてしまい（中略）二十分足らずの所信表明演説でこうした無様な姿をさらしたのでは、その後続く、代表質問、予算委員会には到底耐えられないのではないか。（中略）このままの状態で総理大臣としての職責を果たすことができるか、正しい判断ができるか」と自問し、結局、「我が身を省みるに、誠に残念ながら、それは不可能であると認めざるを得なかった。それが辞任を決断した最大の理由です」と書いている。

要領を得ない辞任会見

07年9月12日、衆院の代表質問が始まる日だった。安倍は同日午後2時から、首相官邸で記者会見し、突如、辞任の意向を表明した。安倍はその理由について、「今の状況でなかなか国民の支持、信頼の上において、力強く政策を前に進めていくことは困難な状況だ。ここは自らがけじめをつけることによって局面を打開をしなければいけない」と述べた。

準備不足だったにせよ、まことに要領を得ない会見だった。安倍はこの中で、民主党の小沢代表に党首会談を申し入れ、自衛隊の給油活動継続に向けて、思いと考えを伝えようとしたが、断られたため、局面転換のために辞めると語った。誰もが、これが辞める理由なのか、と首をかしげ、記者団からも、「なぜ、内閣改造、所信表明演説を終えた今になって辞任するのか」「首相の辞任と給油活動の継続がどうつながるのか」といった質問が相次いだ。

安倍は、最大の理由である健康問題に一切言及しなかった。その理由について、安倍は「一国の総理大臣が、生命の危機に瀕しているならともかく、（中略）病気を理由に職を辞すことは決して潔いことではない、という私なりの価値観もありました」と、先の「独占手記」に記している。

これに先立つ10日夕、安倍は、自民党役員会のあと、麻生自民党幹事長を呼び止め、「体力、気力が衰え、職務を遂行するのが困難な状況です」と辞意を漏らした。麻生は驚いて、「テロ特措法なら、何とか乗り切れます。今は辞めるタイミングではありません」と必死に慰留に努めた。テロ特措法の成立への前途は多難だが、参院で否決されても、衆院で再可決すれば成立は可能だれ辞意を伝えた。しかし、安倍は翌11日、麻生に改めて会い、また、太田昭宏公明党代表にも会ってそれぞった。

再度会見、「健康問題」明かす

内閣官房長官の与謝野馨は、当日まで知らなかった。安倍は、9月12日午後4時からの官房長官の定例会見の直前、健康問題に触れるよう与謝野に頼んだ。これを受けて与謝野は、記者会見で「安倍首相は東南アジアに旅行されて以降、健康状態は大変厳しいものがあった。誰にも言わないで、じっと耐えてきた部分を、ぜひ長い目でご理解いただきたい」と、健康状態の悪化を示唆した。

与謝野は後年の自著で、病気を理由にしないという首相の心情は理解できるとしても、「やはり、一国の総理がその座を去る時には、きちんと国民にわかるように説明をしなくてはいけなかった。それも推敲《すいこう》に推敲を重ねた文章で、自分が置かれた立場、心境を明確に国民に伝えるべきだった」と記し、辞任会見は「失敗」だったと断じている。さらに与謝野は、「だから私は、正式に内閣総辞職をする時の閣議には『とにかく這《は》ってでも来てください』と、総理に強くお願いした。（中略）『もう一度、できればきちんと自分の心境を伝える記者会見をやってください』とも進言した」と書いている（与謝野馨『堂々たる政治』）。

安倍は退陣会見の翌日、慶應義塾大学病院に入院した。同月24日、安倍は同病院で改めて記者会見し、退陣を決断した最大の理由は「体調の悪化だった」ことを明らかにした。辞任が「最悪のタイミングとなり、国政に支障を来し、国民に多大な迷惑をかけたことを深くお詫《わ》びする」と陳謝した。結局、安倍は、辞任のタイミングを誤り、最悪の時期に決断せざるを得なくなった。せめて所信表明演説の前に辞任すべきだったのである。

安倍辞任劇のあと、永田町では奇妙な風説が立った。麻生と与謝野が辞意を知りながら、それを利用して何かを画策していたという類いの「クーデター説」だった。この風説には、ポスト安倍で有力視される麻生の動きを封じ、足を引っ張る狙いがあると思われた。安倍は同日の記者会見で、クーデター説を全否定した。

潰瘍性大腸炎

安倍は8月上旬に腹痛を覚え、主治医の日比紀文《ひびとしふみ》（慶應義塾大学病院）の診察を受けたところ、「機能性胃腸障害」だった。しかし、食欲不振が続き、お粥《かゆ》しか喉を通らなくなり、点滴に切り替えた。その後、アジア3か国歴訪をきっかけに、安倍の病状は悪化し、さらにウイルス性大腸炎にかかった。帰国後も下痢は止まらず、安倍の「独占手記」によれば、「辞める」という考えが初めて具体的に頭に浮かんだ。そして豪州訪問からの帰途の機中で、「辞任について初めて真剣に考えた」という。70キロあった体重は63キロにまで落ち込んだ。この潰瘍性大腸炎の発症が、結局、安倍退陣の引き金を引いた。

潰瘍性大腸炎は、厚生労働省が特定疾患に指定していた難病であり、大腸の粘膜に炎症が起こって爛《ただ》れ、血便や持続性・反復性の下痢、腹痛が続く病気だ。悪化すると、1日30回もトイレに行かなければならなくなる。原因は、免疫異常が指摘されているが、よくわかっておらず、国内の患者は当時10万人と推定されていた。

安倍は2012年、主治医の日比慶應義塾大学医学部教授との対談で、中学生の頃からこの持病に苦しんできたことを語っている。[3] これは安倍にとって宿痾《しゅくあ》であり、のちに首相にカムバックし、長期政権を樹立した後の退陣劇でも、この病気の悪化が首相辞任の理由になるのである。

注

1　森元首相は後にインタビューに答え、その日の会合について、「『昨年の総裁選で谷垣さんが首相と戦ったのだから、後継総裁候補は谷垣さんかな。しかし党内がまとまるかな』『麻生さんが一番近いのだろうな。頑張ったわな』『本当は福田さんに出てもらえれば一番いいのだろうが、絶対受けないだろうな』などと話し合った。その後、首相公邸で首相に会った中川氏から『首相は、いかなる事があっても辞めない』という決意を聞いた」という（07年8月11日付『読売新聞』朝刊）。

2　与謝野馨によると、2001年、JR東海社長の葛西敬之から、「与謝野さんと自民党の若手ホープの方々と財界で、年に四、五回会って意見交換しませんか」と呼びかけがあり、そのホープとして名前が挙がったのが、安倍晋三だった。そこで安倍らを交えた政財界の勉強会「四季の会」が始まった。財界からは、葛西をはじめ、古森重隆、福地茂雄、三村明夫らがメンバーになり、第2次安倍政権でもそれぞれ有力ブレーンとして安倍への影響力を保持した（後藤謙次『ドキュメント 平成政治史3』、与謝野馨『堂々たる政治』)。

3　安倍は、主治医との対談で以下のように語っている。「中学3年生の時、腹痛の後に下痢と血便が続き、便器が真っ赤に染まってびっくりしました。高校生になってからも年に1回くらい同じ症状が起こりました。(中略)神戸製鋼所に入社してから症状が悪化し(中略)、検査を受けて潰瘍性大腸炎と分かりました。(中略)2回目(1996年)の選挙のほうで大変つらい思いをしました。たびたび強い便意が起こるのですが、選挙カーからおりるわけにはいかないので脂汗をかいて我慢していました。(中略)最大の危機は、1998年、自民党国会対策副委員長を務めていた時でした。(中略)体重は65kgから53kgに減り(中略)慶應病院へ3ヵ月入院しました。(中略)家内の昭恵は『政治家なんか辞めてください』と涙ながらに訴えるし、身近な人は病気を公表して政界からの引退を勧めました(中略)腸の全摘手術も検討されました。この時、ペンタサの注腸療法がよく効いて日常生活にほとんど問題がなくなりました。(中略)寛解状態が続き、幹事長、副幹事長、官房長官の要職を充実した思いで果たすことができました。これなら総理大臣への挑戦も可能だなと考え、(中略)総理大臣になりました。(中略)想像していたより何十倍もの激務でした。機能性胃腸症にかかり、お粥と点滴で栄養補給しながら、海外諸国を訪問するようなありさまでした。結局、海外でかかったウィルス性腸炎のため、持病は最悪の状態になり、(中略)潔く辞意を表明しました」(『消化器のひろば』2012年秋号)

第2次政権

2012－2020

序　安倍政権「空白」の5年

安倍晋三が2007年9月に退陣した後も、日本政治の混乱は続いた。安倍が12年12月、第2次政権をつくるまでの間、福田康夫、麻生太郎両首相が率いた自民党政権のあと、民主党の鳩山由紀夫、菅直人、野田佳彦の3人の首相が政権を担った。安倍にとっては「権力の空白期」にあたる5年間に一体、何が起きていたのか。

「大連立」構想不発

07年9月の自民党総裁選で、元官房長官の福田康夫が、幹事長の麻生太郎との一騎打ちを制し、第22代党総裁に就任した。9派閥のうち麻生派を除く8派閥が福田支持に回って、一気に流れが決まった。小泉内閣で内閣官房長官を務めた福田の安定感が買われた。福田は、憲政史上初めて、父赳夫と「親子2代」となる首相の座に就いた。首相指名選挙では、参院では、福田と小沢一郎民主党代表との決選投票の末、小沢が指名された。衆参ねじれ国会を象徴する出来事だった。

福田は、派手なパフォーマンスでトップダウン型の政治スタイルの小泉とも、世代交代や「戦後レジームからの脱却」を旗印にした安倍とも大きく異なっていた。外交政策でも、小泉、安倍とは対照的に、日米同盟強化だけでなく、積極的にアジア外交も進める「シナジー外交」を唱えた。福田は、自ら「背水の陣内閣」と命名し、「一歩でも間違えれば、自民党が政権を失う可能性がある」と危機感をあらわにし、就任早々、「断崖絶壁」の危地から脱するため、民主党との大連立という大勝負に出た。

福田は、読売新聞社の渡邉恒雄主筆と齋藤次郎元大蔵次官の橋渡しにより、小沢との間で、大連立交渉に着手。10月中旬、福田の名代の森喜朗と小沢が会談し、小沢の副総理としての入閣や両党のポスト配分も決まり、御膳立てが整った。11月2日、福田と小沢との党首会談で、小沢は自衛隊派遣をめぐる恒久法策定などを条件に受諾した。しかし、小沢が「大連立」合意を党に持ち帰ると、党役員らから反対意見が噴出し、小沢は取りまとめに失敗した。小沢は、代表辞任を明らかにし、大連立の試みは民主党の政権担当能力を磨くためだったと説明。その後、「張り詰めていた気分がプッツンした」と釈明して辞意を撤回した。

ねじれ国会の修羅場

大連立破綻後、小沢は態度を豹変《ひょうへん》させ、福田の協力要請を拒み続けた。政府の新テロ対策特別措置法案は11月、衆院を通過したが、会期内成立は図れず、国会は延長されて越年。08年1月の参院本会議で否決されると、衆院に送付され、与党は衆院本会議で再可決、同法はようやく成立した。参院で否決された法案の衆院再可決は57年ぶり。これにより、インド洋での海上自衛隊の給油活動は再開された。

小沢民主党の次の手は、再可決が通用しない国会同意人事だった。08年3月で任期の切れる日銀総裁人事で、武藤敏郎副総裁（元財務事務次官）を充てる政府案を参院で否決。次いで大蔵事務次官を務めた田波耕治国際協力銀行総裁の代替案も葬り、日銀総裁が空席になる異常事態が生じた。4月、白川方明《まさあき》副総裁の昇格によってようやく空席が埋まったが、小沢の執拗《しつよう》なやり口に、福田は「私どもは、かわいそうなくらい苦労している」と嘆いた。

続いて民主党は、ガソリン税などの暫定税率を定めた租税特別措置法の延長に反対し、4月1日から暫定税率は失効し、ガソリン価格が下がった。与党は、参院が60日以内に議決しない時は否決したとみなすことができるという憲法59条の「みなし否決」規定を56年ぶりに適用して、衆院本会議で再可決。これにより5月1日から暫定税率が復活し、ガソリン価格は値上げされた。小沢の政変狙いの国会戦術は空騒ぎに終始し、国民経済を混乱させただけだった。

08年6月の参院本会議は、史上初めて首相問責決議案を可決したが、与党は、衆院に内閣信任決議案を提出して可決、福田は問責決議を黙殺した。結局、この「ねじれ国会」の与野党による消耗戦は、「強すぎる参院」という二院制の制度的欠陥を露呈して終わった。

福田は同年7月には、北海道洞爺湖サミット（主要8か国首脳会議）で議長役を務めたあと、8月に内閣改造と自民党役員人事を行い、党幹事長に麻生太郎を起用した。ところが、福田は08

年9月1日夜、緊急記者会見を開き、突如、辞意を表明した。与党内からは支持率の低い福田内閣の下での衆院選を懸念する声が出ていた。首相は退陣会見で、質問に対して『（あなたは私の会見が）他人事のようだ』と言うが、私自身は自分を客観的に見ることができる。あなたとは違うんです」と、気色ばんで反論した。

リーマン・ショック

麻生太郎は、08年9月の党総裁選で、与謝野馨、小池百合子、石原伸晃、石破茂に大差をつけて圧勝し、「次なる総選挙で民主党に勝って、初めて天命を果たしたことになる」と決意表明した。しかし、その1週間前、米国の大手証券会社リーマン・ブラザーズが破綻し、国際的な金融危機に発展すると、自民党にも動揺が走り、「11月解散」というシナリオに狂いが生じた。麻生首相は10月末の記者会見で、衆院解散の先送りを表明した。一方で、麻生は、漢字の読み違いを連発、医師は「社会的常識がかなり欠落している人が多い」と失言して評判を落とした。

日本経済は急速に悪化し、12月上旬、麻生内閣の支持率は20％に急落。臨時国会会期末に民主党が提出した衆院解散要求決議案は否決されたが、渡辺喜美元行政改革相は賛成票を投じた。渡辺は翌年1月、自民党を離党した。

09年2月の衆院予算委員会で、麻生は、日本郵政グループの4分社化体制見直しに言及し、「郵政民営化には反対だった」とも発言、小泉元首相や小泉チルドレンらの反発を買った。また、中川昭一財務・金融相が2月、ローマで開かれた主要7か国（G7）財務相・中央銀行総裁会議閉幕後の記者会見に、呂律がまわらない状態で出席、醜態を演じて辞任した。

衆院選、自民は歴史的惨敗

一方、民主党でも3月、ゼネコンの西松建設による違法政治献金事件が発覚、小沢代表の公設第1秘書が東京地検特捜部に逮捕された。小沢は検察の強制捜査を「不公正な国家権力の行使」と批判し、代表辞任を拒んだ。安倍晋三は4月、麻生と密談し、「5月解散」を進言したが、小沢は5月になって辞任、後継に鳩山が返り咲く中で、麻生は解散のタイミングを逸した。

7月の東京都議選では、民主党が都議会第1党に躍進し、逆に自民党は過去最低議席に落ち込んだ。同月15日、与謝野馨財務・金融相と石破茂農相が首相官邸に突然、姿をみせ、麻生に辞任を求めた。政権はもはや内部崩壊寸前で、政府・与党は、破れかぶれで解散・総選挙に突入した。8月30日投開票の結果、民主党が過半数を大幅に上回る３０８議席（公示前勢力１１５）を獲得し、政権を手中にした。自民党は、１１９議席（同３００）に激減、結党以来、初めて第2党に転落するという歴史的惨敗に打ちのめされた。麻生は総理の座を去った。

公明党では太田昭宏代表、北側一雄幹事長、冬柴鉄三前幹事長らが落選した。太田は、小沢側近で参院議員から鞍替えした女性議員に敗れた。「小沢ガールズ」と呼ばれた女性候補を「刺客」として放つ小沢の作戦は、前回の小泉郵政選挙の「小泉チルドレン」を模倣していた。

病気退陣後の安倍は、退院して自宅療養生活に入り、07年11月、新テロ対策特措法案を採決した衆院本会議に約1か月半ぶりに出席した。12月には1年3か月ぶりで昭恵夫人と共に山口県に「お国入り」した安倍は、記者会見で次期衆院選に出馬する考えを表明。再び首相を目指すのかと聞かれると、「そんなことは全く考えていない」と答えた。08年3月には町村派に復帰し、外遊も再開した。安倍は、足繁く地元に入り、20人以下の選挙民を集めてのミニ集会を繰り返した。その数は300回を数え、未経験の戸別訪問にも汗を流した。09年には、ラジオやテレビの人気番組に出演して露出度を高めた。安倍は、同年の衆院選で、民主党新人の女性候補を大差で破って6選を果たし、復権への足がかりを得た。

16年ぶり、非自民政権

鳩山民主党代表は09年9月、社民党、国民新党との間で3党連立内閣を発足させた。非自民政権は細川政権以来、16年ぶり。内閣支持率は75%を記録した。鳩山は祖父、一郎元首相の座右の銘とされる「友愛」を政治信条に掲げた。鳩山は、細川内閣の官房副長官を務めただけで、閣僚経験はなかった。鳩山内閣は、「コンクリートから人へ」をスローガンに、大型公共事業を削減し、社会保障や教育費に予算を回すとして、八ッ場《やんば》ダムと川辺川ダムの建設を中止した。

同年11月、政府の行政刷新会議は、税金の無駄遣いを洗い出すため、「事業仕分け」作業をスタートさせた。「仕分け人」の一人、蓮舫参院議員がスーパーコンピューター予算に絡んで、「世界一になる理由は何。2位じゃ駄目なんでしょうか」と質して話題を呼んだ。だが、成果は乏しく、パフォーマンス優先の政治ショーに過ぎなかった。

党幹事長に就いた小沢は、党の政策調査会を廃止し、予算陳情などの窓口を幹事長室に一本化することを決めた。国会での官僚答弁は、内閣法制局長官も含めて禁止した。また、与党議員と官僚との接触を制限し、各府省では、閣僚らの「政務三役会議」で重要方針を決めると定めた。事務次官の記者会見は中止し、官僚機構の頂点に立つ官房副長官（事務担当）が主宰する事務次官会議も廃止した。政治主導の名の下、度を越した官僚排除の「新ルール」は、政・官の協同作業を破壊し、不慣れな民主党の政権運営に混乱をもたらした。

普天間基地問題で混迷

鳩山の背後で、権力の「二重支配」を押し進めた小沢は12月、民主党の衆参両院議員143人を引き連れ、北京で中国の胡錦濤国家主席と会談した。小沢は、その後来日した習近平《しゅうきんぺい》国家副主席と天皇陛下との会見を、宮内庁の抗議をはねつけ、首相指示の「特例扱い」で実現させた。予算編成で小沢は、輿石東参院議員会長らとともに官邸に乗り込み、マニフェストの軌道修正を迫った。9月に自民党総裁に選ばれた谷垣禎一は、「日本の民主主義のために『小沢独裁』と戦わなければならない」と呼号した。

鳩山は、外交方針として「対等な日米関係」と「東アジア共同体」を打ち出した。米軍普天間飛行場は、名護市辺野古への移転ではなく、「最低でも県外への移設」との考えを表明した。同年11月、初来日したバラク・オバマ米大統領から普天間問題の迅速な結論を迫られると、鳩山は、「必ず答えは出すので、私を信じてほしい（トラスト・ミー）」と請け合った。

10年の通常国会は、鳩山首相と小沢幹事長の醜聞で幕を開けた。鳩山の資金管理団体が、鳩山の実母から提供された資金を、個人献金や政治資金パーティー券収入と偽って、政治資金収支報告書に記入していた。一方、小沢の資金管理団体「陸山会」が04年、東京都世田谷区の土地を購入した件に絡み、東京地検特捜部は10年1月、同会の事務担当者だった現職衆院議員の石川知裕らを政治資金規正法違反で逮捕した。

鳩山は5月、仲井眞弘多沖縄県知事と会談し、県外移設断念を伝え、記者団には「学べば学ぶほど抑止力が必要との思いに至った」と吐露した。鳩山は5月28日、辺野古への移設を明記した対処方針を閣議決定し、これに反対した社民党の福島みずほ消費者・少子化相を罷免、3党連立の一角が崩れた。6月2日、鳩山は民主党両院議員総会で辞任の意向を表明し、小沢をはじめ執行部は総退陣した。ぎょろりとした目と、浮世離れした印象から「宇宙人」というあだ名をつけられた鳩山の最後の仕事は、一緒に職を去る確約を小沢から取り付けることだった。

「脱小沢」の菅政権発足

菅直人副総理・財務相は10年6月、民主党代表選への出馬会見で、「小沢氏は国民の不信を招いた。しばらく静かにしていただいた方が本人、日本の政治にとっていいのではないか」と、「脱小沢」の旗色を鮮明にし、新代表に選出された。市民活動家から首相の座に上り詰めた菅は、国民新党との連立内閣を発足させ、官房長官・副総理に仙谷由人《せんごくよしと》国家戦略相、党幹事長に枝野幸男行政刷新相を起用した。菅の後任の財務相には野田佳彦財務副大臣を充てた。小沢の影響力を弱め、「政治とカネ」のダーティー・イメージを払拭しようとした。

7月の参院選公示を前に、民主党のマニフェストには、「消費税を含む税制の抜本改革を行う」との表現が盛り込まれ、菅は記者会見で、「当面の税率は、自民党が提案している10％を一つの参考にしたい」と述べた。これに対して小沢は、「衆院選の時に4年間は上げないと約束をしたはず」と、菅を非難した。敗色濃厚となった投票日前日、民主党は、「政治とカネ、普天間基地問題、税制改革の道筋で、混乱と不信を招いたことを率直にお詫びする」との異例の声明を出した。

第22回参院選は、連立与党が、非改選議席を含め過半数を割り、大敗した。この結果、民主党政権も衆参のねじれ状態に陥った。自民党は改選議席を超える51議席に伸ばして改選第1党になった。渡辺喜美が率いる「みんなの党」は10議席へと躍進した。9月の民主党代表選は、小沢と菅との一騎打ちになり、鳩山は一転して小沢支持に回った。菅が小沢を破り、再選を果たしたが、国会議員の半数近くが小沢を支持し、党内に深い亀裂が入った。

中国漁船衝突事件

民主党の代表選最中の9月7日、沖縄県・尖閣諸島沖で、中国漁船と海上保安庁の巡視船が衝突する事件が起きた。領海内で、漁船が警告を無視して「体当たり」してきたことは明白だった。ところが、政府がそのビデオ公開を拒む一方、海上保安庁は、中国人船長を公務執行妨害容疑で逮捕、那覇地検に送検したが、船長は、拘置期限を待たずに処分保留で釈放、チャーター機で帰国した。地検は、釈放の理由に「日中関係への配慮」などを挙げた。ビデオは後日、海上保安官によってインターネット上に公開された。

この間、中国側は、東シナ海のガス田共同開発に関する交渉延期を発表し、赴任したばかりの丹羽宇一郎駐中国大使を呼び出して激しく抗議。22日には温家宝首相が「船長の即時無条件釈放」を要求した。中堅ゼネコンの日本人社員の拘束事件が起こる一方、レアアースの輸出停止が通告され、中国国内では、反日デモが続発・拡大した。

11月初め、ロシアのドミトリー・メドベージェフ大統領が、ソ連時代も含めロシアの国家元首として初めて北方領土・国後島《くなしり》を訪問した。中国漁船衝突事件をめぐり、同月、仙谷官房長官と馬淵澄夫国交相に対する問責決議が参院で可決された。菅は11年1月、内閣を再改造し、仙谷の後任に枝野幸男を充て、経済財政相には、自民党を離党していた与謝野馨(無所属)が就任した。

一方、陸山会事件で、検察審査会が「起訴すべきだ」と議決していた小沢は、同月末、在宅で強制起訴された。菅は小沢に自発的な離党を促したが、小沢は拒否し、民主党は小沢の党員資格停止を決めた。3月、前原誠司外相が在日韓国人から5年間で計25万円の違法献金があったことを認めて辞任した。

未曽有の東日本大震災

11年3月11日午後2時46分、三陸沖を震源とする国内観測史上最大のマグニチュード9・0の地震が発生した。岩手、宮城、福島3県の沿岸は、高さ10メートルを超す大津波に襲われた。他の都道県も含め、死者・行方不明者は2万2000人超に達した。東京電力福島第一原子力発電所は、全電源を喪失して冷却不能になり、原子炉建屋で爆発が相次ぎ、大量の放射性物質が外部に拡散した。未曽有の「複合災害」により、日本は国家的な危機に直面した。

自衛隊は、過去最大の10万人態勢で被災地支援にあたった。米軍は、自衛隊と連携して、最大時で約2万4500人、大型空母を含む艦船約20隻などを投入して、災害救助の「トモダチ作戦」を実施した。

政府は11日、原子力緊急事態宣言を発し、翌12日朝、菅は陸上自衛隊のヘリコプターで第一原発入りした。政府の避難指示は場当たり的で、住民たちを不安と混乱に陥れた。15日、菅は東電本店で「日本がつぶれるかもしれない時に撤退などあり得ない。命がけで事故対処にあたられたい」と、怒声を上げた。弱体内閣ならではの綻《ほころ》びが出て、菅は「電力需給緊急対策本部」「震災ボランティア連携室」など手当たり次第、種々の組織を立ち上げた。

政府の事故調査・検証委員会は、12年7月の最終報告で、菅の現場入りには「疑問」があり、「当初から陣頭指揮をとるような形で現場対応に介入することは適切でない」と批判した。

「菅下ろし」で分裂状態

菅は、自民党との大連立も仕掛けていた。11年3月、自民党の谷垣総裁に電話を入れ、「副総理・復興担当相として入閣してほしい」と持ち掛けた。谷垣は、「政策協議なしに連立とは、唐突過ぎる」と、即答を避けた。不手際と混乱が続いた菅内閣への批判は民主党内でも高まり、被災地の地元・岩手にすぐに入らず、なりをひそめていた小沢は、4月に鳩山と会談し、小沢に近い議員らとともに「菅下ろし」を公然化した。

6月初め、野党提出の内閣不信任案採決前の民主党代議士会で、菅は、鳩山との間で交わした「覚書」に触れつつ、退陣含みの挨拶をした。このため、小沢らの陣営は引き下がり、内閣不信任案は否決された。しかし、菅は記者会見で一転、早期退陣を否定したため、「こんなペテン師まがいのことを、時の首相がしてはいけない」と、鳩山は怒りをぶちまけた。不信任案の採決で、民主党議員の造反は17人に上った。

菅は、国会会期を延長し、それから約3か月、首相の座に居座った。その間、与謝野が中心になって6月末、「社会保障・税一体改革」案を正式決定し、社会保障財源を確保するため、消費税率を「2010年代半ばまでに段階的に10%まで引き上げる」と明記した。また、8月には太陽光や風力などで作る電気の買い取りを電力会社に義務付ける再生エネルギー特別措置法が成立した。これらは、菅が断末魔の粘り腰で生んだ置き土産となった。

消費税率引き上げ関連法成立

民主党の代表選が11年8月、告示され、前原誠司、馬淵澄夫、海江田万里、野田佳彦、鹿野道彦の5人が立候補した。両院議員総会で投開票が行われ、党内最大グループを率いる小沢が支持する海江田がトップに立った。だが、過半数に届かず、2位の野田との決選投票の末、野田が逆転勝利した。

松下政経塾、千葉県議を経て日本新党から1993年衆院選で初当選した野田は、自らを「保守政治家」と自認し、代表選の政見演説では「泥臭く、国民のために、汗をかいて働く『どじょうの政治』」の遂行を訴えた。野田は、小沢や鳩山に近い輿石参院議員会長を党幹事長に起用し、政策の最終決定機関として「政府・民主三役会議」を新設した。

野田が消費増税の成案づくりに入ると、党内には先送り・反対論が広がった。小沢は11月、若手議員らを相手に、消費増税を強行すれば、「(選挙に)出撃してもみんな帰ってこられない」と警告し、年末には小沢グループの衆院議員9人が集団で離党届を提出、「野田下ろし」を始めた。これに対して、野田は2012年2月末の党首討論で、「51対49の党内世論でも、決めたら頑張る」と、党内の反対を押し切ってでも法案を提出する覚悟を示した。さらに3月の講演で、消費税率引き上げ関連法案を「命を懸《か》けて」成立させると語った。

民主党は参院で過半数を割っており、法案成立のためには、自民党の協力が不可欠だった。3月末、政府が同法案を閣議決定すると、与野党協議を呼びかけ、同年6月には、民主、自民、公明などの賛成多数で法案は衆院を通過した。衆院議員の8割が賛成した。しかし採決では、民主党から小沢グループを中心に57人の議員が反対票を投じ、16人が欠席・棄権して、民主党は事実上、分裂した。7月、小沢らは離党し、49人が参加して新党「国民の生活が第一」を結成、小沢が代表に就いた。

小沢は、19年前に自民党を離党して以来、新生、新進、自由の各党の結成・解散を繰り返した後、民主党に合流し、政権交代を果たしたが、またも分裂劇の主役を演じ、4回目の新党づくりに走った。

尖閣諸島の国有化

石原慎太郎東京都知事は12年4月、尖閣諸島(沖縄県石垣市)を都が買い取る方針を表明した。6月、都は、尖閣諸島の購入資金に充てるため募った寄付金が10億円を突破したと発表した。これに対し、政府は9月、尖閣諸島を国有化するため、購入費20億5000万円を予備費から支出することを閣議決定した。中国は猛反発し、各地で反日デモが展開された。他方、韓国の李明《イミョン》博《バク》大統領は8月、歴代大統領として初めて竹島に上陸した。また、大学教員らとの会合で、天皇が訪韓したいなら天皇陛下は謝罪せよと発言した。日韓、日中の近隣関係は急速に悪化した。

他方、早期衆院解散を要求してきた自民党の谷垣総裁は、消費税率引き上げの見返りに、解散の約束を取り付けなければならず、「8月解散、9月総選挙」を唱えたが、野田首相は解散時期を明確にしなかった。参院採決が近づいた8月、野田は、谷垣と山口那津男公明党代表との党首会談で、衆院解散の時期について「法案が成立した暁には、近いうちに国民の信を問う」と約束し、法案の早期成立で合意した。

同法は、同月10日の参院本会議で成立し、これにより、消費税は当時の税率5%から14年4月に8%、15年10月に10%と段階的に引き上げられることになった。第2次安倍政権は、14年の引き上げは実施したものの、15年の引き上げは2度にわたって延期する。

さて、野田の言う「近いうち」では、解散時期の確約がとれたとはいえず、自民党内から批判が出て、谷垣は苦しい立場に置かれた。自民党は会期末、「国民の生活が第一」などが参院に提出した首相問責決議案に賛成した。決議案は、消費税率引き上げの3党合意などを批判しており、これに同調したことは自らを貶《おとし》めるに等しかった。谷垣は、野田内閣を衆院解散に追い込むことができなかった。

第2次安倍内閣

2012年12月26日～2014年11月21日（衆議院解散）

第1章　党総裁選、安倍の勝利

谷垣総裁の不出馬

野田佳彦首相は、「近いうち」解散を約束しながら、一向に衆院を解散する素振りをみせず、国会は2012年9月8日、会期末を迎える。一方で、自民党総裁の任期切れが迫っていた。自民党は8月31日、総裁選を9月14日告示、同26日投開票の日程で実施することを決めた。野田にだまされた形で、会期末まで衆院解散に追い込めなかった党総裁の谷垣禎一は、総裁選での出遅れが否めなかった。谷垣は8月31日、幹事長の石原伸晃に対し、再選への協力を求めたが、石原は、谷垣の出身派閥の古賀派会長・古賀誠元幹事長の「了解を得てください」と注文をつけ、「私にも出馬要請がきている」と自らの出馬をにおわせた。谷垣が古賀を訪ねると、古賀は「後進に道を譲ってはどうか」と、にべもなかった。

谷垣は9月10日、記者会見し、出馬断念を表明し、その理由について「総裁と幹事長が出馬するのは良くない」と説明した。谷垣は、宏池会出身らしい教養人で好漢だったが、国民的な人気は高くなかった。党内は、谷垣の野党総裁としての業績評価は脇に置き、野田とともに進めた自公民路線に対する反発が強まっていた。谷垣には、自分を推挙する強力な戦闘部隊を周囲に欠いており、結果的には野党総裁で首相になれなかった河野洋平と同じ道をたどる。

仕掛け人は菅義偉

それと対照的に浮上したのが元首相の安倍晋三だった。安倍は健康を回復し、政局でも政策問題でも積極的な発言をしていた。12年2月、安倍は大阪市でのシンポジウムの席で、松井一郎大阪府知事と意気投合し、松井は4月、のちに「日本維新の会」[1]を結成する橋下徹大阪市長と一緒に、都内で安倍と会談するなど接近の度を強めた。安倍は当時、橋下について「やっぱり発信力がすごい」と語るなど、政界が流動化する中で「第3極」としての橋下らの動向に注意を払っていた。松井は、第2次安倍政権で官房長官を務めることになる菅義偉[*1]とも親しい関係にあった。

総裁選を控え、安倍は、側近グループの主戦論と自重論のはざまで悩んでいた。その中で、安倍の出馬を最も強く推したのは菅だった。8月15日ごろ、安倍の自宅を訪れた菅は、是非、出馬すべきだ。自分は勝てると思っている。万が一ダメでも、全国を回って安倍に支持があることを示せれば、次につながると、安倍の立候補を促した。菅は、総裁選を想定し、すでに蛍光ペンを片手に自民党国会議員一人一人の支持動向をチェック（票読み）していた。

当時、日本の世論は、中国漁船衝突事件、尖閣諸島国有化をめぐる中国の高圧的な姿勢に反発を強めていた。自民党内の政策位置やイデオロギーは、民主党政権との差別化を図る狙いもあって、右寄りに傾斜。菅は、党内に広がる「右傾化」の空気が、保守的・右派的な政治思想の持ち主である安倍にとってプラスになるとみていた。安倍と麻生太郎は、「自民党本来の、保守政党としての姿を明確にしなければ選挙で大きな勝利は得られない」との見方で一致し、安倍は、「麻生の支持が得られなければ出馬しない」と、麻生の支援を求めていた。[2]

安倍は、社会保障・税一体改革の3党合意に結実した民主、自民、公明の3党協力には否定的で、合意自体を放棄したいと考えていた。橋下らとの連携は、自公民路線を断ち切り、保守路線を鮮明にする、とっておきの手段になるかもしれなかった。

安倍、立候補を決意

安倍は8月28日、清和政策研究会（清和会）派閥の重鎮、森喜朗元首相に会い、「中堅・若手の声、国家観が同じメンバーの声に応えなければならない」と、総裁選立候補の考えを伝えた。これに対し森は、町村信孝元官房長官（町村派会長）が出馬すれば、派閥分裂の可能性があるとして安倍に自重を促した。ただ、森は当初、町村は出馬しないと見込んで、懇意だった石原都知事の息子、伸晃を支持していた（『回顧録』）。

町村は安倍に向かって、「私にとってこれが最後のチャンス。君には先がある」と、出馬見送りを要請した。森が一本化調整に乗り出し、「派外の支持は安倍君の方が多い」と、町村に出馬を思いとどまらせようとしたが、物別れに終わった。安倍は9月5日、総裁選の支持母体になる「新経済成長戦略勉強会」を発足させ、選対本部長には甘利明元経産相が就いた。同月12日、安倍は、「国難だからこそ、首相時代に学んだことを生かし、立ち向かっていく決意をした」と、正式に出馬を表明した。町村や石破茂前政調会長（無派閥）、石原伸晃（山崎派出身）は出馬表明を済ませており、同日午後に立候補を表明した林芳正政調会長代理（古賀派）を合わせ、5人の候補者が出そろった。

候補5人の「大乱戦」

自民党総裁選は9月14日告示された。5人の立候補者全員が「2世議員」で、本命不在のなか、国会議員199票と、全国の党員300票を奪い合う乱戦に突入した。党員は約79万人、党員票は47都道府県の持ち票（3票ずつ基礎票として割り振り、残り159票を党員数に応じて比例配分する仕組み）での争いとなった。

当時の各派閥勢力は、町村派は43人、古賀派は32人、額賀派は28人、伊吹派は13人、麻生派は12人、山崎派は12人、高村派は7人、無派閥52人。麻生派と高村派は安倍支持を決め、青木幹雄の影響下にあった額賀派は石原支援を決めた。ただ、2人出馬した町村派は「分裂状態」にあったほか、野党暮らしによって各派とも構成員を減らし、総裁選の行方を左右する力をもつ派閥は存在しなかった。

5候補は共同記者会見し、社会保障・税一体改革をめぐる3党合意を維持する考えを表明した。野党の自民党が民主党に協力し、消費税率引き上げを決めたことは、誰も公然と否定できなかった。ただ、安倍はこれが「民主党との連立にはつながらない」と述べる一方、新党「日本維新の会」について、「憲法改正などで国民的な大議論を巻き起こしていくうえで、魅力的なのは間違いない」と連携に強い意欲を示した。これに対し、町村は「(維新の会は)人気取りだと言わざるを得ない部分も相当ある」と、慎重な姿勢を見せた。

読売新聞が実施した自民党員対象の全国電話調査では、石破が37%でトップ、次いで安倍21%、石原20%、町村6%、林2%の順。国会議員票は、安倍と石原がトップ争いを演じており、1回目の投票で石破が過半数を獲得する見込みはなく、上位2人の決選投票になるのは確実とみられた。長老らの受けが良く、当初、優勢とみられた石原の伸び悩みは、石原の「谷垣下ろし」の不評判と軽率極まる失言が響いていた。[3]

同月18日、神戸で候補者そろい踏みの街頭演説からの帰路、町村が体調不良を訴え、東京都内の病院に緊急入院した。町村は4日後、一時退院し、総裁選は最後まで戦うと表明したが、24日、細田博之元官房長官ら陣営の幹部に対し、「2回目投票ではそろって安倍君に投票しよう」と告げ、町村派は分裂を免れた。安倍はこれに大いに助けられることになる。

安倍復活の逆転勝利

９月26日、総裁選は投開票日を迎えた。全国党員投票の結果、1位は石破の１６５票、２位は安倍の87票、石原は38票だった。石破の党員票は、他の4候補をすべて合わせても及ばないほどの圧勝だった。国会議員による投票は午後1時から始まり、1位が石原の58票、２位が安倍の54票、３位が石破で34票と続いた。党員票と議員票を合わせると、首位は石破の１９９票、２位は安倍１４１票、３位は石原96票で、過半数を得た候補はいなかった。第1回投票で安倍は、党員票、議員票のいずれも2位で、総裁選の先例に照らせば、決選投票を辞退する道もありえた。しかし、安倍は撤退するわけにはいかなかった。

決選投票は国会議員の投票だけで争われ、安倍が１０８票を獲得、89票の石破を破って劇的な逆転勝利を果たした。[4] １回目の投票から安倍は54票、石破は55票上積みした。１回目に２人に投票しなかった議員の投票先は、安倍と石破に二分された。１回目に町村に投票した町村派議員や、石原に入れた額賀派の参院議員が安倍に流れたともみられた。

ただ、党員多数の支持を受けた石破の敗北は、「党員の意思を無視したもの」と、党員らから反発が出た。１回目も決選投票も、石破に投票したという小泉進次郎青年局長は、安倍の逆転勝利について、「これはルールだ。野球も1位でないチームがクライマックスシリーズで勝つこともありうる」と評した。

小泉元首相は、安倍に「政治は運だよ。俺を見ろよ」と言ったことがある（『回顧録』）。「ＹＫＫ」と称された山崎拓、加藤紘一、小泉の３人の中で、首相になる可能性は、誰が見ても小泉が最も低かった。また、安倍の祖父・岸信介もよく「政治家は運が大半」と語っていたという（原彬久『岸信介』）。安倍は、第１次政権ですっかり失った「運」をうまくたぐりよせ、再選への執念を実らせたのである。

安倍の任期は15年９月末までの３年間。安倍は、幹事長に、総裁選でしのぎを削った石破茂を起用し、幹事長代行に菅義偉を充てて脇を固めた。副総裁に日中友好議連会長でもある高村正彦元外相を指名したのは、対中重視の姿勢を示す狙いもあったが、安倍にとって高村は、難しい政策上の隘路《あいろ》を打開する貴重な「知恵袋」的存在になっていく。総務会長には細田博之元官房長官、政調会長には甘利明元経産相、国会対策委員長に浜田靖一元防衛相がそれぞれ就いた。

安倍は10月17日、東京・九段北の靖国神社を秋季例大祭に合わせて参拝した。安倍は、首相になった場合の対応を問われると、「日中、日韓関係がこういう状況の中で、申し上げない方がいい」と述べるにとどめた。

人物

＊1　**菅義偉**　１９４８年12月６日生まれ。銀のさじをくわえて生まれた安倍とは対照的な経歴の持ち主だった。秋田県から上京し、大学卒業後、小此木《おこのぎ》彦三郎衆院議員の秘書を11年間務め、横浜市議２期を経

て96年、衆院議員になった。いわば「たたき上げの代議士」で、「ポスト橋本」の98年総裁選では、所属していた小渕派の領袖・小渕恵三ではなく、小渕に挑んだ梶山静六を支持した。2000年の「加藤の乱」では、森内閣不信任決議案の採決に加藤派の一人として欠席した。菅は、安倍幹事長とともに03年、「北朝鮮による拉致問題対策本部」を党内に設置。のちに北朝鮮籍船舶などの入港を禁止する特措法制定などにあたった。

06年の党総裁選では、安倍を担ぎ、第1次安倍内閣では当選4回ながら総務相として入閣。在日本朝鮮人総聯合会（朝鮮総聯）関連施設の固定資産税減免措置の取り消しを進めたり、NHK短波の国際放送で拉致問題を放送するよう命じたりした。その変幻自在とも映る政治行動は、12年の総裁選でも発揮され、安倍の背中を強く押して勝利に貢献。内閣官房長官ポストを射止め、第2次安倍政権を通じて安倍の女房役を務めた。

19年には新元号「令和」を発表し、「令和おじさん」の愛称がつけられた。菅に近い無派閥若手・中堅衆院議員ら十数人が「ガネーシャの会」を結成するなど、次第に党内基盤を固めた。安倍の病気辞任かつコロナ禍という非常時にあって、官房長官としての実績が評価され、無派閥ながら総裁選で岸田文雄、石破茂を下して勝利し、20年9月、首相の座に就いた。しかし、在任1年で辞任に追い込まれた。「イデオロギーには無関心で現世利益の人」と評されたように、訪日観光客のビザ発給要件の緩和、ふるさと納税制度の創設、携帯電話料金の引き下げ、不妊治療の保険適用など人々の身近な生活の利便をはかる政策で手腕を発揮。また、「更迭と抜擢」という人事の手法を駆使して、霞が関官僚を掌握する「こわもて」の政治家の顔は、語り種《ぐさ》になっている。

注

1 「日本維新の会」は2012年9月28日、地域政党「大阪維新の会」を母体に、民主、自民、みんなの党から国会議員が合流して正式に発足した。代表には橋下徹大阪市長、幹事長には松井一郎大阪府知事が就任した。党本部は大阪に置き、発足時の党員数は、国会議員と、大阪維新の大阪府議、大阪・堺両市議と維新系の府内首長ら計114人。10月3日の初の両院議員総会に出席した国会議員団は、衆院5人、参院4人で、出身政党別では民主党4人、自民党2人、みんなの党3人。議員団代表には民主党出身の松野頼久元官房副長官が選ばれた。

2　政治学者の中北浩爾は、東京大学谷口将紀研究室と朝日新聞社が国政選挙の際に実施した共同調査を用いて、自民党の衆参両院議員を対象に、政策位置を調べた。「憲法を改正すべきだ」「日本の防衛力はもっと強化すべきだ」という質問2項目を取り上げ、回答は1が「賛成」、2が「どちらかと言えば賛成」、3が「どちらとも言えない」、4が「どちらかと言えば反対」、5が「反対」の5択。平均値が1に近づくほど「右傾化」していることを意味する。その結果、憲法改正についての平均値は、衆院議員は2003年の1・79から05年に1・18に低下したあと、ほぼ横ばいで推移。防衛力強化については、衆参院議員の場合、04年の2・15から13年には1・48まで低下していた。中北は、自民党の綱領や改憲案の内容からみても、衆参両院議員の政策位置からみても、自民党の憲法や外交・安保に関する政策位置が、00年代以降、ナショナリズムを強調するという意味で右寄りに変化していると分析した（中北浩爾「自民党の右傾化」〔塚田穂高編著『徹底検証 日本の右傾化』所収〕）。

3　石原は9月2日の講演で、「私は谷垣総裁を支えるために政治をやってきたわけではない。日本を何とかしなければという思いでやってきた」と反旗を翻したが、この発言で「主君殺し」と評された。また、同月13日のテレビ番組で、福島原発事故の汚染土の処理について、「もう運ぶところは、福島原発の第1サティアンのところしかないと思う」と述べた。サティアンとはオウム真理教が数々の事件を起こした教団施設の名称だった。自民党福島県連幹事長は石原宛てに抗議文を出した。

4　第1回投票結果＝石破　茂　199票（国会議員34、党員165）
安倍晋三　141　（国会議員54、党員87）

石原伸晃　96（国会議員58、党員38）
町村信孝　34（国会議員27、党員7）
林　芳正　27（国会議員24、党員3）
※棄権1

第2回投票結果＝安倍晋三　108票
石破　茂　89
※無効1

第2章　衆院解散、総選挙へ

野田首相は「うそつき」

２０１２年９月の民主党代表選で再選され、10月１日、第３次改造内閣を発足させた野田首相は、同月19日、安倍自民党総裁、山口那津男公明党代表と会談した。安倍と山口が衆院解散時期を明示するよう迫ったのに対して、野田は、「条件が整えば、きちっと判断を示したい」とかわし、条件として赤字国債発行のための特例公債法案の成立、衆参両院の「１票の格差」の是正、社会保障制度改革国民会議の設置を挙げた。会談決裂後、安倍は「失望した」、山口も「国民を馬鹿にした話だ」と語気を荒らげた。

臨時国会が10月29日に召集された（会期は33日間）。参院の自民党など野党4党は、先の通常国会で首相問責決議が可決されたことを理由に、首相の所信表明演説を拒否。憲政史上初めて、参院での所信表明が見送られる事態となった。一方、衆院では31日に安倍が代表質問に立った。

安倍は冒頭、５年前の突然の首相辞任について謝罪し、「挫折を含め政権を担った経験を生かし、国民のために今の日本を立て直すほかに責任を果たす道はない」と、再チャレンジに意欲を表明。その上で、民主党政権の3年間を辛辣《しんらつ》に批判し、「マニフェストに書いていることはやらず、書いていないことに命をかけ」、そして今、解散の約束を果たそうとしない首相は、先の自衛隊観閲式で自衛官に発した「至誠にもとるなかりしか」との言葉に責任を持たねばならぬと、いわば「うそつき」攻撃に出た。

さらに民主党の外交・経済政策を非難しつつ、日米の信頼関係再構築のため、集団的自衛権の行使容認のための憲法解釈の変更や、日本経済のデフレからの脱却の必要性を挙げた。最後に、対日講和条約が発効した「60年前、占領時代につくられた仕組みを見直さなかったために、さまざまな問題が私たちの前に立ち塞がっている。今こそ、憲法改正を含め、戦後体制の鎖を断ち切らなければならない」と持論を展開、早期の解散・総選挙を訴えた。

読売新聞の11月の全国世論調査（2〜4日）によると、野田内閣の支持率は内閣発足後最低の19％と、危機的な水準に落ち込んだ。

党首討論で「解散」宣言

11月14日、国会で党首討論（国家基本政策委員会合同審査会）が開かれた。まず、安倍が「近いうちに国民の信を問うという約束の日は夏の暑い日。もう秋も去った。改めて総理の決意を伺う」と切り出した。野田は「谷垣総裁をだまそうなどという気持ちは全くない」と釈明すると、小学校時代の通知表に「野田君は正直の上に馬鹿がつく」と書かれた先生の講評をみて親父は喜んだ、という昔話を始めた。なぜ、この場でこんなエピソードを持ち出したのか。野田は後に、「マニフェスト違反という『うそつき』と、解散の時期を延ばしたという『うそつき』と、ダブルで『うそつき』のレッテルを貼られたら、（衆院選は）きついと思」ったので、「うそつき論」を緩和しようとしたと語っている（13年10月22日付『読売新聞』朝刊「時代の証言者」）。

さて、討論は続いて、野田が衆院議員定数削減の早期成立を求めると、安倍は、衆院小選挙区の「0増5減」の先行実施を求めた。すると、野田は次のような驚天動地の提案をした。「国民に消費税を引き上げる負担をお願いしている以上、（衆院比例定数40削減の）定数削減に道筋をつけなければならない。この場で決断をいただくならば、私は今週末の16日に解散してもいい」

虚を衝かれた安倍が、「もっと議論を」と言うと、野田は「結論を出そう。16日に解散します。やりましょう」と強く迫り、安倍は周章《あわ》てて「今、総理、16日に選挙をする（と言いましたね）、それは約束ですね、約束ですね、よろしいんですね、よろしいんですね」と繰り返した。その声は上ずっていた。

安倍はこの日の党首討論で、野田が解散の言質を与える可能性はあるとみていた。しかし、「16日解散」には驚かざるを得なかった。野田は18日から東南アジア諸国連合（ASEAN）首脳会議出席のため、カンボジア訪問を予定していた。

民主党内では、離党の動きが相次いでいた。野田は11年11月に、自民党が参加の是非を決めあぐねていた環太平洋経済連携協定（TPP）交渉への参加を表明しており、これを衆院選の争点に掲げて戦うことも考えていた。また、衆院選を前に慌ただしい動きをみせる「第3極」の機先を制すると同時に、「野田下ろし」に先手を打つことも必要だった。野田は、天下をとるか失うか、文字通り乾坤一擲《けんこんいってき》を賭したのである。

師走選挙に突入

政府は11月16日午前、衆院解散を閣議決定し、同日午後、衆院は解散された。同日午前の参院本会議で、特例公債法と、衆院小選挙区を「0増5減」する選挙制度改革法が民主、自民、公明3党などの賛成で可決、成立した。衆院選挙の日程は12月4日公示、16日投開票と決まり、事実上、師走選挙に突入した。衆院選は、民主党政権が誕生した09年8月以来、3年4か月ぶりだった。

「第3極」として注目を集めていた「日本維新の会」代表の橋下徹は、11月17日、「太陽の党」[1]共同代表の石原前東京都知事とともに記者会見し、両党の合流を発表した。太陽の党は解党し、合流後の新党名はそのまま「日本維新の会」で、党代表に石原、代表代行に橋下が就任した。石原は会見で「第3極ではだめだ。第2極にならなきゃだめだ」と述べ、橋下は「石原総大将」のもと「死にものぐるいで戦って根本を変える」と語った。「みんなの党」の渡辺喜美代表は、橋下や石原の合流の呼びかけに応じなかった。

他方、滋賀県知事の嘉田《かだ》由紀子が「卒原発」を唱えて、11月27日、新党「日本未来の党」を結成した。小沢一郎が嘉田に結党を働きかけていた。小沢代表の「国民の生活が第一」、山田正彦、河村たかし共同代表の「減税日本・反TPP・脱原発を実現する党」は、日本未来の党に合流し、結局、第3極は、同党と「日本維新の会」と「みんなの党」にほぼ3分化した。第3極の候補者調整は完全に失敗した。

「新政権」の経済政策

自民党の安倍総裁は11月15日、読売国際経済懇話会（YIES）で講演し、自民党が政権復帰した場合の経済政策の基本構想を示した。経済界はその内容に驚き、為替市場は敏感に反応して、12年4月以来の円安・ドル高水準となる1ドル＝80円95銭まで下落した。

安倍は講演で、日本経済の「最大の問題点は長引くデフレと円高だ。すべての政策を総動員する時に来ている」と指摘。日本銀行と協調しながら、望ましい消費者物価の前年比上昇率の目標を設け、その「目標を達成するため、無制限に金融緩和を続ける」と述べた。いわゆる「インフレ目標政策」の採用だった。これが、間もなく発足する第2次安倍内閣の看板政策となる「アベノミクス」の嚆矢《こうし》をなす発言だった。

さらに、野田政権が30年代の「原発ゼロ」を掲げているのは「無責任」だと批判。「原子力規制委員会で、純粋に科学的ルールに基づいて判断してもらい、再稼働できるところは再稼働する」と、安全と判断された原発は再稼働させる方針を示し、「批判を浴びる覚悟がなければ、政権を担う資格はない」と続けた。TPPに関しては、「聖域なき関税撤廃を条件とすることに反対している。聖域なき関税撤廃を突破する交渉力があるかないか。民主党にはない。私たちにはある」と、交渉参加もありうるとの考えを示した。

政権公約「日本を、取り戻す。」

安倍が提唱した金融緩和策に、経済界もメディアも財務省も、反応は冷たかった。野田首相は、安倍が11月17日の熊本講演で、建設国債の日本銀行による全額引き受けに言及したことについて、財政法で禁じられており、「禁じ手だ」と批判。また、経団連の米倉弘昌会長も、定例記者会見で、安倍の金融緩和策について、「大規模と言うより無鉄砲だ」と非難。日銀の建設国債引き受けは「国際的な信用問題に発展しかねない。無謀に過ぎるのではないか」と述べた。

野党党首とはいえ、安倍が金融政策の具体的な内容に言及するのは、「日銀の独立性を侵すことになる」という批判も出た。白川方明日銀総裁は同月20日の記者会見で、「一般論」と断ったうえで、「中央銀行の独立性は長い歴史の中から得られた、国際的にも確立されたものだ」と、慎重な議論を求めた。

自民党は11月21日、政権公約を公表した。題して「日本を、取り戻す。」。この選挙スローガンは、民主党政権の「失政」を想起させ、二度と民主党に政権を委ねるわけにはいかない、という強烈なメッセージが込められていた。公約は、「デフレ・円高からの脱却を最優先に、名目3％以上の経済成長を達成」すると明記。さらに「明確な『物価目標（2％）』を設定、その達成に向け、日銀法の改正を視野に、政府・日銀の連携強化の仕組みを作り、大胆な金融緩和」を行うとし、政府と日銀が「政策協定」（アコード）を結ぶ方針を示した。また、内閣に司令塔として「日本経済再生本部」を置くとし、第3次補正予算案の編成方針も記した。

公約には、第1次安倍政権で挫折した「国家安全保障会議」（日本版NSC）の設置や、集団的自衛権行使を可能とし、「国家安全保障基本法」を制定することも盛り込んでいた。さらに憲法改正で自衛隊を国防軍にすると明記したが、これには公明党の山口代表が「定着している名称をことさら変える必要はない」と述べ、保守色の強い自民党公約を牽制した。

注

1　石原慎太郎は2012年10月25日、東京都知事を辞職することを表明し、国政復帰の意向を明らかにした。11月13日には、「たちあがれ日本」の平沼赳夫代表とともに「太陽の党」結成を発表し、共同代表に就いた。太陽の党の所属メンバーは、石原、平沼のほか、園田博之元官房副長官、藤井孝男元運輸相、片山虎之助元総務相、中山恭子元拉致問題相（石原以外は現職の国会議員）で、日本維新の会との合流に伴い解党した。石原の辞任に伴う都知事選は同年12月16日に投開票され、副知事の猪瀬直樹が、宇都宮健児、松沢成文《しげふみ》、笹川 堯《たかし》らを破って当選した。

第3章　自・公が大勝、政権奪回

自民党が294議席

第46回衆院選が2012年12月4日に公示され、立候補者は小選挙区、比例選を合わせて1504人に上り、現行憲法下で最も多かった。候補を擁立した政党は民主党、自民党、日本未来の党、公明党、日本維新の会、共産党、みんなの党、社民党、国民新党、新党大地、新党日本、新党改革の12党に達し、小選挙区比例代表並立制が導入された1996年以降では最多。民主は267、自民は337、未来は121、維新172、みんな69人の候補者を立てた。

第3極（未来、維新、みんな）が比例代表への進出を狙って小選挙区でも候補を乱立させ、候補者が膨れ上がった。維新と未来は47選挙区で対決するなど、つぶし合いの構図となった。民主と自民による事実上の一騎打ちは52選挙区で、前回2009年衆院選の248から大幅に減り、2大政党をめぐる政権選択の意味は失われていた。

12月16日、投開票の結果、自民党は公示前勢力（118議席）を一気に294議席（小選挙区

237、比例選57）へと伸ばし、大勝した。公明党も31議席を獲得、候補を立てた9小選挙区で全勝した。この結果、自公両党は計325議席となり、衆参ねじれの下、衆院で法案の再可決が可能となる3分の2の議席（320）を上回った。

これに対し、民主党は惨敗した。同党は09年衆院選では308議席を得たが多くの離脱者を出し、公示前には230に減り、選挙の結果、その約4分の1の57議席（小選挙区27、比例選30）に激減した。それは1998年4月結党時の議席（93）も下回った。現職閣僚では田中眞紀子文科相、藤村修官房長官、樽床《たるとこ》伸二総務相、城島光力《じょうじまこうりき》財務相、中塚一宏《いっこう》金融相、三井辨雄《わきお》厚労相、小平忠正国家公安委員長、下地幹郎《みきお》郵政改革相（国民新党）の計8人が落選した。現行憲法下で最多だった。鳩山元首相が選挙への出馬を見送り、菅前首相が小選挙区で敗退し、仙谷由人元官房長官が落選したことも、同党の凋落《ちょうらく》ぶりを示していた。

一方、第3極の政党では、国政選挙初挑戦の日本維新の会が54議席を得て、第3党に躍進。みんなの党は、公示前から倍増の18議席。日本未来の党は、公示前の7分の1の9議席へと大幅に後退した。同党が失った議席の大半は、2009年衆院選で民主党から当選し、同党を離党した小沢一郎が率いる「国民の生活が第一」に参集した議員たちで、彼らの生き残り戦略は失敗した。共産党、社民党、国民新党、新党大地は公示前の議席を下回った。新党日本、新党改革は議席を得られなかった。

民主自壊、熱気なき勝利

自民党は、この衆院選で、安倍―福田―麻生内閣の「失政」で奪われた政権の座を、民主党の鳩山―菅―野田政権の「自壊」によって、3年3か月ぶりに取り戻した。選挙戦では、第3極の新党乱立で「非自民」票が分散し、これが結果的に民主党を追い込み、自民党を浮上させた。自民党が一気に復活を遂げたのは、小選挙区制の特質である大きな「振り子現象」の賜《たまもの》だったが、振れ幅は余りに大きかった。自民党は、小選挙区（定数300議席）で43・01％の得票率に対し、79％の議席を占めた。また、ある政党に一方的に追い風が吹くと、選良としての資質を欠く人が当選者の中に紛れ込む現象が今回も現れた。

05年の郵政選挙では、自民党の初当選組は83人で、「小泉チルドレン」と呼ばれた。民主党に政権交代した09年衆院選における同党の新人議員は143人で、「小沢チルドレン」「小沢ガールズ」と呼ばれた。この12年衆院選でも、自民党は119人の新人議員を生んだ。その後、再選した彼らに不祥事が相次ぎ、「魔の3回生」と呼ばれることになる。

選挙結果で注目すべきは、自民党の比例選（定数180議席）の得票率は27・62％にとどまり、09年衆院選時とほぼ変わらなかったことだ。安倍が選挙後の記者会見で「自民党に信任が完全に戻ったのではない」と述べたのは、適確な見方といえた。また、選挙は、国民の根強い政治・政党不信も浮かび上がらせた。投票率（小選挙区）は59・32％で、前回を9・96ポイントも下回り、戦後最低を記録した。

一方、野田首相は、「最大の責任は私にある」と述べて民主党代表辞任を表明した。民主党は12月25日、両院議員総会で後任の新代表に海江田万里元経済財政相を選出。幹事長には細野豪志政調会長が就いた。

「美しい国」から「新しい国」へ

安倍は、衆院選の最中、『文藝春秋』(13年1月号)に「新しい国へ」と題する論考を発表した。この中で安倍は、デフレ退治と日銀改革、東日本大震災からの東北復興、自由貿易協定(FTA)や経済連携協定(EPA)の積極的推進など、経済重視の政策を掲げた。

安倍は、歴代の自民党政権は日本の高度経済成長を成し遂げたが、「一方で経済至上主義のもと、価値の基準を損得におく風潮が蔓延《まんえん》したのも事実」と、日本の戦後の在り方に不満を示しつつ、日本国憲法の前文に言及。それは、「国民の安全を守るという国家として最も重要な使命」を、「平和を愛する」諸国民を信頼する形で丸投げしている、と強く疑問を呈した。そして最後に「集団的自衛権の解釈を変更するべきだ」と訴え、集団的自衛権の行使は「米国に従属することではなく、対等となること」だと強調。それにより、日米同盟をより強固にし、結果として抑止力が強化され、自衛隊も米軍も一発の弾も撃つ必要はなくなると論じた。

安倍は13年1月、『美しい国へ』(06年刊)の改訂版として『新しい国へ――美しい国へ　完全版』を出版した。

首相に再登板、「危機突破内閣」

安倍総裁は12月17日の記者会見で、12年度補正予算は大型になるとの見通しを示すとともに、休眠状態にある政府の経済財政諮問会議を復活させる方針を示した。また、憲法改正について、「最初に行うことは第96条の改正だろう。3分の1超の国会議員が反対すれば、議論すらできない。あまりにもハードルが高すぎる」と述べて、改正要件を定めた憲法96条の改正を最優先に取り組む考えを表明した。

同月26日、第182回特別国会が召集され、安倍は第96代の首相に選出された。07年9月以来、5年3か月ぶりの再登板。一度辞任した首相のカムバックは、吉田茂以来64年ぶり、戦後2人目だった。安倍は、同日午後6時22分、皇居に入り、天皇陛下にご報告の後、親任式に臨んだ。親任式には新旧の首相が出席するが、その前の束の間、二人きりの場で、安倍は野田に「野田さんも2度目をやれますよ。私だって2度目をやるわけですから」と語りかけ、野田を驚かせた。

安倍は前日の自公両党首会談で連立合意に署名した。景気・経済対策、外交安保など8項目からなり、環太平洋経済連携協定（TPP）は、「国益にかなう最善の道を求める」として、条件次第での交渉参加に含みを残した。消費税率引き上げに関しては、「複数税率導入の検討」を盛り込んだ。憲法については、「憲法審査会の審議を促進し、憲法改正に向けた国民的な議論を深める」と記した。

組閣では、麻生元首相[*1]は、本人の希望により副総理と財務相・金融相を兼務した。「盟友」関係にあった安倍と麻生は、ともに「首相落第」の烙印を押されており、二人とも汚名返上を期していた。官房長官には、今回の安倍復活の功労者である菅義偉を充てた。経済再生相には、甘利明政調会長を起用し、看板政策となる「アベノミクス」の推進役、ＴＰＰの交渉役としての役割を期待した。これ以降、麻生、菅、甘利は、安倍長期政権の基軸をなしていく。安倍はまた、谷垣前総裁、石原伸晃にそれぞれ入閣を求め、挙党態勢を印象付けた。谷垣は本人が法相を希望した。

党役員人事では、選挙に勝利した幹事長の石破茂と、高村正彦副総裁の続投を決めた。また、総務会長には野田聖子、政調会長には高市早苗を起用。安倍は、女性2人の三役抜擢は、「自民党は変わった、ということを人事においても示す意味がある」と語った。安倍は組閣後の同日夜の記者会見で「国家、国民のために、危機突破内閣を組織した」と述べ、デフレ脱却と円高是正を通じた経済再生、東日本大震災からの復興を内閣の最重要課題とする方針を表明した。[1]

第2次安倍内閣の顔ぶれは、次の通りだった。

首相	安倍晋三	58歳	自民（無派閥）	衆（当選7回）
副総理・財務・金融	麻生太郎	72	自民（麻生派）	衆（11）

総務	新藤義孝	54	自民（額賀派）	衆（5）	初入閣
法務	谷垣禎一	67	自民（無派閥）	衆（11）	
外務	岸田文雄	55	自民（岸田派）	衆（7）	
文部科学・教育再生	下村博文《はくぶん》	58	自民（町村派）	衆（6）	初
厚生労働	田村憲久	48	自民（額賀派）	衆（6）	初
農林水産	林　芳正	51	自民（岸田派）	参（3）	
経済産業	茂木《もてぎ》敏充	57	自民（額賀派）	衆（7）	
国土交通	太田昭宏	67	公明	衆（6）	初
環境・原子力防災	石原伸晃	55	自民（石原派）	衆（8）	
防衛	小野寺五典《いつのり》	52	自民（岸田派）	衆（5）	初
官房	菅　義偉	64	自民（無派閥）	衆（6）	
復興・原発事故再生	根本　匠	61	自民（岸田派）	衆（6）	初
国家公安・拉致問題・防災	古屋圭司	60	自民（無派閥）	衆（8）	初
沖縄・北方・科学技術	山本一太	54	自民（無派閥）	参（3）	初
消費者・少子化	森　雅子	48	自民（町村派）	参（1）	初
経済再生	甘利　明	63	自民（無派閥）	衆（10）	
行政改革・公務員改革	稲田朋美	53	自民（町村派）	衆（3）	初

第2次安倍内閣

官房副長官に杉田和博

安倍は、第1次内閣で政治家を中心に5人の首相補佐官を置いた官邸主導システムの失敗を反省し、第2次内閣では旧来の官房長官─官房副長官を中軸とする体制に戻した。政務の官房副長官には、大蔵官僚出身で政策に明るい加藤勝信（衆院議員）と、第1次政権で首相補佐官（広報担当）を務めた世耕弘成（参院議員）を充てた。加藤は、元農相・加藤六月《むつき》の女婿で、安倍家とは父親の代から交流があった。世耕の第2次内閣での最初の仕事は、総理番記者による原則1日2回の「ぶら下がり取材」をやめさせることだった。

事務の副長官には杉田和博を起用した。杉田は、警察庁に入り、後藤田正晴官房長官の秘書官、同庁警備局長を経て1997年、内閣情報調査室長（後の内閣情報官）に就任。2001年から内閣危機管理監を務め、いったん退任したあと、12年12月、第2次安倍政権発足とともに官房副長官に就き、17年8月からは内閣人事局長を兼務した。菅内閣でも引き続き副長官を21年10月まで務め上げ、副長官として在職最長記録をつくる。

また、内閣情報官の北村滋は、第1次安倍内閣で首相秘書官を務め、野田内閣で内閣情報官に起用された後、そのまま続投。19年9月からは初代の谷内正太郎に代わって国家安全保障局長に就き、21年7月まで務めた。北村も、杉田と同じく内閣のインテリジェンス担当という共通項があり、2人はともに「警察庁ＯＢ」として、長期にわたる第2次安倍政権下で重きをなした。

秘書官・補佐官のスタッフ

安倍は、第1次内閣で首相秘書官を務めた、前経産省資源エネルギー庁次長・今井尚哉《たかや》を政務の首相秘書官とした。今井は、病気退陣後の安倍を個人的に支え、安倍の信頼を得た。外交交渉にも乗り出し、19年には首相補佐官も兼務し「政策企画の総括」を担当した。安倍自身が「嫌になって、大概にしてくれよ、と思ったことが何度も」(『回顧録』)あったというほど、安倍に対し諫言《かんげん》も辞さなかった。経産省からの秘書官には、麻生首相秘書官だった柳瀬唯夫を起用、外務、財務両省からの首相秘書官は、安倍官房長官時代の秘書官をそれぞれ充てた。

また、第1次内閣で内閣広報官を務めた元中小企業庁長官・長谷川榮一は、第2次内閣で内閣広報官(兼首相補佐官)に復帰した。安倍の政策スピーチの草稿づくりを担当した佐伯《さいき》耕三内閣副参事官も経産省出身で、のちに首相秘書官に昇任する。安倍内閣では、今井も含め、経産省出身者が長く重用されたため、「経産官僚内閣」とも称された。

このほか、安倍は対外発信を強化するため、英語演説のスピーチライターを置いた。『日経ビジネス』の元記者だった谷口智彦で、外務省の外務副報道官などを経て、14年から内閣官房参与として安倍の外交政策演説を担当した。13年1月から首相補佐官に就いた和泉洋人《いずみひろと》は、国土交通省の技官出身で、菅官房長官に近く、菅内閣でも在職し、さまざまな特命事項をこなした。また、小泉内閣を支えた経験豊富な飯島勲元首相秘書官を内閣官房参与に迎えた。

各省庁の官僚や自民党の族議員が、省益・権益を重視して進めてきた昭和期の政策決定は、すでに脇に追いやられていた。同じ「官邸主導」でも、小泉が経済財政諮問会議などの会議体を活用して進めたのに対し、安倍は、首相秘書官や内閣官房で首相を直接補佐、支援する少人数の官僚スタッフで「安倍城本丸」を固め、政策の立案や総合調整を進めた。国家安全保障局による外交政策の首相直属化、内閣人事局による人事権限の官邸集中がこれに拍車をかけた。とくにその中枢は、側近政治への批判を込めて「官邸官僚」と呼ばれるようになる。

アルジェリア人質事件

政権発足から1か月も経たない13年1月16日、アルジェリア東部の、首都・アルジェから1000キロも離れた砂漠の真ん中にあった天然ガス関連施設が、イスラム武装勢力に襲われ、大手プラントメーカー「日揮」の社員らが人質になった。アルジェリア人質事件である。

その第一報は、日本大使館から外務省に入り、政府専用機でベトナム訪問に向かっていた安倍首相に伝えられた。日本大使館や現地に派遣された日本の警察、関係各国から収集した情報は互いに矛盾するものもあり、肝心の人質の安否情報も二転三転した。政府は、関係閣僚による「在アルジェリア邦人拘束事件対策本部」を設置したが、外務、防衛、経産各省、警察庁などからの諸情報の一本化・集約化は難航し、他国の情報機関を頼らざるを得ない場面もあった。

日本政府はアルジェリア政府に対し、「人命第一」を要請したが、結果的に日本人10人を含む約40人が死亡した。安倍首相は、首相就任前、内閣の最重要課題に「危機管理」を挙げていた。また、菅官房長官は内閣発足にあたり、政治運営の基本に「即断、即決、即実行」を掲げていた。これらはいずれもつまずき、この人質事件は、政府一丸となって危機管理にあたる必要性を首相官邸の首脳陣に痛感させた。これを契機に政府は、緊急事態での司令塔として国家安全保障会議（日本版NSC）の創設を急ぐことになる。

人物

＊1　**麻生太郎**　1940年9月20日生まれ。明治の元勲・大久保利通を高祖父にもち、祖父は吉田茂元首相、岳父は鈴木善幸元首相、実父の麻生太賀吉《たかきち》は衆院議員を務めるなど、政界指折りの名門の出身。「日本人には底力がある」と言っていた吉田茂の言葉、「日本の底力」を、2008年総裁選の際、政権構想のタイトルに使った。初等科から大学まで学習院で、卒業後、麻生セメント社長を務め、モントリオール五輪にはクレー射撃日本代表として出場した。1979年の衆院選旧福岡2区で自民党から出馬して初当選。96年、第2次橋本内閣で経済企画庁長官として初入閣。宮澤派を脱会し、99年、河野洋平が旗揚げした河野派入りし、2006年、自ら新派閥「為公会」（現・志公会、麻生派）を結成した。同年、第1次安倍内閣の外相として、北朝鮮によるミサイル連続発射に対して安倍首相と連携、国連安保理非難決議を実現し、これがきっかけで「盟友関係」が生まれた。安倍は麻生について、「お互い政治の世界で育ったという環境」のせいもあり、「人間的に肌が合う」と語っていた（『回顧録』）。経済財政相、党政調会長、総務相、外相、党幹事長などを歴任。01、06、07年の総裁選に3連敗したあと、08年に総理総裁の座に就いた。日本のポップカルチャーに詳しく、東京・秋葉原での街頭演説で「オタクの皆さん」と呼びかけるなどして、若者たちの人気を集めた。首相時代、日中関連イベントで「これだ

け『はんざつ』に両首脳が往来したのは例がない」「(四川大地震は)『みぞうゆう』の自然災害」などと漢字の読み違えを連発。手元の原稿には、それぞれ「頻繁」「未曽有」と書かれており、参院本会議でも、歴史認識に関する「村山談話」を「踏襲」すると述べるところを、「ふしゅう」と誤読した。失言癖も収まらず、その都度顰蹙《ひんしゅく》を買ったが、毛筆で手紙を書く教養人という面も併せ持つ。偽悪ぶる振る舞い、庶民的な語り口、ざっくばらんな性格の魅力は、座談でないとわからないことから、「半径1・5メートルの男」と呼ばれる。

注

1　2013年1月4日発行の英誌『エコノミスト』は、第2次安倍内閣を「右翼内閣」と呼び、「アジア地域の暗い先行きを示す」などと懸念する記事を掲載した。その理由として、13閣僚が新憲法制定の推進などを訴える民間の保守系団体「日本会議」と連携する「日本会議国会議員懇談会」に所属することなどを挙げていた。日本会議は「日本を守る国民会議」と「日本を守る会」とが統合して1997年に発足。憲法や皇室問題などで安倍の主張と重なり合うところは多かったが、安倍新内閣を「右翼内閣」と言うのは、「右翼」の定義からしても、また閣僚の顔ぶれからしても極端な見方だった。

第4章　アベノミクス

「三本の矢」

安倍は２０１２年12月26日、自民党の両院議員総会で、「まずは、経済の再生だ。この目標に向かって一歩一歩進んでいかない限り、来年の参院選は厳しい」と語った。安倍は、前回参院選の惨敗に「大きな責任」を感じており、次の参院選は「親の仇を討つようなもの」「これに勝たなければ死んでも死にきれない」と語っていた。安倍は、第２次内閣では、何よりも経済再生に集中して、日本経済好転への期待をかきたて、支持を取り戻そうとしていた。

日本のデフレは、山一證券の経営破綻などの金融危機が発生した翌年の１９９８年から始まっていた。その後、一時的に物価が上昇に転じた時期もあったが、慢性的な物価下落傾向が続き、歴代政権も企業も経済学者も、その克服を日本経済の最優先課題としていた。安倍は、新内閣発足後の２０１２年12月26日夜の記者会見で、「大胆な金融政策」「機動的な財政政策」「民間投資を喚起する成長戦略」という「三本の矢」、いわゆる「アベノミクス」[1]によって、デフレに苦しむ日本経済の立て直しを目指す考えを表明した。

安倍は13年1月、「経済財政諮問会議」を再開させるとともに、「日本経済再生本部」を設置した。いずれも安倍がトップに立ち、前者は、財政再建目標などを「骨太の方針」として示す「マクロ経済政策」、後者は、産業育成など「ミクロ経済政策」をそれぞれ担当し、再生本部の下に置いた「産業競争力会議」が具体的な成長戦略づくりを担った。

「機動的な財政政策」

安倍首相は13年1月4日、伊勢神宮参拝後の記者会見で、「経済再生に向けてロケットスタートを切りたい」と決意を語り、とくに、「日銀の金融政策が決定的に重要だ。責任をもって対応してもらわなければならない」と強調した。

政府は11日、アベノミクスの「第二の矢（機動的な財政政策）」として、国と地方の負担を合わせた事業規模で約20・2兆円に上る緊急経済対策を閣議決定した。これにより、実質国内総生産（GDP）は約2％上昇、約60万人の雇用を創出するとし、安倍は記者会見で、「民主党政権では分配ばかりを重視し、経済全体のパイをどう大きくしていくかについては十分ではなかった。『萎縮《いしゅく》し続ける経済』とは決別し、新しい事業が次々と生み出され、雇用と所得が拡大する経済を目指す」と語った。

続いて同月31日の臨時閣議で、緊急経済対策を柱とする12年度補正予算案を決定、国会に提出した。予算規模は13兆1054億円で、リーマン・ショック後の景気対策として麻生内閣が編成した09年度補正予算(13兆9256億円)に次ぐ2番目の大きさだった。

「インフレ目標」の採用

13年1月15日、安倍首相は首相官邸で、内閣官房参与の浜田宏一米エール大学名誉教授、本田悦朗静岡県立大学教授、伊藤元重東京大学教授、岩田規久男学習院大学教授ら、安倍の経済政策のアドバイザーと、日銀総裁人事をめぐって協議した。麻生副総理・財務相も出席した。

安倍は、小泉内閣の官房長官だった06年3月、日銀の福井俊彦総裁が、政府側の「時期尚早」とする意見を聞かず、「金融の量的緩和策」の解除を決めたことに反発した経緯があった。その後も日本経済がデフレから脱却できず、雇用情勢が悪化していることに、安倍は不満を強め、浜田、岩田、髙橋洋一嘉悦大学教授ら経済学者から話を聞いて、「これは金融政策が間違っていたのではないか」と考えるに至っていた。

官邸での協議後の1月22日、日銀は、金融政策決定会合で、2%の「インフレ(物価上昇率)目標」の採用に踏み切った。これまで日銀は、当面1%上昇を目指す方針を示し、インフレ目標の達成には、政府の規制緩和などが肝要だと主張していた。しかし、政権に就いた安倍の強い意向に沿って方針を転換した。政府と日銀は同日、「デフレ脱却と持続的な経済成長の実現のための政府・日本銀行の政策提携について」と題する共同声明を発表した。15日の官邸での協議の場では「政府が総裁の解任権をもつよう日銀法を改正すべきだ」という強硬論も出ており、この共同声明の文言も議題に上っていた。これらが日銀への「圧力」となったことは十分に考えられた。

共同声明は、政府と日銀の協調姿勢を示す狙いがあり、日銀は2％のインフレ目標の下、金融緩和を進めるとうたった。目標の達成時期については、「できるだけ早期に実現することを目指す」と明記した。一方で政府は、規制緩和などを通じた経済の成長力強化や、財政再建にも取り組むことを盛り込んだ。目標実現に向けた日銀の追加緩和策は、14年以降、期限を定めず、毎月、長期国債など13兆円程度の金融資産を日銀が買い入れることを柱としていた。

日銀総裁に黒田東彦

次の焦点は、日銀の正副総裁人事だった。4月8日に任期切れを迎える白川方明総裁の後任候補として取りざたされたのは、武藤敏郎大和総研理事長、岩田一政日本経済研究センター理事長、黒田東彦《はるひこ》アジア開発銀行（ADB）総裁、伊藤隆敏東京大学教授らだった。

麻生や財務省は、元財務次官で日銀副総裁を経験していた武藤の就任を望んでいた。安倍にとっては、アベノミクスを遂行するためには、「大胆な金融政策を実行できる人」であると同時に、参院で多数を占める野党の同意を得られる人物でなければならなかった。08年の総裁・副総裁人事では、野党が人事案をことごとく否決し、総裁が空席となったことは、記憶に新しかった。参院の与党は、過半数に16議席足りなかった。民主党が反対した場合、他の野党の賛成票をかき集める必要があり、安倍は1月19日、みんなの党の渡辺喜美代表と都内のホテルで会食し協力を求めた。

白川総裁は2月5日、首相官邸に安倍を訪ね、任期切れを待たず、3月19日に辞任する意向を伝えた。同日は、2人の副総裁の任期切れの日にあたり、白川は記者団に、中途の辞職を「総裁、副総裁の新体制が同時にスタートできるように」と説明した。白川は2月5日夜、日銀本店での記者会見で、「政府からの圧力というのは全くない。（抗議の辞任との）意味合いもない」と語った。

ポスト白川について、安倍の意中の人物は黒田東彦だった。黒田は大蔵省の国際金融局長を経て、1999年に財務官、2005年2月からADB総裁を務めていた。安倍は、森、小泉両内閣の官房副長官当時、財務官だった黒田と知り合った。黒田は、安倍が12年9月の自民党総裁選で、大胆な金融緩和を主張した際、多くのエコノミストの批判が渦巻く中、それを支持した。安倍は、これに意を強くし、「自民党が衆院選に勝つかどうか分からないのに、私の発言を支持するとはなかなか言えないこと」と、黒田の「度胸」の良さを買ったという。

安倍は、内閣官房参与の本田悦朗を使って黒田の意向を確かめ、黒田も受諾した。副総裁には、日銀きっての国際派とされた中曽《なかそ》宏理事と、金融緩和でデフレ脱却を目指す「リフレ派」の岩田規久男に就任を要請した。参院は3月15日、総裁に黒田、副総裁に岩田、中曽を起用する政府の人事案を、前日の衆院に続き、与党などの賛成多数で同意した。参院採決では、第1党の民主党が、岩田に限って反対したが、みんなの党、日本維新の会、新党改革などが賛成してこれも同意された。

「異次元緩和」に突進

黒田総裁は3月21日、就任後初の記者会見を行い、2%の物価上昇率の目標達成に向け、金融資産を買い続ける「無期限緩和」について、「前倒しでも何でもやる」と強調し、目標達成の時期について「2年程度を念頭に一日も早く実現する」と述べた。

日銀は4月4日の金融政策決定会合で、新たな金融緩和策を決定。世の中に出回るお金の量を増やす「量的緩和」と、多様な質の資産を買い増す「質的緩和」を組み合わせた、「量的・質的金融緩和」策を導入した。また、2%のインフレ目標を2年程度で達成することも正式に決めた。とくに量的緩和を推進するため、金融緩和の目標をこれまでの「金利を引き下げる」から、「お金の量を増やす」に切り替え、マネタリーベース（民間の金融機関が日銀に預けている当座預金残高と、市中に出回っている現金の合計）という指標を活用。12年末に約138兆円だったマネタリーベースを14年末に270兆円へと倍増させ、金利を下げて企業や消費者がお金を借りやすくし、景気回復につなげようとした。

黒田総裁は記者会見で、「戦力の逐次投入はせず、現時点で必要な政策をすべて講じた」と強調。これまでとは次元の違う金融緩和だと唱えたことから、「異次元緩和」と呼ばれた。一部に、これによりバブル経済の再来を懸念する声が出ていることについて、黒田は「現時点で重大な副作用が直ちに表れる可能性は極めて低い」と反論した。
この決定を受けて、東京株式市場は買いが加速し、8日の日経平均株価は、約4年7か月ぶりに1万3000円台を回復。また、同日の東京外国為替市場では円安・ドル高が一段と進み、円相場は一時、3年11か月ぶりに1ドル＝99円03銭まで下落した。

注

1 アベノミクスとは何か。小峰隆夫『平成の経済』によると、最も狭い定義は安倍が唱えた「三本の矢」である。安倍が2015年9月、人口減と超高齢化を乗り越える「一億総活躍社会」の実現を目指してアベノミクス「新・三本の矢」(「希望を生み出す強い経済」「夢をつむぐ子育て支援」「安心につながる社会保障」)を打ち出してからは、成長政策はもとより、少子化対策、社会保障にまでその範囲は広がった。これには「働き方改革」や、TPP推進などの通商政策なども含まれることになる。最も広い定義は、安倍政権下での経済政策全体であり、これには財政再建など安倍政権が消極的な課題も含まれる。なお、アベノミクスという言葉は、「レーガノミクス」になぞらえて一部マスコミで言い出され、第2次安倍内閣で初入閣した田村憲久厚労相が、記者会見での質問に「それがいわゆるアベノミクスです」と答えてから広まったという(『回顧録』)。

第5章　環太平洋経済連携協定（ＴＰＰ）

安倍の巧妙な戦術

自民党は２０１２年の衆院選公約で、環太平洋経済連携協定（ＴＰＰ）[1]について、「聖域なき関税撤廃を前提にする限り、交渉参加に反対」するとしていた。この公約は、深謀遠慮の末に生み出された。これだと、聖域なき関税撤廃を前提としなければ交渉に参加できると読める。つまり安倍は、関税撤廃に聖域をつくることで交渉参加につなげる巧妙な戦術をとった。

13年2月下旬、安倍は日米首脳会談のため訪米した。当時、自民党ではＴＰＰ交渉参加問題が党内を二分する激論になっていた。同年夏には参院選を控えており、ＴＰＰでは選挙は戦えない、結論を選挙後に先送りすべきだとする意見も強かった。菅官房長官もそう主張する一人だった。

しかし安倍は、推進派と反対派をリング上で戦わせて消耗させ、最後はタオルを投げて決着させる旧来のやり方はとらず、正面突破を図った。早期に参加すれば、多国間交渉で有利な立場に立てる。それに参院選では、ＴＰＰによって消費者の選択肢が増えるし、農業者に補償が必要なら予算措置をとる、と堂々と訴える方がよい。加えて参院選になると、党内から「TPP断固反対」などと公約する候補者が出て党内が混乱する可能性があるためだった（『回顧録』）。

日米首脳会談をテコに

安倍は2月22日午後（日本時間23日未明）、米ホワイトハウスでオバマ大統領との初の首脳会談に臨んだ。安倍はオバマからTPP交渉に関して「聖域」を設ける余地がある、との約束をとりつける必要があった。

会談の中で、安倍はまず、「防衛計画の大綱」の策定や「日米防衛協力のための指針（ガイドライン）」の見直しなどに積極的に取り組む考えを伝え、とくに「同盟を強化するため、集団的自衛権の行使に関する憲法解釈を変更する方針だ」と踏み込んだ。また、米軍普天間飛行場の名護市辺野古への移設という約束は「必ず守る」と表明した。

そのうえで、TPP問題を持ち出し、「日本には一定の農産品、米国には一定の工業製品というように、貿易上のセンシティビティ（慎重に扱うべき事柄）がある。センシティビティを除くことができれば、TPP交渉に参加できる」と説明した。これに対して、オバマは「自分はそれで差し支えない。comfortable（気にならない）。総理の言葉に同意する」と応じた（『回顧録』）。

こうして共同声明には、全品目を交渉対象にするとの原則を堅持しながら、「両国ともに二国間貿易上のセンシティビティが存在することを認識しつつ、両政府は、最終的な結果は交渉の中で決まっていくものであることから、ＴＰＰ交渉参加に際し、一方的に全ての関税を撤廃することをあらかじめ約束することを求められるものではない」旨の文言が盛り込まれた。また、自動車や保険などの懸案は、米側の要望も踏まえて協議を継続することとした。

この声明文は、国内対策に役立った。帰国後の２月27日、自民党の外交・経済連携調査会は、「守り抜くべき国益」として農林水産品の関税、自動車等の安全基準・環境基準・数値目標等、国民皆保険・公的薬価制度など６項目を挙げ、これを政府が受け入れることを前提に、交渉参加を事実上、容認したからである。

読売新聞の３月の全国世論調査（15～17日）では、安倍のＴＰＰ交渉参加を評価する人は60％に上り、内閣支持率も72％の高水準を記録した。「決められない政治」から「決められる政治」への転換、政策実行のスピード感に対する評価があったとみられた。

交渉参加を正式表明

交渉の最大の焦点は農業分野だった。全国農業協同組合中央会（ＪＡ全中）などは13年３月12日、ＴＰＰ交渉参加に反対する緊急集会を東京・日比谷野外音楽堂で開き、全国から約４０００人が参加、与野党の国会議員も約１８０人が出席した。萬歳《ばんざい》章《あきら》ＪＡ全中会長は、「ＴＰＰ交渉参加に突き進もうとする政府の姿勢に動揺と困惑、怒りと憤りが広がっている」と、政府を批判した。

これに対して、自民党のTPP対策委員長の西川公也《こうや》は、「農林水産分野の5項目（コメ、砂糖・でんぷん、乳製品、麦、肉）などの聖域確保を最優先する」と説得にあたった。ただ、自民党の強力な圧力団体だった農協は、農業従事者数の減少と高齢化、選挙での集票力の減退などから政治的パワーに衰えがみえ、自民党内でも、コメ農家を代弁して強い抵抗力をみせてきた「農水族議員」の多くは姿を消していた。

安倍首相は同月15日、記者会見し、TPPへの交渉参加を正式に表明した。TPPを「アジア・太平洋の未来の繁栄を約束する枠組み」と定義し、「すべての関税をゼロとした前提を置いた場合でも、わが国経済には、全体としてプラスの効果が見込まれる」と強調した。交渉参加は「国家百年の計」であり、交渉参加のタイミングは「今がラストチャンスだ」と語った。さらに、日本が同盟国の米国と共に新しい経済圏をつくり、自由や民主主義などを共有する国々が加わることは、日本の安全保障やアジア太平洋地域の安定に大きく寄与すると力説した。

一元的な交渉体制

TPPへの交渉参加は、民主党の菅内閣が検討を開始して以来、約3年間、実現にこぎつけられなかった。安倍は、TPPをアベノミクス「第三の矢」である「成長戦略」のエンジンと位置付け、甘利経済再生相にTPP相を兼務させ、交渉の全権を与えた。甘利を本部長にして内閣官房に110人規模のTPP政府対策本部を新設、関税や知的財産、投資など29分野の交渉にあたる「対外交渉チーム」の首席交渉官に鶴岡公二外務審議官（経済担当）、首席交渉官代理に前駐パキスタン大使の大江博を充て、その下に7省庁で構成する19人（課長級）の分野別交渉官を配した。

また、関係省庁間、官邸と与党、業界団体、国民対話などを担当する「国内調整チーム」は、佐々木豊成内閣官房副長官補を国内調整総括官に任命、各省横断で職員を集め、従来の縦割りから一元的な交渉体制を整えた。

さて、安倍は翌14年5月の産業競争力会議で、「農業を新たな成長産業にするため、農協のあり方を抜本的に見直していきたい」と述べて、農協の組織改革の断行を林芳正農相に指示した。農協に改革圧力をかけることでＴＰＰに対する抵抗力をそぐ狙いがうかがえた。

さらに政府の規制改革会議は同月、農協法を改正し、ＪＡ全中を頂点とする「中央会制度」を廃止する農業改革案をまとめ、追い討ちをかけた。ＪＡ側は強く反発したが、15年2月にはＪＡ全中の地域農協に対する指揮・監査権の廃止などで決着することになる。

第三の矢「成長戦略」

アベノミクスの成長戦略の内容が出そろったのは13年6月だった。政府の産業競争力会議がまとめ、同月14日に閣議決定された「日本再興戦略」（成長戦略）では、盛りだくさんの政策と野心的な政策目標が掲げられた。とくに日本企業や国民が国内外で得た所得の総額を示す「国民総所得」（ＧＮＩ）について、１人当たりの名目ＧＮＩ（12年度は約４０２万円）を10年後に１５０万円以上増やす方針を示した。

成長戦略は、「思い切った投資減税」を明記し、企業の設備投資額は、３年間でリーマン・ショック前の70兆円規模にまで増やすとしていた。また、大胆な規制緩和を首相主導で実現する「国家戦略特区」の創設を打ち出し、ＴＰＰのほか、東アジア地域包括的経済連携（ＲＣＥＰ）などを進めることを列挙、そのためにも農業を強化し、今後10年間で農業所得を倍増させると記した。雇用政策では、20～64歳の男女のうち、働いている人の割合を示す就業率を80％に引き上げる目標を示した。さらに、世界に人気のアニメや日本食などを海外に伝える「クール・ジャパン」を国家戦略に位置付けるとともに、30年までに訪日外国人旅行者を３０００万人に増やす目標も掲げられた。

政府は13年10月開会の臨時国会を「成長戦略実行国会」と銘打ち、関連法案を提出した。国会は特定秘密保護法案の審議で大混乱したが、国内企業の事業再編を促すために税制上の優遇措置を講じる産業競争力強化法は12月に成立。会期末には、国家戦略特区法も成立した。

「政労使」で賃上げ

安倍首相は13年２月12日、首相官邸で、経団連の米倉弘昌会長、経済同友会の長谷川閑史《やすちか》代表幹事、日本商工会議所の岡村正会頭ら経済３団体の首脳と会い、「業績が改善している企業は、報酬の引き上げなどの取り組みをぜひ検討してほしい」と述べ、従業員の賃上げへの協力を求めた。同月28日の施政方針演説では、アベノミクスの恩恵を家計に及ぼすとして、雇用と所得を拡大する考えを示し、政権の課題に「賃上げ」を打ち出した。安倍は4月19日、再び米倉ら3首脳と会談し、大学生らの就職活動解禁時期の繰り下げ、育児休業期間の拡充、女性役員の登用を要請した。

同年9月、政府と経済界、労働界の協議の場として「経済の好循環実現に向けた政労使会議」が設置された。メンバーは安倍首相と関係閣僚のほか、経団連、日本商工会議所、全国中小企業団体中央会、連合などのトップと有識者。政府が連合会長から直接陳情を受けていた「政労会見」は廃止された。

政労使会議は、年末の12月20日、5回目の協議を行い、「経済の好転を企業収益の拡大につなげ、それを賃金上昇につなげていくことが必要」とする、初の合意文書をまとめた。そこには、政府が、従業員の給与を増やした企業の法人税を減額する「所得拡大促進税制」を拡充すること、企業収益を確実に賃金上昇につなげるため、東日本大震災の復興費用に充ててきた復興特別法人税を予定より1年前倒しで廃止することが盛り込まれた。

安倍は、14年1月24日に召集された通常国会の施政方針演説で、「この国会に問われているのは、『経済の好循環』の実現です」と述べ、企業収益を所得上昇や雇用拡大につなげ、デフレからの脱却に全力をあげると表明。とくに政労使が一致協力して賃金上昇に取り組む方針を示した。

これには、民間の労使交渉に委ねられるべき賃金に政府が口を出すのは過度の介入だ、という批判や、「官製春闘」という言葉も現れた。これに対し、政府が経済全体を俯瞰《ふかん》して、賃上げに向け経済環境を整えることは肯定されて良いとの意見もあった。一方、復興特別法人税が、賃上げと交換条件の形で廃止されたことに対し、野党などは「企業優遇」と批判した。

安倍は、4月16日の政府の経済財政諮問会議で、「大企業から中小企業に至るまで、賃上げの風が吹き始めたと手応えを感じる」と語った。経団連がまとめた14年春闘の大手企業の妥結結果によると、定期昇給とベア（ベースアップ）を合わせた組合員平均の月給引き上げ額は7370円で、16年ぶりに7000円を超えた。安倍はその後も、本来は労使交渉で決まることを原則とする賃上げを、首相自らが企業に求める発言を繰り返すことになる。[2]

注

1　環太平洋経済連携協定（TPP）とは、太平洋を囲む日本、米国、カナダ、豪州、ニュージーランド、チリ、メキシコ、マレーシア、ベトナム、ペルー、ブルネイ、シンガポールの12か国が合意した貿易協定。国内産業を守る目的で輸入品にかけている関税を撤廃したり、引き下げたりして、貿易を活性化するのが狙いだった。母体は、2006年にシンガポール、チリ、ブルネイ、ニュージーランドの4か国が作った自由貿易圏。これに米国、豪州などが加わって11か国になり、日本は13年7月、12か国目の交渉参加国となった。その後、17年に米国が離脱を表明。18年3月に米国を除く11か国が新TPPに署名した。

2　安倍首相が経済界に賃上げを要請したことは、民主党や連合のお株を奪うもので、右寄りの安倍が左方向にシフトして中道化した印象をもたらし、選挙戦術上、プラスに働いた。一方、安倍はその後、一億総活躍、働き方改革などを打ち出すが、これらには「社民主義的な傾向」「統制経済的な色合い」「自民党の旧社労族の発想」といった指摘が出た。安倍の祖父・岸信介は、戦前、商工省官僚として国家統制経済、国家社会主義的政策をとり、満州国に渡って、ソ連の計画経済をモデルに産業開発にあたった。安倍の労働政策などへの志向に、岸の影響を見る人もいた。

第6章 「衆参ねじれ」解消

憲法96条改正問題

2013年の参院選は、政権を奪還した自民・公明の与党が、衆参の「ねじれ」（与党が衆院で多数、参院で少数）を解消できるかが最大の焦点だった。さらにもう一つ、自民党や日本維新の会など憲法改正に前向きな政党の議席合計が「3分の2」（162議席）に達するかどうかも注目点だった。その際、憲法改正の具体的な論点になったのが、憲法第96条の憲法改正発議要件（衆参両院の総議員の3分の2以上の賛成）を過半数に緩和することだった。仕掛けたのは安倍首相で、安倍はこれを将来の9条改正のための一里塚としていた。

96条の改正は、05年11月と12年4月にそれぞれ発表した自民党第1次、第2次憲法改正草案にも盛り込まれており、安倍は12年9月末の講演で、発議要件の緩和を次期衆院選の争点にする考えを表明。12月の衆院選公約では、自民、維新、みんなの各党が、発議要件緩和で足並みをそろえた。安倍は、維新が早くから96条改正を掲げていることに着目、これを打ち出すことで、橋下徹大阪市長が共同代表を務める日本維新の会との連携を強め、併せて橋下の「突破力」を憲法改正に生かそうと目論んでいた。

これに対し、橋下は13年2月の『読売新聞』のインタビューで、「民主党の中にも同じ憲法観の人たちが、たくさんいらっしゃる。そういう人たちと一緒にまとまっていくべきじゃないかと思っています。民主党の一部の方と、まとまるような話が、参院選の前にできないかなと思っている」と述べて憲法改正を軸とする政界再編構想に言及（13年2月28日付朝刊）。3月30日、結党後初の党大会では、安倍の政権運営を絶賛し、「維新の会は何でもかんでも反対の野党ではなく、応援するところは応援する」と語った。4月9日には、首相官邸で安倍と会談し、96条改正の必要性で一致した。

安倍は同月15日、『読売新聞』の単独インタビューで、憲法改正に向け、①夏の参院選で勝利し、改正に前向きな3分の2の勢力を確保する　②幅広い支持を得やすい96条の改正に着手する　③成人年齢の引き下げなど国民投票法の「三つの宿題」の結論を急ぐ　④前文や9条改正のほか、環境権、知る権利の明記などにも取り組む　⑤集団的自衛権の行使に関しては憲法解釈の変更で対応する――との考えを示した。安倍は、憲法改正の理由について、「一つは憲法の制定過程に問題がある。二つ目は、憲法が制定されてすでに六十有余年たち、中身が時代に合わなくなっている。三つ目は、明治憲法は（君主が定めた）欽定憲法、昭和憲法はいわば占領軍が作ったもので、まだ私たち自身の手で憲法を作ったことがない」ことを挙げ、「自身の手で新しい憲法を作っていく、この精神こそ、時代を切り開いていくと信じています」と述べた。さらに米国やフランス、ドイツでは何度も憲法改正が行われていると指摘、憲法を不磨の大典として扱っている日本は異例だと述べた。一方、集団的自衛権の解釈変更は、年末の「防衛計画の大綱」（防衛大綱）の決定までに議論を詰めると語った（13年4月17日付朝刊）。

96条改正はトーンダウン

96条を見直し、憲法改正のハードルを下げるべきか否か――。13年5月9日の衆院憲法審査会は、96条改正問題を俎上《そじょう》に載せ、自民党と日本維新の会、みんなの党が改正に賛成し、共産党と生活の党は反対を明言。民主党と公明党は、96条の先行改正には慎重であるべきだとし、各政党の意見は三分された。

公明党の山口代表は3月5日の記者会見で、「今、是か非かという議論をするには、少し熟度が足りない」と述べ、慎重だった。同党は、「96条に手をつければ9条改正に行きつく」と懸念する支持母体の創価学会と、96条改正を主張する安倍首相との板挟みにあっていた。同党は憲法審査会で、「基本的人権の尊重、国民主権、恒久平和主義という憲法の3原則にかかわる条項以外は、3分の2の要件を緩和する」という部分緩和案に言及したが、これも同党の置かれた難しい立場を反映していた。

民主党は、党内論議が迷走し、意見をまとめきれずにいた。民主、社民両党の有志議員は4月

25日、超党派の議員連盟「立憲フォーラム」を発足させ、設立総会には、菅直人元首相ら19人の国会議員が出席、96条の改正阻止で一致するなど、護憲派の抵抗も始まった。

読売新聞の5月の全国世論調査（10～12日）では、96条の改正に「賛成」は35％、「反対」が51％で、反対論が上回った。有識者の間では、安倍の提案を憲法の抜本改正に向けた「裏口入学」にたとえる学者も現れた。自民党内でも、党憲法改正推進本部長の保利耕輔が慎重姿勢をみせるなどブレーキがかかり始める。そもそも自民党内の根回しが不十分だったうえに、公明党は、安倍と維新との蜜月ぶりに不快感を募らせていた。このままでは公明党との参院選協力にヒビが入りかねないといった懸念も生じ、これらが自民党を尻込みさせていた。

主唱者の安倍は、5月14日の参院予算委員会で、「反対意見が多いのも事実。たとえ今、国民投票に付しても否決される」と、慎重姿勢に転じ、96条改正提案の勢いはしぼむことになった。

他方、衆院小選挙区定数の「0増5減」を実現する区割り法が、6月24日の衆院本会議で、自民、公明両党など3分の2以上の賛成で再可決された。同法は参院で採決されず、憲法59条の「みなし否決」の規定が使われた。[1] 会期末の26日、野党が提出した安倍に対する問責決議が参院本会議で可決された。不正受給の罰則強化などを盛り込んだ生活保護法改正案などは廃案になった。

「リベンジ」の参院選

第23回参院選が13年7月4日、公示された。第2次安倍内閣成立後、初の全国規模の国政選挙だった。選挙区選（改選定数73）に271人、比例選（同48）に162人の計433人が届け出て、選挙戦をスタートさせた。安倍首相は同日、福島市や東京・有楽町など4か所で街頭演説を行い、「三本の矢でデフレを脱却し、経済再生に挑む」と強調し、あわせて「ねじれの解消」を訴えた。安倍は「ねじれ」を生んだ最高責任者として、リベンジを期していた。

自民党は、改選定数1の「1人区」ではすべて候補者を擁立し、「2～5人区」の複数区では、共倒れを避けるため、大半で複数擁立を見送る手堅い戦術をとった。選挙戦では、参院選の帰趨を決める1人区を重視し、党幹部を集中投入した。劣勢の民主党は、東京選挙区で現職2人を公認しながら、公示直前、共倒れを恐れて1人の公認を取り消すなど混乱していた。「第3極」の日本維新の会とみんなの党は、維新の橋下共同代表の従軍慰安婦問題をめぐる発言[2]をきっかけに選挙協力を解消し、10選挙区で両党候補が競合した。民主党の凋落と「第3極」のつぶし合いが、結果として自民党を助けていた。

自民党には順風が吹いていた。参院選の前哨戦と位置づけられた、同年6月23日投開票の東京都議会議員選挙で、改選前39議席の自民党は、擁立した59人全員が当選するという復調ぶりを示し、都議会第1党に返り咲いた。民主党は改選前の43議席から15議席に激減、第4党に転落した。

さらに読売新聞の5月の全国世論調査（10〜12日）によると、安倍内閣の支持率は72％を記録。政党支持率も、自民党の45％に対して民主党は5％、続く公明党4％、日本維新の会2％、みんなの党2％、共産党2％、支持政党なし38％で、これから続く「自民一強・野党多弱」の様相を早くも呈していた。

一方、最大の争点は、アベノミクスへの評価だった。同月の世論調査では、安倍内閣の経済政策を「評価する」は65％、安倍内閣は景気回復を「実現できる」は55％と、期待値は膨らんでいた。さらに日本のTPP交渉参加については55％が賛成していた。TPPについて、自民党は公約で、「守るべきものは守り、攻めるべきものは攻めることにより、国益に適う最善の道を追求する」とうたい、まず、農産品の重要品目の関税維持を訴えた。これに対して、民主党の公約は、「国益を確保するため、脱退も辞さない厳しい姿勢で臨む」という表現にとどまり、与野党の先鋭な対立争点にはならなかった。こうして第2次安倍政権は、スタートダッシュに成功し、自民勝利は、選挙戦の幕が上がる前から動かぬものになっていた。

自公両党で絶対安定多数

7月21日、参院選の投開票が行われ、自民党は、公示前勢力から31議席増の65議席（選挙区選47、比例選18）を得た。この獲得議席は、改選定数が121になった01年以降では最多。1人区では29勝2敗と圧勝した。公明党は擁立した4選挙区で勝利し、比例選と合わせ11議席を得た。

非改選議席を合わせた新勢力は、自民115、公明20で、参院過半数（122）を上回り、参院で委員長ポストを得たうえで、委員の過半数を占めることのできる「絶対安定多数」（135議席）に達した。

これにより、07年参院選で自民党が大敗して以降、民主党政権の一時期（09年9月〜10年7月）を除いて続いてきた「ねじれ」の解消に成功した。安倍は雪辱を果たし、民主党は、公示前勢力を27議席も下回る惨敗で、結党以来最少の17議席に低落した。みんなの党、共産党、日本維新の会はいずれも8議席だった。

野党勢力が崩れゆく中、自民党は、衆参両院で安定多数を確保し、いわゆる一党優位の政治体制が生まれた。ただ、自民党は、憲法96条改正を公約に盛り込んだものの、安倍は街頭演説でほとんど触れなかった。結局、同条改正推進派の新勢力は、自民、みんな（18議席）、維新（9議席）の3党を合わせて142議席で、改正発議に必要な3分の2（162議席）に及ばなかった。

他方、参院選で問われたのは低投票率だった。52・61％（選挙区選）で、過去最低の1995年参院選の44・52％は上回ったものの、2010年の57・92％を下回り、過去3番目に低い記録になった。有力野党が存在せず、自民大勝が確実視されていたことが有権者の関心をそいでいた。

注

1　2013年3月6日に東京高裁が1票の格差に「違憲」判決を出してから与野党協議が始まり、自民党は、違憲状態解消のため、「0増5減」の区割り法案の先行処理を主張。これに対して、野党は抜本改革を唱えて譲らず、与野党の攻防が続いた。結局、「0増5減」案が成立し、10年国勢調査に基づく選挙区間の人口格差は、最高裁判決が「合理的な基準」とした「2倍未満」に縮小することになった。しかし、自民、公明、民主の3党合意で「次期通常国会終了までに結論を得た上で、必要な法改正を行う」とされていた衆院選挙制度の抜本改革は先送りされた。

2　日本維新の会の橋下代表は5月13日、いわゆる従軍慰安婦問題に関して記者団に聞かれて、「当時の歴史を調べると、(世界で) いろんな軍で慰安婦制度を活用していた。銃弾の飛び交う場で命をかけて走っていく時に、休息させてあげようと思ったら、慰安婦制度が必要なのは分かる」「日本は軍を使って国家としてやっていたと批判を受けているが、その点については違うと言わないといけない」などと述べた (読売新聞政治部『安倍晋三　逆転復活の300日』)。

第7章 「地球儀を俯瞰する外交」

80か国、地球40周の旅

安倍は、2013年1月28日の所信表明演説で、外交は「単に周辺諸国との二国間関係を見つめるのではなく、地球儀を眺めるように世界全体を俯瞰して、自由、民主主義、基本的人権、法の支配といった、基本的価値に立脚し、戦略的な外交を展開していくのが基本」との考えを明らかにした。安倍は、その後の演説でも、「地球儀を俯瞰する外交」を掲げて外交政策を繰り返し論じ、この表現が安倍外交の代名詞となる。これは、「基本的価値」を共有する国々と連携する、いわば価値観外交であり、その相手国として、米国はもとより豪州、ASEAN（東南アジア諸国連合）諸国、インド、欧州諸国などを挙げていた。

20年9月まで長期政権を担う安倍は、首相在任中、80か国、延べ176の国・地域を訪問した。その飛行距離は地球約40周分にあたる。歴代首相とは比較にならない業績であり、安倍は、この豊富な外遊実績を背景に、次第に国際政治の古参リーダーとして存在感を発揮していった。安倍はまた、そうした世界を舞台に動き回る首相を国民向けに演じるパフォーマンスで、内閣支持率の維持・浮揚をはかっていた。

10年ぶり、ロシア公式訪問

安倍は、13年の1年間だけで13回外遊した。その中で力を注いだ一つが、対ロシア外交だった。安倍は、同年4月28日から日本の首相として10年ぶりにロシアを公式訪問し、29日、モスクワのクレムリンで、プーチン大統領と昼食を含め約3時間20分会談した。会談後の共同声明は、「日露間で平和条約が締結されていない状態は異常である」との認識で両首脳が一致し、平和条約問題で「双方に受入れ可能な解決策を作成する交渉を加速化させるとの指示を自国の外務省に共同で与える」と明記した。これにより北方領土交渉は再スタートするが、両首脳は会談で、日ソ共同宣言の法的有効性を認めたイルクーツク声明（01年）など、過去の「諸文書及び諸合意」に基づいて交渉を進めることを確認した。

また、定期的な相互訪問を含む首脳レベルの連絡・交流を強化し、両国外相が少なくとも年1回相互訪問を行うこと、外務・防衛閣僚会議（2プラス2）を創設することなど、外交・安保分野での協力拡大を盛り込んだ。会談後の記者会見で、安倍は、「一気に解決する魔法の杖はない。双方の立場に依然として隔たりが大きいのも事実だが、腰を据えて交渉に当たっていきたい」と述べた。

このほか、共同声明は、ロシアからの石油・天然ガス供給を前提にしたエネルギー分野での協力推進や、日本企業がロシアで投資する際に、国際協力銀行とロシア開発対外経済銀行などが融資する仕組みを作ることも明記した。運輸インフラ、都市環境、食品産業、医療技術・機器、医薬品に関する互恵的協力の拡大なども盛り込まれた。安倍は、経済協力の成果の積み重ねにより、平和条約交渉を加速させたいと考えていた。

安倍は、アベノミクスの成長戦略の柱に医療、農業、インフラ輸出を掲げており、この時の訪露に約40社計120人の経済ミッションを同行させた。同月30日、モスクワ市内で開かれた日露フォーラムで、安倍は「日本経済はアベノミクスで復活しつつあり、日本の経済力が日露関係の発展に用いられることを希望する」と語った。安倍はロシアに続き、5月のミャンマー訪問でも、約40人の経済ミッションを同行させた。

安倍政権は、ASEAN、中東、北米、アフリカへの首相、閣僚訪問の際、トップセールスを展開するとともに、経済ミッションも多数同行させた。これにより、火力発電所や鉄道など、日本企業のインフラ受注実績が向上したという（鈴木美勝『日本の戦略外交』）。

G8サミットでのプーチン

安倍首相は6月17、18日に英・北アイルランドで開かれたロックアーン・サミット（主要8か国首脳会議）に出席した。安倍は、議長を務めた英国のデービッド・キャメロン首相から開会早々、発言を求められると、アベノミクスの「三本の矢」を説明し、「日本の経済指標が好転している」と強調した。安倍は、経済討議のあと、アベノミクスについて「各国のリーダーから評価いただいた」と記者団に述べたが、財政規律を重視するドイツのアンゲラ・メルケル首相は、「デフレ脱却の必要は理解できるが、財政再建をどう進めるのか」と懸念を示した。

首脳宣言は、日本の成長は、財政刺激策、金融政策、成長戦略に支えられているとしてアベノミクスを評価した。ただ、財政悪化に歯止めをかけるために、「信頼できる中期的な財政計画を定める必要がある」との注文がついた。

一方、内戦で多数の犠牲者が出ているシリア情勢への対応が大きな焦点になった。17日に行われた米露首脳会談でも、バッシャール・アル・アサド大統領退陣を求めるオバマ米大統領と、アサド支援のプーチン露大統領との溝は埋まらなかった。同日の夕食会でも、シリア情勢が主要議題となった。

安倍の回想によると、プーチンは各国首脳に対し、「自分はアサドに辞めてもらっても構わない、しかし次に誰がシリアをまとめるんだ、名前を挙げてくれ」と迫り、「自由シリア軍がいる」との声が上がると、「彼らは『穏健派』だろう。『穏健派』は戦わないんだ。皆さんが彼らに武器を売却しているのは知っているが、彼らはその武器をまた他に売りさばいている。彼らは本当にシリアを統治できるのか」と反論した。

オバマがアサド政権の化学兵器使用を厳しく非難し、証拠も握っていると詰め寄ると、プーチンは、「その台詞はどこかで聞いたことがある。しかしイラクに大量破壊兵器はなかったはずだが……」と切り返した。安倍は、後年、このやりとりを紹介し、プーチンの「リアリスティックな発想」をたたえ、プーチンは「七対一でもまったく負けていない。むしろ優勢なくらいでした」と語っている（「安倍外交七年八ヵ月を語る」〔『外交』Ｖｏｌ．64〕２０２０年）。

結局、首脳宣言は、「政治的な解決に尽力する」として、シリアと周辺国への約15億ドル（約１４００億円）の追加の人道支援実施を打ち出したが、米英が求めたアサド退陣には触れなかった。

Buy my Abenomics

国連総会出席のため米国を訪問した安倍は、9月25日、米ニューヨーク証券取引所で講演した。約３００人の金融関係者を前に、安倍は、「日本がもう一度もうかる国になる、Japan is back（日本は戻ってきた）だということを話すためにやってきた」と語り始め、「（米大リーグ・ヤンキースの投手）リベラのカットボールのように、日本が本来持つポテンシャルを存分に発揮しさえすれば復活できる」と、日本の経済成長の可能性、潜在力をアピール。リニア新幹線などの具体例を挙げ、電力自由化にも言及した。米国では日本経済復活への期待感が高まり、日本株は注目されるようになっていた。安倍は、最後に「世界経済回復のためには3語で十分だ。Buy my Abenomics（アベノミクスは買いだ）」と結んだ。安倍は、海外で日本を売り込む「セールスマン」になって、経済再生に弾みをつけようとしていた。

自民党総裁就任から1年、安倍は政権運営に自信を深め、見違えるようになっていた。安倍は、アベノミクスだけでなく、「五輪招致」も外交戦略の中に組み入れた。06年に招致に失敗し、その後、盛り上がりを欠いていた五輪の東京招致は、政治的にリスクを伴うとみられていた。しかし、安倍は、動きの鈍かった外務省を督励するとともに、外遊先の首脳たちに自ら積極的に東京招致への理解を求める作戦に出た。

戦後復興を象徴した1964年東京五輪は、安倍に懐かしい思い出として残っていた。祖父・岸信介が首相時代の59年に招致が決定された因縁もあった。日本の沈んだムードを一変させる契機になる可能性もあり、3兆円といわれた経済波及効果も、アベノミクスにとって魅力的だった。

「東京五輪」外交

安倍は2013年8月、中東・ペルシャ湾岸のバーレーン、クウェート、カタール各国と東アフリカのジブチの4か国訪問に出発した。羽田空港で安倍は記者団に、「訪問地で『2020年は東京』と訴えてきたい」と述べ、歴訪が国際オリンピック委員会(IOC)総会での票集めの一環であることを隠さなかった。

翌月にロシアのサンクトペテルブルクで開かれた主要20か国・地域首脳会議(G20サミット)も、安倍にとっては東京招致活動の場だった。安倍はプーチンと会談し、20年万国博覧会のロシア誘致に協力するので、「ロシアの票を必ずください」と求めると、プーチンは快諾した。安倍は、これからIOC総会が開かれるアルゼンチンの大統領や、16年にリオデジャネイロ五輪を開催するブラジルの大統領とも会って、東京開催への日本の熱意を伝えた。安倍は、G20サミットを途中退席して、アルゼンチンのブエノスアイレスに直行した。その機内では、IOC総会で行う招致説明（プレゼンテーション）の予行演習にかかりきりだった。

安倍は9月7日午前、IOC総会でプレゼンテーションに臨んだ。安倍は、東京電力福島第一原発の汚染水漏れについて、あえて冒頭から取り上げ、「フクシマについて、お案じの向きには、私から保証する。状況は、統御されている（The situation is under control）。東京には、いかなる悪影響も、これまで及ぼしたことはなく、今後とも及ぼすことはない」と明言した。

さらにIOC委員からの質問に答えて、「（汚染水は）原発の港湾内の0・3平方キロの範囲内で完全にブロックされている。福島近海のモニタリングの数値は、最大でもWHO（世界保健機関）の水質ガイドラインの500分の1だ。日本の食品や飲料水の基準は、世界で最も厳しい」と説明した。そして「この瞬間にも、福島の青空のもと、子どもたちはサッカーボールを蹴りながら、未来を見つめている。私は、彼らの未来と安全に責任を持っている」と締めくくった。

安倍のプレゼンテーションは、招致を決定づけるうえで効果をあげた。だが、日本国民が感じていた原発の「安全と未来」とは大きな落差のある演説だった。

東京招致に成功

現地での大詰めの招致レースで異彩を放ったのは、高円宮妃《たかまどのみや》久子さまだった。総会前夜のレセプションでの立ち居振る舞いは、IOC委員らの賞賛を浴び、「プリンセス」とたたえられた。総会で、久子さまはスピーチに立ち、フランス語と英語で、IOCの東日本大震災に対する復興支援に、心のこもった謝意を示された。久子さまは後日、『読売新聞』のインタビューで「当日の朝5時まで」原稿に手を入れたと明かされた。

久子さまの総会出席は、ぎりぎりまで決まらなかった。8月15日の段階では、久子さまは総会には出席せず、IOC委員と懇談し、謝意を伝えられるとしていた。その際、風岡典之《かざおかのりゆき》宮内庁長官は、「皇族が招致活動に関わるのは（皇室の政治利用の観点から）好ましくない」と述べた。しかし、下村博文文科相や杉田和博官房副長官が、巻き返しに転じ、宮内庁は「投票の呼びかけは一切行わない」との条件付きでこれを受け入れ、9月2日、久子さまの総会出席を発表した。久子さまの「あいさつ」は、日本国内でも違和感なく受け入れられた。「皇室と政治」をめぐる議論は、招致の成功もあって高まることはなかった。

IOC委員による1回目の投票で、東京が42票、イスタンブール（トルコ）とマドリード（スペイン）が同数の26票。最下位を決める投票でマドリードが脱落し、続く東京とイスタンブールの決選投票で、東京が60対36の大差でイスタンブールを破った。

日本が選手村周辺に大半の競技会場を設置した「コンパクトな計画」や高い開催能力、開催の意義として東日本大震災の被災地を勇気づけた「スポーツの力」を挙げたことも勝利につながった。とくにパラリンピアンで被災地出身の佐藤真海《まみ》選手の情感のこもったスピーチは、IOC委員らの心を揺り動かした。また、フリーアナウンサーの滝川クリステルが身振りを交えて披露した「お・も・て・な・し」のフレーズも話題を集めた。東京で夏季五輪が開催されるのは1964年以来、56年ぶりだったが、実際、開催にこぎつけるまでには大変な試練が待っていた。

ソチ五輪開会式に出席

安倍は2014年2月7日、ロシアのソチで開かれた冬季五輪の開会式に出席した。オバマ米大統領は、米中央情報局（CIA）元職員エドワード・スノーデンの機密情報暴露事件や、同性愛への規制強化などロシアの人権状況、シリア情勢をめぐる米露対立を背景に、欠席する意向を表明した。フランソワ・オランド仏大統領ら主要国の首脳も同調した。これに対して、菅官房長官は記者会見で、「我が国はロシアの人権状況とソチ五輪を結びつけて考えていない。総理とのワーキングランチまでセットされており、国益を考えた時に出席すべきは当然」と述べた。安倍は1泊3日の強行軍でロシアに向かった。

同月8日午後、プーチンは、ソチの大統領公邸で、東日本大震災でのロシア側の支援に感謝するため日本から贈られた「秋田犬」を連れて現れ、安倍を出迎えた。プーチンとの首脳会談後、安倍は、「今日で（会談は）５回目になるが、日露の関係に新しいページを開くことができたのではないか」と述べた。プーチンは、安倍の開会式出席について、「大変重視し、感謝している」と謝意を繰り返し表明したという。

なお、五輪開会式には、中国の習近平国家主席ら44か国の首脳が出席した。プーチンは、安倍に先立って習近平と会談し、第２次世界大戦終結から70周年になる15年に、戦勝祝賀行事を共催することを確認した。

ロシアのクリミア併合

ソチ五輪が閉幕した直後の14年３月１日、ロシアのプーチン大統領は、上院に対し、ウクライナ領内で軍事力を行使することを提案し、承認を得た。親露派の大統領を解任して誕生した親欧米派政権に圧力をかけ、ウクライナをロシアの勢力圏内につなぎとめる狙いがあるとみられた。プーチンは、ロシア系住民が多数を占めるクリミア半島に軍を派遣して制圧。18日、クレムリンで演説し、「クリミアは、強く揺るぎないロシアの主権下になければならない」と強調、ウクライナ南部クリミア自治共和国とセバストポリ特別市をロシアに編入すると発表した。ロシアの軍事支配下で行われたクリミアの住民投票で９割超が編入に賛成したことを根拠にしていた。

ウクライナの領土を強引に併合したロシアと、米欧諸国との対立は決定的になり、米欧は直ちに資産凍結や渡航禁止などの制裁措置をとった。

他方、日本政府は同月19日、日本とロシアの経済協力を官民一体で進める「日露投資フォーラム」を東京都内のホテルで開催していた。安倍は、同日の参院予算委員会で、「ウクライナの統一性、主権、領土の一体性を侵害するものであり、これを非難する」と述べ、ロシアへの批判を強める主要7か国(G7)と歩調を合わせた。3月24日、オランダ・ハーグで、放射性物質の管理強化や核物質を狙うテロの防止策を話し合う「核安全サミット」が開かれた。米国、中国など53か国の首脳級が参加し、安倍も出席した。同時にウクライナ情勢をめぐってG7の首脳会議が開催され、ロシアのクリミア併合を強く非難する「ハーグ宣言」を採択。同年6月にロシア・ソチで開会予定のサミット(主要8か国首脳会議)は開かないことを決め、これにより、ロシアはG8の枠組みから完全に排除された。

安倍首相は25日、当地での記者会見で、ロシアのクリミア併合に関して、「日本や東南アジアの友人にとっても他人事ではない」と述べ、尖閣諸島などへの領有権の主張を強めている中国を牽制した。さらに「G7で連携し、ロシアとも意思疎通を図り、解決の糸口を模索することが重要だ」と述べ、北方領土交渉に配慮し、ロシアとの対話のパイプは切らない考えを示した。

露軍、北方領土で軍事演習

14年4月、日本政府は、月末に予定していた岸田外相の訪露を延期するとともに、ロシア政府関係者らの入国禁止の制裁措置も発表した。プーチンは5月24日、一部報道機関代表者との会談で、日本の対露制裁について「驚きをもって聞いた」と語り、日本政府を牽制した。米政府は7月29日、ウクライナで起きたマレーシア航空機撃墜事件などを受けて、ロシアの金融、軍事関連4社とエネルギー分野への追加制裁を発表。欧州連合（ＥＵ）も資本取引規制、武器取引禁止などで足並みをそろえた。日本政府は同年8月、親ロシア武装勢力指導者らの資産凍結など対ロシア追加制裁を発表したが、プーチン政権の中枢は対象に含まれなかった。

日本の対露制裁は、米欧に比べると一貫して緩やかだったのだが、これに対して、ロシア軍は同月12日、北方領土の国後、択捉《えとろふ》両島での軍事演習を、日本政府の抗議を無視して強行した。さらに同月22日には、日本人のロシア入国を制限する対抗措置もとった。ロシア外務省は、8月末に予定していた日露外務次官級協議の延期を通告し、安倍が目指していた「プーチンの今秋来日」は全く不可能になった。

なお、それから8年後の22年2月24日、プーチンは、ウクライナで「軍の特殊作戦」を実施すると表明、ロシア軍が侵攻を開始し、ウクライナ戦争が勃発する。

インドとの連携強化

安倍は、13年8月の中東・アフリカ4か国歴訪に続いて、10月にはトルコ、11月にはカンボジア、ラオス、翌14年1月には、オマーン、エチオピアなど4か国を歴訪。帰国した後に、インドを訪れた。同年7月にはメキシコ、コロンビア、チリ、ブラジルなど中南米諸国を相次いで訪問した。この間、サミットなど数々の国際会議があり、安倍はハードな日程で外遊を重ねていた。

14年8月、インドのナレンドラ・モディ首相が初来日した。日印両首脳は、日印の戦略対話を強化し、両国の「グローバル・パートナーシップの可能性を最大限に発揮する」との共同文書を発表した。

会談では、外務、防衛当局による次官級協議の閣僚級（2プラス2）への格上げの検討、海上自衛隊とインド海軍の共同訓練の定例化などで一致した。モディは、10年ぶりに政権交代を果たし、5月に首相に就任。インド西部のグジャラート州首相時代、日本企業を誘致した親日家として、安倍とも親交があった。

15年12月には安倍が訪印し、原子力発電所関連の資機材や技術の輸出を可能とする原子力協定の締結で原則的に合意した。日印原子力協定は、16年11月、来日したモディと安倍との間で署名された。署名後の共同記者発表で、安倍は、「NPT（核拡散防止条約）を締結していないインドを国際的な不拡散体制に実質的に参加させることにつながる」と、その意義を強調。モディは「双方の協力は、気候変動における戦いを支援することになるだろう」と語った。これ以降、日印両首脳は相互訪問を重ね、中国の海洋進出を念頭に接近を強めることになる。

第8章　国家安全保障会議創設

日本版ＮＳＣの設置

政府の外交・安全保障政策の司令塔となる国家安全保障会議（日本版ＮＳＣ）設置法が２０１３年11月27日、参院本会議で成立した。与党のほか、民主、日本維新の会、みんなの党も賛成した。国会議員の９割超のコンセンサスで創設されたことは、北朝鮮の核・ミサイル開発、中国の軍備増強、国際テロの頻発など日本を取り巻く安保環境が激変し、各党派に共通の安保認識が生まれてきた証左とみられた。

旧安全保障会議を改組して設置された日本版ＮＳＣには、政策調整と関係省からの情報を収集する権限が与えられた。外務省、防衛省、警察庁など縦割りの弊害から情報が集約できないという欠点を改め、首相の下に外交・安保政策を一元化する狙いがあった。同法第2条は、所掌事務として、国防の基本方針、防衛計画の大綱、武力攻撃事態や存立危機事態、重要影響事態への対処、国際平和協力業務の実施、自衛隊の行動に関する重要事項、安全保障に関する外交・防衛・

経済政策の基本方針などを挙げており、会議はこれらについて審議し、必要に応じ、首相に対し意見を述べるとした。

米国や英国にあるＮＳＣ（National Security Council）を手本にしており、米国の場合、正副大統領や国務、国防長官ら少数のメンバーが、武力攻撃やテロなどに際して緊急招集され、機動的な政策決定を行う。日本版ＮＳＣでそれに該当するのが「４大臣会合」と呼ばれるもので、出席者は首相、官房長官、外相、防衛相の４人に限定された。

日本版ＮＳＣは12月４日、正式発足した。会議には、「４大臣会合」のほかに、旧来の安全保障会議の後身である「９大臣会合」（首相、官房長官、総務相、外相、財務相、経済産業相、国土交通相、防衛相、国家公安委員長）が置かれた。９大臣会合の主な任務は、自衛隊の出動や防衛予算の承認である。このほか、大量の難民が押し寄せるなどのケースでは「緊急事態大臣会合」（首相、官房長官、あらかじめ首相により指名された国務大臣）を開くことになる。

国家安全保障戦略

政府は13年12月17日、包括的かつ体系的な「国家安全保障戦略」を閣議決定した。この文書は、今後10年程度の期間を念頭に、日本の外交・安保政策に指針を与える狙いから、日本版ＮＳＣが策定。閣議では、同戦略に基づいて「防衛計画の大綱」（防衛大綱）と、14年度から5年間の「中期防衛力整備計画」（中期防）もあわせて決定した。[1]

国家安全保障戦略は、1957年の「国防の基本方針」に代わる文書で、国際社会とアジアの平和と安定に寄与するという「積極的平和主義」を基本理念に掲げ、防衛力だけでなく、外交・経済・技術力など国の総合力を駆使して国益を守るとした。

国家安全保障戦略は、グローバルな安全保障の課題として、大量破壊兵器の拡散や国際テロの脅威、宇宙・サイバー空間のリスク拡散などを列挙する一方、アジア太平洋地域では、北朝鮮の軍事力増強と挑発行為、東シナ海、南シナ海における中国の「力による現状変更の試み」（尖閣諸島周辺での領海侵入、防空識別圏の一方的設定）を懸念材料として挙げた。そして日本として、「領域保全に関する取り組みの強化」や、「安定的な米軍プレゼンスの確保」を通じて日米同盟を強化する必要性を強調した。

また、国家安全保障戦略の基本理念を具体化するとして、「武器等の海外移転に関し、新たな安全保障環境に適合する明確な原則を定める」方針を明記した。これを受けて政府は、2014年4月1日、武器の輸出を原則的に禁じてきた1976年の「武器輸出三原則」を抜本的に見直し、新たな「防衛装備移転三原則」を閣議決定した。[2] 新三原則では、国連決議による禁輸対象国や紛争当事国への禁輸は継続する一方、平和貢献や日本の安全保障に資する場合は、厳格な審査を条件に輸出や移転を認めることにした。これにより、国連など国際機関への輸出や、次期戦闘機などの国際共同開発への参画が包括的に可能となる。また、日本のシーレーン（海上交通路）沿岸国を念頭に、救難・輸送・警戒監視・掃海を目的とした装備品の輸出も認められる。1日の閣議後の日本版NSC9大臣会合では、審査手続きや情報公開の手続きなどを定めた運用基準を決めた。

NSC事務局発足

14年1月7日、NSCの事務局として国家安全保障局を内閣官房に設置した。安倍は、初代局長に谷内正太郎内閣官房参与を充てた。[3] 谷内は、外務省条約局長、総合外交政策局長などを歴任。02年から内閣官房副長官補を務め、小泉内閣の官房副長官だった安倍に仕えた。05年から3年間は外務次官の職にあり、第1次安倍内閣発足直後の安倍訪中を実現させた。

国家安全保障局長就任を前に、谷内は、早稲田大学で開かれたシンポジウムで講演し、▽日本は長期低落傾向を反転させ、再び国際社会で責任と役割を果たす。▽安倍政権は日米同盟を基軸に「地球儀を俯瞰する外交」を目指す。▽集団的自衛権行使の憲法解釈見直しで日米共通の抑止力が高まる。▽自由で開かれた海洋秩序、貿易体制の構築に中国を関与させるべきだ。▽中国、韓国との関係では「戦略的な忍耐心」を持って対応していく——などと、安倍政権の外交・安保政策の基本課題を明らかにした（13年12月19日付『読売新聞』朝刊）。

国家安全保障局長は、内閣官房副長官（事務）の下に位置し、内閣危機管理監と同格にあたる。国家安保局は、外務、防衛両省、警察庁、国交省、海上保安庁、総務省や自衛隊の制服組の計67人の態勢で発足、同局次長は兼原信克、高見澤將林《のぶしげ》の両官房副長官補が兼務した。国家安全保障担当補佐官には礒崎陽輔《いそざきようすけ》首相補佐官をそのまま充てた。

谷内局長は、14年1月中旬から米国、英国、フランス、ドイツ、ベルギー、インドの6か国を訪問し、各国NSCの責任者らと会談。米国ではスーザン・ライス米大統領補佐官（国家安全保障担当）らと意見を交わしたほか、ベルギーでは北大西洋条約機構（NATO）本部で関係者らと協議した。

「積極的平和主義」宣言

日本政府は、1991年の湾岸戦争以降、「一国平和主義」を脱して、国連平和維持活動（PKO）をはじめ自衛隊の海外派遣を実施してきた。2001年の9・11米同時多発テロ後は、自衛艦がインド洋で多国籍軍への給油活動を行い、04年にはイラク復興支援のため、陸上自衛隊部隊のイラク派遣に踏み切った。09年からは自衛艦をソマリア沖での海賊対策のために送り出した。これらは広く「国際貢献」と呼ばれ、外務省は「能動的」な平和主義などと表現していた。

国家安保戦略でキーワードとされた、国際協調主義に基づく積極的平和主義は、これまでの姿勢を転換させ、日本が「国際政治経済の主要プレーヤー」として、国際社会やアジア太平洋地域の平和の構築に寄与するため、より積極的、主体的にかかわっていく姿勢を明確にしたものだった。

安倍は13年9月25日、米シンクタンクのハドソン研究所で講演し、集団的自衛権の憲法解釈の見直しを通じ、地域の平和と安全に積極貢献する「積極的平和主義」の理念を打ち出した。その中で安倍は、日本にとって最優先の課題は「経済の再建」であると論じたうえで、安全保障問題に話題を転じ、集団的自衛権行使を禁じる憲法解釈の見直しを検討中であること、また、日本は初めて国家安全保障会議を設立し、国家安全保障戦略を公にすることを挙げ、日本として必要な抑止力と日米同盟の強化を図る考えを表明した。

そして、数字を示しながら、隣国（中国）と比べれば、はるかに軍事支出が小さい国の私のことを「右翼の軍国主義者」と呼ぶのは全く的外れであると反論し、私は日本を「積極的平和主義の国にしようと決意している」と述べた（安倍晋三『日本の決意』）。このやや挑発的な言辞は、安倍の安保・外交政策に対して、「日本を軍国主義にしようとしている」といった批判があることを念頭に置いたものとみられた。しかし、国際協調の下、一定の防衛力を備えて世界平和に貢献するという積極的平和主義は、米国をはじめ各国に理解を広げていった。

安倍は、14年の年頭所感でも、『『積極的平和主義』こそが、我が国が背負うべき『21世紀の看板』であると、私は確信しています」と強調。同年の年始め、オマーン、コートジボワール、モザンビーク、エチオピアを訪問し、積極的平和主義に基づき、中東地域の平和と安定に、より積極的な貢献を行うと表明した。

なお、NSC事務局には20年4月、新たに経済班が設置された。省庁横断で経済安全保障に取り組むチームで、先端技術の保護・育成や海洋権益の確保、次世代通信規格「5G」やサプライチェーンの問題などに注力することになった。

注

1　防衛大綱の策定は、民主党政権下の２０１０年以来3年ぶり。陸海空３自衛隊を連携して運用する「統合機動防衛力」構想を打ち出し、敵に離島を占拠された際は、陸自に新設する水陸機動団が、空自と海自の支援を受けて、すばやく上陸して奪還する態勢などを構築する。北朝鮮の弾道ミサイル攻撃への対処では、「発射手段に対する対応能力を検討し、必要な措置を講ずる」とした。一方、中期防は、総額を約24兆６７００億円とし、南西諸島の防衛のため、水陸両用車52両、ＭＶ－22オスプレイ17機を水陸機動団用に配備する、などとした。

2　日本の武器輸出は１９６７年、佐藤栄作首相が国会答弁で、①共産圏諸国向け　②国連決議により武器輸出が禁止されている国向け　③国際紛争の当事国向けにはこれを認めない方針（「武器輸出三原則」）を示した。さらに76年、三木武夫内閣の政府統一見解により事実上、全面禁輸となり、その後は必要に応じ一部、例外的措置がとられてきた。これに代わる「防衛装備移転三原則」では、第一に「移転を禁止する場合」として、我が国が締結した条約や国連安保理決議の義務に違反する場合や紛争当事国への移転を挙げた。第二に「移転を認め得る場合」としては、平和貢献・国際協力の積極的推進や、米国をはじめ同盟国等との国際共同開発・生産の実施、装備品の維持を含む自衛隊の活動、邦人の安全確保の観点から日本の安全保障に資する場合に限るとした。第三は、目的外使用や第三国への移転については、日本の事前同意を相手国に義務づけるなど、防衛装備の海外移転を適正管理が確保される場合に限定した。

3　谷内正太郎は後年、対談の中で、次のように語っている。内閣官房参与を命じられた際、安倍に対して、政策遂行のプライオリティ（優先順位）を明確にするよう進言し、なすべき課題の「大目標」として、憲法改正と双務的ないし対等の日米関係をつくることを挙げた。しかし、これは一気に実現することは難しいので、「中目標」として、集団的自衛権の憲法解釈を変更し、海洋国家のネットワークを構築すること、新たな成長戦略とエネルギー戦略を立案し、ＴＰＰの発足を目指すこと――を挙げた。さらに「小目標」として、靖国参拝や慰安婦をはじめとする歴史認識の課題の克服、尖閣諸島の実効支配強化、米軍普天間基地の移転問題解決、北朝鮮による拉致問題打開を挙げ、目に見える成果を一つずつ上げる必要があるとした。とくに、憲法改正は、保守の純化路線では達成できず、政治のウイングを左に広げていかなければいけないこと、いま国民が真に望んでいるのは、実は外交・安保などではなく、日本経済の再生であること、必ず長期にわたる安定政権を築いてもらいたいことを強調した（中央公論新社ノンフィクション編集部編『安倍元首相が語らなかった本当のこと』）。

第9章　特定秘密保護法

法案の意図、浸透せず

安倍首相は、衆参の「ねじれ」が解消されると、外交・安保関連の法整備に乗り出すと同時に、第1次政権で挑戦して挫折した集団的自衛権の行使、靖国神社参拝など、「安倍カラー」が濃い、野党の反発も大きい政治課題の封印を開いていった。2013年10月召集の臨時国会では、国家安全保障会議（日本版NSC）設置法案の審議は順調だったものの、特定秘密保護法案が激しい与野党対立を惹起《じゃっき》した。同法案は、安全保障の機密情報を漏らした国家公務員らの罰則強化を柱としたもので、安倍は、「日本版NSCが各国と情報交換をしていくにあたっては、秘密保全が前提になる。秘密保全の法整備は喫緊の課題だ」と述べ、法案がNSCと一体のものであることを強調し理解を求めた。

これまで、日本に秘密保全制度がなかったわけではなかった。国家公務員法の守秘義務のほか、1954年の日米相互防衛援助協定（MDA）に伴う秘密保護法が規定する「特別防衛秘密」、

2001年の改正自衛隊法で定めた防衛政策に関する「防衛秘密」があり、それぞれ情報を漏らした場合、罰則が科されてきた。しかし、それでも法に不備があるとして、外国から情報提供を拒まれることがあった。

特定秘密保護法案の原案は、内閣官房に属する内閣情報調査室が作成した。それは、安全保障に関する情報のうち、特に秘匿が必要なものについて、特定秘密の指定や取扱者の制限など必要事項を定め、これにより特定秘密の漏洩を防止し、国と国民の安全を確保する、としていた。これに対して、「秘密の範囲があいまい」「『知る権利』の侵害につながる」「時の政権に不都合な情報が隠される」などといった批判が相次いだ。さらに戦前、思想弾圧に使われた治安維持法を想起させるといった極論までが、野党やメディアの間に飛び交った。

与野党の修正協議

同法案が閣議決定され、国会に提出されたのは13年10月25日。その骨子は、▽安全保障にかかわる「防衛」「外交」「スパイ防止」「テロ対策」の4分野で、特に秘匿が必要な情報を、閣僚らが特定秘密に指定する。▽特定秘密の取り扱いは、「適性評価」で認められた公務員らに限定する。▽特定秘密を故意に漏洩した場合の罰則は、最長で懲役10年以下。漏洩のそそのかしも罰則の対象とする。▽秘密の指定期間は5年で、更新できるが、30年を超える場合は内閣の承認を得る。▽国民の「知る権利」の保障に資する報道・取材の自由に十分配慮する。報道機関の取材行為は、違法または著しく不当な方法によらない限り、正当な業務とする――などとなっていた。[1]
このうち、機密情報を漏らした国家公務員への処罰は、現行法（国家公務員法で懲役1年以下、自衛隊法で同5年以下）より厳罰化されていた。国家公務員だけでなく、防衛産業など政府と契約する民間業者にも適用し、「適性評価」は、国家公務員やその配偶者、父母、子、兄弟姉妹、同居人らを対象に、犯罪歴や海外渡航歴などを調べると定めていた。
同法案は11月7日、衆院で審議入りしたが、早期成立を図りたい与党は、野党との修正協議を急いだ。安倍は自ら、みんなの党の渡辺喜美代表に協力を要請。同党は、秘密指定の際の首相の関与を強めるよう求めたことから、与党側は、首相が指定状況を指揮監督し、必要があれば閣僚らに改善を指示することで修正合意した。また、日本維新の会との修正協議では、秘密指定の運用状況などをチェックする第三者機関の設置などで一致した。民主党は同18日、秘密の指定範囲を外交や国際テロなどに限定した独自の「対案」をまとめたが、折り合うことはなかった。

衆院通過、みんなの党分裂

与党は11月26日午前、衆院国家安全保障特別委員会（委員長・額賀福志郎）で質疑打ち切りの緊急動議を提出、一時混乱したが、同法案は、自民、公明両党とみんなの党の賛成多数で可決された。同日夜、衆院本会議に緊急上程され、自公とみんなの党の賛成により衆院を通過、参院に送付された。与党と法案修正で合意していた日本維新の会は「審議不十分」として退席した。

その際、一波乱が起きた。みんなの党の江田憲司前幹事長らが造反し、採決で退席した。江田は、渡辺代表が主導した法案修正協議は「自民党へのすり寄り」だと批判。もともと二人には路線対立があり、渡辺は、政界再編に向け解党も辞さないとする江田を非難し、8月に江田を幹事長から外すなど確執が表面化していた。江田をはじめ衆参両院の14人は、国会閉幕後の12月9日、離党届を提出し、みんなの党は分裂した。離党者は党所属35人の4割に上った。江田は記者会見で、「我々が触媒になって新党を結成し、真の改革勢力を結成していく」と述べた。江田らは18日、新党「結《ゆ》いの党」を旗揚げした。

11月27日、特定秘密保護法案と「一体」とされたNSC設置法が参院本会議で成立した後、28日から参院国家安全保障特別委員会（委員長・中川雅治）で、特定秘密保護法案の実質審議が始まった。29日、自民党の石破幹事長が自らのブログに、国会周辺の反対デモについて、「絶叫戦術は、テロ行為とその本質においてあまり変わらない」と書き込んだ。これに対して野党7党は、「言語道断の暴言だ」と硬化し、同法案の慎重審議を求める共同声明を出した。

参院審議では、与党と日本維新の会が合意した「第三者機関」のあり方が焦点になり、安倍は12月4日の特別委で、秘密指定の妥当性を検証する機関として、省庁の次官級職員らからなる「保全監視委員会」を内閣官房に設置する考えを表明した。しかし維新の会が、「独立性を確保できない」としたため、菅官房長官は5日、内閣府に20人規模の「情報保全監察室」を発足させると約束したが、付け焼き刃の印象は拭えなかった。

参院審議は大荒れ

会期末の12月6日が迫る中、参院では、野党の民主党が委員長を務める委員会で、国家戦略特区法案など法案採決の目途が立たなくなった。このため与党は、参院内閣、経済産業の両委員会の委員長（いずれも民主党）の解任決議案を5日未明の参院本会議で可決、委員長の首をすげ替えた。あまり類例を見ない荒業だった。また、与党は、会期切れで法案が流れる事態を回避するため、6日夜の衆院本会議で、会期の2日間延長を議決した。

与党は同日夕、参院国家安全保障特別委員会で、特定秘密保護法案を賛成多数で強引に可決、国会は緊迫した。6日の参院本会議でも、傍聴席から靴が投じられるなどして審議が中断したが、深夜の採決の結果、自、公両党の賛成多数で可決、同法は成立した。民主、共産、生活、社民各党が反対した。採決の際、民主党は本会議場を退席したが、反対票を投じるため、再び議場に戻った。また、衆院で賛成したみんなの党は、参院では日本維新の会とともに採決を退席し、民主党提出の内閣不信任案（否決）に賛成した。野党各党は、最後まで迷走していた。

特定秘密保護法が成立した翌日の7日も、国会周辺では同法に反対する市民たちの集会やデモ行進が行われていた。東京・千代田区の日比谷公園内の野外音楽堂での集会は、約3500人収容の会場が満員になった。衆参特別委での同法の審議時間は、重要法案にしては短く、計67時間にとどまった。審議では、森雅子法案担当相ら政府側の答弁は混迷しがちで、法案提出の準備不足は明らかだった。ねじれ国会の桎梏《しっこく》から解放された自民党は、「野党多弱」に乗じ、一党優位時代の「数の力」による国会運営に舞い戻っていた。

「情報保全諮問会議」設置

読売新聞が実施した12月の全国世論調査（6～8日）によると、内閣支持率は55％で、前回11月調査の64％から9ポイント下落した。前年12月の内閣発足以来、最も低くなった。特定秘密保護法を「評価する」と答えた人は39％、「評価しない」人は50％だった。首相官邸は、世間の評価に懸念と苛立《いらだ》ちを強め、菅官房長官は12月16日の記者会見で、同法をめぐる一部の報道について「誤った認識が多いのではないか」と不満を示し、「映画監督が映画を作れなくなるとか、（米軍の新型輸送機）オスプレイをスマートフォンで撮ると逮捕されるとか、ありえないことが報道されている」と、実例を挙げた。

翌14年1月、特定秘密の基準を作成する諮問機関として、有識者会議「情報保全諮問会議」が設置された。有識者は7人で構成され、渡邉恒雄読売新聞グループ本社会長・主筆が座長を務めた。同月17日の同会議の初会合で、渡邉座長は、特定秘密保護法について、『『治安維持法の復活だ』』と、一部のマスコミなどが声高に主張している。同法は、史上最悪の邪悪な法律であり、拡大解釈の余地はいくらでもあった。それに比べ、今回の法律は二重三重に権力の濫用を縛っている。今後、どの政権であろうと、不必要な拡大解釈をして言論、報道の自由を抑制することがあってはならない」と述べた。

同会議は同年9月、特定秘密の指定・解除に関する政令と運用基準の最終案を了承し、政府は10月、それらを閣議決定した。運用基準は、「国民の知る権利」について、「民主主義社会の在り方と結び付いたものとして、十分尊重されるべきものである」と明記。秘密の指定対象は、防衛、外交、スパイ防止、テロ対策の4分野を55項目に細分化し、「必要最小限の情報を必要最低限の期間に限って」指定するとして、拡張解釈の禁止と厳格な適用を求めた。また、行政の違法行為の指定や、その隠蔽《いんぺい》を目的とした指定を禁止した。内閣府に審議官級の「独立公文書管理監」の新設や、内部告発の「通報窓口」の設置も義務付けた。

一方、特定秘密保護法の運用を監視する「情報監視審査会」を衆参両院に設置するための改正国会法が同年6月に成立した。同年12月の同法施行に合わせて作られた常設の組織で、衆参両院の議員8人ずつで構成し、政府から特定秘密の指定について定期的に報告を受け、その報告が適切かどうかを調査・審議することになった。

注

1　政府が2013年9月に発表した法案概要では、「知る権利」に関して、「法律を拡張解釈し、国民の基本的人権を不当に侵害することがあってはならない」と規定しているだけだった。これに対し、公明党がより明確に「報道の自由」や国民の「知る権利」への配慮を求め、自公協議の結果、報道機関の取材活動について、「法令違反又は著しく不当な方法によるものと認められない限りは、これを正当な業務による行為とするものとする」という規定と、特定秘密を省庁が恣意《しい》的に指定することを防ぐため、政府が有識者会議の意見を聞いて秘密指定の「統一基準」を作成することで合意し、政府法案にこの旨が盛り込まれた。

第10章　靖国神社参拝

全国戦没者追悼式

2013年8月15日の終戦記念日、安倍は靖国神社参拝を見送った。安倍は参拝するかどうかは、「あいまい戦術」を取って発言を避け、15日ぎりぎりまで含みを残した。同日、安倍は、自民党総裁として私費で玉串料を奉納。同党の萩生田《はぎうだ》光一総裁特別補佐が代理人として靖国神社を訪ね、これを納めた。首相は同日午前、首相官邸で記者団に、「国のために戦い、尊い命を犠牲にした英霊に対する感謝と尊崇の念を込めた」と語った。

小泉政権下、首相の靖国参拝が政治問題化するのを避けるため、当時の福田康夫官房長官の私的諮問機関が02年12月、「国立の無宗教の恒久的施設が必要」とする提言を行っている。しかし、安倍はこの国立追悼施設建設構想については、13年5月14日の参院予算委員会で、「靖国が問題になっているから別のものを作ろうという判断は間違いだ」と一蹴した。

安倍首相は、同年8月15日の全国戦没者追悼式の式辞で、アジア諸国の人々への加害に対する

「深い反省」に全く触れなかった。歴代首相は、07年の安倍も含め、「アジア諸国の人々に多大の損害と苦痛を与えた。国民を代表して、深い反省と哀悼の意を表する」といった言辞を踏襲してきた。安倍は、式辞で「加害責任」に言及せず、反省の言葉を発しなかったことについて、後年、「戦没者追悼という趣旨に鑑《かんが》みても、英霊に対して言葉を発するべきであり、そこに場違いな反省など不要であると考えていました」と述べた（「安倍外交七年八ヵ月を語る」『外交』Vol.67」2021年）。安倍は14年以降の追悼式でも、「反省なし」の式辞で通し、20年には「我が国は、積極的平和主義の旗の下、国際社会と手を携えながら……」と、初めて持論の積極的平和主義の文言を用いた。

安倍は、12年の自民党総裁選の最中、第1次内閣時に靖国神社を参拝しなかったことは「痛恨の極みだ」と公言し、その後もこの強い表現を繰り返していた。それは、靖国参拝は自分の揺るがぬ政治的信念であり、いずれ「必ず参拝する」ことを意味していた。安倍は、13年の終戦記念日の参拝を見送ったが、年内のしかるべき時期に靖国神社を参拝するとの観測は消えなかった。

「恒久平和への誓い」

安倍は13年12月26日午前11時30分すぎ、公用車で東京・九段北の靖国神社に到着、モーニング姿で本殿に昇り、神道形式の二礼二拍手一礼で参拝した。「内閣総理大臣　安倍晋三」名で献花と記帳も行い、私費で玉串料を納めた。この日は、安倍が2度目の首相に就任してからちょうど

1年にあたり、首相の立場での靖国参拝は初めてだった。現職首相としては、06年8月15日の小泉首相以来7年4か月ぶりのことだった。

安倍は参拝に合わせて談話「恒久平和への誓い」を発表し[1]、この中で「御霊《みたま》を前に、今後とも不戦の誓いを堅持していく決意を、新たにしてまいりました」と表明、この日参拝したのは、「政権一年の歩みと、二度と再び戦争の惨禍に人々が苦しむことの無い時代を創るとの決意を、お伝えする」ためで、「中国、韓国の人々の気持ちを傷つけるつもりは、全くありません」と強調した。安倍は参拝後、記者団から今後も参拝する考えがあるのかと聞かれると、「答えは差し控える」と述べるにとどめた。

安倍は、第2次内閣の発足直後から靖国参拝のタイミングを計っていた。13年10月の秋の例大祭での参拝も有力な選択肢だったが、見送った。安倍周辺には、菅官房長官らによって参拝反対の包囲網が敷かれ、とくに今井尚哉首相秘書官は、「参拝をするなら秘書官を辞める」とまで言って止めに入っていた(『回顧録』)。しかし、安倍は聞き入れず、この日、神社に向かう30分前、公明党の山口代表に電話し、「自分の決断で参拝します」と伝えた。山口は「賛同できない」と抗ったが、「賛同いただけないとは思います」と受け流され、取り付く島はなかった。

靖国参拝が、対中・対韓関係を一層悪化させるのは必至だった。当時、両国との関係は首脳会談ができないほど冷え切っていた。ただ、安倍には、それほど底をついた状態なら、これ以上、悪化することはない、という計算も働いていたものとみられる。

また、安倍には別の事情もあった。安倍は、総裁選で自分を支持してくれた自民党国会議員や党員に対する「公約」を果たす務めがあると考えていた。中でも、安倍の「戦後レジームからの脱却」に共鳴し、首相への復帰を待望していた支持者、安倍をたたえる保守論壇人、自民党内の「保守派」議員らは、安倍の靖国参拝を強く望んでいた。参拝を果たした安倍は、菅官房長官からみて「本当に肩の荷が下りたって感じ」だったという（中央公論新社ノンフィクション編集部編『安倍元首相が語らなかった本当のこと』）。安倍の参拝は、自ら拠って立つ「岩盤支持層」の期待や、その「恩義」に報いる側面もあった。[2]

予想通り、中韓両国は強く反発した。欧州連合（EU）やロシア、シンガポール政府なども「遺憾」などとするコメントを出した。中国は26日午前、外務省報道局長が「強く抗議し、厳しく非難する」との談話を発表。韓国も同日午後、「韓日関係と北東アジアの安定と協力を、根本から損ねる時代錯誤的な行為」であり、「嘆きと憤りを禁じ得ない」との政府声明を発出した。菅は翌27日の記者会見で、首相談話を東南アジア各国などの言語に翻訳するよう在外大使館に指示したことを明らかにした。

米政府の「失望」声明

中国、韓国の反発が、織り込み済みだったとすれば、政府にとって衝撃的だったのは、同盟国の米国からの批判だった。在日米大使館は12月26日、安倍の靖国参拝について、「日本は大切な同盟国であり、友好国である。しかしながら、日本の指導者が近隣諸国との緊張を悪化させるような行動を取ったことに、米国政府は失望している」との声明を発表した。米国務省も同日、同じ内容の談話を発した。首相の靖国神社参拝を批判する談話は極めて異例だった。岸田外相は同日夕、キャロライン・ケネディ駐日米大使に電話で首相参拝の趣旨を説明し、ケネディ大使は「本国に伝える」と述べた。

ただ、米国からの批判は、ある意味、想定内とも言えた。というのも、「2プラス2」出席のため来日した米国のジョン・ケリー国務長官とチャック・ヘーゲル国防長官が米国の閣僚として初めて、同年10月3日、千鳥ヶ淵戦没者墓苑（東京都千代田区）を訪ねて献花した。無名戦没者の遺骨を納めた同墓苑への献花は、米国アーリントン国立墓地の「無名戦士の墓」へのお参りを思わせた。それは、極東国際軍事裁判（東京裁判）のA級戦犯を合祀した靖国神社への首相の参拝は慎重に、という米側からのメッセージにほかならなかった。

米国の首相参拝批判には、いくつかの背景・要因が考えられた。一つは、歴史問題をめぐる日韓関係の亀裂の深まりと、日中関係の険悪化があった。実際、同年1月、東シナ海で中国のフリゲート艦が日本の護衛艦に攻撃前のレーダー照射を行い、11月には尖閣諸島の上空などに中国によって防空識別圏が設定されるなど、日中間は不穏な空気に満ちていた。

また、もう一つには、安倍がこれまで「村山談話」や「東京裁判」に批判的な見解を示してきたことがあった。安倍は13年4月23日の参院予算委員会で、村山談話に関連し、「侵略という定義は、学界的にも国際的にも定まっていない」と発言。これに対して、米紙『ワシントン・ポスト』は、「首相は歴史を直視していない」と批判する社説を掲げた。米国内には、安倍は「歴史修正主義者である」として、その歴史認識を問題視する見方が存在していた。

安倍の靖国参拝について、読売新聞の14年1月の全国世論調査（10～12日）では、「評価する」45％、「評価しない」47％と、世論は二分された。これを解消・解決するためには、戦争責任が免れないA級戦犯を合祀した靖国神社がこれを改めて分祀するか、あるいは、国が新しい無宗教の追悼施設を作るかだったが、そうした議論は政治の場で戦わされなくなっていた。

安倍の靖国参拝は、中韓両国のみならず、米国からも批判を招き、その後の日本外交の立て直しには多大のエネルギーを要した。安倍はこれ以降、首相在任中は靖国神社に参拝しなかった。安倍は『回顧録』で、「一度は通らなければならない道だったんですよ。私は、これでやるべきことが果たせたと思いました。総理在任中の二度目の参拝はできない、と思っていました」と語っている。その後、中国側は安倍に対して、「二度と行かないことを約束しろ」と求めてきたが、安倍はこれを断固拒否した。

「河野談話」の検証

菅官房長官は14年2月28日の衆院予算委員会で、いわゆる従軍慰安婦問題で「おわびと反省」を表明した1993年の「河野談話」について、根拠となった韓国人元慰安婦16人の証言内容を政府として検証し、国会に報告する考えを表明した。談話作成に関わった石原信雄元官房副長官が国会で、日韓両国が事前調整した可能性に言及したことなどを受けたものだった。

韓国の朴槿恵《パククネ》大統領は、翌日の「3・1独立運動」記念式典で演説し、「(元慰安婦の)傷は癒やされなければならない」「歴史の真実は生存者たちの証言だ」などと述べて、検証の動きを牽制し、反日姿勢をあらわにした。

菅は3月3日の記者会見で、「政府の基本的立場は河野談話を継承することだ」と明言。検証作業は、日韓間ですりあわせが行われたかを含め、談話の作成過程に的を絞り、それが談話の見直しには直結しないとの考え方を示した。安倍も同月14日の参院予算委員会で、談話について「安倍内閣で見直すことは考えていない」と強調し、「村山談話、小泉談話を含め、歴史認識に関する歴代内閣の立場を全体として引き継いでいる」と述べた。

政府は6月20日、但木《ただき》敬一元検事総長を座長とする有識者5人が行った検証の報告書を、衆院予算委員会理事会に提出した。それによると、談話作成の際に、日韓両国が文言を調整したことや、元慰安婦の聞き取りの裏付け調査をしていなかったことなどがわかった。

慰安婦問題では、朝日新聞社が14年8月、韓国・済州《チェジュ》島で慰安婦を強制連行したとする「吉田証言」を初めて虚偽と判断し、これをめぐる記事を撤回した。自民党内では、有志議員でつくる「日本の前途と歴史教育を考える議員の会」が、「談話が事実と異なるということを明確にすべきだ」などと、河野談話を批判、その取り消しを求める声を上げた。

注

1　安倍首相の靖国参拝に合わせて発表された談話「恒久平和への誓い」の要旨は次の通り。
　本日、靖国神社に参拝し、国のために戦い、尊い命を犠牲にされた御英霊に対して、哀悼の誠を捧《ささ》げ、御霊安らかなれとお祈りした。また、諸外国の人々を慰霊する鎮霊社にも、参拝した。戦場に倒れたたくさんの方々の尊い犠牲の上に、私たちの平和と繁栄があることに改めて思いを致した。過去の痛切な反省の上に立って、日本は二度と戦争を起こしてはならず、御霊を前に、今後とも不戦の誓いを堅持していく決意を新たにした。日本は、戦後68年間にわたり、自由で民主的な国をつくり、ひたすらに平和の道を邁進してきた。世界の平和と安定、そして繁栄のために、国際協調の下、今後その責任を果たしていく。靖国参拝については、戦犯を崇拝するものだと批判する人がいるが、私が今日参拝したのは、御英霊に、政権一年の歩みと、二度と再び戦争の惨禍に人々が苦しむことの無い時代を創るとの決意を、お伝えするためだ。中国、韓国の人々の気持ちを傷つけるつもりは全くない。人格を尊重し、自由と民主主義を守り、中国、韓国に対して敬意を持って友好関係を築いていきたいと願っている。

2　安倍首相の周辺には、首相を支える国会議員や保守論壇で活躍する評論家たちからなる「保守人脈」の存在があった。2013年11月7日、評論家・金美齢の主催で都内で開かれた会合には、新藤義孝総務相、古屋圭司国家公安委員長、稲田朋美行政改革相のほか、安倍の安全保障政策の指南役とされる岡崎久彦元駐タイ大使、小説家の百田尚樹ら約50人が集まった（13年11月17日付『日本経済新聞』朝刊）。この〝安倍人脈〟の多くは、憲法改正や靖国神社参拝推進、女性天皇反対など、安倍の政策や思想・信条に共感を覚え、自民党内では「保守右派」「タカ派」と目されていた。安倍の最初の首相辞任後の不遇な時期にあっても、安倍を支えていた人も目立ち、安倍自身は『回顧録』の中で、とくに助けられた人としてジャーナリストの櫻井よしこらの名を挙げていた。また、安倍が重用し、21年9月の自民党総裁選でも支援した高市早苗前総務相は、閣僚在任中も節目の8月15日などに靖国参拝を続けており、総裁選でも、首相に就いた場合に参拝を継続する考えを示していた。

第11章　米軍普天間飛行場

辺野古埋め立て申請

米軍普天間飛行場（沖縄県宜野湾市）の名護市辺野古沿岸部への移設問題は、民主党・鳩山由紀夫政権下での混乱もあり、膠着《こうちゃく》状態が続いていた。第2次内閣発足後の2013年2月2日、安倍首相は就任後初めて沖縄を訪問し、仲井眞弘多県知事と会談した。仲井眞は、13年度予算案における沖縄振興費の増額に謝意を表したが、普天間の移設問題では、「県外に、というのが県民の強い願い」と述べて、県内移設に理解を求める安倍との間で平行線をたどった。

安倍は同月22日（日本時間23日）、ワシントンでの日米首脳会談で、普天間問題を前進させることを確認。3月22日には、沖縄防衛局が辺野古沿岸部の埋め立て許可申請を知事に提出、移設問題は大きな転機を迎えた。

菅官房長官は4月3日、埋め立て許可申請への理解を得るため沖縄入りし、仲井眞知事と会談した。仲井眞は「辺野古への移転は時間がかかるから、他の県がいいと言っている」と、その真意を説明した。菅は那覇市内で、新聞2社、テレビ局3社に「マスコミ詣で」し、各社幹部と意見交換した。

日米両政府は同月5日、県の米軍基地負担軽減に向け、嘉手納基地以南の米軍6施設・区域の返還計画で合意した。普天間飛行場は、辺野古への移転を前提に、「2022年度又はその後」に返還されると明記された。安倍は、首相官邸でジョン・ルース駐日米大使と会談して合意内容を公表し、「日米双方とも、しっかりと沖縄の基地負担を軽減していく意思表示になった」と語った。仲井眞知事も同日、合意を評価するコメントを発表した。普天間基地返還を実現させるには、基地負担の軽減と沖縄振興予算の増額が避けて通れなかった。

菅官房長官の工作

政府は4月28日、「主権回復・国際社会復帰を記念する式典」を東京・永田町の憲政記念館で開いた。対日講和条約（1952年）発効に伴う日本の主権回復の日を記念するもので、天皇、皇后両陛下をはじめ安倍首相ら三権の長が出席した。自民党は、前年の衆院選公約で、主権回復を祝う式典を開くとして物議を醸した経緯があり、仲井眞知事は「お祝いであれば出席しにくい」として式典に欠席した。この日は、沖縄にとっては、日本から切り離され、米国の施政下に置かれた「屈辱の日」。同日、宜野湾市では約1万人の抗議集会が開かれた。

同年7月の参院選で、自民党本部は「辺野古への移設推進」、党沖縄県連は「県外移設」と、相反する公約を掲げた。高市政調会長は那覇市を訪ね、「県外移設」の文字を外すよう迫ったが、県連側は聞き入れなかった。しかし、11月になると県連側も折れ、辺野古移設を認める方針に転じた。

また、10月3日、東京で開かれた外務・防衛担当閣僚による日米安全保障協議委員会（2プラス2）は、共同文書で、普天間飛行場をキャンプ・シュワブ沿岸部（名護市辺野古）へ移設するとした日米合意が「唯一の解決策」であると指摘、沖縄に配備されている新型輸送機MV－22オスプレイの訓練を県外に分散して実施することや、在沖縄米海兵隊のグアム移転の開始時期を2020年代前半にすることを明記した。

この間の8月下旬、菅官房長官は「夏休み」と称して沖縄を訪問し、仲井眞と名護市内のホテルで会食するなど、双方の信頼関係構築に努めた。とくに菅は、仲井眞の決断を促すため、負担軽減策についても、外務、防衛両省に委ねず、菅直轄の担当者を置いて米側や県側との協議を進めた。その結果、14年度の沖縄振興予算案は、沖縄の要望を上回る3460億円が盛り込まれた。

仲井眞知事、埋め立て承認

安倍首相は、靖国神社を参拝する前日の12月25日、首相官邸で仲井眞知事と会談した。安倍は「今回の要望は、沖縄県民全体の思いだとしっかり受け止め、日本政府としてできることはすべて行う」と述べ、①日米両政府は、地位協定を補う新協定の作成交渉を開始　②普天間基地に配備された米軍輸送機MV－22オスプレイの訓練の約半分を沖縄県外で実施するための作業チームを防衛省に設置　③普天間飛行場の5年以内の運用停止の検討　④政府は21年度までの8年間に毎年3000億円台の沖縄振興予算を確保　⑤米軍牧港《まきみなと》補給地区の返還促進に向けた検討チームを防衛省に設置――など負担軽減策を一つずつ、丁寧に説明した。

会談後、仲井眞は記者団に、「『これはいい正月になるな』というのが私の実感だ」と語り、政府の「満額回答」に深い満足感を示した。仲井眞は同月27日、那覇市内の知事公舎で記者会見し、普天間飛行場の移設先となる名護市辺野古沿岸部の埋め立てを承認したことを明らかにした。仲井眞は、「現段階で取りうる環境保全措置が講じられており、（公有水面埋立法の）基準に適合していると判断した」と承認の理由を説明した。

安倍は同日夕、首相官邸で記者団に、「日米合意から17年経った。市街地の真ん中にある普天間飛行場が返還に向けてやっと動き出すことができた。仲井眞知事の英断に感謝申し上げたい」と語った。

もともと仲井眞は、普天間飛行場は危険として「県内移設」を容認していた。しかし、10年の沖縄県知事選では「県外移設」を唱えて再選を果たし、その後は、「辺野古移設は不可能」など否定的見解を示していた。仲井眞は13年12月17日、関係閣僚と沖縄問題について話し合う沖縄政策協議会に出席するために上京。その後、病気で入院したものの、病院の内外で秘密裏に、政府側の責任者の菅官房長官ら政府・与党の関係者と協議を重ねていた。

12月27日、県庁前広場では抗議集会が開かれ、参加者は「辺野古埋め立ては許さない」と反対の声を上げた。同日の記者会見で仲井眞は、「選挙公約の事実上の転換ではないか」と質問されると、「辺野古（の代替施設）を5年以内に完成させるのは難しい。普天間を5年以内に運用停止にするには（暫定的でも）県外に移すしかない。公約は変更していない」と主張した。しかし、「埋め立て承認」と「県外移設」は整合性がとれないと指摘されると、仲井眞は「今のは、ご質問ですか、私に対する批判ですか」と大きな身振りで反発した（13年12月28日付『読売新聞』朝刊）。

沖縄の民意は「ノー」

沖縄県議会は14年1月10日、知事の埋め立て承認は、「県外移設とした公約に違反する。県民に信を問うべきだ」とする、野党会派提出の辞職勧告決議案を賛成多数で可決した。12日、名護市の市長選挙が告示され、同市辺野古移設に「反対」の現職・稲嶺進が、移設「推進」の自民推薦候補を破って当選した。

11月16日投開票の沖縄県知事選も、辺野古移設に反対し、共産、生活の党、社民各党の支援を受けた新人の前那覇市長・翁長雄志《おながたけし》（無所属）が、移設を容認する現職の仲井眞（同＝自民、次世代の党推薦）ら3人を破って初当選した。過去2度の知事選では仲井眞を推薦した公明党は自主投票に回った。翁長は約36万票を獲得し、約26万票の仲井眞に大差をつけた。翁長は同日夜、

「辺野古の海に新しい基地は造らせない」と言明した。

翁長は、移設に反対し自民党を除名された那覇市議など保守系支持者と、革新政党などとの「保革共闘」で選挙戦を展開し、「『オール沖縄』で勝利することができた」と強調した。仲井眞は、「何年頑張れば、普天間の危険性を除去できるのか、私の現実的な選択が伝わらなかった」と、敗戦の弁を語った。

自民党が大勝した14年12月の衆院選でも、沖縄では4小選挙区すべてで、普天間の県内移設を容認した同党候補が、辺野古移設反対を訴えた候補に敗れ、沖縄県民の民意は明確になった。首相官邸と沖縄との溝は深まり、翁長新知事が安倍や菅との面談を求めても、断られる始末で、国会質疑でも、沖縄に対する政府側の「冷遇」ぶりが問題視されるに至った。

翁長知事の抵抗

15年4月5日、菅官房長官と翁長知事との会談が那覇市内でようやく実現した。翁長は、菅が基地移設作業を「粛々」と進めると繰り返し語っていることについて、「『粛々』は上から目線。(ポール・)キャラウェイ高等弁務官の姿が思い出される」と反発した。キャラウェイとは、「沖縄の自治は神話である」と述べるなど、1960年代の米軍強権支配の象徴的人物。菅は、翌6日の記者会見で、「粛々」の表現は今後は使わないと約束した。政府と沖縄県との対立が決定的になるのを避けるため、菅は8月に入り、移設作業を同月10日から1か月中断し、翁長知事と

「集中協議」を行うことを提案。9月7日まで計5回行われたが、双方の溝は埋まらなかった。[1]

翁長は2015年10月、「承認には法的瑕疵《かし》がある」として前知事の埋め立て承認を取り消した。これに対して、政府は承認の効力を復活させる代執行を求めて提訴し、国と県の対立は法廷闘争に発展。いったん和解したものの、別の訴訟で最高裁が16年12月、承認を取り消した翁長の対応を「違法」とする判決を言い渡し、国側の勝訴が確定した。政府は名護市辺野古沿岸部で中断していた移設工事を再開した。

18年7月27日、翁長知事は記者会見で、「希少なサンゴ礁を移植しないまま着工するなど環境保全措置が不十分」「埋め立て海域に軟弱な地盤がある」などとして、埋め立て承認を「撤回」する手続きに入ると表明した。しかし、8月8日、膵臓《すいぞう》がんで死去し、権限を委任されていた副知事が同月末、埋め立て承認を撤回。国が対抗措置をとってまたも訴訟になった。

県民投票で7割超「反対」

沖縄県知事選は9月30日投開票された。立憲民主、共産党などの野党が支援する新人で、移設反対を唱える前衆院議員・玉城《たまき》デニー（無所属）が、与党などが推す前宜野湾市長・佐喜眞《さきま》淳《あつし》（無所属＝自民・公明・維新・希望推薦）ら3人を破って当選した。玉城の約39万票に対して佐喜眞は約31万票だった。玉城は、ラジオのDJ、タレント、沖縄市議を経て、09年に民主党から衆院沖縄3区で初当選。離党後は自由党の小沢一郎共同代表と行動をともにし、同党の幹事長も務めた。衆院議員4期目の途中で知事選に出馬した。

19年2月には、沖縄県条例に基づく県民投票が実施され、埋め立てに「賛成」約11万票、「反対」約43万票、「どちらでもない」約5万票で、反対票が7割以上を占め、条例の規定により、結果は安倍首相に通知された。しかし、法的拘束力はなく、事態が変わることはなかった。

その後、防衛省は20年4月、辺野古の埋め立て区域の北側で見つかった軟弱地盤を改良するため、追加工事が必要として県に設計変更を申請した。県は21年11月に不承認とし、その後、国がこれに是正指示を出したのは「違法」として訴えたが、最高裁は23年9月、県の上告を棄却し、県の敗訴が確定した。この間、22年9月、玉城知事は再選された。

注

1　菅官房長官と翁長知事との集中協議の場で、翁長は、沖縄の米軍基地が、沖縄戦や戦後の混乱期に米軍の強制収用によって出来たことを指摘し、「県民の気持ちには魂の飢餓感があり、それに理解がなければ個別の問題（の解決）は難しい」と菅に語ったという（宮城大蔵・渡辺豪『普天間・辺野古　歪められた二〇年』）。地上戦闘で多大な人命を失い、その後の27年間の米軍統治、そして復帰後も基地の重圧にあえぐオキナワの歴史に対する洞察があって初めて、沖縄問題は解決に向かうと、翁長は言いたかったようだ。かつて自民党内には、沖縄に対する贖罪意識から、沖縄振興や基地問題に心を砕く首相や官房長官が少なくなかった。菅官房長官が「政治の師」と仰ぐ梶山静六や、野中広務、橋本龍太郎、小渕恵三らで、彼らは沖縄返還を果たした佐藤栄作元首相の衣鉢を継ぐ人たちだった。しかし、安倍政権下にそうした「オキナワ族」を探しても、もはやほとんど姿を消していた。

第12章　限定的な集団的自衛権

法制局長官、異例の人事

政府は2013年8月8日の閣議で、小松一郎駐仏大使を内閣法制局長官に充てる人事を決めた。長官を退任した山本庸幸《つねゆき》は、最高裁判事に就いた。小松は外務省出身で、内閣法制局勤務の経験がなく、いずれも内閣法制局長官としては前例がなかった。小松は、外務省で条約課長、国際法局長を歴任。省内では、集団的自衛権は「日本国憲法のもとでも行使は可能」とする論者とみられ、自著でもその旨を記していた。安倍は、以前から小松と集団的自衛権行使について議論を重ねていた。

国際貢献をめぐる憲法解釈で、外務省と内閣法制局は、これまで対立を繰り返してきた。安倍が第1次内閣で集団的自衛権の憲法解釈見直しに乗り出した際、小松が外務省国際法局長としてこれをサポート。内閣法制局第一部長だった山本は、07年の国会答弁で「議論の積み重ねのあるものについては、全体の整合性を保つことにも留意して論理的に確定されるべきだ」とクギを刺した。また、安倍自身が、憲法解釈の変更について、当時の宮崎礼壹《れいいち》内閣法制局長官を説得しようとした際も、宮崎は首を縦に振らず、結局、内閣法制局あげての反発が安倍の行く手を阻んだ。

こうして内閣法制局に強い不満を募らせてきた安倍は、この際、解釈変更の意向を「堂々と人事で示したほうがいい」と判断。小松の起用で法制局の抵抗を抑えると同時に、与党内の反対・慎重論者にも確固たる意思を示そうとした。最高裁判事になった山本は8月20日、その就任会見で、「(集団的自衛権の)従来の解釈を変えることは難しい。憲法規範そのものを変えないと(行使は)できない」と語った。これに対して、菅官房長官は記者会見で、最高裁判事が「憲法改正の必要性に言及したことには違和感がある」と批判した。

オバマ来日、尖閣に安保適用

安倍は集団的自衛権行使のための憲法解釈の見直しについては、13年9月の米ハドソン研究所での講演で公言している。この中で、安倍は、集団的自衛権行使が「違憲」とされているために、「PKOの現場で自衛隊と接して活動する他国の軍隊が攻撃にさらされても、日本の部隊は助けることができない」「日本近海に展開中の米イージス艦1隻が航空機による攻撃を受けても、日本艦船は米艦を助けられない」ことを例示し、「こうした問題にいかに処すべきか、私たちは今、真剣に検討している」と語った。

安倍が集団的自衛権行使に拘《こだわ》る背景には、日本が助けずに米軍に大きな犠牲が出れば、米国世論が反発し、日米同盟は深刻な打撃を被る。これは取り返しがつかないという懸念があった。

オバマ米大統領が14年4月23～25日、国賓として来日した。米大統領の国賓としての来日は18年ぶり、オバマの来日は10年11月以来で、大統領としては3回目だった。安倍首相は24日、オバマと会談した後の記者会見で、集団的自衛権に関して「憲法解釈の検討を行っていることを説明し、大統領から歓迎、支持するとの立場が示された」と語った。

また、大統領は会見の冒頭発言で、「日本施政下にある領土は、沖縄県の尖閣諸島も含めて、（対日防衛義務を定めた）日米安全保障条約第5条の適用対象となる」と明言。その後の質疑で、オバマは、「私たちは一貫してこの立場を取っている。領有権の決定に対しての立場は示さないが、一方的な変更をすべきではない。我々の日米同盟は、日本の施政下のすべての領域に当てはまる」と述べ、会談後の共同声明には、「（日米安保条約の）コミットメントは、尖閣諸島を含め、日本の施政の下にある全ての領域に及ぶ」との表現で盛り込まれた。

ただ、首脳会談の焦点だった環太平洋経済連携協定（ＴＰＰ）問題の方は、調整がもつれた。[1]米通商代表部（ＵＳＴＲ）マイケル・フロマン代表と甘利明ＴＰＰ相との24日の協議では、豚肉関税の扱いと自動車の安全基準などをめぐって対立した。米国側が共同声明に「大筋合意」といった表現を盛り込むよう求めたのに対し、日本側は難色を示し、共同声明文には、「二国間の重要な課題について前進する道筋を特定した」と表記した。日本側は、27日に投開票される衆院鹿児島2区補欠選挙への悪影響を心配し「合意」を嫌ったと報じられた。

安保法制懇を再開

安倍は、第2次内閣発足後間もない13年2月8日、有識者会議「安全保障の法的基盤の再構築に関する懇談会」（座長・柳井俊二元駐米大使）を再開させていた。そこでは、第1次内閣の時の4類型に加え、「米国が武力攻撃を受けた場合の対米支援」など新たに6事例[2]について検討を求めた。5年ぶりに復活した安保法制懇のメンバーの顔ぶれは、第1次内閣時と同じだった。その報告書が14年5月の連休明けにまとまる見通しになり、国会でも、集団的自衛権の行使をめぐる論戦に火がついた。

14年2月12日の衆院予算委員会で、民主党議員が集団的自衛権行使に関して、公明党の太田昭宏国土交通相と、検査入院中の小松法制局長官の代理を務める横畠《よこばたけ》裕介内閣法制次長を執拗に攻め立てた。これに対して、安倍は「今までの（内閣法制局による国会答弁の）積み上げのままでいいのならば、安保法制懇をつくる必要はない」と強調。「（質問者は）法制局長官の答弁を求めているが、最高の責任者は私だ。政府答弁も私が責任を持って行い、そのうえで国民の審判を受ける。審判を受けるのは法制局長官でなく（この）私だ」と、激しく反論した。質疑の中で、横畠法制次長は「（憲法解釈の）変更が許されないというものではない」と答弁した。

安倍の「（憲法解釈の）最高責任者は私」との答弁は物議を醸し、3月には自民党の古賀誠元幹事長が講演で、「自分が首相で権力者だから自分で決めるというのは愚かな坊ちゃん的な考え方だ」と厳しく批判。「そういう（憲法解釈見直しという）姑息《こそく》なことは絶対やってはいけない。憲法改正で集団的自衛権をどうするかという筋道が正しい」と語った。また、青木幹雄元自民党参院議員会長も「無理しすぎだ」と慎重論を示すなど、党内から丁寧な議論を求める声が相次いだ。

一方、職務に復帰した小松法制局長官は、2月26日の衆院予算委分科会で、憲法解釈の変更について「厳しい制約の中で、それはあり得る」と述べ、安倍を援護射撃した。小松は3月4日の参院予算委で、共産党の小池晃から「安倍政権の番犬」と批判されたことに対し、翌日の質疑で「国家公務員にも、憲法上、基本的人権は保障されている」と抗議。さらに後日、国会の廊下で、別の同党議員との間で激しい口論になった。小松は同委理事会に出席し、「公務員として恥ずかしい行為だった」と謝罪した。小松は5月16日、病気のため退任し、6月23日に死去した。63歳だった。

安保法制懇、憲法解釈の変更を提言

安保法制懇は同年5月15日、憲法解釈を見直すことで、集団的自衛権の行使を限定的に認めるとともに、国連決議に基づく多国籍軍など集団安全保障にも参加できるようにすることなどを求めた報告書を安倍首相に提出した。

政府はこれまで、自衛権の行使は我が国を防衛するために「必要最小限度」の範囲にとどまるべきで、集団的自衛権の行使はその範囲を超えるため、憲法上許されないとしてきた。これに対して報告書は、日本を取り巻く安全保障環境が一層厳しさを増していることを指摘しつつ、「今日の日本の安全が個別的自衛権の行使だけで確保されるとは考え難い。したがって、『必要最小限度』の中に集団的自衛権の行使も含まれると解釈して、集団的自衛権の行使を認めるべきである」と提言した。

とくに集団的自衛権を行使する際の条件として、①日本と密接な関係にある国が武力攻撃を受ける　②その事態が日本の安全に重大な影響を及ぼす可能性がある　③当該国から明確な要請・同意を得る　④第三国の領域通過にはその許可を得る　⑤事前・事後の国会承認を受ける　⑥国家安全保障会議を開催、内閣が総合的に判断して閣議決定する——という6つの歯止めを掲げた。

一方、報告書は、憲法9条1項は、我が国が当事国である国際紛争の解決のため武力行使することを禁止したもので、自衛のための武力行使は禁じられておらず、「国連PKO等や集団安全保障措置への参加といった国際法上合法的な活動への憲法上の制約はないと解すべきである」との見解を示した。さらに9条2項は、第1項を受け「前項の目的を達するため」に戦力を保持しないと定めたもので、これは「我が国が当事国である国際紛争を解決するための武力行使に用いる戦力の保持は禁止されているが、それ以外の、個別的または集団的を問わず自衛のための実力の保持や国際貢献のための実力保持は禁止されていないと解すべきだ」と提言した。この「前項の目的を達するため」は、1946年の帝国議会で芦田均憲法改正小委員長の発案により挿入された経緯があり、これは「芦田修正」と呼ばれてきた。しかし政府はこの解釈は取ってこなかった。

安倍首相は、報告書の提出を受けて記者会見し、提言は「必要最小限度の武力行使は許容されるという、従来の政府の立場を踏まえた考え方だ。今後さらに検討を進めたい」と述べた。一方で、集団安全保障への参加などに憲法上の制約はないとした点については、「これまでの政府の憲法解釈とは論理的に整合しない。いわゆる『芦田修正論』は、政府として採用できない」と説明。「自衛隊が武力行使を目的として、湾岸戦争やイラク戦争に参加するようなことは、これからも決してない」と強調した。

自民・公明協議は難航

安倍首相が集団的自衛権の行使を実現するためには、与党内の慎重論者を抑える一方、与党のパートナー、公明党の合意を得る必要があった。安倍は、公明党との協議に当たる自民党の責任者に高村正彦副総裁を選任した。高村は、外相、法相、防衛相など豊富な閣僚経験をもつ、バランスのとれた保守政治家。石破幹事長が与党協議を担うとの見方もあったが、石破は、公明党の反発を考慮して閣議決定を2015年夏に先送りするよう安倍に進言し、安倍の不興を買ったといわれた。

公明党は、第2次安倍内閣以降、改憲の発議要件を緩和する憲法96条の改正問題、特定秘密保護法制定、安倍首相の靖国神社参拝などへの対応に苦慮し、その都度、折り合いをつけてきた。

同党の山口代表は14年1月、「政策的意見の違いだけで離脱など到底考えられない」と、連立離脱カードを封印する考えを示し、太田国土交通相も衆院予算委で、「総理の国会答弁に同意している」と述べた。ところが、山口は2月の講演では、「公明党は下駄の鼻緒。鼻緒が切れたら下駄で歩けなくなる」と発言した。同党は、自民党との連立以来、踏みつけられてもついて行く「下駄の雪」にたとえられてきたが、今度ばかりはそうはいかない、という意思表示とも見られた。

公明党は結党以来、集団的自衛権の行使に反対してきた。かつて日米安保条約の段階的廃棄論を掲げていた同党は、1981年から日米安保容認・自衛隊合憲論に転じており、集団的自衛権の是認は、その現実路線の延長線上と言えなくもなかった。しかし、「平和」を掲げる支持母体・創価学会の抵抗は根強いものがあり、与党協議のゆくえは予断を許さなかった。

自公協議の公明党の責任者には、北側一雄副代表が就いた。高村と北側は、2人とも弁護士資格をもつ法律家だったが、親交はなく、高村は、公明党にパイプをもつ大島理森《ただもり》前党副総裁に北側との仲介を頼んだ。

高村副総裁の限定容認論

与党協議会の座長に内定した高村は2014年3月20日、自民党大島派の会合で講演し、1959年の最高裁の砂川事件判決を引き合いに出し、集団的自衛権を論じた。砂川事件とは、57年、米軍が使用する東京都砂川町の立川飛行場拡張工事の際、基地反対派のデモ隊が乱入し、日米安保条約の刑事特別法違反の罪で起訴された。憲法9条の解釈が焦点になり、最高裁大法廷は59年、「わが国が自国の平和と安全を維持しその存立を全うするために必要な自衛のための措置をとりうることは、国家固有の権能として当然のことといわなければならない」とする一方、安保条約が違憲かどうかの判断は、裁判所の司法審査権の範囲外だとする統治行為論の考えも示した。高村副総裁は、この砂川判決が示した「国の存立を全うするために必要な自衛のための措置」に含まれる集団的自衛権もあるのではないかと、限定容認論を展開した。[3] 高村は、同月31日の自民党「安全保障法制整備推進本部」の初会合で、集団的自衛権を全面解禁することはないと表明し、谷垣禎一法相も、高村の限定容認論を援護した。

自民党内では、安倍首相が「地理的な概念で『地球の裏側』は除外するという考え方はしない」と述べていたため、首相は全面解禁論との見方もあった。[4] 高村は5月初め、日中友好議連で北側らと北京を訪問した際、「安倍さんを限定行使まで譲歩させた。これ以上の憲法解釈の変更はない」と、北側の説得に当たったが、北側は「砂川判決だけでは集団的自衛権行使を認めるのに十分ではない」と首を縦にふらなかった（読売新聞政治部編著『安全保障関連法』）。

政府は5月16日、病気治療中の小松内閣法制局長官の退任を認め、後任に横畠内閣法制次長を昇格させる人事を決めた。すでに横畠以下、内閣法制局の幹部は、第1次安倍内閣の時のように解釈見直しに抵抗してはいなかった。自公両党の「安全保障法制整備に関する与党協議会」は、同月20日から議論を開始した。まずは、離島占拠などグレーゾーン事態への対処や、「駆けつけ警護」などの国際協力のあり方などから検討に入った。

自公協議で決着

自公協議は、なかなか決着しなかった。集団的自衛権の行使の対象を広げる構えの自民党に対し、公明党は、日本有事に絞り込み、自衛隊の武力行使を極めて限定的なものにしようと考えていた。当時、衆院法制局や内閣法制局では、１９７２年の政府見解の基本論理をベースに集団的自衛権を一部認める案が浮上していた。高村が砂川判決の文言を使って、集団的自衛権行使を容認する新３要件の「たたき台」を示したのに対し、北側は、72年の政府見解にある、国民の権利が「根底から覆される」という文言を入れるよう高村に迫った。この案は、安倍が「厳しすぎる」として難色を示した経緯があった。

２０１４年６月10日の安倍－高村会談で、安倍は、公明党のこの要請を受け入れるとともに、１９７２年の政府見解に沿って、生命・自由・幸福追求の権利が「根底から覆されるおそれがある」としていた文言について、「おそれ」という表現を「明白な危険」と、より厳格なものに改めることも了承したという。

高村は、６月27日の協議会で、「今回の閣議決定は憲法解釈の適正化であって解釈改憲ではない」と強調。「集団的自衛権についてさらに拡大しようとする時は、憲法改正が必要だ」と述べて、「自衛権発動の新３要件による限定的な武力行使が、現行憲法で認められる限界だ」との認識を示した。7月1日、自公両党は、新たな憲法解釈の閣議決定案で合意した。協議はすでに11回目を数えていた。新3要件は、①日本と密接な関係にある他国への武力攻撃が発生し、国民の生命、自由及び幸福追求の権利が根底から覆される明白な危険がある　②国民を守るために他に適当な手段がない　③必要最小限度の実力の行使——に該当する場合に限り、自衛措置として行使できるものと整理された。

政府は7月1日の臨時閣議で、集団的自衛権の行使を限定的に認めるための、武力行使の新3要件を明記した新政府見解（「国の存立を全うし、国民を守るための切れ目のない安全保障法制の整備について」）を閣議決定した。このほか、自衛隊による多国籍軍などへの後方支援の拡充、PKOなどで離れた場所の民間人らを助ける「駆けつけ警護」、武装勢力による離島占拠といったグレーゾーン事態での自衛隊の素早い出動、日本の防衛にあたる米軍艦船などへの自衛隊の防御——をそれぞれ可能にする方針も示した。

安倍は記者会見で、「現実に起こりうる事態に何をなすべきかという議論だ。万全の備えをすることが、日本に戦争を仕掛けようとする企みを挫《くじ》く。これが抑止力だ」と強調。また、「現行の憲法解釈の基本的考え方は、何ら変わることはない。海外派兵は一般に許されないという従来からの原則も、全く変わらない」と述べた。公明党の山口代表は記者会見し、閣議決定に関し、「従来の政府の憲法解釈との論理的整合性、法的安定性を維持し、憲法の規範性を確保する役割を公明党は果たすことができた」と語った。

注

1　オバマは、非公式の会食の席でも、ビジネスライクな話をするタイプの大統領だった。2014年4月23日夜、東京・銀座の寿司の名店「すきやばし次郎」で安倍の接待を受けたオバマは、ここでもTPPを俎上に載せ、「安倍内閣の支持率は60%、私は45%だ。そちらの方が政治的基盤は強いのだから、(日米協議で)譲歩してほしい」とストレートに迫った。安倍が同席していたケネディ駐日大使を引き合いに「日本では大使の方が、人気がありますよ」とかわしても、オバマは「自分はこの店に来るまで米国の車を一台も見ていない。非関税障壁があるからだ」と食い下がり、これには安倍も反論した。

2　4類型に追加する6事例とは、①日本の近隣で有事が発生した際の船舶検査、米艦等への攻撃排除　②米国が武力攻撃を受けた場合の対米支援　③日本の船舶の航行に重大な影響を及ぼす海域での機雷除去　④イラクのクウェート侵攻のような国際秩序の維持に重大な影響を及ぼす武力攻撃が発生した際の国連決定に基づく活動への参加　⑤日本領海で潜没航行する外国潜水艦が退去要求に応じず徘徊を継続する場合の対応　⑥海上保安庁が速やかに対処することが困難な海域や離島で、船舶や民間人に対し、武装集団が不法行為を行う場合の対応――が挙げられていた。

3　高村副総裁の講演の要旨は以下の通り。「最高裁は、砂川事件の判決で『自国の平和と安全を維持しその存立を全うするため』の自衛権行使は当然だと言っている。(中略)内閣法制局は、最高裁が示した『必要な自衛権』という基準から、集団的自衛権の行使はできないと言ってしまったが、これは論理の飛躍がある。米国に行き、米国を守るような典型的な集団的自衛権の行使は、日本の平和と安全、存立を全うするために必要な自衛権行使とは言えない。それは(憲法上)できない。一方で、放置すれば、日本が侵略される恐れがある状況で、警戒のために活動中の(中略)米艦船を守るのは、日本の平和と

安全、国の存立を全うするために必要最小限（の自衛権行使）ではないのか」（14年3月21日付『読売新聞』朝刊）

4　高村正彦元外相は自らのオーラルヒストリーで、谷垣総裁の下で自民党が野党だった当時の党憲法調査会で、砂川事件判決を踏まえて集団自衛権を論じたところ、「ひな壇にいた安倍元総理が『高村さんの話はわかりやすいですね。根っこから（中略）認める場合は憲法改正が必要だが、必要最小限なら今の憲法下でできるということですね』と言ったんです。第一次安倍政権の時の安保法制懇が（中略）新聞で見た限りでは『根っこから丸々認める』みたいな意見が多かった印象があった。当然、安倍さんもそうだろうと思っていましたから、『えっ、一部容認でいいの？』とびっくりしたんです」というエピソードを明かしている（高村正彦ほか『冷戦後の日本外交』）。

5　1972年10月の田中角栄内閣の時の政府見解は、集団的自衛権の行使は憲法上、許されないとしたうえで、「自衛のための措置は、あくまで外国の武力攻撃によって国民の生命、自由及び幸福追求の権利が根底から覆されるという急迫、不正の事態に対処し、国民のこれらの権利を守るためのやむを得ない措置として初めて容認されるものであるから、その措置は、右の事態を排除するためとられるべき必要最小限度の範囲にとどまるべきもの」としていた。戦後、政府の自衛権や集団的自衛権をめぐる憲法解釈は変遷してきたが、護憲・ハト派の代表格で、吉田茂内閣以来の軽武装・経済重視路線の継承者だった宮澤喜一元首相は2001年、サンフランシスコ平和条約と日米安保条約署名50周年の記念式典で、日米同盟をより効果的なものにするため、「日本が自衛権の論理的延長として集団的自衛権を位置づけることを提案する」とし、「米軍の活動が日本の安保上のリスクに直接かかわる活動である限り、米軍を援助するために自衛隊を運用すべきだという考え方をしたい。これは日本の憲法第九条の改正を必要とはしない。日本政府は、九条を集団的自衛権に関してどう解釈するかを明確にすべきである」と述べている（01年9月13日付『読売新聞』朝刊）。

第13章　内閣人事局の新設

国家公務員制度改革

政府は2013年11月、内閣人事局の新設を柱とする国家公務員制度改革関連法案を国会に提出し、同法は14年4月11日、自民、公明、民主3党などの賛成多数で可決、成立した。この新しい人事システムは、内閣官房に内閣人事局を置き、各省庁の部長・審議官級以上の600人を超える幹部職員の情報を一元管理し、適格性の審査や幹部候補者の名簿の作成に当たる。各省はそれを基に人事案を作り、官房長官と3人の官房副長官らで構成する人事検討会議を経て、首相と官房長官と各省大臣が協議、人事を最終決定する。しかし、この一連の検討プロセスの中身は、部外者には全くうかがい知ることができず、これも、首相官邸主導政治を一段と強めさせることになる。

これまで、中央省庁の幹部人事は、次官・局長級の約200人を対象に、各省の作った人事案を人事検討会議で事前審査してきた。橋本内閣の時に始まった制度で、人事権をもつ各省大臣が了承した案が諮られており、人事は基本的に各省に委ねられていた。ところが、この新システムでは、首相と官房長官が、各省大臣との任免協議を通じて、各省の幹部人事を左右できることになり、各省大臣の人事権は大幅に弱まった。

内閣人事局の設置は、国家公務員制度改革の中で積み残された課題だった。福田内閣の下、08年に成立した国家公務員制度改革基本法の中に、一元的な幹部人事管理の導入と人事局の創設が盛り込まれた。しかし、総務省の人事・恩給局や行政管理局、人事院など既存の人事担当機関の組織と権限を、内閣人事局にどう移行するかをめぐって調整が難航。麻生内閣では、大幅な権限の移管が予想された人事院が強く抵抗し、甘利明行政改革相と谷公士《まさひと》人事院総裁が正面から衝突。後の鳩山、菅両内閣でも、法案は成立しなかった。

この制度改革は、そもそも官僚主導や縦割り行政の是正などを目的としていた。省益を超えて国益を追求し、省庁横断の政策課題に対処すべく実行力のある人材を発掘すること、省庁間交流人事や女性の積極登用を進めて行政のあり方を改めること、首相官邸に求心力をもたらすことなどが期待された。しかし当初から、「政権が省庁人事に不当な介入をするようになる」「官僚たちが時の政権におもねり、中立性が保てなくなる」「審査対象は70～80人が限度で、600人ともなると適格性審査などできない」といった批判が出ていた。

「人事は官邸が決める」

菅官房長官は、13年1月11日の各府省事務次官の連絡会議で、「官邸に事前相談せず、各府省で勝手に幹部人事案を決めて持ってくることは許さない」と厳命した（清水真人『平成デモクラシー史』）。

次いで同月18日、政府は、定年退官した最高裁判事の後任に、鬼丸かおる弁護士を起用する人事を決めたが、この人事に際して、最高裁の事務局が一人だけ官邸に提示したところ、「一人じゃダメだ。複数候補持ってきてほしい」と突き返された。最高裁事務局は、慣例を盾に反論したが、憲法79条では、最高裁の「長たる裁判官以外の裁判官は、内閣でこれを任命する」とあり、安倍官邸の要求を受け入れざるを得なかった。こうして安倍と菅は、内閣発足から1か月もたたないうちに、人事は官邸が決めるという強烈なメッセージを発し、このあと、菅が主宰する人事検討会議では、各省が提示した人事が次々と覆されていったという（田﨑史郎『安倍官邸の正体』）。

本命視されていた人事の否定や、省内では想定外の幹部の起用は、官僚たちを震え上がらせた。とくに同年8月、内閣法制局長官に駐仏大使を起用した人事は、人事慣行を破ったうえ、一定の「独立性」を具えた機関への人事権行使だっただけに、その衝撃は大きかった。

第1次内閣からその下地はあった。安倍は、米大統領制のホワイトハウス型リーダーシップを真似て、首相補佐官5人を置き、省庁による政策の積み上げではなく、自分のやりたい仕事をトップダウンで指示しようとした。同内閣で総務相だった菅は、受信料引き下げなどのＮＨＫ改革に反対した担当課長を、同省幹部の抵抗を排して人事で飛ばした。菅は自著『政治家の覚悟』で、

「改革を実行するためには、更迭も辞さない。困難な課題であるからこそ、私の強い決意を内外に示す必要がありました」と書いている。

「選挙で選ばれた政治家こそが、政策決定の責任者」であり、小選挙区制選挙のマニフェストに掲げた政策を首相が実行する時、官僚は首相の指示に全面的に従わなければならないという、政官関係を律する新たな「掟《おきて》」が、安倍と菅の言い分を支えていた。さらに「官僚バッシング」や民主党政権の「官僚排除」の風潮も、官邸主導人事の追い風になっていた。

「人事」の実態とその影響

内閣人事局は14年5月30日、発足した。安倍は内閣府で、内閣人事局に移った人事院や総務省出身の職員約160人を前に、「縦割りは完全に払拭し、日本国民、国家を常に念頭に置いて仕事をしてほしい」と訓示した。内閣人事局の初代局長には衆院議員の加藤勝信官房副長官を起用した。同日、安倍は、菅、加藤と稲田朋美行政改革・公務員改革相とともに、内閣人事局の看板掛けをした。稲田は、当選3回で初入閣し、内閣人事局新設に携わってきた。

稲田は14年1月、米ワシントンを訪問し、シンクタンクで講演している。同月14日の時事通信社の記事（電子版）によると、稲田は、「内閣人事局で人事を握り（各府省に）圧力をかけていくことが、本当に法律を変えるという結果につながっていく」「内閣で幹部人事をきちんとグリップすることが規制（改革）を目に見えて前に進ませる要因になる」と強調した。稲田は、「人事で各省に圧力をかける」と、内閣人事局新設の狙いをあからさまに語っていた（軽部謙介『ドキュメント　強権の経済政策』）。

内閣人事局の発足から1年後、局長級以上の女性幹部は15人に上り、発足前の8人からほぼ倍増した。15年7月の幹部人事では、山田真貴子首相秘書官が総務省情報通信国際戦略局長に起用された。その一方、同省の平嶋彰英自治税務局長が自治大学校長に転出となった。平嶋は14年、菅が総務相の時に創始した「ふるさと納税」の制度拡充をめぐり、返礼品競争が激化するおそれなどを挙げて菅官房長官と対立した。この異例の人事を、周囲は「左遷」と受け止めた（読売新聞政治部『喧嘩の流儀』）。「官邸に好かれたら栄達する。嫌われたら出世できない」。そんな嘆きが各省庁の課長クラスから聞かれるようになり、官僚たちが萎縮する症状が進み始めた。[1]

一方、13年には海上保安庁長官に、海上警備の指揮経験が長い現場出身者が登用された。長官ポストはこれまで旧運輸省（現国土交通省）の事務系キャリアの「指定席」とされていた。また、「女性の活躍」を霞が関でも示そうと厚生労働事務次官に村木厚子を充てた。さらに異例の幹部人事は続き、財務省では15年7月、退任した香川俊介次官の後任に、田中一穂主計局長が昇格。香川の前任である木下康司元次官を含め、１９７９年入省の同期が3代続けて次官になった。さらに農水省では２０１６年、農協改革を担当してきた奥原正明経営局長が次官に抜擢され、「農業改革にかける官邸の意気込みを示した人事」と評された。このほか審議官級から局長級を飛ばしての「2階級特進」の人事も行われた。これら首相官邸主導の人事は、順送りなどの人事慣行に風穴をあけ、官僚の意識や組織を活性化させる一面をもっていた。

菅、杉田の正副官房長官主導

15年10月、内閣人事局長は、加藤官房副長官に代わって、その後任に萩生田光一官房副長官が就いた。17年8月には、2代にわたる政治家に代わって、官僚トップで事務担当の杉田和博官房副長官が就任し、人事でも霞が関全体を統御することになった。

安倍は『回顧録』で、「局長が杉田和博官房副長官になってからは、（加藤、萩生田に比べて）人事権の行使の機会が増えたかもしれない。杉田さんは、人事で官邸の意図を霞が関に示さなければいけない、という厳しい考え方の持ち主だから」と述べていた。この点、菅も自著で、「人事によって、大臣の考えや目指す方針が組織の内外にメッセージとして伝わります。（中略）とりわけ官僚は『人事』に敏感で、そこから大臣の意思を鋭く察知します」と語っており、菅と杉田は、人事権を駆使した官僚操縦術の使い手と目された。

内閣人事局は、その後、官邸主導政治を進める有力なマシーンになり、長期政権で人事が固定されがちな「官邸官僚」の中には、次々と異動する霞が関の各省官僚より一層、優位な立場で振る舞う傾向が表れた。このため、安倍、菅両政権においては、「総理や内閣官房長官の望みが、法令上の指揮命令権を持たない官邸官僚によって各省に内々に伝達され、事後的な開示もされない」という「政権からの命令の暗黙化」が生まれたと評された（嶋田博子『職業としての官僚』）。

そして安倍政権を悩ませる公文書改竄《かいざん》など、次第に明らかになる官僚たちの「忖度《そんたく》」は、内閣人事局が官僚の人事を左右することと無縁ではない、と指摘されることになる。

注

1　内閣人事局創設後、比較的早く審議官級に昇任した主要省庁の官僚を対象にした学者のヒアリング調査（2015〜16年）によると、「一元管理が始まってから、霞が関の多様性がなくなっている」「各省が主体性をもって政策発信しなくなり、政策責任者でないという感覚を持つようになった。良いアイディアがあっても出さない」など、霞が関のオープンな文化、空気に変化が出ていた。また、「内閣人事局の創設は、仕事ぶりにボディブローのように効いている」「自分自身が出世するかどうかは運の問題だと誰もが思っているが、評価されるべき人が飛ばされるのはそれを超えた介入となり、役所全体のモティベーションが落ちる」「人事に影響する以上、不興は買いたくない」「生々しい資料は残さない。メモには用心する」など、政権の意向と衝突する可能性のある言動は控える傾向も強まっていた（嶋田博子『職業としての官僚』）。安倍は後年の『回顧録』で、官僚が萎縮しているとの指摘に反論し、「官僚の中には『この政治家はあと3年もすれば終わりだ』とか思って、政治家の言うことを聞かない人もいるのです。役人は不可侵だ、みたいな考え方は大きな間違いです。内閣人事局があって初めて政治主導が実現する」と語った。

第14章　消費増税先送り

小泉元首相の「脱原発」

2013年12月、東京都の猪瀬直樹知事が医療グループ「徳洲会」側からの資金提供問題で辞職に追い込まれた。これに伴う都知事選は翌14年2月に行われ、新人で無所属の舛添要一元厚生労働相、宇都宮健児前日本弁護士連合会会長、細川護熙元首相、田母神俊雄元航空幕僚長らが立候補。同月9日の投開票の結果、舛添が当選したが、この選挙で注目を集めたのが原子力発電問題だった。09年の衆院選を機に政界を引退した小泉純一郎元首相が、細川とともに「即原発ゼロ」を掲げて選挙戦を繰り広げたのである。

小泉は前年13年11月12日、日本記者クラブで記者会見し、原発は「『即ゼロ』がいいと思う」と、日本の「脱原発」を提唱。「首相の力は絶大だから、ゼロにしようと言えば、そんなに反対は出ない。在任中にこの方向を出した方がいい」と、安倍首相の決断を促した。小泉の「原発ゼロ」は同年8月、『毎日新聞』のコラムで紹介されてから知られるようになり、これを看過できなかった安倍は、「今の段階で原発ゼロを約束することは無責任だ」などと反論、「師弟対決」がエスカレートしていた（後藤謙次『ドキュメント　平成政治史４』）。

小泉はその後、10月に細川と脱原発をめぐって意見交換し、都知事選への出馬を強く要請、細川は告示が迫った年明けに立候補を決断した。選挙戦が始まると、細川は、小泉と二人三脚で「即原発ゼロ」を主張。これに対し、自民、公明両党は、国政選挙並みの態勢を整え、「史上最高の五輪」を訴える舛添を支援し、安倍自ら街頭で応援演説に立ったが、エネルギー政策では深入りを避けた。選挙結果は、舛添１９８万票、宇都宮94万票、細川90万票。76歳の細川と72歳の小泉がタッグを組んだ脱原発の挑戦は、不発に終わった。

原発の再稼働

東京電力福島第一原発事故を受け、国内の全原発48基が停止、全発電量の９割近くを火力発電に依存する中、東日本大震災前に29％を担った原発をどう位置付けるか——。政府は14年４月11日、中長期のエネルギー政策の指針となる新たな「エネルギー基本計画」を閣議決定した。その中で、原子力発電を「重要なベースロード電源」（原子力や石炭火力、水力、地熱など、昼夜を問わず一定量の発電を続け、安定供給を支える電源を指す）と位置付け、原発を重要電源として活用する方針を示した。さらに原子力規制委員会が安全性を確認した原発から再稼働する方針を明記した。

選挙公約に「速やかな原発ゼロ」を掲げた公明党は、経済産業省の有識者会議が13年12月にまとめた基本計画の原案で、原発を「基盤となる重要なベース電源」と位置付けたのに対し、「原発依存が強すぎる」と批判。このため、「基盤となる」との表現は削除されたが、同党も、最終的には原発活用の基本方針に同意した。また、自民党内でも、脱原発を主張する党エネルギー政策議員連盟（代表世話人・河野太郎）が、脱原発依存を目指すため、原発を「過渡期の電源」と位置付け、新増設や更新をしないよう修正を要求するなど、与党内でも異論が出ていた。なお、電力各社は、23年7月までに原子力規制委員会に16原発27基の安全審査を申請したが、再稼働にこぎつけたのは6原発10基にとどまった。

石破に代えて谷垣幹事長

第2次安倍内閣は、12年12月にスタートして以来、閣僚は一人も代わらなかった。同じ顔ぶれで内閣が続いた日数は、それまで第1次佐藤栄作改造内閣の425日が最長だったが、第2次安倍内閣は、内閣改造で記録が途切れるまで、617日の戦後最長を記録した。それだけ政権運営は安定していたともいえるが、党内は、3年3か月余の野党暮らしもあり、入閣の目安とされる衆院当選5回以上、参院当選3回以上で閣僚になっていない「入閣待機組」が、衆院で43人、参院で16人に上っていた。安倍自身、内閣改造は一般に「労多くして益少なし」との思いがあったが、14年8月初めの記者会見で、内閣改造と自民党役員人事を9月第1週に行うことを予告した。

この改造人事の焦点は、閣僚よりも党幹事長人事だった。まず安倍は、石破茂幹事長に代えて、新幹事長に40歳で当選5回の小渕優子元少子化相の起用を考えた。安倍自身、当選3回、49歳の若さで幹事長に就いた経験があった。小渕は12年12月、安倍から党総務会長を打診されたが、若さを理由に固辞した経緯があった。結局、このサプライズ人事は、「首相は衆院解散を考えているのでは」との疑心暗鬼を招いただけで、雲散霧消した。

他方、麻生太郎は、宿怨《しゅくえん》のある石破の交代を主張し、前総裁で法相の谷垣禎一を起用するよう安倍に進言した。菅義偉は、石破の幹事長続投は「政権の不安定要因になる」と石破続投に反対した（『回顧録』）。安倍は、石破を新設の安全保障法制相に起用することを検討したが、石破は14年8月25日のラジオ番組で、「首相と（安全保障政策で）１００％考え方が一緒の人が答弁するのが一番望ましい」と述べて、安保法制相の就任拒否を明らかにした。メディアで自らの人事を公言するのは非常識、との批判は免れなかった。

8月29日、安倍は石破と首相官邸で会談し、安保法制相への就任を正式に要請。石破は固辞し、幹事長続投を望んだが、安倍は幹事長交代を告げた。石破は会談後、記者団に「首相を全力で支え、緊密に連携していく。（首相との間に）亀裂が入ったということは一切ない」と語った。安倍は、石破を閣内に抱えることとし、新設の地方創生相に充てた。

その一方、安倍から幹事長就任を打診され、受諾した谷垣は9月3日、自民党本部で記者会見し、「自分が引き受けるのはいかがか、という気がなかったわけではないが、政権与党が一致団結して安定政治を展開する形にしなければならない」と、挙党態勢構築を受諾の理由に挙げた。幹事長解任となる石破は、後任は谷垣と聞いて「文句は言えない」と語った。党三役人事で安倍は、石破幹事長、高市早苗政調会長、野田聖子総務会長のすべてを交代させ、谷垣幹事長のほか、二階派会長の二階俊博衆院予算委員長を総務会長に充て、政調会長には当選3回の稲田朋美行政改革相を抜擢した。

大幅改造で「実行実現内閣」

第2次安倍改造内閣は14年9月3日、発足した。18閣僚のうち12人が交代する大幅改造となった。安倍は記者会見で、改造内閣を「実行実現内閣」と名付け、経済優先でデフレからの脱却を目指す考えを強調。あわせて「地方創生」と「女性が活躍できる社会」の実現に重点的に取り組む考えを打ち出した。

女性閣僚5人は、01年の小泉政権発足時の内閣と並んで最多となった。経済産業相に小渕優子、総務相に高市早苗、国家公安・拉致問題・防災相に山谷えり子、法相に松島みどり、新たに設けた女性活躍相に有村治子参院議員を充てた。新設の安全保障法制相には、防衛相と兼務で江渡聡徳《えとあきのり》衆院議員が就いた。改造内閣の顔ぶれは次の通りだった。

首相　　安倍晋三　　59歳　自民（無派閥）衆（当選7回）

副総理・財務・金融　麻生太郎　73　自民（麻生派）　衆（11）留任
総務　高市早苗　53　自民（無派閥）　衆（6）
法務　松島みどり　58　自民（町村派）　衆（4）初入閣
外務　岸田文雄　57　自民（岸田派）　衆（7）留
文部科学　下村博文　60　自民（町村派）　衆（6）留
厚生労働　塩崎恭久　63　自民（無派閥）　衆（6）参（1）
農林水産　西川公也　71　自民（二階派）　衆（5）初
経済産業　小渕優子　40　自民（額賀派）　衆（5）
国土交通　太田昭宏　68　公明　衆（6）留
環境・原子力防災　望月義夫　67　自民（岸田派）　衆（6）初
防衛・安全保障法制　江渡聡徳　58　自民（大島派）　衆（5）初
官房　菅　義偉　65　自民（無派閥）　衆（6）留
復興・原発事故再生　竹下　亘　67　自民（額賀派）　衆（5）初
国家公安・拉致問題・防災　山谷えり子　63　自民（町村派）　参（2）衆（1）初
沖縄・北方・科学技術　山口俊一　64　自民（麻生派）　衆（8）初
女性活躍・行政改革　有村治子　43　自民（大島派）　参（3）初
経済再生・経済財政　甘利　明　65　自民（無派閥）　衆（10）留

地方創生　　　　　石破　茂　57　自民（無派閥）衆（9）

地方創生法成立

安倍は、この改造内閣で「地方創生」を看板政策に打ち出した。9月3日夜の初閣議では、首相をトップとする「まち・ひと・しごと創生本部」を設置し、同月末召集の臨時国会に地方創生基本法案を提出することを確認した。「地方創生」は、民間研究機関「日本創成会議」（座長・増田寛也元総務相）が14年5月、人口減少や大都市への人口流出が進み、40年には全国の約半数にあたる896市区町村の存立が難しくなる可能性がある、との人口推計を発表したことを契機に政策課題に浮上した。とくに与野党対決法案の安保法制の論議を翌年の通常国会に先送りしたため、臨時国会の目玉法案がなくなり、地方創生や女性活躍で新味を出すことで、野党の攻撃の矛先を鈍らせる狙いもみてとれた。

政府は14年9月29日の閣議で、人口減や東京一極集中の是正に向けた基本理念を定めた「まち・ひと・しごと創生法案」と、地域活性化に取り組む自治体を支援する地域再生法改正案を決定した。「まち・ひと・しごと創生法案」は、今後5年間の総合戦略の策定を政府に義務付けていた。この地方創生関連2法案は10月中旬、衆院本会議で審議入りし、安倍の「抜き打ち解散」のあおりを受けながらも、11月21日に駆け込みで成立した。従業員300人超の企業に女性の積極的採用などに取り組む行動計画を義務付ける女性活躍推進法案は廃案になった。

女性閣僚、2人更迭

改造内閣の滑り出しは順調だった。読売新聞の9月の全国世論調査(3～4日)で、安倍内閣の支持率は64%を記録、改造前の前回8月調査から13ポイントも上昇した。しかし、好事魔多し。女性活躍の象徴だった女性閣僚のうち、小渕経産相と松島法相の2人が10月20日、不祥事の責任を取って辞任した。国会審議への影響を懸念し、安倍に「ダブル辞任」を進言したのは菅官房長官だった。

小渕の問題は、2関連政治団体が2010年、11年に選挙区の支援者向けに開いた観劇会の収支だった。政治資金収支報告書には、参加者の会費計742万円が計上される一方、会場の東京・明治座への支払額は計3384万円で、2642万円もの差額があった。仮に差額分を補塡《ほてん》していたとすれば、有権者への寄付を禁じた公職選挙法違反に当たる。また、12年の観劇会は報告書に記載されていないことも判明した。小渕は辞任の記者会見で、「スタッフ任せで、監督責任が十分でなく、全てが甘かった。政治家として一から出直そうと思っている」と述べた。

松島は、選挙区内で行われた祭礼やイベントで、肩書と氏名を記した「うちわ」のようなものを配布していた。民主党は、公選法が禁じる寄付に当たると追及したが、これだけでは辞任に値するほどの問題ではなかった。しかし、国会で連日、野党の追及を受けると、松島は10月10日の記者会見で、「いろんな『雑音』でご迷惑をかけた」と口を滑らせた。国会での質問を「雑音」

呼ばわりされたと野党が反発し、その後発覚した小渕の政治資金問題も重なって進退問題につながった。

安倍は、後任の経産相には宮沢洋一、法相には上川陽子を任命した。内閣支持率は、読売新聞の10月の全国世論調査（24～25日）で53％に落ち、改造前の水準に戻った。他方、改造内閣の高市、山谷、有村の女性3閣僚は、10月18日、秋季例大祭中の東京・九段北の靖国神社を相次いで参拝した。3人は安倍と政治信条を共有する政治家と目されており、海外メディアは批判的に報じた。

消費増税で綱引き

消費税は社会保障・税一体改革関連法で、14年4月に8％、15年10月に10％にすると決められ、前者は法律通りに実施された。同法には、付則で経済状況によって最終判断する旨の条項があり、増税を見送る場合は法改正が必要だった。

当初、財政再建論者の谷垣の幹事長起用は、10％への引き上げに向けた「体制固め」と受け止められた。14年9月28日、谷垣はテレビ番組で、「引き上げられるような対策を打っていくことが必要」だとし、税率アップに合わせ、景気対策のための補正予算を編成する可能性に言及した。公明党の山口代表は同月23日のテレビ番組で、消費税率を「もし上げないと『アベノミクスがうまくいかなかった』と烙印を押され、政治全体に好ましくない」と述べた。与党首脳は予定通り引き上げるべきだとしていたのである。

安倍は同月29日、国会での所信表明演説で消費税の再増税に触れなかった。安倍は、デフレ脱却を図るためには、消費税を上げるべきではないとする、いわゆるリフレ派と同じ考えだったが、財政再建を旗印とする財務省や自民党内の「増税派」のパワーは侮れないものがあった。一方、黒田東彦日銀総裁は9月4日の記者会見で、消費税引き上げを見送った場合、「政府の財政健全化の意思、努力に市場から疑念を持たれ、政府・日銀として対応のしようがないことにもなりかねない」と、消費税率は予定通り引き上げるべきだと強調していた。

10月19日、英紙『フィナンシャル・タイムズ』(電子版)が、こんな記事を報じた。イタリア・ミラノでのインタビューで、安倍が消費税率の引き上げを先送りする可能性を示唆したというのである。そこで安倍は、「消費増税で経済が失速すれば、税収が増えることはなく、無意味な行為となる」と述べていた。自民党内でも、安倍に近い議員から延期論が表面化した。同月22日、党本部で開かれた「アベノミクスを成功させる会」(会長・山本幸三衆院議員)の会合には、42人の議員が出席。安倍の経済政策のブレーンである本田悦朗内閣官房参与が講演し、消費税率の引き上げは「最低、1年半は延期するべきだ」と主張した。

先送りの動きを察知した財務省は、10月中旬から、担当者が自民党幹部や経済界、有識者を相次いで訪問し、増税を回避した場合のデメリットを訴えた。党税制調査会長の野田毅、安倍の出身派閥の領袖である町村信孝ら、自民党内の「増税派」も先送りに強く反対した。こうして「増税派」と「先送り派」の対立は日々、激しさを増していった。

日銀は10月31日、「異次元」の量的・質的金融緩和策の拡充を決めた。「黒田バズーカ第2弾」と称された追加緩和は、国債買い入れなどによる資金供給量の拡大ペースを年間約60兆～70兆円から約80兆円に引き上げることが柱だった。追加緩和を決めたことで、株価は急上昇した。財務省にとっては、安倍に増税判断を促すには好都合と映ったが、安倍や菅は、増税に走る同省に対し疑念を募らせた。

異論封じの衆院解散

他方、読売新聞の11月の全国世論調査（7～9日）によれば、「引き上げは必要だが、時期は遅らせるべきだ」が46％、「今の8％から引き上げるべきではない」が37％に対し、「予定通り引き上げるべきだ」は16％にとどまっていた。また同調査では、安倍内閣のもとで景気回復を「実感していない」人が79％にも達しており、これが引き上げを否定する世論の大きな理由とみられた。

経済学者の間では、「延期すれば国内外の信用を失う」「延期によって国債の金利が上昇すると、国債発行が難しくなり社会保障制度が不安定化する」「税率を引き上げるなら、（生活必需品などに）軽減税率を同時に導入することが不可欠だ」「税率を10％に上げると、景気は一層落ち込み、アベノミクスは最大の危機を迎える」――等々、引き上げの是非をめぐり侃々諤々《かんかんがくがく》の議論が展開された。政府は、消費税率引き上げの是非を問うため、11月4日から18日までの飛び飛び5日間の日程で、「今後の経済財政動向等についての点検会合」を開き、学者やエコノミスト、経済界、労働界の代表、地方自治体の首長ら45人から意見を聞いた。

安倍はこの間、11月9日から17日まで、中国、ミャンマー、豪州3か国を歴訪した。北京では、アジア太平洋経済協力会議（APEC）首脳会議とTPP交渉参加12か国による首脳会合、12、13の両日は、ミャンマーでの東南アジア諸国連合（ASEAN）首脳会議にそれぞれ出席。さらに15日からの主要20か国・地域首脳会議（G20サミット）出席のため、豪州ブリスベンを訪問した。

安倍は、衆院解散の時期に頭を巡らせていた。翌15年春の統一地方選後は、安保法制の審議があって難航は必至だ。9月には党総裁選もある。衆院議員が任期満了となる16年は、参院選と重なる。仮に衆参同日選挙を狙っても、公明党が反対するだろう。とすれば、今しかない。それに消費増税は何としても阻止したい。先送り反対勢力を黙らせるには、衆院解散に勝るものはない。選挙の相手は無論、野党勢力だが、目下、安倍の主要敵は、消費増税に反対する財務省や自民党内の「内なる抵抗勢力」だった。

安倍は、外遊出発前の11月7日、首相官邸に自民党の谷垣幹事長を招くと、居住まいを正して結論を伝えた。「消費増税を見送った場合、衆院を解散するかもしれません」。谷垣は党総裁として社会保障・税一体改革の3党合意を成立させた当事者だった。増税の道筋をつけた3党合意を覆して、解散の「大義」にしようという安倍に、谷垣は心中穏やかでなかったに違いない。谷垣は安倍に向かって厳しく注文をつけた。「解散は大義名分が必要で、首相自らがつくるものです。政治生命をかけて国民の信を問うという燃えるような思いがなければダメです。そこに一点の曇りがあるならば解散するべきではありません」（14年11月19日付『読売新聞』朝刊）。

安倍は同日、公明党の山口代表にも解散の可能性を伝えた。創価学会は11日、地方幹部を集め、選挙準備に入るよう指示した。安倍は同日、北京での内外記者会見で、衆院解散について聞かれると、「私自身、解散について言及したことは一度もない」と煙に巻いた。しかし、帰国前日、16日の同行記者団との懇談で、安倍は、消費増税の先送りと国民の信を問う可能性に初めて言及した。

安倍と財務省との「暗闘」

安倍は、もう一人、麻生財務相の同意を得る必要があった。麻生は、解散は「いつ、いかなる判断をしても支持する」としながらも、消費税問題では、財務省の総帥として簡単に引き下がれなかった。麻生は、同年4月のG20財務相・中央銀行総裁会議では、消費増税への決意を表明。9月上旬のアジア欧州会議（ASEM）財務相会議後の記者会見では、「上げないことによって世界中からの信用が落ち、国債を売り浴びせられると、影響が見えない。そうならないようにする対応が大切」と、予定通り増税すべきだと明言していた。これに対して、安倍は消費増税について「ニュートラルだ」と言い続けていた。

外遊前の安倍－麻生会談では答えが出なかった。11月17日、豪州からの帰路、政府専用機の機中で、安倍と麻生は額を寄せ合った。安倍が解散判断のメルクマールとしていた、7～9月期の国内総生産（GDP）速報値が想定外の「マイナス」（実質で前期比0・4％減、年率換算で1・6％減）だったことが判明し、これが二人に伝えられた。麻生も降りざるを得なかった。

こうして財務省の抵抗を排して増税包囲網を突破し、解散に持ち込んだ。安倍は『回顧録』で、この時の財務省との「暗闘」ぶりを振り返り、「財務官僚は、（中略）私を引きずり下ろそうと画策した」と語った。[1]

他方、財務省の香川俊介事務次官は、大臣官房長の時、民主、自民、公明の3党合意に裏方として奔走し、政官界で名の通った実力派次官だった。最終局面で香川は、菅官房長官から「おまえが（消費税）引き上げで動くと政局になるから困る。あきらめてくれ」と告げられた。香川は首を縦に振らず、「長官、決まったことには必ず従います。これまでもそうしてきました。ですが、決まるまではやらせてください」と懇請し、捨て身の抗戦を続けた（香川俊介さん追悼文集発行委員会編著『正義とユーモア』）。しかし、財務省はあえなく敗れ去った。

安倍は、そもそも3党合意にはかかわっておらず、こだわりもなく、合意自体にも否定的だった。安倍官邸は、これを機に国家枢要の官庁・財務省に対して、ますます不信感を抱く。一方、安倍に疎まれた財務省にとって、この敗戦は深いトラウマになった。がんに侵されていた香川は、

15年8月、退官の辞令を受け取ったすぐ後に、この世を去った。

解散に問われた「大義」

自民党財政再建派の筆頭格である党税制調査会長の野田毅は、11月12日の党税調の会合後、記者団に対し「国民に理解される（解散の）大義が提示されないと、しっぺ返しを受ける」と、消費増税先送り・衆院解散の動きを批判した。しかし、この安倍批判がたたり、衆院選の公認から外されるという噂が立った。衆院解散詔書が読み上げられた21日の衆院本会議場を後にした野田は、記者団に「首相が決断したので、党人としてはそれに従う」と語った。自民党の小泉進次郎復興政務官は、議場で解散時の「万歳」に同調しなかった。記者団に向かって、「多くの国民の皆さんの反応は、なぜ今（解散）なのかと。万歳している姿が、余計に国民との心の距離を生むんじゃないか」と述べた。

衆院議員の任期はまだ半分残っていた。読売新聞の緊急全国世論調査（21〜22日）でも、衆院解散を「評価する」27%、「評価しない」65%だった。安倍が衆院解散に踏み切った大きな理由に、非自民勢力の分裂と選挙準備不足があった。野党の小選挙区の公認予定候補は、14年10月末の段階で、民主党133人、維新の党67人、次世代の党25人、みんなの党7人にすぎなかった。野党4党が候補を決めていない「空白区」は113にも上っていたが、自民、公明両党の空白区はわずかに5だった。野党はほとんど選挙の用意がなく、これでは野党に勝利の望みはなかった。

大衆受けする増税見送りを掲げ、野党の準備不足を突いた、ある意味、狡猾《こうかつ》な「抜き打ち解散」だった。

注

1　安倍は『回顧録』で、「財務官僚は、（中略）私が外遊から帰国する際の政府専用機に、麻生副総理兼財務相に同乗してもらって、私を説得しようとしたわけです。（中略）谷垣禎一幹事長を担いで安倍政権批判を展開し、私を引きずり下ろそうと画策したのです。（中略）彼らは省益のためなら政権を倒すことも辞さない。（中略）一体改革の合意を決めた当時の総裁だし、『合意を守るべきだ』と谷垣さんに言ってもらおうと。谷垣さんは財務相経験者だし、主張は増税派に近い。けれども、財務省の謀略には乗らなかった」と語っている。安倍の財務省不信には極めて根深いものがあり、財務官僚について、「（彼らは）『目先の政権維持しか興味がない政治家は愚かだ。やはり国の財政をあずかっている自分たちが、一番偉い』という考え方なのでしょうね。国が滅びても、財政規律が保たれてさえいれば、満足なんです」とも述べていた。こうした安倍の財務省批判に対して、齋藤次郎元大蔵事務次官はインタビューで、「非常にびっくりしました。正直、ここまで嫌われていたとは思っていなかったからです」と述べ、さらにこれは「荒唐無稽な陰謀論」であり、「安倍さんという政治家は各所に仮想敵をつくることで自分を奮い立たせていた面があると思います」などと語っている（『文藝春秋』23年5月号）。

第3次安倍内閣

2014年12月24日～2017年9月28日（衆議院解散）

第1章　14年「アベノミクス解散」

不意打ちの解散

安倍晋三首相は2014年11月18日、首相官邸で記者会見し、消費税率10％への引き上げを法定通り来年（15年10月）には行わず、1年半（17年4月に）先送りするとともに、衆院を21日に解散すると表明した。

会見の冒頭、安倍は、「消費税を上げることで景気が腰折れすれば、国民生活に大きな負担をかける。税率を上げても、税収が増えないのでは元も子もない」と強調。増税延期の理由について、「（14年4月の）3％分の税率引き上げが、個人消費を押し下げる重しとなっている」、このまま15年10月から2％引き上げることは、「個人消費を再び押し下げ、デフレ脱却も危うくなると判断した」と説明した。

その一方で、安倍は、アベノミクスにより「雇用は100万人以上増え、有効求人倍率は22年ぶりの高水準」などとアベノミクスの成果をアピールし、増税先送りに伴うアベノミクス批判に防御線を張った。安倍はまた、17年4月とする再増税を「再び延期することはないとはっきりと断言する」と述べ、増税を見送ることができるとした社会保障・税一体改革関連法付則第18条の「景気条項」を撤廃して、確実に再増税を実施すると表明した。また、20年度の財政健全化目標も堅持し、経済再生と財政再建の2つを同時に実現していくと述べた。

そのうえで安倍は、15年に消費税率を10%に引き上げるとした「3党合意」に言及し、「(増税先送りは)重大な変更だ。信を問うのは当然のことだ」と、安倍流のロジックで解散の大義を説明した。[1] しかし、消費増税を見送るならそれをただ決めればよく、衆院を解散するまでもない。増税について国民の信を問うのではなく、増税の延期、つまり「実質減税」を解散の大義にするのは、政治の常識から外れているのではないか、と考える国民は少なくなかった。前述の通り、21日の衆院解散直後の読売新聞の緊急全国世論調査でも、この不意打ちの解散を国民3人のうち2人は「評価しない」としていた。

争点はアベノミクスの是非

安倍首相は翌19日、『読売新聞』のインタビューで、生活必需品などの消費税率を低く抑える軽減税率について、17年4月の消費税率10%への引き上げと同時に導入すると明言した。自民党の野田毅税制調査会長は同日、公明党の北側一雄副代表との間で、軽減税率の導入で合意した。自民党が公明党の要求に譲歩した結果で、衆院選の自公両党の共通公約に盛り込まれた。両党は既に13年末、軽減税率を「消費税率10％時」に導入することで一致していた。

14年11月21日、衆院は解散された。安倍は同日の記者会見で、衆院選の勝敗ラインを与党で過半数（２３８議席）とした。５県の小選挙区数を3から2にする「0増5減」の下、今回の衆院定数は計４７５。仮に公明党が現状維持ならば、自民党が88議席減らしても「勝利」といえる計算であり、党内からは「もっとラインを上げろ」といった冷ややかな声も出た。

第2次安倍内閣は、アベノミクスをはじめ、集団的自衛権の限定行使の容認、原発の再稼働、環太平洋経済連携協定（ＴＰＰ）交渉参加などを進めてきた。このため、争点は多数あったが、安倍は同日の記者会見で、『アベノミクス解散』だ。アベノミクスを前に進めるのか、それとも止めてしまうのか。それを問う選挙だ」と述べ、アベノミクスの業績評価とその継続の是非を最大の争点に据えた。

では、一体、アベノミクスはうまくいっていたのかどうか。内閣府が14年1月の経済財政諮問会議に「安倍内閣一年目の経済動向を振り返って」と題した資料を提出していた。それによると、▽政権発足時と比較すると、13年度、14年度の民間の実質国内総生産（ＧＤＰ）成長率見通しは大幅に上方修正。▽消費者物価は底堅く推移し、4年ぶりにデフレ状況ではなくなっている。▽下落が続いていた地価も13年年央に、商業地、住宅地ともに上昇。▽日経平均株価は、大幅に上昇し、欧米と比較しても高い伸び。▽上昇が懸念されていた日本の長期金利は低位安定。▽業況判断も全地域で大幅に改善。▽有効求人倍率は6年1か月ぶりに1倍を回復、失業率も低下傾向。

雇用者数は増加し、リーマン・ショック前の水準を上回る。▽企業の13年度設備投資計画は前年度比で増加し、13年の会社設立数は前年比で5・7%増加――としていた。

要するに、日本経済の見通しは、悲観論がぐっと後退してデフレ脱却に向けて前進、景気回復も中小企業、地域経済にまで広がっている、というのがこの分析のポイントだった。安倍がアベノミクスの成果を強調する時、その論拠は、この分析などに置かれていたとみられる。

しかし、この日本経済の好調なパフォーマンスは、長くは続いていなかった。第2次安倍内閣の発足から14年3月までは、株価の上昇、円安の進展、公共投資の増加、消費税率引き上げ前の駆け込み需要の4点に支えられ、比較的順調に推移していたものの、これらの要因は、短期的な景気浮揚効果しかなく、14年4月以降、日本の景気は足踏み状態に陥っていた(小峰隆夫『平成の経済』)。

安倍は、アベノミクスの成果を前面に出すことで、アベノミクスによっても景気はそれほど回復せず、消費税を引き上げられなくなったという見方を封じようとした。

自公圧勝の325議席

12月2日、第47回衆院選が公示された。9党から1191人が立候補した。小選挙区は959人で、小選挙区比例代表並立制を導入してから最少だった。民主党の候補者は過半数を40下回る198人で、1998年の結党以来、最少となり、同党は「政権交代」の旗を降ろしていた。安倍の「抜き打ち解散」で虚を衝かれた野党は、解散・総選挙の前に初めから腰砕けになっていた。選挙戦で自民党は、アベノミクスによって株価が上昇して雇用情勢も改善したと強調し、遅れがちな「第三の矢」である成長戦略の強化を訴えた。これに対して民主党は、アベノミクスによって格差が拡大したと指摘、非正規労働者の待遇改善や正規雇用の拡大などを通じて「厚い中間層の再生」を図るとした。

読売新聞は12月4日付朝刊で、衆院選の序盤情勢を、「自公300超す勢い」「民主伸び悩み」「第3極は低迷」という見出しで報じた。朝日、毎日両紙も、自民の300議席超えを予測する見出しを立て、これに野党陣営は強い衝撃を受けた。結局、この選挙は、小選挙区比例代表並立制がうたった「政権選択選挙」にはほど遠い、安倍政権の信任を問う性格のものになった。

12月14日の投開票の結果、与党の自民、公明両党が325議席を獲得し、定数の3分の2(317議席)を上回った。与党の定数に占める議席の割合は、過去最高になった。安倍の安定した政権運営が評価された形で、「抜き打ち解散」は奏功した。安倍は同日夜、TBSテレビの番組で「2年間の安倍政権への信任を頂いた。慢心することなく、丁寧に国民に説明しながら政策を進めていきたい」と語った。

各党の戦績をみると、自民党は公示前勢力から3議席減らして290。軽減税率の導入を訴えた公明党は、現行の選挙制度で最多の35議席を得た。一方、民主党は73議席と伸び悩み、海江田代表は東京1区で敗れ、比例選でも復活できずに落選、代表を辞任した。12年衆院選で下野した同党は、13年参院選で敗北し、今回も党勢回復のきっかけをつかめなかった。維新の党は41議席とほぼ議席を維持し、安倍内閣批判の受け皿となった共産党が、公示前の8から21議席へと躍進した。こうして野党第1党の民主党の非力、消費増税の先送り、抜き打ち的な衆院解散戦術が、自民・公明連合の圧勝をもたらした。

投票率は戦後最低

この選挙で注目すべきは、衆院選の投票率（小選挙区選）が52・66％と、戦後最低を記録したことだった。この低投票率の中で、比例選の自民党の絶対得票率（有権者総数に対する得票数の割合）は16・99％にとどまり、「大勝」の実質が問われる数字になっていた。

低投票率の理由の第一は、野党勢力の選挙準備の不足を突いての解散・総選挙で自民勝利が確実視され、有権者の投票意欲が削《そ》がれたことである。第二は、本来は増税先送りの是非、増税延期に伴う財政再建への影響などが論じられるべきだったのに、「この道（アベノミクス）しかない」という安倍の強引な説法の前に、論点が未消化のまま、選挙への関心が高まらなかったことである。そもそも、消費増税の見送りは、国民にとっては負担減につながる話であり、野党も拳を振り上げようがなかった。しかし、集団的自衛権の限定行使の容認、特定秘密保護法など、政権批判の材料には事欠かなかったはずで、結局、野党はこれらを争点化できず、有権者の足を投票所に運ばせることができなかった。

選挙直後の読売新聞の緊急全国世論調査（12月15〜16日）は、自公圧勝の選挙結果について、「よくなかった」が46%と、「よかった」38%を上回った。自民党の議席は「もっと少ない方がよかった」が55%を占めた。安倍内閣の支持率も、選挙前調査に比べて横ばい、自民党支持率は5ポイント下がって36%だった。つまり、内閣や自民党への積極的支持によらない「熱気なき与党圧勝」だったと言える。このため、自民党に対抗する野党が「必要だ」とする人は82%に上った。争点の経済政策が「評価された」との回答は7%にとどまり、これによってアベノミクスが信任されたとは、とても言えなかった。

なお、安倍首相は第2次内閣以降、6回の国政規模の選挙に連勝することになるが、いずれも投票率が著しく低いことが特徴だった。[2]

さて、安倍首相は14年12月24日に召集された特別国会で、第97代首相に選任され、第3次安倍内閣を発足させた。自らの資金管理団体の支出をめぐり野党の追及を受けていた江渡聡徳防衛相を交代させ、後任に中谷元《げん》元防衛長官を充てた。中谷は小泉内閣で防衛長官を務めたほか、党安全保障調査会長などを歴任し、集団的自衛権をめぐる与党協議のメンバーだった。他の閣僚17人は再任した。官房副長官3人、内閣法制局長官、首相補佐官5人も全員再任した。

放送法の「政治的公平」

安倍首相は、この頃から意に沿わない報道に対して「偏っている」などと批判し、メディア側も反発を強めていた。衆院解散を公言した14年11月18日、安倍は出演したＴＢＳテレビの番組で、街頭インタビューの映像について「全然、街の声が反映されていない。おかしい」と強く批判。自民党は20日、在京テレビ5局に選挙報道の「公平中立」を要請し、26日にはテレビ朝日「報道ステーション」に対し、公平中立な報道を求める文書を出した。安倍は15年3月12日、衆院予算委員会で「（自らの発言が番組への）圧力と考える人は世の中にいない。番組の人たちは、それくらいで萎縮してしまう人たちか。極めて情けない」と、挑発的な答弁をした。

一方、高市早苗総務相は5月12日、参院総務委員会で、これまでの「政治的公平」をめぐる放送法の解釈の補充的説明として、「一つの番組のみでも、極端な場合においては、一般論として政治的に公平性を確保しているとは認められない」と答弁。さらに、16年2月には、衆院予算委員会で、放送局が政治的公平性を欠く報道を繰り返した場合、電波法に基づく電波停止を命じる可能性があるとの認識を示し、野党やメディアの反発を招いた。

安倍政権は、14年から15年にかけ、放送法の「政治的公平」の解釈をめぐって、従来の政府見解を事実上見直そうとしていた。それは、後年の23年3月、立憲民主党の小西洋之参院議員が国会で公表した放送法の「政治的公平」の解釈をめぐる文書が、総務省の行政文書であることを同省が認め、明らかになった。政府は、放送法４条が定める政治的公平性が確保されているかについて、従来、「一つの番組ではなく、全体で見る」と解釈してきた。ところが、その文書によると、14年11月下旬、当時の礒崎陽輔首相補佐官が、全体で見るという基準は不明確であり、「一つの番組でも明らかにおかしい場合があるのではないか」と検討を指示していた。さらに安倍が高市総務相との電話で、「今までの放送法の解釈がおかしい」と述べたという伝聞も記されていた。高市経済安全保障相は23年3月の国会で、文書の中の自身に関する記述は「捏造《ねつぞう》だ」と強調。小西が「事実なら大臣そして議員を辞職するということでよろしいですね」と質したのに対し、高市は「結構ですよ」と答えた。

注

1　安倍首相は2014年11月18日、解散を表明する記者会見の中で「代表なくして課税なし」（議会における人民の代表の承認を得なければ、政府は課税できないという原則）という言葉を持ち出し、「（これは）アメリカ独立戦争の大義です。国民生活に大きな影響を与える税制において、重大な決断をした以上、（中略）どうしても国民の皆様の声を聞かなければならないと判断いたしました。信なくば立たず、国民の信頼と協力なくして政治は成り立ちません」と述べた。さらに安倍は、記者との質疑応答で、「なぜ2年前、民主党が大敗したのか。それはマニフェストに書いていない消費税率引き上げを国民の信を問うことなく行ったからだ」と民主党批判を展開。「18か月間の延期と、17年4月には景気条項を外して確実に上げる。これは重大な変更だ。国民の信を問うのは当然のことであり、民主主義の王道だ」と語った。この解散理由は、ほとんど安倍一人で考えたものだという。

2　衆院選（小選挙区選）の投票率では2012年が59・32％、14年が52・66％で戦後最低を記録したあと、17年は53・68％と14年に次いで戦後2番目の低さだった。一方、参院選（選挙区選）では、13年が52・61％、16年は54・70％。19年は48・80％に落ち込み、過去最低の1995年参院選（44・52％）に次ぐ低投票率となった。95年は村山政権下、自社さ連立政権の是非が争点となり、政治・政党不信が頂点に達していた。こうした低投票率は、結果的に他党と比べて固い支持層をもつ自民、公明両党に有利に働くことになった。

第2章 「イスラム国」人質テロ事件

安倍の中東歴訪中に

安倍首相は2015年1月16日、エジプト、ヨルダン、イスラエル、パレスチナ自治区を訪問するため、羽田空港を飛び立った。安倍は17日、エジプトのカイロで、中東政策に関する演説を行い、イスラム過激派組織「イスラム国」と戦う周辺国に2億ドル（約236億円）の支援を表明した。19日にはイスラエルのエルサレムで、ナチス・ドイツによるユダヤ人大虐殺（ホロコースト）の犠牲者を追悼する「ホロコースト記念館」を訪問して演説し、「先の大戦終結から70年、アウシュビッツ解放以来70年でもある本年、このような悲劇を二度と繰り返させないとの決意を表明する」と述べた。

安倍の中東歴訪中、シリアで日本人人質事件が発生した。「イスラム国」とみられる犯行グループが20日、拘束した日本人男性2人のビデオ映像をインターネットに流し、日本政府に対して2億ドルを要求、72時間以内に支払われなければ2人を殺害すると警告した。「イスラム国」は、安倍が表明した2億ドルの支援を犯行の理由に挙げていた。

安倍は同日、エルサレムで記者会見し、直ちに2人の解放を要求する一方、ヨルダンのアブドラ国王（アブドッラー2世）やトルコのレジェップ・タイップ・エルドアン大統領、エジプトのシシ（アブドゥルファッターハ・エルシーシ）大統領にそれぞれ電話して協力を要請した。日本政府は、首相官邸の危機管理センターと外務省に対策室を設置し、ヨルダンのアンマンにも現地対策本部を設け、首相に同行中の中山泰秀外務副大臣を派遣した。しかし、「イスラム国」は、人質の1人の日本人の遺体写真を公開するとともに、残りの人質のジャーナリストとヨルダンで収監中のテロ爆破犯（死刑囚）との人質交換を要求。31日には、ジャーナリストの殺害ビデオ映像が流された。

政府は、この人質事件をめぐる政府の対応を検証するため、内閣官房や外務省の幹部からなる検証委員会（委員長・杉田和博官房副長官）を設置した。15年5月に公表した報告書では、人質救出に向けた政府の判断や措置について、「人質の救出の可能性を損ねるような誤りがあったとは言えない」と結論付けた。また、「イスラム国から敵視されるリスク認識」が問われていた2億ドルの支援表明に関しては、「中東諸国に連帯を示すのが重要で、内容や表現に問題はなかった」と明記した。ただ、報告書に併記された有識者の意見では、中東演説の中の表現が「脅迫の口実にされた」として「対外的発信には十分に注意する必要がある」との指摘や、2月1日の首相声明にある『罪を償わせる』という言葉は、不必要に緊張を生む表現」との苦言も呈された。

派閥「清和会」掌握へ

14年12月に召集された特別国会で、自民党の町村信孝元官房長官が衆院議長に選出された。安倍は衆院選後、伊吹文明衆院議長の後任に、2年前の党総裁選で、安倍と清和政策研究会を二分する戦いをして敗れた町村を推す一方、清和会の会長には自分に近い細田博之を充てる人事を進めた。

15年2月10日、東京・赤坂の料亭で、町村の議長就任を祝う名目の会合がもたれ、清和会が輩出した森喜朗、小泉純一郎、福田康夫の元首相と、新旧会長の町村と細田が出席し、安倍も駆けつけた。この「町村議長・細田会長」人事は、安倍自らが最大派閥を実効支配するための布石とみられ、この夜、歴代首相が安倍を囲んだ会合は、「安倍派」の事実上のスタートと映った。町村は同年4月、病気のため在任119日で衆院議長を辞任、後任には自民党の大島理森前衆院予算委員長が就任した。

2月12日、安倍は第3次内閣発足後、初の施政方針演説を行い、農政、労働、電力分野などの「岩盤規制」改革を推し進める意向を強調。とくに農協改革は「強い農業を創り、農家の所得を増やすため」として、農産物のブランド化や海外展開を進める考えを示した。

ところが、その推進役の西川公也農相が同月23日、自らの政治資金問題で辞表を提出した。西川が自ら代表を務める自民党支部が13年7月、砂糖業界団体の関連会社から100万円の寄付を受け取った。団体はその4か月前に農水省から13億円の補助金交付が決まっていた。政治資金規正法は、補助金交付決定通知を受けた企業が1年以内に、政治活動に関する寄付を行うことを禁じている。砂糖の原料は、TPP交渉で関税撤廃の例外を目指す「重要5項目」の一つで、西川は当時、自民党TPP対策委員長だった。安倍は、後任に林芳正前農相を充てた。西川は、TPPでは参加国との間で議員外交を展開する一方で、自民党内の反発を抑える役割も果たしていた。

「大阪都構想」否決

「大阪都構想」の賛否を問う住民投票が、15年5月17日に大阪市で行われ、反対が賛成を上回り、大阪市の存続が決まった。得票率で約0・8ポイントの僅差だった。政令市の大阪市を複数の特別区に分解・解体する構想で、橋下徹が府知事時代の2010年に提唱した。東京都と23特別区がモデルで、府と市の「二重行政」の解消を狙いとしていた。「看板政策」が否決された橋下大阪市長（維新の党最高顧問）は、「（12月の）市長任期まではやるが、それ以降、政治家はやらない」と政界引退の考えを表明した。

橋下が代表を務めていた「日本維新の会」は、12年11月に石原慎太郎らが率いる「太陽の党」と合流したが、14年7月に石原らのグループと分党し、同年9月に江田憲司代表の「結いの党」と合流して「維新の党」を結成していた。江田も都構想否決の責任を取って党代表を辞任し、後任に松野頼久幹事長が選出された。

安倍や菅官房長官らが大阪都構想を評価していたのに対し、谷垣幹事長ら党本部はこれに反対する大阪府連を後押ししていた。安倍は、橋下を通じて維新との連携を探ってきたが、橋下辞任により、この戦略は見直しを迫られた。松野代表は安倍政権と対立する路線をとり、「是々非々」の大阪系との対立が生じ、維新は分裂。15年10月末、橋下は「おおさか維新の会」を発足させ、同会は12月の党大会で、新代表に松井一郎幹事長を選出した。

民主党も、野党再編へと動き、岡田克也代表が15年12月11日、国会内で維新の党の松野代表と会談、統一会派「民主・維新・無所属クラブ」の結成で合意した。岡田は、衆院選で落選した海江田万里代表の辞任に伴う同年1月の民主党代表選で、細野豪志元幹事長、長妻昭元厚生労働相を破り、04年5月～05年9月以来の再登板を果たしていた。岡田は、幹事長に枝野幸男を続投させ、細野を政調会長、長妻を代表代行に充てた。

ＴＰＰで大筋合意

環太平洋経済連携協定（ＴＰＰ）は、交渉開始から5年半後の15年10月5日、米アトランタで、カナダ、米国、メキシコ、チリ、日本、ベトナム、豪州など参加12か国によって大筋合意に達した、との声明が発表された。

安倍首相は同月6日記者会見し、「日本とアメリカがリードして（中略）価値を共有する国々と共にこのアジア・太平洋に自由と繁栄の海を築き上げる。（中略）人口8億人、世界経済の4

割近くを占める広大な経済圏が生まれます。そして、その中心に日本が参加する。TPPは正に『国家百年の計』であります」としたうえで、これは「単に関税をなくすだけにとどまりません。(中略)サービスから知的財産に至るまで、幅広い分野で、品質の高さが正しく評価される、公正なルールを共有し、持続可能な経済圏をつくり上げる野心的な取組であります」と強調。さらに「中国もそのシステムは参加すれば、我が国の安全保障にとっても、また、アジア太平洋地域の安定にも大きく寄与し、戦略的にも非常に大きな意義がある」とも述べた。

このTPP合意は、日本の消費者にとっては、ワインや牛肉の値段が下がり、企業には日本車にかけられている関税が撤廃されるなどのメリットがあった。会見の中で、安倍は、全閣僚をメンバーに「TPP総合対策本部」を設置し、政府全体で責任を持って国内産業対策を実施していく考えを表明。「重要5項目」については、「関税撤廃の例外をしっかりと確保できた」と述べた。

甘利経済再生相の辞任

TPP参加12か国は16年2月4日、ニュージーランドのオークランドで協定文に署名し、正式合意した。しかし、署名式にTPP交渉を担ってきた甘利明経済再生相の姿はなかった。『週刊文春』が違法献金疑惑を報じ、その責任をとって直前に辞任したからである。甘利は同年1月28日、記者会見し、「秘書の監督責任と政治家としての矜持《きょうじ》にかんがみ、閣僚の職を辞する」「たとえ私自身は知らなかったとはいえ、(秘書に)責任転嫁できない」などと述べた。

その疑惑は、千葉県白井市の建設会社が都市再生機構（UR）とのトラブルをめぐる口利きの見返りに、甘利や公設秘書に現金を渡していたというものである。会見で甘利は、13年11月に大臣室で、14年2月に神奈川県大和市の地元事務所で、それぞれ50万円を受け取ったことを認めたが、政治資金として適切に処理されていると説明し、違法行為を否定した。一方、公設秘書が13年8月に大和市の事務所で受け取った500万円のうち、200万円は政治資金収支報告書に記載したものの、残り300万円については秘書の私的流用がわかり、政治資金規正法上、適切に処理されていなかったことを明らかにした。

安倍は記者団に対し、「大変残念だが、甘利氏の意思を尊重する」「任命責任は私にある。国民の皆様に深くお詫びをしたい」などと語った。甘利は、第1次安倍内閣に経産相として入閣、第2次安倍内閣でも経済再生相に就き、13年3月からTPP相を兼務した。同年11月、早期の舌がんであることがわかり、首相に辞任を申し出たが、慰留された。第3次安倍内閣では再任され、TPP交渉にあたってきた。安倍内閣の支柱の一人である甘利の辞任は、安倍に大きな打撃となった。甘利の後任には石原伸晃元自民党幹事長が就任した。

第3章　冷え切る日中、日韓

「尖閣」と「靖国」で対立

２０１５年は、戦後70年の節目の年にあたり、外務省は、中国、韓国で歴史問題をめぐる対日批判が一層高まることを警戒していた。

第２次内閣発足後、安倍首相は、中国の軍事力拡大を批判し、13年12月には靖国神社を参拝、中国の反発を招いた。これに対して、中国の習近平指導部は、日本が降伏文書に署名した日の翌日にあたる９月３日を「抗日戦争勝利記念日」に、また、旧日本軍による南京事件（１９３７年）が発生した12月13日を「国家哀悼日」にそれぞれ定めるなど、歴史問題で対日圧力を強めていた。

また、尖閣諸島国有化（２０１２年９月）以降、その周辺海域では中国海洋監視船などが領海侵犯を繰り返していた。東シナ海上空では、中国国防省が一方的に防空識別圏を設定（13年11月）するなど緊張状態が続き、14年５月には、海上・航空自衛隊機が中国軍戦闘機から異常接近を受ける事件も起きた。

日中の対立は経済関係にも影響を及ぼし、14年1〜4月期の日本の対中直接投資額は、前年同期に比べ約47％も落ち込んだ。冷え切った日中関係打開に向け、福田康夫元首相が14年7月末、極秘に北京を訪問。習近平国家主席（共産党総書記）と会談し、「日中が首脳会談もできないというのは異常だ。できるだけ早い機会に会談を行い、『戦略的互恵関係』に戻ってほしい」と求めた。福田には、谷内正太郎国家安全保障局長が同行していた。それでも習主席は、抗日戦争勝利記念日の9月3日の演説で、「侵略の歴史の否認や歪曲《わいきょく》、軍国主義の再来を決して許さない」と述べ、歴史問題では対日圧力を緩めようとはしなかった。

安倍は、14年9月29日の所信表明演説で、「安定的な友好関係を築いていくため、首脳会談を早期に実現したい」と、安倍がほとんど使わない「友好」という言葉をもって公の場でシグナルを送った。安倍は、日中関係の悪化を「外交無策」と批判される事態は避けたかった。一方の習も、11月に北京で開かれるアジア太平洋経済協力会議（ＡＰＥＣ）成功のために、日中首脳対話を再開させる必要があった。

中国側は、日中首脳会談を行う条件として、尖閣諸島をめぐり日本が領土問題の存在を認めること、安倍首相が靖国神社を参拝しないことを挙げていた。しかし日本側は、「尖閣に領土問題は存在しない」という立場は崩せず、靖国に「参拝するともしないとも言わない」ことを基本方針とする以上、呑めるはずもなかった。調整は難航し、谷内国家安全保障局長が、中国の外交政策を統括する楊潔篪《ようけつち》国務委員との間で合意できたのは11月7日未明のことだった。

3年ぶり日中首脳会談

合意文書「日中関係の改善に向けた話合い」[1]は、異例なことに首脳会談前の11月7日、発表された。それによると、尖閣問題に関しては「尖閣諸島等東シナ海の海域において近年緊張状態が生じていること」と記述。日本側は、「近年」の言葉を盛り込むことで、中国船による領海侵犯を指すことになり、「尖閣に領土問題は存在しない」という日本の立場を損ねていないとした。また、「歴史を直視し、未来に向かうという精神に従い、両国関係に影響する政治的困難を克服する」との表現が盛り込まれたが、安倍は7日夜のBSフジの番組で、「(靖国参拝という)個別の問題を含むものではない」と説明した。

安倍首相は14年11月10日、北京の人民大会堂で習近平国家主席と約25分間、会談した。日中首脳会談は11年12月以来約3年ぶり、12年の第2次安倍内閣発足以来、初めてのことだった。

会談に先立つ写真撮影で、安倍が「公式にお会いすることができて非常にうれしい」と話しかけたのに対し、習は仏頂面で何も応えなかった。二人は握手の際も、硬い表情を崩さず、言葉を交わさなかった。見る者に異様な印象を与え、両国関係の現状を如実にあらわしていた。

会談で安倍は、「日中間には、隣国同士、個別の問題もあるが、全般的関係を損なうことは避けるべきだ」と、戦略的互恵関係の再構築を呼びかけ、習は「今回の会談は関係改善の第一歩で、今後も関係改善の努力をしたい」と答えた。習が「村山談話」にふれ、「歴史を直視し、未来に向かうことが重要だ」と述べたのに対し、安倍は「歴代政権の歴史認識を引き継ぐ」と強調。習は「歴史問題は、13億人以上の中国国民の感情に関することだ。日本が慎重な軍事・安保政策をとり、地域の平和と安定を守るため、建設的な役割を発揮することを希望する」と語った。

両首脳はまた、東シナ海での不測の事態を避けるため、防衛当局間のホットライン「海上連絡メカニズム」の早期運用開始で合意した。尖閣諸島をめぐる対立や安倍の靖国神社参拝については、双方とも直接言及しなかった。

韓国でも政権交代

15年は、日韓国交正常化50周年にあたっていた。しかし、第2次内閣発足以来、安倍首相と朴《パク》槿《ク》恵《ネ》大統領との首脳会談は、一度も行われていなかった。日韓関係は、野田政権下の12年8月の韓国の李明博大統領による竹島強行上陸や、天皇に対する「謝罪要求」発言を機に、急速に冷え込んだ。同年12月19日、韓国の大統領に朴が当選し、日本でも同月26日、第2次安倍内閣が発足した。

13年1月4日、安倍は日韓議連幹事長の額賀福志郎元財務相を首相特使として韓国に派遣し、額賀から朴に親書を手渡した。朴槿恵の父は、日韓国交正常化を進めた朴正熙《パクチョンヒ》元大統領で、安倍の祖父の岸信介とも親しかった。こうした縁も韓国との関係改善への期待感につながっていた。

日本政府は同年1月、竹島問題について国際司法裁判所への提訴を先送りし、「竹島の日」式典の政府主催も見送るなど、関係修復のためのメッセージを送った。2月25日の大統領就任式には、麻生太郎副総理が出席した。ただ、韓国紙によると、麻生は、朴との会談で、米国の南北戦争を挙げて「同じ国、民族でも歴史認識は一致しない」としたうえで、「異なる国ではなおさらそうだ。日韓関係も同じだ。それを前提に歴史認識を論じるべきだ」と語った。なお、麻生は、同年4月の春季例大祭に合わせ靖国神社に参拝した。

安倍もまた、同年2月の訪米時の講演で、「朴正熙大統領は、もっとも親日的な大統領であったと言ってもいいと思う」と語った(読売新聞政治部『安倍官邸vs.習近平』)。しかし、韓国では「親日」という言葉は売国奴の響きがあり、禁句だった。朴は、選挙戦でも対立候補から「親日派の娘」と執拗に攻撃を受けていた。一方、韓国メディアは、再登板した安倍を「右翼政治家」などと批判。こうして両国新政権の首脳部の溝は広がるばかりだった。

朴槿恵大統領の対日非難

朴大統領は13年5月に訪米し、オバマ米大統領との会談の中で、「北東アジア地域の平和のためには、日本が正しい歴史認識を持つべきだ」と、日本を非難した。同年6月には、訪中して習近平国家主席と首脳会談を行い、共同声明に「歴史問題で域内国家の対立と不信が深まっている」といった表現を盛り込み、中韓両国が歴史問題をめぐり連携する姿勢を示した。同年9月末に訪韓したヘーゲル米国防長官が、日米韓の安保協力の重要性を説いたのに対しても、朴は、「歴史や領土問題で時代逆行発言を繰り返す（日本）指導部のせいで、信頼を築けない」と、対日非難を繰り返した。同年12月末には安倍首相が靖国神社を参拝し、両国関係は一層悪化。さらに、菅官房長官が「河野談話」の検証に言及して、朴大統領が強く反発したことは既に述べた。

そうした中、オランダ・ハーグでの「核安全サミット」に合わせた日米韓首脳会談開催が模索された。オバマ米大統領の仲介によるものだった。朴大統領は当初、難色を示し、その前提として、①河野談話や村山談話の継承を安倍首相が明言すること　②首相の靖国神社参拝の自粛　③従軍慰安婦問題での誠意ある措置──の3点を挙げた。

これを受けて、外務省の齋木昭隆事務次官が14年3月12日に訪韓し、③をめぐる局長級協議を受け入れる考えを伝えた。①については、安倍は同月14日の参院予算委員会で、河野談話について「安倍内閣で見直すことは考えていない」と明言。元慰安婦に対しても「筆舌に尽くしがたい辛《つら》い思いをされたことを思い、非常に胸が痛む」と述べた。また、安倍内閣として「歴史認識に関する歴代内閣の立場を全体として引き継いでいる」とも答弁した。韓国側は、日本側が示した最大限といえる譲歩を評価し、ようやく態度を軟化させた。何よりも日韓両政府とも、仲介の労をとった米大統領の努力を無にすることはできなかった。

米の仲介で日韓首脳会談

日米韓首脳会談は14年3月25日夜（日本時間26日未明）、ハーグの在オランダ米大使公邸で約45分間行われた。北朝鮮の核・ミサイル開発問題などで連携を強化していくことを確認するとともに、この問題の解決のためには、中国の役割が重要だとの認識で一致した。歴史問題には触れなかった。

安倍、朴の両政権が発足して以来、初めての公式会談。二人は、オバマ大統領が見守る中で握手を交わした。安倍が韓国語で「お会いできてうれしい」と語りかけても、朴は斜め下を向いて目を合わせず、ギクシャクぶりが伝わってきた。

その一方で、朴大統領は同月23日夜（日本時間24日未明）、当地で中国の習近平国家主席と4回目の会談をした。習国家主席は席上、中国黒竜江省ハルビン駅に、伊藤博文を暗殺した朝鮮の独立運動家・安重根《アンジュングン》の記念館が14年1月、開館したことに触れ、「建設は私が指示を下した」「開館は中韓国民の結びつきを強めるものだ」などと述べ、朴は謝意を表したという。これは前年、朴が訪中した際、安重根の記念碑を暗殺現場に建ててほしいと習に要望したことを受けて建設されたものだった。中韓両首脳は歴史問題であからさまに「対日共闘」ぶりを誇示し、日本側を牽制した。

その後、14年11月のＡＰＥＣ首脳会議の夕食会で、席が隣となった安倍と朴は意見を交わしたが、外務省局長級協議の継続で一致しただけだった。

プーチン来日仕切り直し

安倍首相のロシアへの熱心なアプローチは、北方領土問題の進展を図るだけでなく、強大化する中国を牽制し、中露接近を阻む狙いも込められていた。しかし、ロシアによるクリミア半島併合後、日露関係も相当ギクシャクしていた。日本政府は、G7（主要7か国）の一員として対露制裁に共同歩調をとる一方、安倍肝いりの日露対話路線を維持するという際どいバランス外交を進めていた。

日露関係のこれ以上の悪化を避けるため、プーチン大統領と親交がある森喜朗元首相が訪露し、14年9月9日、モスクワで開かれた日露フォーラムで、「プーチン大統領がウクライナ情勢をめぐって世界から批判を浴びている状況を友人として残念に思う」とあいさつ。翌10日深夜、森はクレムリンでプーチンと会談し、安倍首相の親書を手渡した。クリミア併合後、プーチンが日本の要人と会談したのは初めてだった。森は会談後、記者団に対し、ウクライナ情勢の平和的な解決や安倍との対話継続をプーチンに求めたところ、プーチンは「日本との対話はこれからも続けるし、続けなければならない」と述べたことを明らかにした。[2]

一方、日本政府は9月24日、ウクライナ情勢をめぐるロシアへの追加制裁を閣議了解した。従来のロシア政府関係者らの資産凍結などに加え、ロシアの大手5銀行の日本での資金調達を禁止した。金融分野への制裁に踏み込み、米国と欧州連合(EU)に歩調を合わせた格好だが、ロシアの銀行が日本で資金調達をするのは稀《まれ》なことから、実効性は乏しかった。この秋に予定されていたプーチンの来日は困難になり、11月9日、滞在先の北京市内での日露首脳会談で、安倍とプーチンは「来年の適切な時期」の来日に向けて準備をすることで一致、プーチンの来日は仕切り直しになった。

注

1　政府が2014年11月7日に発表した文書は以下の通り。

1　双方は、日中間の四つの基本文書の諸原則と精神を遵守し、日中の戦略的互恵関係を引き続き発展させていくことを確認した。2　双方は、歴史を直視し、未来に向かうという精神に従い、両国関係に影響する政治的困難を克服することで若干の認識の一致をみた。3　双方は、尖閣諸島等東シナ海の海域において近年緊張状態が生じていることについて異なる見解を有していると認識し、対話と協議を通じて、情勢の悪化を防ぐとともに、危機管理メカニズムを構築し、不測の事態の発生を回避することで意見の一致をみた。4　双方は、様々な多国間・二国間のチャンネルを活用して、政治・外交・安保対話を徐々に再開し、政治的相互信頼関係の構築に努めることにつき意見の一致をみた。

2　森元首相は後年、『読売新聞』インタビューで、2014年9月のプーチン大統領との会談について、安倍に不満を持っていたプーチンに対し、「制裁をけしからんと言うが、安倍首相は米国から厳しく言われているんですよ」と説明し、大統領が「日本は米国一辺倒だ」と言うから、「日本の周辺は韓国を除いて、みんな核を持っている。もし、日本が核ミサイルで攻撃された時、ウラジーミル、あなたは日本を守ってくれますか？　いち早くそれをやってくれるのは米国だけでしょう」と話したと述べた（16年1月26日付『読売新聞』朝刊）。また森は、『中央公論』（17年1月号）のインタビューで、北方領土問題について、「（4島一括返還の）原則を日本が主張することで交渉が進まなくても、ロシアは困らない。困るのは日本だ」と、歯舞群島と色丹島の先行返還を目指すべきだとの考えを明言している。

第4章　「希望の同盟へ」演説

安倍のバンドン演説

米議会は2015年3月、安倍首相が4月29日に上下両院合同会議で演説する、と発表した。日本の首相が、上下両院の議員が一堂に会する合同会議の場で演説するのは、安倍が初めてだった[1]。米議会が、環太平洋経済連携協定（TPP）交渉への参加、日米同盟強化のための防衛政策見直しなど、安倍政権の実績を高く評価していることの表れとみられた。安倍は、とくに戦後70年にあたる同年の訪米で、かつての敵対国が不動の同盟国になった「和解の力」をうたいあげ、「歴史修正主義者」といった自身のイメージを払拭しようと考えていた。

米議会演説に先立ち、安倍は4月22日、インドネシアのジャカルタで開幕したアジア・アフリカ会議（バンドン会議）の60周年記念首脳会議に出席し、演説した。1955年のバンドン会議には、第2次世界大戦後に独立したアジアとアフリカの29か国・地域が参加、同国のスカルノ大統領や中国の周恩来首相らが主導し、領土主権尊重、内政不干渉、平和共存など「平和10原則」

を採択した。

安倍はこの演説で、「私たちは、60年前よりはるかに多くのリスクを共有している。強い者が弱い者を力で振り回すことは断じてあってはならない。バンドンの先人たちの知恵は、『法の支配』が大小に関係なく、国家の尊厳を守るということだった」と強調した。これは中国に対する牽制が込められていた。

続けて安倍は、「平和10原則」の中から、「侵略または侵略の脅威、武力行使によって他国の領土保全や政治的独立を侵さない」「国際紛争は平和的手段によって解決する」という二つの項目を引用し、「バンドンで確認されたこの原則を、日本は、先の大戦の深い反省と共に、いかなる時でも守り抜く国であろうと誓った」と述べた。

バンドンでの演説は、「戦後70年談話」との関連で、どのような言葉を用いるのかが注目されていた。2005年の50周年記念首脳会議の演説で、小泉首相は、日本の「植民地支配と侵略」への「反省とおわび」を明言した。安倍はこれを踏襲せず、「侵略」には、日本を主語にせず、「平和10原則」からの引用によって触れるという手法をとり、「おわび」の言葉は口にしなかった。

新ガイドライン合意

日米首脳会談に先立つ15年4月27日、両政府は、米ニューヨークのホテルで開かれた「日米安全保障協議委員会」（2プラス2）で、新たな日米防衛協力の指針（ガイドライン）について合意した。岸田文雄外相、中谷元防衛相と、米国のケリー国務長官、アシュトン・カーター国防長官が出席した。

自衛隊と米軍の役割分担を定めた文書であるガイドラインは、東西冷戦下の1978年、ソ連による日本侵攻を想定して策定された。その後、97年に改定されたが、これは朝鮮半島など日本有事（周辺事態）における、自衛隊の米軍への後方支援を主な狙いとしていた。今回の改定は、18年ぶり2回目で、日本の領土・領海を脅かすようになった中国の軍事的台頭をにらみ、日米一体で抑止力を強化するのが主目的だった。とくに、日本政府が成立を目指す安全保障関連法案と表裏一体の関係にあり、同法を成立させて初めて法的に実施可能となるものだった。

新ガイドラインの最大のポイントは、自衛隊と米軍の一体的な運用を調整する協議機関を平時から利用可能とし、平時から有事まであらゆる段階で抑止力及び対処力を強化し、「切れ目のない日米協力」を確立することだった。

具体的には、日本防衛のために行動している自衛隊と米軍は、各艦艇を「アセット」（装備品）とみなして相互に防護できる規定を設けた。また、朝鮮半島有事や南シナ海、シーレーン（海上交通路）での武力紛争など、日本の平和と安全に大きな影響を及ぼす事態では、自衛隊による米軍への後方支援を大幅に拡充。さらに、弾道ミサイル防衛や島嶼《とうしょ》への陸上侵攻阻止・奪回などの各作戦は、自衛隊が主体的に実施し、米軍がその作戦を支援・補完すると定めた。これにより、共同作戦での米軍の関与が明確になり、他国に対する牽制効果は大きいと期待された。

このほか、宇宙・サイバー分野での脅威に対抗するための連携強化なども盛り込まれた。また、日米両国は、「アジア太平洋地域及びこれを越えた地域の平和、安全、安定及び経済的な繁栄」のため、主導的役割を果たすと明記した。これは、日米協力の地理的制約をはずして、グローバル（地球規模）に協力を拡大する米国の強い期待を反映していた。

安倍の米国公式訪問

安倍首相は2015年4月、米国を公式訪問し、26日はボストンを訪れた。安倍は昭恵夫人とともに、ジョン・F・ケネディ元大統領の長女、キャロライン・ケネディ駐日米大使の案内で、大統領ゆかりのケネディ・ライブラリーを訪れた。そのあと、ケリー国務長官の招きで私邸での夕食会に出席。27日は、ボストン郊外のハーバード大のケネディ行政大学院で講演し、「アベノミクス」について説明する一方、学生との質疑の中で「河野談話」を継承する考えを示した。

27日午後、ワシントン入りすると、オバマ大統領自らが安倍をリンカーン・メモリアルに案内し、約20分間、肩を並べて語り合った。安倍は同日夕には、アーリントン国立墓地で献花した後、ホロコースト博物館を視察し、日本の外交官・杉原千畝《ちうね》が発給したビザで命を救われたユダヤ人の生存者と面会した。博物館訪問は、安倍の靖国神社参拝などに対し、米国のユダヤ人社会に根強い批判があることを念頭に置いたものとみられた。

28日午前、ホワイトハウスでの歓迎式典では、「君が代」が流れる中、19発の礼砲が打ち鳴らされた。オバマ大統領は、１９６０年にドワイト・Ｄ・アイゼンハワー大統領が安倍の祖父・岸信介をホワイトハウスに迎えたことに触れつつ、「今日、私たちは、共に同盟関係を広げた安倍首相を歓迎する。首相は日本を世界における新たな役割に導いている」と称賛してみせた。安倍は、「私が政権を担ってから日米同盟の再生を外交政策の最優先事項としてきた。両国関係はかつてないほど強固になり、同盟は力強く復活した」と応じた。

日米共同ビジョン声明

２時間近く行われた首脳会談の後、両首脳は記者会見に臨み、日米同盟を通じて新たな時代を切り開いていく考えをそれぞれ強調し、「日米共同ビジョン声明[2]」を発表した。声明は、戦後70年、かつての敵対国が不動の同盟国となった日米両国関係は、「和解の力を示す模範」だと強調し、新ガイドラインの実施やＴＰＰの推進など安全保障と経済の両面で、日米同盟関係を深化させていくことを確認した。

会談の中で安倍は、慰安婦問題について、「心が痛む。河野談話は継承し、見直す考えはない」と表明。オバマは、「中国は東アジアや東南アジアで力を拡大しようとしている。中国のやり方は間違っている」と、中国の海洋進出を批判した。また、中国主導の「アジアインフラ投資銀行」（ＡＩＩＢ）への対応などについても話し合われた。

一方、対ロシア政策で、両首脳は火花を散らした。オバマは、ロシアのクリミア併合について、

「力による現状変更」は認められず、G7（主要7か国）が結束してあたる必要性を強調した。とくにオバマは、プーチンが予定している年内の日本訪問は、クリミア併合を是認するかの誤解を与えると懸念を示し、対露政策で安倍に慎重な対応を促した。これに対し、安倍は、「日露平和条約が結ばれていないことが東アジアの不安定要因になっている。対露制裁後の中・露の2大国の接近は、日本にとって懸念材料だ」と反論、プーチンと引き続き領土交渉を進める考えを示し、両首脳がにらみ合う形になった。

この対露政策をめぐる両首脳のやりとりは、日米両政府のメディアへの公式説明では触れられなかった（のちに『読売新聞』が5月16日付朝刊で報道）。なお安倍は、G7との協調姿勢を示すため、6月6日、ウクライナの首都キエフ（現キーウ）を訪問し、ペトロ・ポロシェンコ大統領と会談した。ロシアのクリミア併合について「力による現状変更を決して認めない」と強調し、G7と連携して同国への支援を続けていく考えを伝えた。また、「ロシアへの制裁を維持し、『対話と圧力』を通じてロシアが建設的な役割を果たすよう働きかけている」と述べた。

米上下両院合同会議で演説

安倍首相は2015年4月29日午前（日本時間30日未明）、第2次世界大戦戦没者慰霊記念碑を訪問したあと、米議会の上下両院合同会議で、「希望の同盟へ」（Toward an Alliance of Hope）と題し、英語で45分間にわたり演説した（巻末資料参照）。

安倍は、「戦後の日本は、先の大戦に対する痛切な反省（deep remorse）を胸に、歩みを刻みました。自らの行いが、アジア諸国民に苦しみを与えた事実から目をそむけてはならない。これらの点についての思いは、歴代総理と全く変わるものではありません」と表明した。

また、戦後世界の平和と安全は、米国のリーダーシップなしにはありえなかったと述べたうえで、心から良かったと思うのは、日本が「米国と組み、西側世界の一員となる選択」をしたことであり、「今も、この道しかありません」と、日米同盟路線を引き続き強化していく考えを明確にした。

米国が育てた戦後経済システムから最大の便益を得た日本は、1980年代以降、韓国、台湾、東南アジア諸国連合（ASEAN）諸国、やがて中国に、資本や技術協力を行い、彼らの成長を支えてきたと指摘。これからも「平和と繁栄の地域」をつくりあげるため、日米のリーダーシップでTPPをなし遂げようと呼びかけた。

さらに、「アジアの海」に関し、①国家の主張は国際法にもとづいて行う　②武力や威嚇は自己主張のため用いない　③紛争の解決はあくまで平和的手段による――との「3つの原則」を提示し、「太平洋から、インド洋にかけての広い海を、自由で、法の支配が貫徹する平和の海にしなければなりません」と強調。そのためにこそ、「日米同盟を強くしなくてはなりません」と続けた。名指しは避けていたが、中国を念頭に置いた発言であることは明らかだった。

そのうえで、日本は安保法制の整備という「戦後、初めての大改革」を「この夏までに、成就させます」と述べ、安保関連法の成立を公約。『国際協調主義にもとづく、積極的平和主義』こそは、日本の将来を導く旗印となります」と力を込めた。最後に安倍は、東日本大震災時の米軍の「トモダチ」作戦は、東北の子どもたちに「希望」を与えてくれたと賞賛し、日米の同盟を「希望の同盟」と呼び、互いに協力して「世界をもっとはるかに良い場所にしていこう」と訴えた。

スタンディングオベーション

この米議会での演説は、安倍が第1次内閣で唱え、第2次内閣以降は使わなくなっていた「戦後レジームからの脱却」路線から決別した印象を与えた。もとより、このスローガンは、敗戦後の米国主導の占領政策へのルサンチマン（怨念）を含んでいたのだが、この安倍演説は、それを全く感じさせなかった。そこに、中国の台頭など激変する世界情勢の下での安倍流「リアリズム外交」の発露をみる人もいたが、この舞台での安倍のパフォーマンスは、対米戦争に敗れた後、首相の座に就くと、米ソ冷戦下、徹底した親米路線を敷いた安倍の祖父・岸信介の姿と二重写しになった。

この日、議場は十数回にわたるスタンディングオベーションで、安倍首相を盛り立てた。とりわけ安倍が、この日、演説に先立って訪れた第2次世界大戦戦没者慰霊記念碑に言及しつつ、「深い悔悟（deep repentance）」の念を表明し、米国の戦争犠牲者に「深い一礼を捧げる」と述べた時が最高潮だった。演説はおおむね好評で、演説後、草稿にサインを求める議員が相次いだ。

安倍は、この米議会演説に精魂を傾けてきた。スピーチライターの谷口智彦内閣官房参与が原稿を執筆し、「希望の同盟へ」のタイトルは安倍の発案だった。安倍は、訪米が近づくと、就寝前には谷口が英語で吹き込んだ練習用テープで、繰り返し、繰り返し、練習した。米国に向かう政府専用機の中でも、宿泊した迎賓館「ブレアハウス」でもそれは続けられた（谷口智彦『誰も書かなかった安倍晋三』）。安倍は、演説の初めこそ相当緊張したものの、最後になると「もっと長く続けたい」と思ったと言い、後年、首相在任中の演説のうち、これが「自分にとって最も心に残る演説になりました」（『回顧録』）と語っている。

ただ、韓国・中国系の米国人を支持基盤とする議員からは、慰安婦問題での謝罪がないという批判も出ていた。安倍が演説している時、議事堂裏の芝生広場では、韓国系米国人ら約400人が抗議の声を上げていた。安倍は4月30日までワシントンに滞在した後、サンフランシスコ、ロサンゼルスと7日間の旅程を終え、5月2日、帰国の途に就いた。

注

1　日本の首相では、1957年に岸信介が上院と下院それぞれで、池田勇人が61年に下院で演説している。小泉純一郎内閣時代の2006年、日本政府が実現を模索したが、ヘンリー・ハイド下院外交委員長が小泉の靖国神社参拝を批判して議会演説に難色を示す書簡を下院議長に送り、断念に追い込まれた。安倍首相は、韓国の朴槿恵大統領やメルケル独首相が合同会議で演説していることもあり、在米大使館を通じて、演説開催のカギを握るジョン・ベイナー下院議長（共和党）らに働きかけを強め、韓国側の妨害工作も防いで実現にこぎ着けた。その後、日本人では、岸田文雄首相が24年4月に米国を公式訪問した際、米上下両院合同会議で演説した。

2　「日米共同ビジョン声明」の要旨は次の通り。

▽第2次世界大戦終戦から70年、我々2国間の関係は、かつての敵対国が不動の同盟国となり、アジア及び世界で共通の利益及び普遍的な価値を促進するために協働しているという意味において、和解の力を示す模範となっている。▽両首脳の会談は、日米のパートナーシップの変革における歴史的な前進を画するものだ。我々は、日本の「積極的平和主義」政策及び米国のアジア太平洋リバランス戦略を通じ、地域及び世界の平和で繁栄した将来を確かなものにするため緊密に連携している。▽両国は、環太平洋経済連携協定（TPP）の2大経済大国として、これまでに交渉された貿易協定の中で最も高い水準の協定をまとめるために取り組んでいる。両国は、2国間交渉において大きな進展があったことを歓迎するとともに、より広い協定の迅速かつ成功裡の妥結を達成するため、共に取り組むとのコミットメントを再確認する。▽新たな日米防衛協力の指針は、同盟を変革し、抑止力を強化し、日本が地域及びグローバルな安全への貢献を拡大することを可能にする。米国は、日米安全保障条約に基づく自らのコミットメントの全てについて固い決意を持っており、揺らぐことはない。▽力や強制により一方的に現状変更を試みることにより主権及び領土一体性の尊重を損なう国家の行動は、国際的な秩序に対する挑戦となっている。そのような脅威は、両国が構築してきた多くのものを危険にさらす。両国は、他の同盟国やパートナーと協調し、再び順応しなければならず、実際にそうするだろう。

第5章　安全保障法制国会

法案の枠組み、与党合意

自民、公明両党は2015年3月20日、国会内で与党協議会を開き、「安全保障法制整備の具体的な方向性について」と題する共同文書をまとめた。集団的自衛権の限定行使容認、自衛隊の海外派遣の恒久法制定など自衛隊の活動拡大を柱としていた。政府は、これを受けて安全保障関連法案の策定に入り、4月末の日米新ガイドラインにこれらを反映させることになった。

共同文書は、自衛隊の海外活動への参加にあたっては、「国際法上の正当性」「国民の理解と民主的統制」「自衛隊員の安全確保」の3つの方針に則って判断するよう求めたうえで、①武力攻撃に至らない侵害（グレーゾーン事態）への対処　②日本の平和と安全に資する活動を行う他国軍隊に対する支援活動　③国際社会の平和と安全への一層の貢献　④憲法9条の下で許容される自衛の措置　⑤その他関連する改正事項――の計5分野における法整備の方向性を示した。

具体的には、恒久法を作り、国際平和のために行う後方支援を随時可能にする。また、自衛隊が日本防衛につながる活動を行う米軍や他国軍を守れるようにする。さらに日本の平和と安全に重要な影響を与える事態であれば、シーレーン（海上交通路）などで米軍や他国軍に補給・輸送などの後方支援を可能とする――などが打ち出された。

安倍首相は、同年2月の与党協議会再開を前に、公明党の太田昭宏国土交通相に対して、「集団的自衛権なんてこの先50年、発動する機会はないですよ。でも、発動できる態勢を整えておくのが我々の役割じゃないですか」と語り、法案とりまとめに向けて公明党の協力を求めたという（読売新聞政治部編著『安全保障関連法』）。

これまで自衛隊の海外活動の法制は、朝鮮半島有事などの周辺事態での米軍への後方支援を定めた「周辺事態法」、国連平和維持活動（ＰＫＯ）に自衛隊が参加するための「ＰＫＯ協力法」、インド洋での給油活動を可能にした「テロ対策特別措置法」（時限立法）、イラク戦争後の人道復興支援活動のための「イラク復興支援特措法」（同）など、活動内容ごとに分かれていた。

自民党は、これらの自衛隊の海外活動を包括的に可能とする恒久法の制定を目指したが、公明党は「自衛隊の活動が際限なく広がるイメージを与える」として反対。結局、公明党の主張に沿い、後方支援は周辺事態法の改正と恒久法で、人道復興支援はＰＫＯ協力法改正でそれぞれ対応することで決着した。

安全保障関連法案を閣議決定

15年5月11日、自民、公明両党は、安全保障関連法案について合意し、政府は同14日夕、臨時閣議で同法案を正式決定した。

法案は、新しい恒久法の「国際平和支援法案」と、既存の10本の現行法をまとめて改正する一括法「平和安全法制整備法案」の2本立てだった。後者は、自衛隊法、PKO協力法、重要影響事態法（周辺事態法から改称）、船舶検査活動法、武力攻撃・存立危機事態法（武力攻撃事態法から改称）、米軍等行動円滑化法（米軍行動円滑化法から改称）、特定公共施設利用法、海上輸送規制法、捕虜取り扱い法、国家安全保障会議設置法の計10本の法改正を詰め込んでいた。

安倍首相は同日の記者会見で、「国会審議を通じて平和安全法制が必要だと理解してもらえるよう努力したい」と表明。とくに、「『米国の戦争に巻き込まれるのではないか』という漠然とした不安をもつ人にはっきり申し上げる。そのようなことは絶対にありえない」「『戦争法案』などといった無責任なレッテル貼りは、全くの誤りだ」「海外派兵が一般に許されないという原則は変わらない」などと繰り返し、国民の懸念払拭に努めた。

新法の国際平和支援法案は、戦闘中の米軍や多国籍軍への自衛隊による後方支援を随時可能とする恒久法。特措法で対処してきた従来のやり方を改め、日本が積極的に貢献する必要のある「国際平和共同対処事態」が起きた場合、水や燃料の補給、人員や物資の輸送、医療提供などの

「協力支援活動」（後方支援）を実施する。武器の提供は除外し、活動は「現に戦闘行為が行われている現場」以外で行うとした。国会の事前承認を義務付け、衆参両院には「7日以内」に議決するという努力義務を課していた。

平和安全法制整備法案

平和安全法制整備法案のうち、自衛隊法の改正では、首相が集団的自衛権を行使するための防衛出動を命じることができるとしたほか、自衛隊と連携して活動する米軍などの武器等防護、海外でテロに巻き込まれた日本人を救出するための武器使用を可能にした。

武力攻撃・存立危機事態法には、集団的自衛権による武力行使の新3要件を反映させた。まず、第2条で、「我が国と密接な関係にある他国に対する武力攻撃が発生し、これにより我が国の存立が脅かされ、国民の生命及び幸福追求の権利が根底から覆される明白な危険がある事態」という第1要件を「存立危機事態」と定義し、第9条で「他に適当な手段がなく」（第2要件）とし、第3条で「必要と判断される限度」において実施する（第3要件）と明記した。具体的な活動としては、紛争中にホルムズ海峡にまかれた機雷の除去、朝鮮半島有事の際、北朝鮮の弾道ミサイル発射を日本近海で警戒している米艦船や、韓国から退避する日本人を乗せた米輸送艦の防護、北朝鮮に武器を運び込む不審船の強制検査（臨検）などが想定された。

また、重要影響事態法は、日本の平和と安全に重要な影響を与える事態であれば、日本周辺に限らず、自衛隊が米軍や多国籍軍などへの後方支援にあたれるようにした。地理的な制約をなくしたのがポイントで、周辺事態法第1条の「我が国周辺地域における」という文言を削除した。

後方支援の対象は、従来の米軍に加え、「その他の国連憲章の目的の達成に寄与する活動を行う軍隊」(いわゆる米軍主体の多国籍軍)にも拡大した。さらに現行法ではできない弾薬の提供、戦闘作戦行動のために発進準備中の航空機に対する給油などを新たに可能とした。派遣は、原則として国会の事前承認が必要で、緊急時は事後承認も可能と規定された。

PKO協力法は、有志連合などによる人道復興支援などPKO類似の活動を「国際連携平和安全活動」と定義し、自衛隊の派遣を新たに認めた。ただ、派遣に際しては、PKOの「参加5原則」を満たすことを条件とした。また、治安維持を担う「安全確保活動」や、離れた場所で武装集団などに襲われた民間人らを救出する「駆けつけ警護」を可能とし、武器の使用も認めた。「安全確保活動」は、国会の事前承認を原則とした(読売新聞政治部編著『安全保障関連法』)。

機雷掃海、「海外派兵の例外」

5月21日、11か月ぶりに開かれた党首討論が論戦の幕開けとなった。民主党の岡田克也代表は、集団的自衛権の限定行使は、「外国の領土、領海、領空では行わないのか。法制上はできるのではないか」と追及。安倍首相は、「一般に海外派兵は行わない。戦闘行為を目的として海外の領土や領海に入っていくことはない。大規模な空爆を行うこともない」などと述べ、正面から答えなかった。菅官房長官は翌22日の記者会見で、この首相答弁を補足し、集団的自衛権行使の「新3要件」に当てはまれば、他国領域での武力行使は憲法上可能であるとの見解を示した。

安全保障関連法案は26日、衆院本会議で審議入りした。安倍は答弁の中で、「武力行使の目的で武装部隊を他国領土に派遣する『海外派兵』は、一般に自衛のための必要最小限度を超えるので憲法上、許されない」とする一方で、機雷掃海は「性質上も受動的かつ限定的な行為だ。外国の領域で行うものであっても、必要最小限度のものとして『新3要件』を満たすことはありうる」と述べ、機雷掃海は「海外派兵の例外」との解釈を示した。これに関連して、安倍は、集団的自衛権の行使が可能になる「存立危機事態」の成立条件に関して、ホルムズ海峡の機雷封鎖を念頭に、「単なる経済的影響にとどまらず、生活物資の不足や電力不足によるライフラインの途絶など、国民の生死に関わるような深刻、重大な影響を生じるか否かを総合的に評価する」と説明した。

同月27日からは、衆院平和安全法制特別委員会（委員長・浜田靖一元防衛相）で実質審議が始まった。安倍は、中東地域での集団的自衛権の限定行使について、ホルムズ海峡での機雷掃海を挙げ、「現在、他の例は念頭にない」と表明。また、朝鮮半島有事の際、退避する邦人を輸送する米艦の防護については、「公海上では間違いなくできるが、（他国の）領海に入るかどうかは慎重な対応をしていく」と述べた。さらに、野党などから、政府が想定する事例の多くは、個別的自衛権で対応可能だとの指摘があることについて、安倍は「（日本が攻撃を受けていないのに）個別的自衛権だと言い張れば、先制攻撃という批判すら浴びかねない」と反駁《はんばく》した。安保法制で後方支援の範囲が拡大し、自衛隊員のリスクが高まるとの野党側の指摘に対して、安倍は、「戦闘行為が発生しないと見込まれる場所」に限って実施するとし、安全確保に万全を期す考えを示した。

同日の総括質疑では、野党党首が質問に立ち、民主党の岡田代表は「憲法の平和主義が揺らいでいる」、維新の党の松野代表は「なぜ、この時期に解釈を変えて法改正する必要があるのか」、共産党の志位和夫委員長は「法案は違憲立法であることは明らかだ」などとそれぞれ追及した。

重要影響事態の認定基準

5月28日の衆院特別委では、自衛隊による米軍の後方支援に地理的な制約をなくした重要影響事態法が焦点になった。安倍は、「紛争当事者の意思や能力、事態の発生場所や米軍などの活動内容、我が国に戦禍が及ぶ可能性、国民に及ぶ被害の重要性」など、重要影響事態の認定基準を明らかにした。同事態の地理的範囲について、安倍は6月1日の衆院特別委集中審議で、中東とインド洋を挙げ、「深刻な軍事的緊張状態や武力衝突が発生した場合、我が国に物資を運ぶ日本の船舶に深刻な影響が及ぶ可能性があり、かつ米国などがこうした事態に対処するために活動している状況が生じた時は、該当することはありうる」と答弁した。

安倍はまた、弾道ミサイルなどの脅威が想定される場合の敵基地攻撃について、「敵基地攻撃を目的とする装備体系を保有していない。個別的自衛権で想定しないのだから、集団的自衛権の行使として敵基地を攻撃することは、そもそも想定していない」と述べた。敵基地攻撃は、個別的自衛権で例外的に認められており、「自衛権行使の新3要件」を満たせば、集団的自衛権としても認められるが、安倍は実際の攻撃を明確に否定した。

他方、安倍は、中国によるスプラトリー（南沙）諸島の岩礁埋め立てを「力による現状変更は許されない」と非難したものの、南シナ海での紛争について「要件を満たせば重要影響事態や存立危機事態になるのか」との問いには、「（ホルムズ海峡と違って）迂回路がある。広い海だから（機雷の敷設は）あまり想定し得ない」と答えるにとどめた。ただ、南シナ海での紛争時に、存立危機事態が適用される可能性については、中谷安全保障法制相（防衛相）は6月5日の衆院特別委で、「（自衛権行使の）新3要件に合致した場合、法の理論としては可能だ」と答えた。

憲法学者の「違憲」表明

与党は、衆院特別委で週3回、1日7時間審議すれば、6月24日の会期末までの衆院通過は可能とみていた。しかし、5月29日の一般質疑で、現行の周辺事態法の適用範囲をめぐる岸田外相答弁に野党側が「納得できない」として退席、審議がストップしたことなどから、8月上旬までの会期延長が浮上した。

これに先立つ5月28日には、民主党の辻元清美議員が、政府側の答弁の乱れを誘おうと、中谷安保法制相に質問を集中させる。中谷に代わって答弁しようと手をあげる安倍に対し、「総理には聞いていない」と、繰り返し遮《さえぎ》った。これに苛立った安倍は、着席したまま、辻元に向かって「早く質問しろよ」とヤジを飛ばした。その直後、安倍は、「言葉が少し強かったとすれば、おわびしたい」と述べたものの、結局、6月1日の衆院特別委冒頭、「私の発言について重ねておわびし、真摯《しんし》に対応したい」と、謝罪に追い込まれた。

これに続いて自民党は、大失策を犯した。6月4日の衆院憲法審査会に、長谷部恭男《やすお》早稲田大学教授（自民推薦）、小林節《せつ》慶應義塾大学名誉教授（民主推薦）、笹田栄司早稲田大学教授（維新推薦）の3人の憲法学者が参考人として招かれ、立憲主義などをテーマに質疑を行った。席上、民主党議員が安全保障関連法案について考えをただすと、自民推薦の長谷部を含め3人の参考人がそろって、同法案は「憲法違反」と述べたのである。[1]

とくに自民党推薦の参考人の「違憲」表明は、本来なら「あるはずがない」ことで、政府・与党を激しく動揺させた。与党が恐れたのは、前年7月の政府見解で決着したはずの憲法問題が蒸し返されることだった。同党の審査会筆頭幹事の船田元《はじめ》らは、衆院法制局が用意したリストに基づき、京都大学の名誉教授を招く予定だったが、調整がつかず、同じリストにあった長谷部に打診したという。

自民党本部には批判の電話が殺到し、法案を攻めあぐねていた野党は「敵失」で勢いづき、審議は「違憲論」一色に染まることになった。読売新聞の6月の全国世論調査（5～7日）で、内閣支持率は5月調査から5ポイント低下して53％、安保関連法案の今国会の成立に「反対」する人が59％（5月は48％）に上昇した。船田は15年10月、自民党憲法改正推進本部長を更迭され、後任には森英介元法相が就任した。

国会を95日間、大幅延長

エルマウ・サミット（主要7か国首脳会議）出席のため、ドイツを訪問した安倍首相は6月8日、ミュンヘンでの記者会見で、「憲法の基本的論理は貫かれていると確信している」と、法案違憲論に反論。政府は9日、「新3要件は、従前の憲法解釈との論理的整合性等が十分に保たれている」との政府見解をまとめ、横畠裕介内閣法制局長官らが、民主、維新、共産の各党に説明した。

これに加えて、労働者派遣法案の採決をめぐる混乱が重なり、政府・与党は、6月24日までの国会会期を9月27日まで95日間、大幅延長することを決めた。通常国会としては過去最大の延長幅。安保関連法案の成立を確実にするため、「60日ルール」（衆院通過から60日後に衆院の3分の2以上の賛成で法案を再可決できる）の適用も考えた末の判断だった。

会期延長で一息ついた自民党内で、今度は報道機関への圧力を求める「報道規制」発言が問題化した。自民党の保守系若手・中堅議員による勉強会「文化芸術懇話会」（代表・木原稔衆院議員）の初会合で、参加議員から、安保関連法案に批判的な報道機関を念頭に、「マスコミを懲らしめるには、広告収入がなくなるのが一番だ。経団連に働きかけていただきたい」などとメディア批判の声が上がった。同懇話会には、首相に近い加藤勝信官房副長官、萩生田光一党総裁特別補佐をはじめ約40人の議員らが出席。講師に招かれた作家の百田尚樹は、米軍普天間飛行場の辺野古移設に批判的な琉球新報と沖縄タイムスについて、「あの2つの新聞社はつぶさなあかん」などと発言したという。

安倍は26日の衆院特別委で、「事実ならば大変遺憾だ。報道の自由は民主主義の根幹だ」と答弁。谷垣幹事長は翌27日、木原稔党青年局長を更迭し、1年間の役職停止処分とするとともに、問題発言をした3人の衆院議員を厳重注意とした。有志による勉強会をめぐり処分が下されるのは異例のことで、国会審議への悪影響を避けるためとみられた。

「国民の理解進まず」衆院通過

維新の党は7月3日、安保関連法案の対案を自民、公明、民主各党に提示した。対案は武力攻撃危機事態に限って集団的自衛権の行使を認めていた。同月8日には、維新と民主の両党は、領域警備法案を衆院に共同提出した。これを受け、自公両党は、維新と修正協議を行ったが、結局、折り合わなかった。

その一方、民主、維新、共産、生活、社民の野党5党は10日、国会内で党首会談を開き、安保関連法案の強行採決に反対することで一致した。安倍は同日、自民党のインターネット番組で、「憲法学者と政治家の責任は違う。憲法学者が反対だから私も反対だ、という政治家は、自分の責任を憲法学者に丸投げしている」と、対決姿勢を打ち出した。
衆院特別委は15日、締めくくり質疑を行い、野党提出の審議継続の動議を否決、審議は終局を迎えた。民主党議員らは「強行採決反対！」などと書いたプラカードを手に抵抗ぶりをアピール、委員長席に詰め寄ったが、法案は自民、公明両党の賛成多数で可決された。衆院特別委の質疑時間は116時間30分。1960年以降では6番目の長さだった。[2]
締めくくり質疑で、安倍が「残念ながらまだ国民の理解が進んでいる状況ではない」と率直に認めたように、複雑、難解な法案への国民の理解は広がらなかった。自民党の山崎拓元副総裁、無所属の亀井静香衆院議員らは16日、国会内で記者会見し、法案は「憲法違反の疑いが濃厚」などと反対声明を発表した。会見には、藤井裕久元財務相、武村正義元官房長官、柳澤協二元官房副長官補らも同席した。
法案は7月16日、衆院本会議で、自民、公明、次世代の党各党の賛成多数で可決、参院に送付された。民主、維新、共産、社民の各党は退席し、生活は本会議を欠席した。これにより、参院で採決されない場合、「60日ルール」が9月14日以降に適用できることになり、法案は、延長国会で成立することが確実となった。しかし、「60日ルール」の適用は、参院審議が難航した際、一時浮上したが、参院の存在意義を否定するものとして立ち消えになった。

「法的安定性」で紛糾

2015年7月27日、参院本会議で法案の審議が始まった。その直前に行われた読売新聞の7月の全国世論調査（24〜26日）では、内閣支持率は43％に下落し、第2次内閣発足以来最低を記録。不支持率は49％で最高となり、初めて不支持が支持を上回った。折も折、首相側近の一人で、法案担当でもある礒崎陽輔首相補佐官が7月26日、地元・大分市での講演で、法案の集団的自衛権容認に関して、「時代が変わった。だから集団的自衛権でも我が国を守るものであれば、良いのではないかと提案をしている。法的安定性は関係ない」などと発言した。

政府は憲法解釈を変更したものの、「法的安定性」は損なわれていないと説明してきた。民主党は礒崎の更迭を要求したが、8月3日、礒崎は、参院平和安全法制特別委員会（委員長・鴻池《こうのいけ》祥肇《よしただ》）に参考人招致されると、「軽率な発言」と陳謝するとともに、「法的安定性は確保されている」と、発言を撤回した。また、自民党の武藤貴也衆院議員が自らのツイッター（現X）で、安保関連法案に反対する学生団体について、「『戦争に行きたくない』という極端な利己的考えに基づく」と非難し、政府批判の材料を野党に提供した。法案の成立が確実視される中で、自民党内には「たるみ」が生じていた。

一方、共産党は8月11日、防衛省統合幕僚監部が法案成立を見越して自衛隊編成計画などを検討していた内部資料を暴露。さらに9月2日、河野克俊統合幕僚長が14年12月に訪米した際の米軍幹部との会談記録とされる文書を提示した。その中で河野が「与党の（衆院選）勝利により、来夏までには（安全保障法制の整備が）終了するものと考えている」と発言していたと指摘し、統幕長としての「政治的中立性」を侵すものとして追及した。同省や自衛隊の文書・情報管理の甘さが浮かび上がった。

与党と維新の党との修正協議は、参院でも続けられていたが、維新は党内紛争により、8月末、橋下徹最高顧問（大阪市長）と松井一郎顧問（大阪府知事）がそろって離党し、党が分裂状態に陥った。このため、修正協議そのものが宙に浮いてしまい、与党は原案通りで採決に踏み切ることになった。

民主、維新、共産など野党6党の党首は、9月4日に続いて11日も国会内で会談し、法案の成立阻止を図るため、「あらゆる手段を講じる」ことで一致した。一方、自民、公明両党と、日本を元気にする会、次世代の党、新党改革の与野党5党は、9月16日、自衛隊を海外派遣する際の国会関与を強化することで一致した。中東での機雷掃海など、日本への攻撃が差し迫っていない存立危機事態時の防衛出動は、例外なく国会の事前承認を求めること、重要影響事態でも国民の生死にかかわる場合を除き、事前承認を求めることが合意の柱。そして付帯決議や閣議決定で合意内容を担保するとした。

3日連続の「未明国会」

9月17日、法案は、参院特別委員会で自民、公明、元気、次世代、改革の与野党5党の賛成多数で可決された。当初、特別委は16日夜に開かれる予定だった。しかし、同委理事会室の外には、野党議員らがピケを張って、鴻池委員長が理事会室から委員会室に移動するのを阻止。女性議員はピンクの鉢巻き姿で、封鎖を解除しようとする与党の男性議員に「セクハラだ」などと食ってかかり、押しあいへしあいの末、午前3時半、自民党側が根負けして「休戦」に入った。

特別委は17日午前9時過ぎに開会され、野党は鴻池委員長の不信任動議を提出した。委員長の職務を委託された佐藤正久与党筆頭理事が委員長席に座ると、野党議員はマイクを奪おうとして混乱が起き、委員会は休憩となった。午後1時からの3時間半にわたる趣旨説明と討論のあと、不信任動議は否決。次いで与党が質疑打ち切り動議を提案すると、自民党議員が一斉に走り出して鴻池をガードし、マイクを奪おうとする野党議員ともみ合った。怒号が飛び交う中、佐藤理事の合図に合わせて与党と一部野党委員が起立、法案は可決された。

関連法案は、参院本会議に緊急上程された。これに対して民主党は、採決を引き延ばすため、17日夜から中川雅治参院議院運営委員長の解任決議案、18日未明には中谷安全保障法制相（防衛相）の問責決議案、山崎正昭参院議長の不信任決議案、首相の問責決議案を立て続けに提出した。首相の問責決議案の記名投票では、山本太郎参院議員が一人で「牛歩戦術」をとりヤジを浴びた。

18日午後には、民主、維新、共産、社民、生活の野党5党が内閣不信任決議案を衆院に共同提出。趣旨説明に立った民主党の枝野幸男幹事長は、約1時間50分にわたり、フィリバスター（議事妨害）の長時間演説を行った。内閣不信任案の審議中は、参院審議もストップした。しかし、これらの決議案はいずれも否決された。19日未明の参院本会議で、安保関連法案は、与党の自民、公明両党と、野党の元気、次世代、改革3党などの賛成多数（賛成148、反対90）で可決、成立した。3日連続の「未明国会」という惨状を呈して同法案の審議は終わった。

国会周辺抗議デモ

国会前では、安保関連法に反対するデモが連日繰り広げられていた。デモを主催していた団体には、作家や大学教授のほか、旧総評（日本労働組合総評議会）系の自治労（全日本自治団体労働組合）や日教組の組合員、学生中心の団体「ＳＥＡＬＤｓ（シールズ）」も加わっていた。「ＳＥＡＬＤｓ」（正式名称は「自由と民主主義のための学生緊急行動」Students Emergency Action for Liberal Democracy-s）は、久しく見られなかった若者たちの街頭行動としてインターネットやメディアに頻繁に取り上げられていた（大嶽秀夫『平成政治史』）。

審議が大詰めの9月16日夕、国会周辺では、市民団体のメンバーらが「９条壊すな」などと書かれたプラカードを手に「安倍はやめろ」と気勢をあげた。歩道には労働組合や学生団体の旗が林立し、警察官が数メートル間隔で並んで警備にあたった。同日だけで男女13人が公務執行妨害で逮捕された。

民主党は、「反安保」の動きを強めようと、同日夜には枝野幹事長自らが集会に参加して彼らを激励。民主党は、前日の参院特別委の中央公聴会で、ＳＥＡＬＤｓの中心メンバーを公述人に推薦した。デモの参加人数は、最大規模とされた8月30日には、主催者発表で約12万人（警察発表は約3万3000人）に上った。

安倍は、安保関連法が成立した19日収録の日本テレビの番組で、祖父・岸元首相の60年安保反対デモと比較し、「あの時、『首相の身辺の安全を完全に守ることは難しい』と言われたが、今回は全くそういう状況ではない。私は平常心で成立を待っていた」と語った。安倍は同日午後には、与野党の激しい国会攻防や反対デモの余燼《よじん》がくすぶる東京・永田町を離れ、山梨県鳴沢村の別荘に向かった。20日は早朝から山中湖村で秘書官らとゴルフ、21日も鳴沢村のゴルフ場で加計《かけ》学園の加計孝太郎理事長、秘書官らとゴルフに興じた。

一方、谷垣幹事長は8月29日、地元の京都府宮津市での講演で、「安倍首相には、安保関連法案が成立した後は、『日米安全保障条約改定で、敵味方を峻別して頑張ったおじいさんの岸元首相の役だけでなく、池田（勇人）元首相の役割も果たしてください。敵味方をはっきりさせて安保関連法制を作ったら、次は国民統合を考えてください』と申し上げている」と語った。

谷垣は、安倍との昼食の席で、池田が標榜した「寛容と忍耐」のような低姿勢で国民融和を図る政治を、と進言したところ、安倍が「即座に、『まったくおっしゃる通りです。いや、実は今日、私もそのことをお伝えしようと思っていました』とおっしゃる。あれれ、と思いました（笑）。あれだけ党内、党外を問わず政治的対立を鮮明に打ち出してきた人で、歴代首相の中でもあれほどアジ演説が上手な人はいないと思うくらいですが、その安倍さんがこれからは融和が必要だと考えていたことは、正直言って意外だった」と振り返っている（『中央公論』23年7月号インタビュー）。安倍自身も、対決法案の成立を機に、ハードからソフトへの路線転換を図ろうとしていた。

女性活躍推進法が成立

息詰まる与野党対立が続く15年8月28日、一つの法案が全会一致で成立した。安倍が力を入れていた女性活躍推進法で、従業員３０１人以上の企業と国と自治体に、女性の採用数や管理職に占める女性の割合など数値目標の設定を義務付けていた（ただ、３００人以下の企業については努力義務）。数値目標の内容や水準は、企業が実情に合わせて決め、罰則規定はないが、計画の策定と公表を通じて女性登用を後押しするものだった。

企業における女性管理職の比率は、欧米の30～40％台に対し、日本は11％にとどまる。世界経済フォーラムが世界各国の男女平等の度合いを測った「ジェンダー・ギャップ指数」（14年）でも、日本は男女格差が大きいとして、１４２か国中１０４位と低迷していた。日本の女性活躍の水準が低い背景には、日本企業に根付く長時間労働や、「男は仕事、女は家事や育児」という役割分担論などが指摘されており、女性活躍を促すには、男性の働き方も転換しなければならない。これが「働き方改革」につながっていく。

第2次安倍政権では、女性の活躍推進を成長戦略の柱に掲げていたが、これは民主党政権でも同様の検討が進められていた。少子高齢化により労働力人口が減る中、女性の労働市場への参加を増やし、これを経済成長にも結びつけようという問題意識は、与野党で共通のものだった。法案は、はじめ14年秋の臨時国会に提出されたが、衆院解散で廃案になり、翌15年の通常国会に再提出され、修正協議の末、与党は民主党の要求を受け入れ、共同修正案が成立した。

注

1　衆院憲法審査会での長谷部恭男参考人の発言の要旨は次の通り。「安保法制は多岐にわたっているので、そのすべてという話にはならないが、まず、集団的自衛権の行使という点では、憲法違反であると考えている。従来の政府見解の基本的な論理の枠内では説明がつかない。法的な安定性を大きく揺るがす。もう一つ、外国の軍隊の武力行使と一体化するおそれが極めて強いと考える。従前の戦闘地域、非戦闘地域の枠組みを用いた、いわばバッファーを置いたところで明確な線を引く、その範囲内での自衛隊の活動にとどめておくべきものであると考えている」。安倍は後に『回顧録』で、「憲法解釈を変えて合憲だと位置づけるという離れ業の論理を構築して、政府あげて法案をつくり、審議までこぎ着けていたわけですよ。参考人が安全保障関連法案についてどういう考えを持っているか、事前に確かめておいてほしかった」と語った。

2　衆院の委員会審議時間は、長かった順に、①日米安全保障条約改定（1960年）136時間13分

②社会保障・税一体改革関連法（２０１２年）１２９時間８分 ③沖縄返還関連法（１９７１年）１２７時間14分 ④政治改革関連法（94年）１２１時間38分 ⑤郵政民営化関連法（２００５年）１２０時間32分 ⑥安全保障関連法（15年）１１６時間30分である。また、参院特別委の審議時間は１０３時間32分で、衆参合計２２０時間２分は、安全保障関連の法案・条約としては、記録が残る中で最長という。

第6章　戦後70年談話

有識者懇談会の発足

安倍首相は、肝いりの「戦後70年談話」について有識者から意見を聞くため、私的諮問機関として「21世紀構想懇談会」（正式名称は「20世紀を振り返り21世紀の世界秩序と日本の役割を構想するための有識者懇談会」）を設置し、2015年2月25日に初会合を開いた。メンバーは、西室泰三日本郵政社長（座長）や北岡伸一国際大学長（座長代理）ら16人だった。[1]

安倍は同年1月5日の年頭会見で、「戦後70年談話」について、「次なる80年、90年、100年に向けて、積極的平和主義の旗の下、世界の平和と安定に一層貢献していかなければならない。その明確な意志を世界に向けて発信したい」「村山談話を含め、歴史認識に関する歴代内閣の立場は全体として引き継いでいく」と述べ、談話の骨子として、「先の大戦への反省」「戦後の平和国家としての歩み」「アジア太平洋や世界への貢献」の3点を挙げた。

同月25日のNHKのテレビ番組では、歴代内閣の談話を「全体として引き継ぐ」が、「安倍政権としてどう考えているかという観点から出したい」と述べた。とくに「今までのスタイルを下敷きにすると、『今まで使った言葉を使わなかった』『新しい言葉が入った』など細々とした議論になる」とも指摘した。

安倍が談話の内容に、より踏み込んだのは、4月20日のBSフジの番組だった。安倍は、談話に「侵略」や「おわび」を盛り込むかどうかについて、「戦後50年の村山談話と戦後60年の小泉談話と同じことを言うなら談話を出す必要はない。コピーして渡せば、名前を書き換えればいいだけの話になる。歴史認識は引き継ぐと言っている以上、(それらを)もう一度書く必要はない」と述べ、否定的な考えを示した。[2]

村山談話は、日本が「植民地支配と侵略」によってアジア諸国などに「多大の損害と苦痛」を与えたことに、「痛切な反省」と「心からのお詫び」を表明、小泉談話も、こうした表現を踏襲していた。安倍は2年前の国会質疑で、村山談話に関連し、「侵略の定義は定まっていない」と発言した。しかし、侵略とは一般的に「ある国が武力を行使して他国の主権を侵すこと。他国に攻め入って土地や財物を奪うこと」(『明解国語辞典』)である。この安倍答弁は、こうした一般常識を無視し、昭和戦争が違法な侵略戦争だったという国際法や歴史学上の評価を否定するつもりなのかと波紋を呼んだ。その一方、安倍は「おわび」に関しては、「自分がおわびすれば、この先もずっとおわびをし続けることになる」と周辺に語っていた。4月22日のバンドン演説で「おわび」の言葉を使わなかったのも、その一つの表れだった。

国内外で政治争点化

「戦後70年談話」は、間もなく政治・外交上の争点と化していった。15年5月初め、訪露した中国の習近平国家主席は、ロシアのプーチン大統領との首脳会談の後、「ロシアと中国は戦勝国として、第2次世界大戦の歴史を否定、歪曲、改竄する試みに反対する」旨の共同声明を発表した。さらに習近平は5月23日、二階俊博自民党総務会長の訪中に同行した日本の観光業者ら約3000人を前に演説し、「日本の軍国主義の侵略の歴史を歪曲、美化しようとするいかなる言行も、(中国人だけでなく)正義と良識のある日本国民が許さないだろう」と語った。

また、韓国の朴槿恵大統領は6月1日、訪韓した森元首相らと会談し、戦後70年談話に、村山談話や河野談話など歴代政権の歴史認識を盛り込むよう要請した。8月3日、岡田民主党代表とソウルで会談した際も、朴は「歴代の首相談話の歴史認識を再確認することが、両国関係が未来に向かう基盤になる」と注文をつけた。その一方で、来日したフィリピンのベニグノ・アキノ大統領は6月3日、参院本会議場で演説し、戦後70年の日本の歩みについて、「平和への貢献に疑いの余地はなく、より公平で進歩的な世界秩序を創り出すことに深く関与してきた」と高く評価した。

日本国内では、村山富市元首相と河野洋平元衆院議長が6月9日、日本記者クラブで会見した。村山は「国際的に注目を浴びるようなこと、安倍さんは最近は『村山談話』を継承すると言っていますけれども、そんなことなら談話の中に素直にはっきり明示した方がいいのではないか」、河野は「歴代内閣が継承してきた談話が後退するようなことがあっては絶対いかん」とそれぞれ語った（日本記者クラブ15年6月9日「会見リポート」）。他方、中曽根元首相は、『読売新聞』に寄稿し、第2次世界大戦は「アジア諸国に対しては侵略戦争」であり、日本軍の「まぎれもない侵略行為」があったと指摘。「先の戦争は、やるべからざる戦争であり、誤った戦争であった」との見解を示した（15年8月7日付朝刊）。

学者たちも動いた。7月17日、歴史や国際法、国際政治の学者ら74人が、学問的立場や政治的信条の相違を超え、「安倍談話」についての声明をまとめ、呼びかけ人の代表の三谷太一郎東京大学名誉教授、大沼保昭明治大学特任教授らが日本記者クラブで発表した。声明は、日本の侵略戦争、植民地支配の過ちを潔く認めるべきだとし、これをあいまいにして日本の高い国際的評価を無にすることのないよう求めた[3]（日本記者クラブ15年7月17日「会見リポート」）。

「侵略明記」が大勢に

21世紀構想懇談会は8月6日、「20世紀の世界と日本の歩みをどう考えるか。私たちが20世紀の経験から汲《く》むべき教訓は何か」など5項目についての報告書を首相に提出した。報告書は、戦前日本に関する歴史認識として、「満州事変以後、大陸への侵略を拡大し、第一次大戦後の民族自決、戦争違法化、民主化、経済的発展主義という流れから逸脱して、世界の大勢を見失い、無謀な戦争でアジアを中心とする諸国に多くの被害を与えた」と明記した。[4] 植民地についても、「民族自決の大勢に逆行し、特に1930年代後半から、植民地支配が過酷化した」と指摘し、「1930年代以後の日本の政府、軍の指導者の責任は誠に重いと言わざるを得ない」と述べた。さらに、戦争の結果、多くのアジアの国々が独立したが、日本が「アジア解放のために、決断をしたことはほとんどない。（中略）国策として日本がアジア解放のために戦ったと主張することは正確ではない」と強調した。

そのうえで、20世紀後半、日本は「先の大戦への痛切な反省」に基づき、「1930年代から40年代前半の姿とは全く異なる国に生まれ変わった」と評価。戦後日本は、「平和、法の支配、自由民主主義、人権尊重、自由貿易体制、民族自決、途上国の経済発展への支援」などを原則に、経済復興と繁栄の道を歩んだと総括した。一方、歴史認識に関して、中国とは「過去への反省をふまえあらゆるレベルにおいて交流をこれまで以上に活発化させ」るべきだとし、韓国とは「一緒になって和解の方策を考え、責任を共有することが必要である」と指摘した。

北岡伸一座長代理は、報告書提出前の6月30日、BSフジの番組で、「重要なのは歴史を直視すること、つまり侵略と植民地支配だ。なぜこういう誤りを犯したかを率直に反省することが大事だ」と述べるとともに、日本が一方的におわびし続けることは好ましくないとの考えを示した。

「安倍談話」を閣議決定

政府は15年8月14日、戦後70年の安倍首相談話（巻末資料参照）を閣議決定した。談話の英訳も公表した。談話は、先の大戦の犠牲者に「哀悼の誠」を捧げたうえで、「二度と戦争の惨禍を繰り返してはならない」と強調。焦点とされていた「侵略」「植民地支配」「反省」「お詫び」のキーワードは、すべて盛り込んでいた。

このうち、侵略や植民地支配については、「事変、侵略、戦争。いかなる武力の威嚇や行使も、国際紛争を解決する手段としては、もう二度と用いてはならない。植民地支配から永遠に訣別《けつべつ》し、すべての民族の自決の権利が尊重される世界にしなければならない。先の大戦への深い悔悟の念と共に、我が国は、そう誓いました」という文脈で使われた。また、反省とおわびは、「我が国は、先の大戦における行いについて、繰り返し、痛切な反省と心からのお詫びの気持ちを表明し、「戦後一貫して、その平和と繁栄のために力を尽くしてきました」と続けたあと、「こうした歴代内閣の立場は、今後も、揺るぎないものであります」と表現した。[5]

談話は、戦後日本の国際社会への復帰や「和解」に尽力してくれたすべての国の人々の「寛容の心」に感謝の意を表明。「戦場の陰には、深く名誉と尊厳を傷つけられた女性たちがいたことも、忘れてはなりません」と、慰安婦問題にも触れた。そして「あの戦争には何ら関わりのない、私たちの子や孫、その先の世代の子どもたちに、謝罪を続ける宿命を背負わせてはなりません」とし、「しかし、それでもなお、私たち日本人は、世代を超えて、過去の歴史に真正面から向き合わなければなりません」と述べ、過去の歴史を直視し、過ちを繰り返さない責任があると訴えた。最後に、積極的平和主義の下、世界の平和と繁栄にこれまで以上に貢献する日本の決意を示し、村山談話の約3倍の約3400字に上る長い文章を締めくくった。

安倍は記者会見で、「できるだけ多くの国民と共有できる談話を心がけた」と語った。キーワードがすべて盛り込まれた安倍談話は、国内外で高い評価が示された。齋木昭隆外務事務次官から説明を受けたケネディ駐日米大使は、「すばらしい」と歓迎の意を示した。ただ、その反面、侵略や植民地支配の主語は一人称では書かれず、反省とおわびも、「安倍内閣として」という「主体」が明示されなかった。キーワードが村山談話などと異なる文脈で用いられたことについては否定的な意見が出された。

「安倍談話」への評価

自民、公明の与党は、「安倍談話」について、「バランスの取れた内容」などとしておおむね評価し、受け入れた。これに対して、野党は、「侵略」や「お詫び」について、「首相本人の言葉で語っていない」などと批判した。村山元首相は、「ずいぶん苦労して作った文章だなという印象を受けた」としつつ、村山談話のキーワードは、「できるだけ薄めて触れたくないという気持ちだったのだろう。焦点がぼけて、何を言いたかったのかわからない」と語った。

米『ワシントン・ポスト』紙（電子版）は、安倍談話について、「首相は反省を表明したが、過去の首相による謝罪を明示的に繰り返すことは避けた」と論評した。韓国の朴大統領は8月15

日の「光復節」の式典の演説で、談話について「残念な部分が少なくない」としつつも、「歴代内閣の立場は揺るぎない」と明言したことに「注目する」と述べた。中国は、「被害国の国民に真摯に謝罪し、軍国主義の侵略の歴史を断ち切るべきだ」との外務省副報道局長の談話を発表した。韓国、中国のいずれも、正面からの批判を避けていた。

安倍は当初、過去の談話にとらわれず、独自色を出すために、閣議決定を要さない私的な談話にすることも検討した。しかし、村山談話などの継承を求める公明党などは、閣議決定により公式の談話とするよう要求し、結局、閣議決定をすることで落ち着いた。安倍が、談話の内容では「国民的コンセンサス」を重視し、左右両派のバランスがとれたものにしようとしたのは、公明党の意向をくむとともに、安全保障関連法案をめぐる与野党対立への波及を避ける意味合いもあった。安倍は後年、キーワードが入ったことで右派からは「『なんだ、安倍晋三は。気骨がないじゃないか』とさんざん怒られ」、その一方で、「リベラルな人は、元々、私に対する期待値が低いから、ここまでやってくれたのか、と当時評価されました」と振り返っている（『回顧録』）。

「安保」から「経済」へ

安保関連法案審議が終わっていない15年9月8日、安倍総裁の任期満了に伴う自民党総裁選が告示された。野田聖子前総務会長が「無投票は、国民に対する欺瞞《ぎまん》で、傲慢《ごうまん》で不誠実」として総裁選の実施を訴え、出馬に意欲を示したが、立候補に必要な20人の推薦人を確保できなかった。

安保関連法案をめぐる国会の混乱で、内閣支持率は4割台に低迷していたが、安倍はすんなり無投票再選を決めた。

安倍の総裁再選は、9月24日の両院議員総会で正式決定された。安倍は記者会見し、「デフレ脱却はもう目の前だ。アベノミクスは第2ステージに移る」と述べ、「目指すは一億総活躍社会。少子高齢化に歯止めをかけ、50年後も人口1億人を維持する」と強調した。政権の表看板であるアベノミクスは、装いを新たに、再び前面に押し出されたのである。

この中で安倍は、「希望を生み出す強い経済」「夢をつむぐ子育て支援」「安心につながる社会保障」を新たな「三本の矢」と位置付け、具体的な目標として、名目GDP（国内総生産）の600兆円への拡大、希望出生率（若い世代の結婚や出産の希望がかなった時の出生率の水準）1・8の達成、家族らの介護を理由に離職する「介護離職ゼロ」を目指すことを挙げた。安倍は、「戦後最大の経済、そこから得られる戦後最大の国民生活の豊かさを実現する」とも述べた。

安倍が「新三本の矢」を提起したのは、安保関連法をめぐる混乱で支持率が低落した中で、この際、政治の力点を経済にシフトさせ、経済最重視という政権の原点に回帰しようとしたためとみられた。翌年夏には参院選があり、アベノミクスを再分配政策、社会保障政策で補うことにより、新たな支持層を得たいという計算もうかがえた。当時、安倍は、自民党支持拡大に向けて「ウイングを広げる」と口にしていたとされ、民主党支持層にまで網を広げて票を取り込む狙いもあったようである。

内閣改造、「一億総活躍社会」

安倍は同年10月7日、第3次安倍改造内閣を発足させた。19人の閣僚のうち麻生副総理兼財務相、岸田外相ら主要閣僚は留任し、交代したのは10人だった。新設の一億総活躍相には加藤勝信前官房副長官を充てた。河野太郎ら9人が初入閣し、このうち、事実上の自派閥（細田派）が4人に上った。

9月28日、衆参両院議員計20人で、石破派（正式名称・水月会）を旗揚げした石破茂地方創生相は、首相の留任要請を受け入れた。安倍は改造内閣を「未来に挑戦する内閣」と位置付け、「一億総活躍社会」の実現に向けた具体策を検討する「国民会議」を発足させると表明した。

「一億総活躍国民会議」は15年11月26日の第3回会合で、「一億総活躍社会」に向けた緊急対策を発表した。既に首相の掲げた「名目GDP600兆円」に関して、法人実効税率の20％台への引き下げ、最低賃金の平均1000円への引き上げを挙げたほか、「希望出生率1・8」では、17年度末までに50万人分の保育所の整備、不妊治療の助成拡充などを盛り込んだ。「介護離職ゼロ」では、介護の新たな受け皿として50万人分以上の介護サービスを整備するとした。

10月21日、野党は憲法53条に基づいて臨時国会の召集を要求したが、安倍内閣は応じることなく、翌16年1月4日、異例の松の内に通常国会を召集した。

第3次安倍改造内閣の顔ぶれは次の通り。

首相	安倍晋三	61歳	自民（無派閥）	衆（当選8回）		
副総理・財務・金融	麻生太郎	75	自民（麻生派）	衆（12）	留任	
総務	高市早苗	54	自民（無派閥）	衆（7）	留	
法務	岩城光英	65	自民（細田派）	参（3）	初入閣	
外務	岸田文雄	58	自民（岸田派）	衆（8）	留	
文部科学	馳　浩	54	自民（細田派）	衆（6）	参（1）	初
厚生労働	塩崎恭久	64	自民（無派閥）	衆（7）	参（1）	留
農林水産	森山　裕	70	自民（石原派）	衆（5）	参（1）	初
経済産業	林　幹雄《もとお》	68	自民（二階派）	衆（8）		
国土交通	石井啓一	57	公明	衆（8）	初	
環境・原子力防災	丸川珠代	44	自民（細田派）	参（2）	初	
防衛	中谷　元	57	自民（無派閥）	衆（9）	留	
官房	菅　義偉	66	自民（無派閥）	衆（7）	留	
復興・原発事故再生	高木　毅	59	自民（細田派）	衆（6）	初	
国家公安・行政改革・防災	河野太郎	52	自民（麻生派）	衆（7）	初	
沖縄・北方・科学技術	島尻安伊子	50	自民（額賀派）	参（2）	初	

第3次安倍内閣

経済再生・経済財政	甘利　明	66	自民（無派閥）	衆（11）	留
一億総活躍・拉致問題	加藤勝信	59	自民（額賀派）	衆（5）	初
地方創生	石破　茂	58	自民（石破派）	衆（10）	留
五輪	遠藤利明	65	自民（無派閥）	衆（7）	留

内閣支持率の復元力

読売新聞の全国世論調査によると、16年1月調査（8～10日）で、安倍内閣の支持率は54%（不支持36%）を記録した。安倍が米議会で演説した訪米から帰国した前年15年5月調査の支持率58%に近いレベルに回復した。安全保障関連法成立直後の、同年9月緊急全国世論調査（19～20日）で41%に落ち込んだ支持率は、翌10月調査（7～8日）で46%、11月調査（6～8日）では51%へとアップした。これまでも、内閣支持率は、特定秘密保護法成立や集団的自衛権の限定行使容認の閣議決定などの際、一時的に下落したものの間もなく回復したが、その復元力の源は一体、どこにあるのか。

河野勝早稲田大学教授が同11～12月に実施した学術調査のデータをもとに分析した論文によると、安倍政権の支持率が、イデオロギー的に論争性の高い政治イベントを機に落ちては復活するのは、左派やリベラルな有権者が批判を強めたからではなく、安倍に政策的に一番近いと考えられる保守的な支持者たちが、強引な政治手法や説明責任の欠如から、安倍への支持を一時的に取り下げた結果だという（『中央公論』17年11月号）。

なお、安倍内閣の支持率の推移をみると、安保法制国会を底に、ゆるやかに右肩上がりに回復した後、森友・加計問題のスキャンダルで大幅に下落、17年7月には最低の36％に沈んだが、その後回復し、50％前後で推移するなど復元力をみせた。しかし、新型コロナウイルスへの対応の拙さから、ずるずると支持率は低下、辞任表明前の20年8月には37％に低落、不支持率は2次内閣発足以降最高の54％に達した。

注

1　21世紀構想懇談会メンバーは次の通り。▽西室泰三日本郵政社長＝座長▽北岡伸一国際大学学長＝座長代理▽飯塚恵子読売新聞アメリカ総局長▽岡本行夫岡本アソシエイツ代表▽川島真東京大学大学院教授▽小島順彦三菱商事会長▽古城佳子東京大学大学院教授▽白石隆政策研究大学院大学学長▽瀬谷ルミ子日本紛争予防センター理事長▽中西輝政京都大学名誉教授▽西原正平和・安全保障研究所理事長▽羽田正東京大学教授▽堀義人グロービス経営大学院学長▽宮家邦彦立命館大学客員教授▽山内昌之明治大学特任教授▽山田孝男毎日新聞政治部特別編集委員。

2　安倍は『回顧録』で、戦後70年談話では、「まず村山談話の誤りを正すこと」を狙ったと語っている。村山談話の間違いとして、安倍は「善悪の基準に立って、日本が犯罪を犯したという前提で謝罪をしていることです。日本という国だけを見て、すみません、ということなのです。では、当時の世界はどうだったのか、という視点がすっぽり抜けている」と批判。戦前、欧米各国も植民地支配をしていたにもかかわらず、「日本だけが植民地支配をしたかのごとく書かれている」のも問題だと述べていた。安倍はもともと、村山談話に強い不満を抱いており、おわびにしても『何回謝らせれば済むんだ』という思いはありました」とも述べており、もうおわびはしないことを談話作成の基本に置いていた。

3 学者らによって発表された共同声明は、概ね次のように述べていた。
「安倍談話」で村山・小泉談話を構成する重要な言葉が採用されなかった場合、談話それ自体が否定的評価を受ける可能性が高いだけでなく、これまで強調してきた過去への反省について関係諸国に誤解と不信が生まれることを危惧する。安倍首相が、談話での「言葉」について「考え抜かれた賢明な途」をとることを切に望む。先の戦争がこの上ない過誤であったことは否定しようがなく、日本が台湾や朝鮮を植民地として統治したことは紛れもない事実だ。歴史においてどの国も過ちを犯すものであり、日本もまたこの時期、過ちを犯したことは潔く認めるべきだ。１９３１―45年の戦争が、日本による違法な侵略戦争であったことは、国際法上も歴史学上も国際的に評価が定着している。これを否定することは、中国・韓国のみならず、米国を含む圧倒的多数の国々に共通する認識を否定することになる。戦後70年にわたって日本国民が営々と築き上げた日本の高い国際的評価を、日本がかつての戦争の不正かつ違法な性格をあいまいにすることによって無にすることがあってはならない。

4 21世紀構想懇談会の議論で、意見が対立したのは、昭和戦争を「侵略」とみなすかどうかという点だった。２０１５年3月13日の第2回会合の議事要旨によれば、「現在の価値観で『あの戦争は侵略であった』と断定することが良いことなのか（中略）ジャジメンタルな（侵略という）言葉についてはなるべく排除して、歴史的な事実関係を基に、誠実な反省をした形で談話を組み立てていくのがよい」「歴史学者からすれば『侵略』には明らかな定義がある。満州事変が自衛ということはありえない。我々の文書に侵略でなかったと記すことは、当時の常識から言ってもありえない」など甲論乙駁となった。北岡座長代理ら多くの委員は、日本の行為は侵略だったという主張で、中西輝政京都大学名誉教授ら2人の委員が報告書に「侵略」と明記することに反対した。結局、報告書の「侵略」の部分に脚注として

「複数の委員より、侵略という言葉を使用することに異議がある旨表明があった。理由は、①国際法上侵略の定義が定まっていないこと、②歴史的に考察しても、満州事変以後を侵略と断定する事に異論があること、③他国が同様の行為を実施していた中、日本の行為だけを侵略と断定することに抵抗があるからである」と記すことで折り合った。

安倍の『回顧録』によれば、70年談話にある「事変、侵略、戦争」「植民地支配から永遠に訣別」という表現は、「世界がそういう決意をしている、日本もそうだ、という書きぶりにした」という。これに先立つ4月のバンドン会議での演説で、「普遍的な考え方を引用する形で過去の過ちに言及」し、「国際社会は同じ間違いを犯しました、だから、普遍的な価値を共有していきましょう」と言ったが、その引用の形を生かした。また、反省とおわびに関しては、「歴代内閣の立場は、今後も、揺るぎない」という表現にして、「私がおわびします」とは言わなかった。「今井尚哉政務秘書官や佐伯（耕三内閣副参事官）君と、連日、七転八倒しながら考えて、こうした表現にしました」という。

第7章　拉致・慰安婦合意は反故に

安倍首相の「使命」

安倍首相は2013年2月の施政方針演説で、北朝鮮による核実験強行に厳重に抗議し非難するとともに、拉致問題について、「全ての拉致被害者のご家族がご自身の手で肉親を抱きしめる日が訪れるまで、私の使命は終わらない」と述べた。安倍は官房副長官、自民党幹事長、さらに官房長官として、拉致問題に熱心に取り組んできた。安倍は、官房副長官として02年9月の小泉訪朝に同行した際、「金正日が拉致を認め、謝罪しなければ、日朝平壌宣言に同意すべきではない」と進言した。こうした安倍の北朝鮮に対する強硬姿勢は、国民の支持を集め、安倍を首相の座に押し上げる大きな要因になった。

この小泉訪朝の際、田中均外務省アジア大洋州局長による極秘交渉の報告は、小泉首相をはじめ、福田康夫官房長官、古川貞二郎官房副長官、野上義二外務事務次官に限られ、安倍は蚊帳の外に置かれていた。02年10月、安倍は、蓮池薫夫妻、曽我ひとみさんら拉致被害者5人を乗せたチャーター機を羽田空港で真っ先に出迎えた。田中局長らは、交渉ルートがつぶれることや、家族の帰国が遅れることなどを懸念し、いったん北朝鮮に戻すよう求めたが、安倍は、拉致家族担当の中山恭子内閣官房参与らとともに、5人を北朝鮮に返すことに強く反対。小泉は安倍らにくみした。[1]

安倍は自民党幹事長になると、03年10月、党内に自らを本部長とする「北朝鮮による拉致問題対策本部」を設置、家族の帰国実現に向け、北朝鮮に「圧力」をかけるための外国為替及び外国貿易法の改正などに努めた。小泉が再訪朝して金正日と会談し、蓮池さんら拉致被害者の家族5人の帰国で合意したのは04年5月のことになる。

横田夫妻、孫娘と面会

13年5月、内閣官房参与の飯島勲が4日間、北朝鮮を非公式訪問した。飯島は02年、04年の小泉訪朝に首相秘書官として随行しており、独自のパイプをもっていた。その後、拉致問題が膠着する中で、飯島は、安倍と菅に「直談判」して自ら単独で平壌入りした。飯島は、滞在中、北朝鮮のナンバー2の金永南《キムヨンナム》最高人民会議常任委員会委員長、金永日《キムヨンイル》党中央委員会書記、宋日昊《ソンイルホ》日朝交渉担当大使とそれぞれ会談。飯島の「交渉記録」によると、飯島は、拉致問題を両国のトップ交渉によって解決するよう訴え、宋日昊は「日朝政府間協議を行う用意があることを正式に表明したい」と述べたという（『文藝春秋』23年10月号）。

14年3月、北朝鮮の拉致被害者、横田めぐみさん（拉致当時13歳）の両親である横田滋・早紀江夫妻が、めぐみさんの娘、キム・ウンギョンさんとモンゴルのウランバートルで初めて面会した。娘の存在は、02年の小泉訪朝の際、明らかになり、夫妻宛てのビデオで「おじいさん、おばあさんに会いたい」というメッセージが伝えられていた。外務省による地ならしは、面会の半年前から始まり、北朝鮮側は、面会場所に「（国交のある）モンゴルならいい」と回答。そこで安倍は13年9月、国連総会から帰国途中のツァヒャー・エルベグドルジ・モンゴル大統領を私邸に招いて助力を頼み、大統領は快諾した。

14年1月以降、外務省アジア大洋州局幹部らが、ハノイや香港で北朝鮮の国家安全保衛部（秘密警察）の幹部らと接触。幸いなことに駐日モンゴル大使は、着任する前まで駐北朝鮮大使を務め、日朝両国に強いパイプをもっていた。日朝両政府は3月、中国・瀋陽で、日朝赤十字会談に合わせ、外務省課長級の非公式協議を行い、面会が約束された。対面は極秘で行われ、帰国後に記者会見した横田夫妻は、「夢のようなことが実現した。非常にうれしい」「（ウンギョンは）丸顔で同じ家系かなと思った」などと喜びを語った。

ストックホルム合意

この面会実現を契機に、中断していた日朝の外務省局長級による公式協議が、14年3月30、31の両日、1年4か月ぶりに北京で再開された。伊原純一外務省アジア大洋州局長と宋日昊日朝交渉担当大使との協議は、約2か月後、舞台をスウェーデンの首都ストックホルムに移し、5月26日から3日間、行われた。この席で北朝鮮側は、拉致被害者及び拉致の疑いが排除されない行方不明者を含め、全ての日本人の包括的全面調査を行うと日本側に約束した。

この全面調査の対象には、横田めぐみさんら帰国していない日本政府認定の12人の拉致被害者に加え、北朝鮮に拉致された可能性がある全国約470人の「特定失踪者」も含まれていた。北朝鮮は、拉致問題は「解決済み」としてきた従来の主張を事実上、撤回した。北朝鮮の朝鮮中央通信は同日、日本政府とほぼ同時刻に合意内容を報じた。菅官房長官は29日、緊急記者会見を開き、北朝鮮が調査を始めた時点で、日本の独自制裁を解除する方針を示した。

合意文書（ストックホルム合意）によれば、北朝鮮の全機関を対象に調査を行える権限をもつ「特別調査委員会」を発足させ、調査状況を日本側に随時通報。生存者が発見された場合には、帰国させる方向で協議し、必要な措置を講じるとした。安倍首相は翌30日、記者団に対し、「固く閉ざされていた拉致被害者救出の交渉の扉を開くことができた」と表明。菅官房長官も同日の記者会見で、「北朝鮮の調査は1年を超えることはない。長引かせるものではない」と語った。

日朝外務省局長級協議が7月1日、北京で行われ、北朝鮮側は特別調査委員会について、調査対象ごとに「拉致被害者」「行方不明者」「日本人遺骨問題」「残留日本人・日本人配偶者」の4分科会を作ると説明した。日本政府は同月4日の閣議で、北朝鮮への日本独自制裁の一部解除を決めた。これにより、人的往来では、北朝鮮籍者の入国禁止措置、日本から北朝鮮への渡航自粛った。再入国できることになった。要請は解除され、朝鮮総聯の許宗萬《ホジョンマン》議長ら幹部が北朝鮮に渡航し、再入国できることになった。送金制限も緩和し、人道目的の北朝鮮船籍の船舶の入港禁止措置は解除した。ただ、貨客船「万景峰号」の日本への入港禁止は続けるとした。安倍は、特別調査委に権力中枢とされる国家安全保衛部が関与していることから、「国家的な決断、意思決定ができる体制」とみて一定の評価を下し、制裁の一部解除を決めたという。

政府代表団を平壌に派遣

安倍首相は14年9月29日、国会での所信表明演説で、北朝鮮による調査が、全ての拉致被害者の帰国という具体的な成果につながるよう全力を尽くすと表明した。しかし、北朝鮮はこれに先立つ同月18日、特別調査委の調査が「初期段階」にあるとして、「夏の終わりから秋の初め」としていた第1回調査報告の先送りを伝えてきた。

同月29日、中国・瀋陽での日朝外務省局長級協議で、北朝鮮側は「平壌に来て、特別調査委のメンバーに直接会って話を聞いてほしい」と日本側担当者の訪朝を打診した。これに対し、拉致被害者家族らは10月16日、山谷えり子拉致問題相に会い、被害者の安否の報告が聞けるまで訪朝を見合わせるよう申し入れた。とくに、期限を定めて報告を要請し、これに応じない場合は制裁をかけ直し、協議を白紙化すべきだと求めた。

しかし、政府は同月22日、政府代表団の平壌派遣を公表した。安倍は同日、記者団に「今回派遣しないことによって、今後の調査ができなくなるリスクを考えた」と、派遣の理由を述べた。伊原アジア大洋州局長をトップに、内閣官房拉致問題対策本部、警察庁、厚生労働相らの担当者10人程度からなる政府代表団は、中国・北京経由で同月27日、平壌入りした。日本政府関係者の訪朝は、04年11月以来、10年ぶりのことだった。

10月28日、日本政府代表団は、特別調査委員長の徐大河《ソデハ》ら幹部と同市内で会談した。徐は、国家安全保衛部の副部長を務めていた。協議は28、29日の2日間で約10時間半に及んだ。帰国した代表団から30日夜、報告を受けた安倍は、記者団に対し、一定の成果を強調したが、菅が翌31日の記者会見で明らかにしたところでは、北朝鮮側は、拉致被害者らの調査について、「新たな物証や証人を探す作業を進めている」とする一方、「現時点で客観的な資料は発見できていない」としていた。15年7月2日、北朝鮮は「1年程度」としていた調査結果の報告の延期を、北京の日本大使館に連絡してきた。

日韓国交正常化50周年

15年2月12日、安倍首相は施政方針演説で、日韓関係について、「韓国は、最も重要な隣国だ。日韓国交正常化50周年を迎え、関係改善に向けて話し合いを積み重ねていく」と述べた。しかし、韓国は「基本的な価値や利益を共有する」最も重要な隣国だという、前年演説の形容句は消えていた。前年の14年10月には、産経新聞ソウル支局の前支局長がインターネットサイトに掲載したコラムが朴槿恵大統領を中傷したとして、名誉毀損罪で在宅起訴（のち無罪）される事件も起きるなど、摩擦が絶えなかった。

15年6月22日、日韓両政府は、東京とソウルで各々国交正常化50周年記念式典を開いた。安倍首相と朴大統領がそれぞれ出席し、祝辞を述べたが、朴大統領は、「最も大きな障害要素である過去の歴史の重い荷物を、和解と共生の気持ちで下ろしていけるようにすることが重要だ」と語った。日本政府はその頃、ユネスコ世界文化遺産に、「明治日本の産業革命遺産」として官営八幡製鉄所や軍艦島（端島《はしま》炭坑）など8県23件の登録を目指していた。これに対して、韓国政府は5月、このうち7件について、朝鮮半島出身の徴用工が戦時中に「強制労働」させられていたことを理由に登録反対を表明。両政府間の調整は難航したが、6月に東京で開かれた日韓外相会談で、登録に向け両国が協力することを確認した。

ところが、韓国側は、世界遺産委員会の場で、この問題を蒸し返し、「日本が強制労働（forced labor）を認めた」としたため、日本側が猛反発、委員会は大もめになった。最終的に日本側は、「意思に反して連れて来られ、厳しい環境で労働を強いられた（forced to work）」との表現で折れ、岸田外相が「forced to work は、強制労働を意味しない」と公式コメントを発表し、ようやく登録にこぎつけた。

中韓の「歴史共闘」

15年8月、安倍首相が「戦後70年談話」を発表した後、朴大統領は9月3日に北京で開かれた「抗日戦争・反ファシズム勝利70周年」記念式典に出席、プーチン露大統領や習国家主席と並んで軍事パレードを観閲した。その姿は、改めて中国への傾斜を印象付けただけでなく、日米韓の安全保障の枠組みを揺るがしかねないものと映った。

日韓両国間では、防衛秘密を共有するための軍事情報包括保護協定（GSOMIA）が、署名直前になって韓国側が延期したため締結に至らず、安保協力に大きな影を落としていた。その一方、韓国は、中国主導の国際金融機関「アジアインフラ投資銀行」（AIIB）の創設メンバーになるなど、韓国経済に占める中国の比重の増大から対中接近を強めていた。

11月1日、日中韓首脳会談がソウルで約3年半ぶりに開かれた。安倍首相は翌2日、朴大統領との会談で、国交正常化50周年を念頭に、慰安婦問題の早期妥結を目指すことで一致した。安倍は、「日本国民が慰安婦問題で感じていることを率直に述べさせてほしい。大統領も思っていることを正直にお話し願いたい。ただし、内容は口外しないことにしましょう」と申し出、「慰安婦だったおばあさんたちが納得する手立てがあるなら、何か知恵を出してください」と求めた。

安倍は同日夜のBSフジの番組で、「日本の方々は（韓国の）ゴールポストが動いているという実感を持っていると思う。政権が代わる度に（問題が）提起されないようにしなければならない。妥結とはそういうことだ」と強調した。いったん合意しながら新たな要求を平然と突きつけてくる、韓国の「ムービング・ゴールポスト」に日本側は辟易《へきえき》していた。

慰安婦問題は「最終解決」

慰安婦問題の日韓外務当局の局長級協議は、平行線が続き、「妥結」は越年するとみられた。ところが、15年12月下旬、一転、妥結の動きが表面化した。第2次内閣の発足以降、表の日韓外務当局の協議の裏で、谷内正太郎国家安全保障局長と韓国側の李丙琪《イビョンギ》大統領府秘書室長との間で水面下の折衝が進められていた。安倍は非常に慎重だったが、この合意を「最終的かつ不可逆的」なものとすること、国際社会に周知させることを条件に「妥結」にゴーサインを出した。

同月24日、安倍は、首相官邸に岸田外相を呼ぶと、日韓外相会談で決着を図るよう求め、「最終的かつ不可逆的」という文言が合意に入らなければ、交渉をやめて帰国するよう指示した。同28日、岸田外相と尹炳世《ユンビョンセ》外相はソウルの韓国外交省で会談し、①元慰安婦支援のため、韓国政府が設置する財団に、日本政府が10億円程度を基金として一括拠出する　②その事業の実施を前提に、慰安婦問題が「最終的かつ不可逆的に解決される」――ことを確認した。だが合意文書は、韓国国内の世論の動向を心配する韓国側の要望で作成されなかった。

両外相は共同記者会見し、合意内容を公表した。[2] ただ、記者からの質問は受けつけなかった。岸田は記者発表の中で、慰安婦問題について、「日本政府は責任を痛感している」としたうえで、

「安倍首相は心からおわびと反省の気持ちを表明する」と述べた。尹外相は、日本政府が撤去を求めているソウルの日本大使館前の慰安婦を象徴する少女像について、「関連団体との協議などを通じて、適切に解決されるよう努力する」と表明した。

日本政府は慰安婦問題について、1965年の日韓請求権協定で「完全かつ最終的に解決された」として、新たな賠償や法的責任の認定には応じられないとしてきた。今回も同様だったが、日本政府は、韓国側が「最終的かつ不可逆的」な妥結に応じたことから、人道的見地に立って元慰安婦への支援を拡大することにした。

安倍首相は28日夜、朴大統領と電話で会談し、日韓外相会談の合意内容を確認。首相が「心からおわびと反省の気持ちを表明する」と述べると、大統領は「首相が直々に表明したことは、被害者の名誉と尊厳の回復、心の傷を癒やすことにつながる」と応じた。電話の後、安倍は記者団に、「最終的、不可逆的な解決を70年の節目にすることができた。子や孫、その先の世代に謝罪し続ける宿命を負わせるわけにはいかない」と語った。

一方、朴政権にとって、慰安婦合意は重い政治決断だった。朴大統領は、「日韓関係改善と大局的見地から、被害者も国民も理解してほしい」と訴える国民向けメッセージを発出した。韓国挺身隊問題対策協議会（挺対協）など元慰安婦を支援する6団体は、韓国政府が最終的解決を確認したことは「屈辱的だ」と反発した。

韓国、慰安婦像撤去せず

岸田外相は２０１６年1月４日の記者会見で、ソウルの日本大使館前の慰安婦を象徴する少女像（11年12月設置）は、慰安婦合意を踏まえ「適切に移設されると認識している」と述べた。ところが韓国外交省は同日、「民間が自発的に設置したもので、政府がどうこう指示できる事案ではない」と反論。韓国側に日韓合意を履行する意志があるのかどうか、早くも疑問符がついた。

さらに同年４月の韓国国会の総選挙（定数３００）で、朴大統領を支える保守系与党「セヌリ党」が１２２議席（選挙前１４５議席）と惨敗、過半数を大きく割り込み、第2党に転落した。

韓国政府は同年7月、合意に基づいて「和解・癒やし財団」を設立し、同財団は8月に日本政府が拠出した10億円を基に元慰安婦へ現金支給事業を開始した。ところが12月、韓国国会は、朴大統領が友人の国政介入を許したとして大統領弾劾決議案を可決した。慰安婦合意の履行に暗雲がたれ込めた。17年3月には憲法裁判所が大統領罷免の決定を宣告して、朴は失職する。

一方、16年12月末、韓国・釜山《プサン》の日本総領事館前には、市民団体によって新たな少女像が設置された。これに対して、日本政府は17年1月9日、「日韓合意の精神に反する」として、長嶺安政《ながみねやすまさ》駐韓大使を一時帰国させ、韓国側が撤去に向けた前向きな言動を示さない限り、帰任させない構えをとった。しかし韓国外交省は、釜山の区長らに撤去要請文書を送っただけだった。長嶺大使は、韓国大統領選の始まる直前の4月4日、約3か月ぶりにソウルに帰任した。韓国の政権交代により、慰安婦合意は履行されず、事実上、反故にされた。

北朝鮮が核実験

北朝鮮は16年1月6日正午、朝鮮中央テレビを通じて「特別重大報道」を行い、「最初の水爆実験を実施した」と発表した。北朝鮮の核実験は06年10月と09年5月、13年2月に次いで4回目、金正恩《キムジョンウン》体制下では2回目だった。同テレビは「政府声明」を伝え、今回の「水素爆弾は、米国をはじめとする敵対勢力からの核の脅威に対する自衛措置だ」とし、「米国の敵視政策が根絶されない限り、核開発の中断や放棄はありえない」と表明した。しかし、安倍首相は16年1月8日の衆院予算委員会で、「地震の規模から考えれば、一般的な水爆実験を行ったとは考えにくい」と述べ、北朝鮮の発表に否定的な見方を示した。

安倍は、同月6日の国家安全保障会議(NSC)の4大臣会合で、「北朝鮮に対する断固たる対応」措置の検討を指示。同日、首相声明を発表し、北朝鮮の核実験は、「我が国の安全に対する重大な脅威であり、(中略)断じて容認できない」と強く非難した。安倍は記者団に、「国連安保理決議に明確に違反し、国際的な核不拡散の取り組みに対する重大な挑戦だ」と指摘し、「日本政府は安保理非常任理事国として、安保理での対応を含め米韓中露と連携しながら断固たる対応をとっていく」と表明した。

国連安保理は1月6日午前(日本時間7日未明)、北朝鮮の核実験をめぐって緊急会合を開催。

会合後、制裁強化のための新たな安保理決議を目指すことを盛り込んだ声明を発表した。7日午前、安倍はオバマ米大統領と電話で会談し、日米両国が主導して、北朝鮮に対し、国連安保理で新たな制裁決議を採択することで一致した。

長距離弾道ミサイル発射

こうした動きに対し、北朝鮮は新たな挑発に出た。2月7日午前9時31分、北朝鮮北西部の東《トン》倉里《チャンリ》から南方向に、「人工衛星」と称する長距離弾道ミサイルを発射した。ミサイルは分離され、沖縄県の先島諸島の上空を通過して太平洋などに落下した。政府は、日本国内へのミサイル落下に備えて「破壊措置命令」を発令したが、落下の恐れはないと判断し、迎撃措置は取らなかった。

北朝鮮の長距離弾道ミサイルの発射は、12年12月の3段式「テポドン2改良型」以来。先の核実験と同様、国連安保理決議に違反していた。安保理は緊急会合を開き、「強く非難する」との報道機関向け声明を出した。韓国国防相は7日の国会で、今回のミサイルは「弾道ミサイルとして完成すれば、約1万2000～1万3000キロの射程に達するとみられる」との見解を示した。射程1万3000キロは、米首都ワシントンに到達する距離である。

北朝鮮は、核・ミサイル開発を加速し、米国から体制維持の保証をとりつける戦略をとってきた。今回は、これに加えて、最近の中国の韓国接近に抗議し、中韓間を離間させる狙いも指摘された。また、北朝鮮がいよいよ核を搭載したミサイル配備へと踏み出したとの見方も出た。

日本政府は、2月10日のNSC4大臣会合で、日朝の人の往来や送金に関する規制の厳格化を柱とする独自制裁を復活させた。韓国の朴政権も同日、独自制裁として南北協力事業「開城《ケソン》工業団地」の操業中断に踏み切った。いずれも国連安保理の制裁決議に先立っての措置だった。日本政府の制裁発表に対し、北朝鮮は2月12日、日本人拉致被害者の安否などに関する再調査を全面的に中止し、特別調査委員会を解体すると宣言した。

3月2日（日本時間3日未明）、国連安保理は、北朝鮮に出入りする全貨物の検査の義務化、北朝鮮による鉱物資源の輸出禁止、国際的な金融取引の遮断などを盛り込んだ新たな制裁決議を全会一致で採択した。米国が強力な制裁を主張したのに対して、北朝鮮の暴発を恐れる中国は慎重で、1月以来、協議は長引いていた。

注

1 安倍首相は、田中均に対して厳しい態度を取り続けた。2013年6月には、フェイスブックで田中について、「拉致被害者5人を北朝鮮の要求通り、送り返すべきだと強く主張した」と指摘したうえで、「外交官として決定的な判断ミスだと言える。そもそも彼は、北朝鮮との交渉記録を一部残していない。彼に外交を語る資格はない」とまで批判した（増田剛『日朝極秘交渉』）。現職の首相が当時、民間人になっていた田中を、外交機密を含む問題で名指しして公然と批判したことは、異例のことである。安倍は首相退陣後の『回顧録』でも、当時の田中局長をはじめ外務省の対応を強く非難している。

2 日韓両国外相による慰安婦問題合意の共同記者発表の要旨は次の通り。

一、〈岸田外相による発表〉日本政府として、以下を申し述べる。(1)慰安婦問題は当時の軍の関与の下に、多数の女性の名誉と尊厳を深く傷つけた問題であり、日本政府は責任を痛感している。安倍首相は改めて、慰安婦として数多の苦痛を経験され、心身にわたり癒やしがたい傷を負われた全ての方々に対し、心からおわびと反省の気持ちを表明する。(2)韓国政府が元慰安婦の支援を目的とした財団を設立し、これに日本政府の予算で資金を一括で拠出し、両政府が協力し、全ての元慰安婦の名誉と尊厳の回復、心の傷の癒やしのための事業を行う。(3)上記(2)の措置を着実に実施するとの前提で、今回の発表により、この問題が最終的かつ不可逆的に解決されることを確認する。あわせて日本政府は韓国政府と共に、今後、国連等国際社会において、本問題について互いに非難・批判することは控える。
〈尹炳世韓国外相による発表〉韓国政府として、以下を申し述べる。(1)日本政府の表明と、今回の発表に至るまでの取り組みを評価し、上記一、(2)の措置が着実に実施されるとの前提で、この問題が最終的かつ不可逆的に解決されることを確認する。韓国政府は、日本政府の実施する措置に協力する。(2)韓国政府は、日本政府が在韓日本大使館前の少女像に対し、公館の安寧・威厳の維持の観点から懸念していることを認知し、韓国政府としても、可能な対応方向について関連団体との協議などを通じて、適切に解決されるよう努力する。(3)韓国政府は、日本政府の表明した措置が着実に実施されるとの前提で、日本政府と共に、今後、国連等国際社会において、本問題について互いに非難・批判することは控える。
二、なお、岸田外相より、前述の予算措置の規模について、概ね10億円程度と表明した（外務省ホームページから）。

第8章　対露「新アプローチ」

8項目の経済協力プラン

安倍首相は、伊勢志摩サミット（主要7か国首脳会議）を前に、2016年5月初め、欧州各国を歴訪したあと、ロシアを訪問した。ロシアは、14年3月、ウクライナ南部のクリミア半島を併合して以降、サミットから除外され、対露制裁も受けて国際的な孤立を深めていた。

安倍は16年5月6日、ロシアのソチでプーチン露大統領と会談した。この結果、両首脳は、北方領土問題解決を含む平和条約交渉について、「新たな発想に基づくアプローチで交渉を精力的に進める」ことで合意した。約2時間の会談のうち、35分間は通訳のみが同席した。会談後、安倍は高揚感を隠さず、「領土問題についてアイスブレイク（砕氷）できた」と周辺に語った。そして記者団には「(平和条約交渉の）停滞を打破し、突破口を開く手応えを得ることができた。未来志向の日露関係を構築する中で解決していこうという考えで一致した」と語った。従来の発想にとらわれない「新しいアプローチ」による外交のスタートだった。

同行の世耕弘成官房副長官によると、安倍は会談で、北方領土問題に関して、「かなり踏み込んだ発言」をした。1時間余りのワーキング・ディナーで、安倍は、①医療水準を高め、ロシア国民の健康寿命の伸長に役立つ協力　②快適・清潔で、住みやすく活動しやすい都市作り　③日露中小企業の交流と協力の抜本的拡大　④石油・ガス等のエネルギー開発協力、生産能力の拡充　⑤ロシア産業の多様化促進と生産性向上　⑥極東における産業振興、アジア太平洋地域に向けた輸出基地化　⑦日露の知恵を結集した先端技術協力　⑧両国間の多層での人的交流の飛躍的拡大――など8項目の経済協力プランを提示。これに対して、プーチンは「すばらしい。このような事業はぜひ実現していきたい」と応じた。安倍は「プーチン氏が訪日する時に成果を上げたい」と語った。また、ロシア・ウラジオストクで同年9月に会談することも決まった。

ところで、安倍のソチ訪問はこれが初めてではなかった。14年2月、ソチ冬季五輪の開会式に米欧首脳が欠席する中、あえて出席した。安倍は今回の訪露前の16年3月末、ワシントンで開かれた「核安全サミット」で、オバマ米大統領と会談した際、オバマから「ソチには行かないでもらいたい」と反対されていた。しかし、ソチ五輪の時と同様、安倍はこれを振り切って訪露した。

「出口論」への転換

安倍は16年9月1日、日露間の経済協力を統括する「ロシア経済分野協力担当相」を新設した。8月の第3次安倍・第2次改造内閣で経済産業相に任命した、安倍側近の世耕弘成に担当相を兼務させた。世耕は安倍の8項目の経済協力プランのまとめ役だった。ロシア側の期待の大きい経済分野での、日本の積極的な協力姿勢を次の訪露前に示す狙いといえた。

世耕の起用は、従来の対露戦略を大きく変えるものだった。これまで、北方領土交渉を担ってきた外務省のロシア・スクール（ロシア語を研修言語とする外務官僚）は、「領土」より「経済」を先行させるような手法を厳に控えてきた。「領土」と「経済」を車の両輪のようにして、領土問題の進展と経済協力のバランスをとるのがぎりぎりのところだった。ところが、安倍の新アプローチ外交では、今井尚哉（首席秘書官）や長谷川榮一（首相補佐官）ら経産省出身の安倍側近らが深く関与し、これに加えて経産相が前面に出てきた。この結果、安倍政権の対露交渉は、外務省ロシア・スクールなどのロシア専門家の知見、つまり「対露外交の原則論より、まず経済協力ありきの『経産官僚』の知見が優先される布陣」で展開されることになった（鈴木美勝『日本の戦略外交』）。

もちろん、これは安倍自身の意向だった。安倍は、13年4月のプーチンとの会談で、交渉の加速で一致しながら、全く前に進められなかった。この停滞を打破するには、北方4島の帰属を確認してから平和条約を結ぶという、外務省主流の「入口論」は捨て、日露関係の改善を最優先に進めて領土問題の着地点を探るという「出口論」への転換が必要と考えたのである。

すでに4島返還要求が叫ばれた米ソ冷戦下の時代は去り、ロシアが一時サミットに参加するなど、世界情勢は大きく変化した。日本を取り巻く安全保障環境は変容し、中国の軍事的台頭をはじめ、北朝鮮の核・ミサイル開発も日本の脅威となっている。中でも、海洋進出を強める中国にどう対処すればいいのか。日米同盟があるとはいえ、この際、ロシアとの関係を大きく改善しておく必要があるのではないか。それには北方領土問題が最大のネックだが、「北方4島を一括返還しろ、（中略）そう言えば、ロシアは反発し、交渉は終わる。（中略）本気で領土の返還を実現しようとするならば、まずは向こうが関心を示す案を示さなければいけない」（『回顧録』）。安倍は、経済協力でロシアに実利を与え、それによって4島や極東に住むロシア人に、領土交渉への理解と協力を求める戦術をとることにしたのである。

プーチン・インタビュー

安倍は16年9月2日、ロシア極東のウラジオストクで、プーチンと約2時間5分（2人だけで55分間）にわたって会談し、プーチンの12月来日と、首相の地元の山口県長門市で会談することが決まった。翌3日には、ウラジオストクで開催されている「東方経済フォーラム」で演説。安倍は、対日世論の好転を目指した8項目の経済協力プランに触れつつ、「ウラジーミル、私たちの世代が勇気をもって責任を果たしていこうではありませんか」と平和条約の締結を訴えた。プーチンは、安倍の提案を「唯一の正しい道だと考えている」と高く評価し、北方領土問題について、「我々はきっと問題を解決する」と述べた。安倍は、12月には米側が望む真珠湾訪問を控えているため、米側もプーチン来日を止められないと読んでいた。

プーチンは、12月15、16日の訪日を前に、モスクワで読売新聞・日本テレビのインタビューに応じた（16年12月14日付『読売新聞』朝刊）。その中でプーチンは、歯舞群島、色丹島の2島引き渡しを明記した1956年の日ソ共同宣言[1]について、「平和条約の基礎となるルール」だが、「どのような条件の下で引き渡されるのか、どちらの主権下に置かれるかは書かれていない。たくさんの問題が残っている」と述べた。共同宣言は主権を返すとは書いていないというのが、プーチンの理解であり、2015年11月の日露首脳会談で、プーチンは、「2島（返還）では引き分け（による解決）じゃない。一本（日本の勝利）だ」と語っている。プーチンは、2島返還でさえ、そのまま受け入れられないことを示唆したのである。

さらに、国後、択捉を含む4島返還[2]に至っては、「共同宣言の枠を超えている。別の問題提起」であり、論外との考えを示した。この発言は、1993年にボリス・エリツィン露大統領が来日した際、4島の帰属問題を解決し、平和条約を締結するとした「東京宣言」などの公式文書を全否定していた。

プーチンは、このほか「ロシアには領土問題は全くない」「第2次世界大戦の結果、しかるべき国際的文書によって（4島はロシア領と）確定している」とも述べた。これらは、ソ連が日ソ中立条約を破って侵攻し、4島を不法占拠したという歴史を、また、日本がサンフランシスコ平和条約で放棄した千島列島の中に北方4島は含まれていないという事実も無視していた。この時のプーチンのインタビューは、「新しいアプローチ」で期待感を高めていた日本のメディアや、プーチンからの手応えを漏らしていた安倍に冷や水を浴びせるものだった。

長門会談、盛り上がらず

安倍は、プーチン来日を前に、日露交渉を動かす手段として、北方領土における日露「共同経済活動」に踏み出していった。これは、従来のロシア側からの提案を逆手にとったものであり、北方4島に対するロシアの主権を認めない形であれば、共同経済活動は可能との判断に立っていた。安倍は2016年11月、ペルー・リマでのプーチンとの会談で、この構想を持ち出して感触を探っていた。

12月15日夜、安倍は、プーチンを地元・山口県長門市に招き、温泉旅館「大谷山荘」で会談した。プーチンの来日は、首相在任時の09年5月以来約7年半ぶり、大統領としては05年11月以来約11年ぶり。日露首脳の相互訪問がいかに不均衡なものであったかを示していた。プーチンの到着が3時間近く遅れ、首脳会談も約2時間遅れの午後6時過ぎに始まった。[3] 日本側から岸田外相、世耕ロシア経済協力相ら、ロシア側からイーゴリ・シュワロフ第一副首相、セルゲイ・ラブロフ外相らが同席した。安倍―プーチンの首脳会談は、第1次内閣時を含めて16回目だった。

95分に及んだ一対一の首脳会談で、両首脳は、北方領土の「共同経済活動」の実施に向け、事務レベル協議を始めることで合意した。会談は、共同経済活動の「主権」の問題や対象範囲をめぐってもつれ、会談時間の多くは、プレス向け声明の文案に費やされた。安倍は、プーチンに対し、元島民女性の手紙や、かつて日ソ両国民が一緒に生活していた時代の写真を見せ、「これが島の未来」だと4島の共同経済活動の実行を説いた（『回顧録』）。日本外務省は、その対象範囲を「2島」とするよう進言したが、安倍は「4島」を譲らず、プーチンも結局「4島」をのんだ。

その後のワーキング・ディナーでは、トラフグの刺身やアンコウのから揚げ、高級魚のクエ、ノドグロなど、山口県産の自慢の魚が並んだ。翌16日、両首脳は、それぞれ政府専用機と大統領特別機で宇部空港を出発し、羽田空港に到着。東京都内は、各所に多数の警察官、機動隊員が配置され、約7000人の厳戒態勢が敷かれた。

共同経済活動の協議開始

16日、2回目の首脳会談が首相官邸で約1時間10分行われた。安倍とプーチンは会談後、共同経済活動の協議開始と、元島民による4島との間の往来手続きの簡素化を盛り込んだ「プレス向け声明」を公表した。声明では、共同経済活動の対象として北方4島名を明記、協議開始は「平和条約の締結に向けた重要な一歩」であり、「(両国) 関係を質的に新たな水準に引き上げる」と強調した。同時に、共同経済活動は「平和条約問題に関する日本国及びロシア連邦の立場を害するものではない」とした。また、「石油・ガス等のエネルギー開発協力、生産能力の拡充」など8項目に関し、担当閣僚間で協力文書の署名式が行われた。

その後、首相公邸で共同記者会見した安倍は、冒頭発言で、「日露間に平和条約がないという異常な状態に私たちの世代で終止符を打たなければならない。その決意を私とウラジーミルは確認し、声明に明記した」と述べた。さらに、新たなアプローチに基づいて、共同経済活動を行うための「特別な制度」について交渉を開始することで合意したとし、「ウラジーミル、君と私との合意を出発点に、自他共栄の新たな日露関係を、本日ここから共に築いていこうではありませんか」と呼びかけた。

日露両政府は1998年に共同経済活動委員会を設置し、4島での経済活動をめぐり協議に入ったが、「主権」をめぐる問題で折り合わず、頓挫《とんざ》した経緯があった。ロシア側は、今回も「ロシアの主権下で行う」立場は崩さず、日本政府も、4島の主権を主張している以上、共同経済活動をロシアの法支配の下で行うわけにはいかなかった。このため、プレス向け声明でも「法的基盤の諸問題が検討される」などとあいまいなままだった。安倍は16日夜に出演したNHKの報道番組で、「ロシア法でもなく日本法でもない特別な制度」と語った。その交渉は早くも難航が予想されていた。

日米安保に懸念表明

プーチンは、共同記者会見の冒頭発言で、「平和条約が存在しないことは、アナクロニズム」と指摘、共同経済活動のような協力が、平和条約締結交渉の継続のための良好な雰囲気を醸成する」と述べた。しかし、質疑の中でプーチンは、日ソ共同宣言は、「二島の日本への返還を想定しているが、どのような基礎の上でか確かに明らかではない」と改めて発言し、譲歩する姿勢は全く見せなかった。

プーチンは、平和条約をめぐり、ロシア側の姿勢が後退しているとの質問が出ると、さっと顔色を変え、北方領土を議論するにあたっては、「ウラジオストクの少し北には（我々の）二つの大きな海軍基地があり、ロシアの艦隊が太平洋に出て行く。ロシアはこの地域で何が起きるのかを理解する必要がある。しかし、日米関係の特殊性、日米安保条約の枠内の義務を考えると、これらの関係がどのように構築されていくのか、私には分からない」「日本はロシアの全ての懸念を考慮してもらいたい」と述べた（北海道新聞社編『消えた「四島返還」』）。つまり、北方領土を返還すれば、日米安保の適用対象になり、米軍の活動が及ぶことへの懸念を公然と示したのである。これは、日本政府に対して、北方領土を日米安保条約の適用除外にできるのかと、鋭い刃を突きつけているのに等しかった。従来、懸念されてきた北方領土絡みの安全保障問題がここに表面化した。

一方、安倍は記者会見で、「領土問題について、互いの正義を何度主張し合っても、このままでは問題は解決できない」「新しいアプローチこそが最終結果に続く道だ」と語った。

この対露政策の変更に対し、「4島返還」論者の丹波實《みのる》元駐露大使は、カイロ宣言や大西洋憲章で示された「領土不拡大の原則」などから、「歴史の正義を守ってくれ」と安倍に直言していた。しかし、安倍にはそれを受け入れる余地はもはやなかった。安倍はこの年、余りにもアクセルを吹かしすぎていた。この16年秋は、安倍の対露政策のブレーキ役だったオバマ米大統領が任期切れを間近に控えた時であり、安倍は「次期米大統領が選ばれるまでの間隙を狙って日露を前に進めようと考えていた」（『回顧録』）と語っている。

注

1 日ソ共同宣言は、「日本国及びソヴィエト社会主義共和国連邦は、両国間に正常な外交関係が回復された後、平和条約の締結に関する交渉を継続することに同意する。ソヴィエト社会主義共和国連邦は、日本国の要望にこたえかつ日本国の利益を考慮して、歯舞群島及び色丹島を日本国に引き渡すことに同意する。ただし、これらの諸島は、日本国とソヴィエト社会主義共和国連邦との間の平和条約が締結された後に現実に引き渡されるものとする」（第9項）と定めていた。ソ連がサンフランシスコ平和条約の署名を拒否したため、日ソ両国は1956年にこの宣言を発出して外交関係を再開させた。60年の日米安保条約の締結に際して、ソ連は、歯舞、色丹島の引き渡しに、日本の領土からの全外国軍隊の撤退という新たな条件を一方的に課し、その後、「領土問題は解決済み」との立場をとっていた。しかし、冷戦終結後、ソ連も領土問題の存在を認め、プーチン大統領は、2000年の日本での首脳会談で「日ソ共同宣言は有効と考える」と発言。01年3月のイルクーツク声明では、共同宣言が両国間の平和条約締結交渉の出発点となった基本的文書であることが確認された。

2 ソ連は第2次世界大戦末期の1945年8月9日、日ソ中立条約を無視して日本に宣戦布告し、日本のポツダム宣言受諾後の同月18日に千島列島に侵攻し、9月5日までに、択捉、国後、色丹、歯舞の北方4島のすべてを占領、一方的に自国に編入した。51年のサンフランシスコ平和条約で、日本は千島列島に対するすべての権利を放棄したが、北方4島は千島列島に含まれていない。日本政府は、4島はかって一度も外国の領土となったことのない日本の固有の領土であり、4島の帰属に関する問題を解決して平和条約を締結することを基本方針としている。ソ連の侵略によって引き起こされた第2次世界大戦末期の「日ソ戦争」は、北方領土問題を生んだだけでなく、シベリア抑留、残留孤児問題など数多の悲惨な物語の始まりとして日本人の心に深く刻み込まれている。

3　プーチンは遅刻の〝常習犯〟として知られていたが、日本国内では、外交上、「極めて非礼」との声が上がった。ロシア側はその理由について、「シリア情勢などへの対応のため」と説明したという。プーチンは、2012年のオバマ大統領との会談に約40分遅れた。同年のウクライナ訪問では、地元のバイク愛好団体との交流を優先し、ビクトル・ヤヌコビッチ大統領との会談に約4時間遅れた。ローマ訪問ではローマ法王フランシスコとの会談に約50分遅刻した。今回の訪日に先立ち、12月2日にサンクトペテルブルクを訪れた岸田外相との会談開始は約2時間も遅れた（16年12月16日付『読売新聞』朝刊）。

第9章　伊勢志摩サミット

熊本地震の発生

２０１６年４月14日にマグニチュード６・５の前震、16日に同７・３の本震が発生し、熊本県益城《ましき》町《まち》や西原村で最大震度７を観測した。活断層による直下型地震だった。直接死50人、関連死２２１人、豪雨による２次災害死５人の計２７６人が亡くなり、20万棟近い住宅が損壊した。[1]

震度７の激しい揺れが立て続けに２度襲ったのも異例なら、その後、２週間の間に１０００回近く体に感じる揺れが発生する「多発余震」も前例がなかった。自宅に戻れず、避難所にも寝泊まりせず、車中泊を続ける住民が多数現れた。熊本城は天守閣の最上階の瓦の大半が落ち、１６０７年の築城当時の姿を残す「宇《う》土《と》櫓《やぐら》」などが損壊、「武者返し」と呼ばれる曲線美で知られる石垣も数十か所崩れ落ちた。阿蘇神社（阿蘇市）でも、江戸時代に建造された楼門など６棟が倒壊するなどした。

地震によって輸送網が寸断され、支援物資が被災者に届かない事態が発生した。政府は４月17

日、全省庁で構成する「被災者生活支援チーム」を発足させ、熊本県に勤務経験のある幹部官僚を現地に派遣し、差配させることにした。また、国が被災自治体の要請を待たず、食料や毛布などの支援物資を現地に緊急輸送する、いわゆる「プッシュ型支援」を実施。まず、国の判断で90万食を現地に送った。米軍の輸送支援を受け入れるとともに、自衛官OBの「即応予備自衛官」の招集も閣議決定した。この制度は1997年に導入されたが、実際の招集は東日本大震災以来2度目だった。

政府は20日、2016年度予算の予備費から緊急支援費用として23億4000万円を支出することを閣議決定し、安倍首相は23日、現地入りした。熊本地震における政府の危機対応は、「官邸主導」がうまく機能した例とされ、蒲島郁夫熊本県知事は、中央省庁の幹部官僚が常駐したことで「ミニ政府」ができ、彼らの速い「決断」と本省とのスムーズな連携に助けられたと振り返っている。

ところで、安倍首相や菅官房長官は、消費税の10%への引き上げは「リーマン・ショックや大震災のような重大な事態」が起きない限り、予定通り17年4月に実施すると述べてきた。菅は、16年4月27日の衆院内閣委員会で、消費増税再延期の理由となる「大震災」に熊本地震が当たるかどうかについて、「復旧、救助、捜索に全力で取り組んでおり、それを判断する余裕は全くない」と明言を避けたが、消費税引き上げ問題は、すでに衆参同日選の行方とも絡んで、政局の焦点に浮上していた。

安倍首相と閣僚らが有識者と意見交換する「国際金融経済分析会合」が首相官邸で3月から5月まで計7回開かれ、12人の有識者が招かれた。3月22日の会合に出席したノーベル経済学賞受賞者で米ニューヨーク市立大のポール・クルーグマン教授は、消費税率10%への引き上げに否定的な見解を示した。他方、公明党の山口那津男代表は、同日の記者会見で「経済状況を理由に増税を先送りする判断には今のところならない」と語った。自民党の谷垣幹事長も、「リーマン・ショックのような緊急事態なら別だが、そういうものが起きているという議論をしている人は、あまりいない」と述べた。与党首脳は、消費税は予定通り増税すべきだと考えていたのである。

伊勢神宮の地で

日本での8年ぶりの開催となる主要7か国首脳会議（伊勢志摩サミット）が16年5月26日、三重県志摩市の賢島《かしこじま》の「志摩観光ホテル ザ クラシック」を主会場に、2日間の日程で始まった。安倍が前年6月、開催地を伊勢志摩と決めたのは、「日本の美しい自然、豊かな文化、伝統を、世界のリーダーに感じてもらえる場所」だったからだ。

安倍首相、オバマ米大統領、キャメロン英首相、オランド仏大統領、メルケル独首相、ジャスティン・トルドー加首相、マッテオ・レンツィ伊首相の主要7か国（G7）首脳と、ドナルド・トゥスク欧州理事会常任議長（EU大統領）、ジャン＝クロード・ユンカー欧州委員長が参加。首脳たちは5月26日午前、伊勢市の伊勢神宮をそろって訪問し、記念植樹を行った後、玉砂利を踏みしめながら新緑に包まれた参道を歩き、正宮前の石段で記念撮影した。26日朝、中部国際空港に到着したレンツィ、メルケル、オランドの3首脳は、霧などによる視界不良でヘリコプターが飛べず、それぞれ200キロを車列で移動し、伊勢神宮に到着した。

開幕に先立ち、安倍とオバマは25日夜、志摩市のホテルで会談した。米軍属の男が沖縄県うるま市の女性会社員を乱暴目的で襲って殺害し、死体を遺棄した事件が起きたばかりだった。安倍は共同記者会見で、「大統領に断固抗議した。実効的な再発防止策の徹底など厳正な対応を求めた」と語気を強めた。これに対し、オバマは「心の底からお悔やみの気持ちと、深い遺憾の意」と、捜査への全面的な協力を表明した。

安倍は会談の中で、サミット後のオバマの広島訪問に歓迎の意を表し、訪問が「核兵器なき世界」に向けて大きな力になると評価した。オバマは「第2次世界大戦で命を失った方々に敬意を表し、核兵器なき世界の実現というビジョンを再確認する。日本の友人と卓越した同盟関係を強化することができる」と、広島訪問の意義を説明した。

G7版「三本の矢」

サミットの最大の焦点は「世界経済」だった。中国などの新興国経済が減速する中、世界経済を安定成長にどのようにして導くか。また、4月にはタックスヘイブン（租税回避地）を利用した資産隠しの実態を暴露した「パナマ文書」が、サミット参加国の一部首脳を含め、世界のリーダーを震撼させていた。このため、国際的な課税逃れ対策をどうするのかも主要議題の一つに浮上した。

安倍は26日、世界経済の討議の冒頭、新興国経済の現状を示す5枚の説明資料を配布した。それには、「GDP（国内総生産）伸び率は、リーマン・ショック以降、最も低い水準」にあるなど、08年に起きた世界的金融危機「リーマン・ショック」を引き合いにした表現が並んでいた。安倍は、「リーマン・ショック直前に北海道洞爺湖サミットが開かれたが、危機発生を防ぐことができなかった。政策対応を誤ると、危機に陥るリスクがある」と強調し、G7による危機感の共有を訴えた。

これに対して、他の首脳からは「クライシス（危機）とまで言うのはいかがか」と疑問の声があがった。サミット直前のG7財務相・中央銀行総裁会議でも、そのような危機認識は示されておらず、この日、配られた資料は、首相官邸が作成し、財務省は直前まで知らされていなかった。

結局、各国首脳らは、各国の状況に応じて「機動的な財政戦略と構造政策を果断に進める」点では一致。安倍は、金融政策と財政出動、構造改革の3つの政策手段をG7版の「三本の矢」として、政策を総動員することを提案、了承された。G7の中で米国、カナダ、イタリアは財政出動に肯定的だったが、ドイツや英国は消極的。ドイツのメルケル首相は会議後、「世界経済は着実に成長しているが、リスクはある。だからこそ、共通の経済的なイニシアティブを取ることが重要との認識で合意した」と語った。メルケルらも、財政出動を唱える安倍議長に対して正面から反対を唱えなかったものとみられた。

首脳会議は翌27日、首脳宣言とテロ対策など6分野に関する付属文書を採択して終幕した。首脳宣言は、世界経済の見通しについて「下方リスクが高まってきている」とし、危機回避のため、G7が「適時に全ての政策対応を行う」と明記。その取り組みを強化するにあたり、財政、金融、構造政策の「三本の矢のアプローチ」の重要性を再確認するとして、「三本の矢」が盛り込まれた。ただ、「債務残高対GDP比を持続可能な道筋に乗せることを確保しつつ」と、野放図な財政出動にはクギを刺した。

首脳宣言はまた、課税逃れに対する国際的な取り組みの促進のほか、15年12月に採択された地球温暖化対策の国際的枠組み「パリ協定」について、年内の発効を目指すこともうたった。

中国に自制促す

一方、外交政策の討議で、安倍は、中国が南シナ海の軍事拠点化に向け埋め立て工事を進めている現状を衛星写真で説明し、その強引な海洋進出の実態について各首脳の注意を促した。宣言では、中国を名指しすることこそ避けたものの、「国家が、国際法に基づく主張を行い、及び明確にすること、緊張を高め得る一方的な行動を自制し、自国の主張を通すために力や威圧を用いないこと並びに仲裁を含む法的手続を通じたものを含む平和的な手段による紛争解決を追求することの重要性を再確認する」と、3項目を挙げて自制を強く促した。

北朝鮮による核実験と弾道ミサイル発射に対しては「最も強い表現で非難する」とし、国連安保理決議の完全履行を求めるとともに、「拉致問題を含む国際社会の懸念に直ちに対処するよう」北朝鮮に強く要求した。安倍はサミット後の記者会見で、「拉致問題は私から提起した」と述べた。

ロシア・ウクライナをめぐっては、ロシアによるクリミア半島の違法な併合を改めて非難し、完全な停戦につながる具体的措置をとるようロシアに要請した。

ただ、「ロシアとの対話を維持する重要性を認識する」との文言も盛り込まれ、これには領土交渉を進める日本の立場が反映されていた。また、宣言は、イスラム過激派組織「イスラム国」などのテロ組織による攻撃は、「全人類に共通の価値及び原則に対して深刻な脅威をもたらす」とし、「あらゆる形態のテロを強く非難」するとした。

消費増税再延期への仕掛け

安倍は、サミット終幕にあたって記者会見し、サミット全体を総括した。この30分余りの会見で、安倍は「リーマン・ショック」という言葉を7回も繰り返し、世界経済が危機に陥るリスクを強調。このため、日本も議長国として、G7と協調して「三本の矢」を放ち、「あらゆる政策を総動員してアベノミクスのエンジンをもう一度、最大限ふかしていく」決意を表明した。さらに「『消費税率引き上げの是非』も含めて検討し、夏の参議院選挙の前に明らかにしたい」と述べ、増税見送りに含みを残した。記者団から消費税増税の先送りは、アベノミクスの破綻と批判されるのではと問われると、安倍は「アベノミクスは決して失敗していない」と反論した。

しかし、消費税率の10％引き上げを再延期する路線は、すでに敷かれているとみてよかった。安倍は、「リーマン・ショックや東日本大震災のような事態」が起きない限り、再延期はしないと述べてきており、サミットの場で「リーマン・ショック並みの経済危機」をしきりに唱えたのは、消費増税再延期の布石だと受け止められた。民進党の岡田克也代表は、リーマン・ショックになぞらえた安倍発言について、記者団に「消費増税先送りの言い訳に使えるよう（サミットを）利用していると言われても仕方がない。非常に恥ずかしい」と批判した。

自由で開かれたインド太平洋戦略

日本主導でアフリカ開発の支援を議論する第6回アフリカ開発会議（TICAD6）が16年8月27日、ケニアの首都ナイロビで開かれ、安倍首相が基調演説を行った（巻末資料参照）。この中で安倍は、今後3年間でインフラ整備などに官民総額300億ドル（日本円で約3兆円）規模の投資を行うとともに、「質の高い、強靭《きょうじん》で、安定したアフリカのため」、技術者や感染症対策の専門家ら約1000万人の人材育成に取り組む考えを表明した。これらはいずれも、豊富な資金力でアフリカでの影響力を強め、「一帯一路」を掲げて覇権を拡大する中国をにらんだものだった。

さらに安倍は、今回の訪問に約70の民間企業が同行したことを紹介し、官民一体で経済協力を推進する「日アフリカ官民経済フォーラム」を常設することも表明。また、23年までにアフリカ諸国からの国連安保理常任理事国入りを支持する考えも示した。そのうえで、アジアとアフリカの「2つの大陸」、自由で開かれた太平洋とインド洋の「2つの大洋」の交わりを、日本は「力や威圧と無縁で、自由と、法の支配、市場経済を重んじる場として育て、豊かにする責任をにな」うと述べた。安倍はこの場で新しい外交ビジョン、「自由で開かれたインド太平洋戦略」（FOIP）を公表したのだった。

この戦略は、安倍のインド重視の外交方針をきっかけに生まれた。第1次内閣の07年、インド国会で行った「二つの海の交わり」と題した演説がこの構想の原点だが、自らの退陣によって立ち消えになった。その後、12年12月、「アジアの民主的な安全保障ダイヤモンド」と題する英語論文を国際的な記事配信ネットワークに寄稿し、海洋の平和と安定のために、日米豪印4か国の戦略的な提携強化を提唱した。しかし、これは「対中包囲網」の色が濃すぎて、インドだけでなく、米豪からも積極的な賛成は得られなかったという。

安倍は、年来の構想FOIPを打ち上げる場所にアフリカを選んだ理由について、「東南アジアで表明したら、中国を刺激してしまうでしょう。ケニアでの演説ならば、それほど注目されない。その後、様々な場面で主張して徐々に国際社会で浸透させていくという点で、アフリカでの表明は良かった」と語っている（『回顧録』）。

ＦＯＩＰ構想、印・米・欧も支持

ＦＯＩＰは、Free and Open Indo-Pacific の頭文字をとった略称。外務省によれば、この基本的な考え方は、「地域全体の平和と繁栄を保障し、いずれの国にも安定と繁栄をもたらすために、ＡＳＥＡＮの中心性、一体性を重視し、包括的かつ透明性のある方法で、ルールに基づく国際秩序の確保を通じて、自由で開かれたインド太平洋地域を『国際公共財』として発展させる」ものだという。これに賛同する国ならば、日本はいかなる国とも協力するとしているが、「自由と法の支配」といった共通の価値観を看板としている以上、中国が乗ってこないのは確かなことだった。

17年９月、インドを訪問した安倍は、首脳会談後の記者会見で、「モディ首相と手を携えて、アジア太平洋地域と世界の平和と繁栄を主導していく決意だ」と強調した。共同声明では、インド太平洋戦略と、モディが唱えるアジア重視の「アクト・イースト（東方で活動する）政策」の連携を盛り込んだ。これに先立ち、海上自衛隊と米国、インドの両海軍は、同年７月、インド洋のベンガル湾で共同訓練を実施するなど、安保協力も進展。18年10月には、来日したモディ首相との間で、日印間に外務・防衛閣僚会合（２プラス２）を新設することで合意する。

さらにドナルド・トランプ米新政権の誕生が、ＦＯＩＰ構想の追い風になった。トランプ大統領は、オバマ前政権に代わる新しいアジア政策としてこの構想に飛びつき、同年11月の初のアジア歴訪では「自由で開かれたインド太平洋」の実現を強調し、日米首脳会談でも安倍との間で、ＦＯＩＰを日米の共通の外交戦略とすることを確認し合った。中国の軍事的台頭や東シナ海、南シナ海、インド洋への海洋進出だけでなく、インド、インドネシアなどの経済発展による一大経済圏としての存在感が、ＦＯＩＰへの関心度を高めていた。

18年10月、日豪両政府は、８回目の外務・防衛閣僚会合（２プラス２）で、「自由で開かれたインド太平洋戦略」の推進で一致し、共同声明を発表した。豪州との間では13年に発効した物品役務相互提供協定（ＡＣＳＡ）を17年に見直し、弾薬の提供も可能となった。さらに21年11月には、安全保障関連法に基づいて、自衛隊が豪州の艦船などを守る「武器等防護」を初めて実施した。

政府は、この頃から「インド太平洋戦略」を「構想」と言い換えるようになる。ＦＯＩＰについては、英国、フランスに続いて、19年２月に来日したメルケル独首相も、首脳会談後の共同記者会見で、「インド太平洋地域における平和と安定に関与しており、我々も支援していきたい」と述べ、ドイツとしてＦＯＩＰ構想への支持を明言した。安倍の考えに基づいた日米豪印４か国の安全保障の枠組み「Ｑｕａｄ（クアッド）」は21年に生まれることになる。

注

1　第２次安倍政権下では、「災害列島」と称せられるほど、熊本地震をはじめ、多くの自然災害が起きた。２０１４年８月、広島市北部への豪雨による土砂災害、同年９月の御嶽山噴火、17年７月の九州北部豪雨、18年7月の西日本豪雨、同年9月の北海道胆振《いぶり》東部地震、19年9月の千葉県に甚大な被害をもたらした台風15号、同年10月の関東・甲信・東北を襲った台風19号、20年に熊本中心に発生した「令和2年7月豪雨」などである。民主党政権下の11年3月の東日本大震災以来、危機管理への対応が政権の死命を制するだけに、安倍政権は菅官房長官を中心に、災害時の迅速な対応に力を注いだ。

第10章　ヒロシマと真珠湾

オバマ大統領の広島訪問

オバマ米大統領は2016年5月27日午後、伊勢志摩サミットの会場を後にすると、中部国際空港に向かい、米大統領専用機「エアフォース・ワン」に搭乗、同3時33分、米軍岩国基地（山口県岩国市）に到着した。同4時、基地内の格納庫で、駐留米兵や日本の自衛官ら約3000人を前にスピーチし、熊本地震で岩国基地を飛び立った米軍輸送機オスプレイが、八代《やつしろ》港沖の海自護衛艦から水や食料を被災地に輸送したことなどを念頭に、「岩国基地は両国の信頼と協力、友情の力強い実例だ」と強調。「平和と安全、核兵器の必要のない世界を求めるため、広島に向かう」と述べた。

オバマは同4時44分、岩国基地をヘリコプターで出発し、同5時、広島市内のヘリポートに着くと、車で平和記念公園に向かい、同25分、暮れなずむ平和記念公園の地に立った。米軍が原爆投下という、非人道極まる行為をなしたヒロシマを、米国の現役大統領が初めて訪問したのである。

一方、安倍は、27日午後2時からのサミット閉幕の記者会見を終えると、陸上自衛隊のヘリコプター、航空自衛隊の輸送機を乗り継いで、海上自衛隊岩国基地に到着、さらに陸自ヘリを使って平和記念公園に駆けつけた。安倍は、岸田文雄外相、松井一實《かずみ》広島市長らとともにオバマを出迎えて握手を交わすと、オバマと一緒に公園内の広島平和記念資料館に入った。自ら折ったという「折り鶴」を持参していた。同5時38分、オバマは、原爆死没者慰霊碑に献花し、安倍がこれに続いた。

オバマ声明

オバマは5時41分、声明を発表した（巻末資料参照）。オバマが今回の外遊の間、ずっと推敲を重ねてきた声明文だった。[1] その冒頭でオバマは、「我々はなぜこの地、広島に来たのか」と問いかけ、「それほど遠くない過去に解き放たれた恐ろしい力について思いをはせるためであり、10万人を超える日本の男性、女性、子どもたち、多くの朝鮮半島出身者、捕虜になっていた米国人を含めた犠牲者を追悼するため」だと続けた。

さらに「我々は、歴史を直視し、こうした苦しみが再び起きないように自問する責任を共有している」と表明。米国のような核保有国は、「核兵器が完全に廃絶される世界を求め、恐怖の論理から脱却する勇気を持たなければならない」と強調した。また、09年のプラハ演説で提唱した

「核のない世界」は、「私が生きている間にこの目標を実現させることはできないかもしれない。根気強い努力は破局の可能性を減らすことができる。我々は（核兵器の）備蓄の破棄につながる道筋を描くことができる」と述べ、核軍縮・不拡散への決意を示した。

オバマは、「広島と長崎は、核戦争の夜明けとしてではなく、我々の道義的な目覚めの始まりとして知られなければならない」と声明を結んだが、原爆投下の是非や謝罪には言及しなかった。

このあと、安倍首相も演説し、自身の米上下両院合同会議でのスピーチに触れつつ、大統領の広島訪問について、「日米両国の和解、そして信頼と友情の歴史に、新たなページを刻む、オバマ大統領の決断と勇気に対して、心から皆様と共に敬意を表したい」と表明。「『核兵器のない世界』を必ず実現する。その道のりが、いかに長く、いかに困難なものであろうとも、絶え間なく、努力を積み重ねていくことが、今を生きる私たちの責任」だと語った。

被爆者との面会

声明を読み上げたオバマは、20歳で被爆した日本原水爆被害者団体協議会代表委員の坪井直《すなお》に近づき、言葉を交わした。坪井は、オバマの手を握ったまま、「原爆は人類の歴史上の不幸な出来事。ああいうことをしたのは人類だ。だから米国を責めていない」「核兵器をゼロにするために、あきらめることなく頑張りましょう。大統領を辞めてもネバーギブアップですよ」と、熱弁をふるった。[2]

自らも被爆者で、広島で被爆死した米兵捕虜を独自に調査してきた歴史家の森重昭《しげあき》は、「亡くなった米兵も、天国で喜んでいるに違いない」とだけ言うと、感極まってオバマの胸によりかかった。オバマはその肩と背を両手で優しく抱いた。シナリオなきハプニングは見ている人たちの心を揺さぶった。米メディアは、このシーンを繰り返し流した。

オバマは演説の中で、広島訪問で追悼する対象に「a dozen Americans held prisoner」（12人の米国人捕虜）を挙げ、後段で「the man who sought out families of Americans killed here」（ここで犠牲となった米国人の家族を捜し出した男性）に言及した。その人こそ森だったのである。

「3人のK」の存在

オバマの広島訪問の道を切り開いた功労者は「3人のK」だった。第一はキャロライン・ケネディ駐日米大使、第二はジョン・ケリー米国務長官、第三は岸田外相である（三山秀昭『オバマへの手紙』）。

オバマ政権は、09年の大統領初来日の際、広島・長崎訪問の是非を日本側に打診したが、見送った経緯があった。ケネディ大使は、大学生時代の1978年、叔父のエドワード・ケネディ上院議員と広島を訪れて以来、「この体験が常に心の中にあった」と言い、ヒロシマに強い関心を示してきた。日本に着任直後の2013年12月、広島、長崎の両市長からは、オバマ大統領在任中の被爆地訪問の要請を受けた。15年4月には広島市を訪問、マツダスタジアムでプロ野球の始球式を行うなど広島市民との親交を深め、15年の原爆忌には前年に続き平和記念式典に参列した。

オバマの広島訪問について、米政権内部では、「核のない世界」を改めてアピールする機会になるという積極論の一方で、そのリスクを懸念する意見もあった。それは、ロシア、中国が核軍縮にかなり後ろ向きであるうえ、米国内では「原爆投下は戦争終結を早めた」との意見が、依然として国民の半数を超えていたからだった。そうした中、平和記念公園のある広島1区選出の岸田外相は、サミットの伊勢志摩開催が決まった直後の15年6月、オバマの広島訪問についてケネディ大使に協力を要請した。大使は賛意を示したが、越えなければならないハードルがあるので「この問題を私に預けてほしい」と引き取った（齋木昭隆「歴代外務次官が語る平成日本外交史」〔『外交』Ｖｏｌ．58〕２０１９年）。

16年4月10、11の両日、主要7か国（Ｇ７）外相会合が広島市内で開かれた。岸田は11日午前、英米仏の核保有国を含めた各国外相をそろって平和記念公園に誘い、広島平和記念資料館を案内して回った。そこでケリー米国務長官が約３００メートル先にある原爆ドームまで行くことを提案し、外相たちはドームまで足を運んだ。原爆慰霊碑の前に立ち、お互いに背中に手を回す岸田とケリーの写真は、欧米のメディアでも大きく報じられた。ケリーは、記者会見で「１９４５年8月6日に何が起きたのか、決して忘れられなくなった」と述べ、「オバマ大統領にも広島で目の当たりにしたことを必ず伝える」と強調した。このケリーのヒロシマ体験が、オバマの広島訪問実現を「後押しした」と、ケネディ大使は『読売新聞』のインタビュー（2017年1月18日付朝刊）で断言している。

17年1月、ケネディ大使は、トランプ政権発足に伴って離任したが、その際、安倍首相と日本政府に対し、「『希望の同盟』を強化し、大統領が信じる『和解の力』に共鳴してもらった」と、謝意を込めたメッセージを出した。

安倍の真珠湾訪問

安倍首相は16年12月27日（日本時間28日朝）、オバマ大統領とともに米ハワイ・オアフ島の真珠湾（パールハーバー）を訪問し、1941年の旧日本軍による真珠湾攻撃の犠牲者を慰霊した。2人は、真珠湾で撃沈された戦艦アリゾナの上に立つ「アリゾナ記念館」で、犠牲者の名前が刻まれた壁に向かって献花し、黙禱した。慰霊には、岸田外相と稲田朋美防衛相が同行した。

同年12月8日、日本海軍の連合艦隊は真珠湾を攻撃、米戦艦8隻を撃沈・撃破し、死傷者は3500人に上った。宣戦布告の通告が攻撃から約1時間後になったことから、フランクリン・ルーズベルト米大統領は、「卑劣なだまし討ち」と非難。「リメンバー・パールハーバー（パールハーバーを忘れるな）」を合言葉に、米国は日本との熾烈《しれつ》な戦争に突入した。

安倍は、その真珠湾を一望する埠頭で演説した（巻末資料参照）。安倍は「この地で命を落とした人々の御霊《みたま》」と第2次世界大戦のすべての犠牲者に「永劫《えいごう》の、哀悼の誠を捧げ」ると表明。続けて、日本の「不戦の誓い」と「戦後70年間に及ぶ平和国家としての歩み」を、これからも「不動の方針」として貫いていくと強調した。演説の中で安倍は、真珠湾攻撃中に被弾し、戦死した日本人パイロットの碑《いしぶみ》を、現地に建てたのは米軍人だったというエピソードを紹介し、アンブローズ・ビアスの詩から「The brave respect the brave.／勇者は、勇者を敬う」を引用した。

安倍は「歴史に残る激しい戦争を戦った」日米両国が、「歴史にまれな、深く、強く結ばれた同盟国」となったのは、寛容の心がもたらした「和解の力」によるものであると強調。最後に、「私たち日本人の子供たち、(中略)アメリカ人の子供たちが、またその子供たち、孫たちが、そして世界中の人々が、パールハーバーを和解の象徴として記憶し続けてくれることを私は願います」と述べて、約17分間の演説を終えた。

続いてオバマ大統領が演説し、安倍の真珠湾訪問について、「和解の力と、同盟を象徴する歴史的な行為」と評価。日米の「同盟関係はかつてないほど強固になった」と言い切り、「最も敵対する相手が、最も強い同盟者になりうる」(The most bitter of adversaries can become the strongest of allies)と述べた。そして歴史の教訓を生かして未来を築こうと呼びかけ、「平和から得られるものは戦争から得られるものより大きく、和解は報復よりも多くの見返りをもたらす」などと語った。

「和解」へ向けた両首脳の決断

オバマ米大統領は、5月のサミットと広島訪問に先立ち、ベトナムを訪問していた。75年のベトナム戦争終結以降、米大統領の訪越は、ビル・クリントン、ジョージ・W・ブッシュに次ぎ3人目だった。オバマはハノイで、「(米越両国は)戦争よりも平和がいかに素晴らしいかということを、世界に向けて示すことができる」と強調した。オバマにとって、ベトナムと日本への旅は、「かつて戦火を交えた敵国との過去の克服」がテーマだった。ただ、オバマにとっては、ベトナム介入は誤りだったという認識が国民の大勢を占めるのに対し、「卑劣な奇襲攻撃への反撃」「原爆投下は終戦を早めた」という意見が依然として根強い中での、広島への訪問のハードルは高かった。

一方、安倍の真珠湾訪問は、前年の2015年4月、米議会上下両院合同会議で演説し、先の大戦に対する「痛切な反省」を表明した延長線上にあった。米国務省は、オバマの広島訪問と安倍の真珠湾訪問をセットと考え、日本の外務省もこれに同調していた。これに対して、安倍は、真珠湾攻撃は宣戦布告がわずかに遅れたとしても、戦略的な軍事目標への攻撃であり、非人道的な兵器で民間人を大量殺傷したヒロシマ・ナガサキとは全く違うとして、セット論を受け入れなかった。安倍が伊勢志摩サミット前の日米首脳会談後の記者会見で、「現在、ハワイを訪問する計画はない」と否定したのも、真珠湾訪問が広島訪問の「返礼」と受け止められないようにするためで、真珠湾と広島はあくまで「別」のものと位置づけていた。

オバマ、安倍の両首脳は、広島で、真珠湾で、いずれも謝罪はしなかった。しかし、苛烈な日米戦争がもたらした数多の犠牲者に深い哀悼の意を表し、心揺さぶる声明を用意した。オバマの広島訪問の決断が、結果として安倍の決断を促し、それは相乗効果を発揮して日米の「和解」へ、画期的な歴史を刻んだのである。

注

1　オバマのスピーチライター、ベン・ローズ大統領副補佐官が自らブログに掲載した手書き原稿によると、冒頭の「人類が自らを滅ぼす手段を手にした」の部分に線が引かれ、「humankind」（人類）は同じ意味の「humanity」、そして最後は「mankind」に書き換えられ、「capacity」（能力）が「means」（手段）に変更され、最終的に声明は「mankind possessed the means to destroy itself」という表現になった（2016年6月3日付『読売新聞』朝刊）。

2　坪井直は広島工業専門学校（現広島大学工学部）3年生だった時、通学途中に爆心地から1・2キロで被爆し、熱線で全身に大やけどを負った。その後、中学教諭となり、生徒に原爆体験を熱心に語り「ピカドン先生」と呼ばれた。被爆者らが結成した日本原水爆被害者団体協議会（被団協）の代表委員に就任した2000年、米ニューヨークの国連本部で開かれた核拡散防止条約（NPT）再検討会議に合わせ、国連本部前で核兵器廃絶を訴えるなど、「被爆地ヒロシマの顔」として廃絶運動を先導した。21年10月に死去。なお、国内外で被爆体験の証言や署名運動などを通じて、核兵器廃絶を訴えてきた被団協は24年、ノーベル平和賞を受賞した。

第11章　16年参院選の勝利

同日選の選択肢

２０１６年は、年初から衆参同日選挙の観測がしきりだった。第１９０回通常国会が１月４日に召集されたため、会期末の６月１日に衆院を解散すれば、７月10日の同日選挙が可能だった。安倍首相は当時、中曽根元首相が「自民党が左にウイングを伸ばし、中道右派まで支持層を広げた」と誇った、１９８６年の衆参同日選挙のことにしばしば触れていたと言われる。

安倍は２０１６年１月22日の施政方針演説で、「批判だけに明け暮れ、対案を示さず、後は『どうにかなる』。そういう態度は、国民に対して誠に無責任」と野党を挑発し、３月13日の党大会でも、「選挙のためだったら何でもする、誰とも組むという無責任な勢力に負けるわけにはいかない」と、参院選に向けた民主と共産との選挙協力を非難した。安倍は同月17日、都内で開かれた日本商工会議所の会合で挨拶し、「今年は大切な年になる。中身はあえて言わないが、だいたい皆様には想像がつくのではないか」と述べた。同日選を示唆した発言にほかならなかった。

これらの安倍の一連の言動には、自信とも驕《おご》りとも判別しがたいところがあった。この時期、安倍は、17年4月からの消費税率10％への引き上げについて、景気の足踏みが続いた場合は、これを先送りする方向で検討を始めていた。安倍が消費増税を再延期して衆参同日選挙に打って出るのではないかという見方が広がった。

この間、2月末、衆院予算委員会で、保育所に子どもを入れられなかった母親の匿名ブログが取り上げられた。そこに綴られた一文、「保育園落ちた日本死ね！！！」が、当時、待機児童問題で苦しむ保護者らの共感を呼び、大規模な署名運動が広がっていた。民主党の山尾志桜里《しおり》が、このブログをもとに追及したところ、安倍は「本当かどうか確かめようがない」と、市民感情を逆なでする答弁をして、この問題への理解不足が露呈した。[1]

「民進党」旗揚げ

16年3月27日、民主党と維新の党は、新たに「民進党」を旗揚げした。新党は、「野党勢力を結集し、政権を担うことのできる新たな政党をつくる」と宣言、参院選で安倍政権と対決する姿勢を打ち出した。

新党名をめぐり、民主党側は「立憲民主党」を、維新側は「民進党」をそれぞれ主張し、平行線をたどった。このため、世論調査を行うこととなり、結果は「民進党」支持が上回った。民主党の岡田克也代表は、調査結果に従わざるを得ないと述べたが、自民党の谷垣幹事長は記者会見で、「日本の政治をどう引っ張っていくか。『民進』という言葉に表現されているのかどうか」と疑問を呈し、菅官房長官も、「党名よりも、政策に関する議論が本来はあってしかるべきだ」と批判した。

参加議員は、民主党130人(衆院71人、参院59人)、維新の党の衆院議員21人、改革結集の会の衆院議員4人と無所属参院議員1人の計156人(衆院96人、参院60人)。これにより、1996年から続いた「民主党」の名称は20年で幕を閉じた。民進党の初代代表は岡田克也、幹事長には枝野幸男が就き、政調会長には山尾志桜里、国会対策委員長に安住淳が起用された。維新からは江田憲司が代表代行に就任した。これに伴い、維新の党は解党した。

安倍の同日選判断のタイムリミットが迫る中、既述のように4月14日、熊本地震が発生した。結果的に単独選挙となった参院選公示前日の6月21日、安倍はテレビ朝日の番組で、「過去、自民党は2回、同日選挙をやって2回とも大勝している。同日選をやりたいという気持ちもあった」と率直に語り、それを見送った理由について、「熊本地震があり、参院選の実施事務だけでも大変な中で、衆院を同時に解散することは控えた」と述べた。一方、安倍は『回顧録』の中で、「同日選に、中選挙区時代ほどのメリットはないとも思っていたのです。(中略)同日選をやり、衆院の議席を減らすダメージを考えると、政権運営にはマイナスの方が大きいのではないか、という懸念もありました」と語っている。

消費増税を再延期

安倍は16年6月1日、通常国会閉幕を受けての記者会見で、17年4月からの消費税率10％への引き上げを、19年10月まで2年半延期すると表明した。同時に、衆参同日選は見送り、参院選を「6月22日公示、7月10日投開票」の日程で実施すると発表した。安倍は会見の中で、「野党が内閣不信任案を提出（31日否決）した時に衆院解散が頭の中をよぎったことは否定しない」としながらも、「今の段階では解散の『か』の字もない」と述べた。また、軽減税率の導入も、税率の引き上げと同様、先送りする方針を示した。

消費増税再延期の決定は、与党内でも「唐突」と映り、官邸主導で強引に増税見送りに持ち込もうとする安倍のやり方に反発が起きた。安倍は5月28日夜、首相公邸で麻生太郎財務相と谷垣幹事長に消費増税先送りの考えを伝えた。これに対し、谷垣は「財政再建はどうなるのか」と難色を示し、麻生は「予定通り（税率を）上げてくれ。出来ないなら衆院を解散して信を問う必要がある」と迫り、谷垣も同調した。安倍は、同日選は難しいとこれを遮り、同席していた菅官房長官は、同日選反対の立場から「参院選で信を問えばいい」と安倍を擁護した。首相は5月30日、首相官邸で、増税先送りに慎重な公明党の山口那津男代表と会談し、増税延期を伝えたが、山口は「突然の話だ。党内でよく相談したい」と言い捨てて官邸を去った。

安倍が19年10月までの延期としたのは、同年の参院選後に引き上げる方が良いとの判断があった。消費増税は国政選挙にとって鬼門であり、安倍はこの頃、もっぱら今井尚哉秘書官を相談相手に、経済政策から選挙・政局運営の運びまで深謀をめぐらせていた。すっかりメンツをつぶされた麻生、ハシゴをはずされた山口。しかし、2人とも最後まで抵抗はしなかった。麻生は、14年11月の消費税率アップの先送りや、15年12月の軽減税率導入の与党協議の時と同様、今度も安倍の主張をのんだ。安倍が衆参同日選挙をひっこめたことで、山口の批判の矛先も鈍っていた。

増税再延期は「新しい判断」

安倍は6月1日の会見で、増税再延期を決めた理由について、「G7共通のリスク認識の下、内需を腰折れさせかねない消費税率引き上げは延期すべきであると判断した」と述べた。ただ、国と地方を合わせた基礎的財政収支を20年度に黒字化する財政健全化目標は「しっかりと堅持する」と表明した。一方で、「現時点でリーマン・ショック級の事態は発生していない。熊本地震を大震災級だとして、再延期の理由にするつもりもない。そうした政治利用は被災者の皆さんに大変失礼なことだ」と述べたうえで、「今回、再延期するという私の判断は、これまでのお約束とは異なる『新しい判断』だ。公約違反ではないかという批判も真摯に受け止めている」と語り、14年衆院選の公約違反にあたると認めつつ、増税延期という『新しい判断』について参院選で国民の信を問いたい」と表明した。

首相は14年11月の衆院解散時、15年10月予定の消費税率10％への引き上げ延期を表明したが、その際、「再び延期することはないとはっきりと断言する」と述べていた。このため、増税再延期は明らかな食言であり、「うそつき」の批判は免れなかった。安倍はこれは「新しい判断」と言い訳をしたのだが、読売新聞の6月の全国世論調査（3～5日）では、消費税率引き上げの延期を「評価する」は63％で、「評価しない」の31％を大きく上回った。今回の延期を公約違反だと「思わない」人は65％に上り、「思う」は30％だった。

民進党の岡田代表は、これに先立つ5月18日の安倍との党首討論で、「消費が力強さを欠いている」として、消費税率引き上げを19年4月まで延期するよう提案していた。安倍の再延期論は、これに呼応した格好になり、消費増税再延期の是非が、選挙の争点から消えてしまった。

「新三本の矢」

安倍は6月1日の記者会見で、「アベノミクスをもっと加速するのか、それとも後戻りするのか。これが参院選の最大の争点だ」と、再び、アベノミクスの是非を国政選の争点に据えた。そして「アベノミクスの三本の矢をもう一度、力一杯、放つため、総合的かつ大胆な経済政策をこの秋に講じる」と述べた。

そして翌2日、政府は、「ニッポン一億総活躍プラン」[2]、「経済財政運営と改革の基本方針」（骨太の方針）、「規制改革実施計画」、「日本再興戦略」（成長戦略）の4つの計画を閣議決定した。少子化対策や働き方改革、技術革新の支援により、20年頃に名目国内総生産（ＧＤＰ）６００兆円を目指すものだった。しかし、14年度の名目GDPは約490兆円で、目標のGDP600兆円を仮に20年度までに達成するには、名目3％成長を続けなければならなかった。希望出生率1・8にしてもハードルは相当高かった。消費増税を2年半延期すれば、増税で見込まれる年間4・4兆円の税収増も遅れるので、財源問題や社会保障へのしわ寄せも懸念された。このため、「新三本の矢」は、早くも「絵に描いた餅」になる恐れが指摘されていた。

野党、1人区で統一候補

第24回参院選は6月22日公示され、389人（選挙区選225人、比例選164人）が立候補を届け出、改選定数121を争う選挙戦がスタートした。前回13年参院選の立候補者数433人（選挙区選271人、比例選162人）より44人少なかった。また、6月19日に施行された改正公職選挙法により、選挙権年齢が「20歳以上」から「18歳以上」に引き下げられて以降、初の国政選挙となった。

安倍は同日午前、熊本城内で「熊本城が威厳を再び取り戻す日まで、我々は全力を尽くす」と声を張り上げ、午後は福島県入りし、「アベノミクスは失敗していない。道半ばだ。この道を力強く、前に進んでいく」と決意を示した。同時に、選挙共闘を進める民進、共産両党を名指しして「無責任な人たちに未来は託せない」と、またも「無責任」批判を繰り返した。民進党代表の岡田は、長野県上田市で「（首相はアベノミクスが）『途上だからアクセルを吹かす』と言うが、その先にあるのは生活の破壊ではないか」と批判する一方、「首相のやりたいのは憲法9条の改正だ。（参院で国会発議に必要な）3分の2勢力を許さない」と強調した。

安倍は、同年1月4日の年頭会見で、勝敗ラインについて「与党で非改選（76議席）を含む過半数」の46議席とし、「余りに低すぎる」と批判されていたが、6月1日の記者会見で、これを「与党で改選議席の過半数」である61議席へと一気に引き上げた。とはいえ、これも公明党を含めた数字であり、全く困難な数字ではなかった。しかし、安倍には第1次安倍内閣の07年参院選（37議席）で大惨敗－退陣のトラウマがあり、今回、野党の民進、共産、社民、生活の野党4党が、32選挙区ある1人区（改選定数1）すべてで「野党統一候補」を出したことも、不安材料になっていた。

他方、公示日直後の6月23日、英国のキャメロン政権が総選挙で公約した、欧州連合（EU）離脱の是非を問う国民投票が行われ、離脱派が勝利した。この「ブレグジット」の影響により、円相場は急騰し、日経平均株価は急落した。政府・日銀は27日、首相官邸で緊急会合を開き、G7と連携して市場の安定に全力を尽くすことを確認した。政府・自民党は、アベノミクスへの逆風を警戒し、野党側は、「アベノミクスを支えてきたのは円安・株高だ。今までのやり方でエンジンを吹かしても決してうまくいかない」（岡田民進党代表）と批判を強めた。

しかし、選挙戦では、アベノミクスの評価はもとより、消費増税再延期の是非、財政健全化の道筋、憲法改正などに関する議論は深まらず、政策論争は総じて低調だった。このため、参院選が、「安倍一強」「自民一強」の継続か否かを問う「信任選挙」であるという性格は変わらなかった。

衆参で「改憲勢力」がそろう

参院選は7月10日、投開票が行われ、結果は自民55、民進32、公明14、おおさか維新の会7、共産6、社民1、生活1、無所属5議席だった。自民、公明の与党は、改選議席(59)から10増の69議席を獲得、安倍が勝敗ラインとした改選過半数(61)を上回った。自民党は、神奈川選挙区における無所属当選者を追加公認し、与党は70議席となり、非改選の76議席を合わせると146議席で、新たな参院で占める議席率は6割に達した。公明党は選挙区の7人全員が当選を果たし、比例選でも7議席を確保し、計14議席は過去最多だった。安倍は11日の自民党本部での記者会見で、「『アベノミクスを一層加速せよ』と国民から力強い信任を得た」と強調した。

これに対して、民進党は振るわず、民主党時代の前回13年参院選の17議席を上回ったが、改選議席(45)は割り込んだ。野党4党が統一候補を擁立した「1人区」は11勝21敗と負け越した。

しかし、自民党も浮かれてばかりはいられなかった。東北地方では、秋田を除いて野党候補に軒並み敗れ、福島選挙区(改選定数1)では岩城光英法相、沖縄選挙区(同)では島尻安伊子沖縄・北方相の現職閣僚2人が野党候補に敗北した。環太平洋経済連携協定(TPP)をめぐる農業政策への不満、福島原発事故による住民の避難生活の継続、沖縄の普天間飛行場の移転問題難航などを背景とする自民党への不信感が、それぞれ敗因として指摘された。なお、社民党は13年に続き、結党以来最少となる1議席にとどまる一方、共産党は改選議席を倍増させた。

参院選の結果、非改選も含め、改憲を唱える自民党、おおさか維新の会、日本のこころを大切にする党と無所属議員、「加憲」を掲げる公明党の合計議席は164議席となり、憲法改正の発議に必要な3分の2以上(162)の議席に達した。衆院は自公両党で3分の2の議席をもっていたため、衆参両院で「改憲勢力」がそろった。しかし、それとは裏腹に、改正項目の議論は熟しておらず、改憲発議が現実味を帯びる可能性は大きくなかった。

安倍も10日夜のテレビ番組で、憲法改正について、「この選挙で憲法の是非が問われたとは考えていない。自民党としては、改憲は立党以来の悲願で、公約にも書き込んでいるが、憲法改正について国民に問うのは国民投票だ」と語った。実際、この選挙で、野党は「3分の2」を阻止する方針を掲げたが、与党は争点に位置付けなかった。安倍も選挙遊説で憲法改正を語らず、民進党などから「争点隠し」と批判されるほどだった。

注

1　安倍と山尾の対決は第2ラウンドがあった。5月16日の衆院予算委員会で、山尾が、保育士給与引き上げ法案が審議入りしないことについて、「委員会が決めることだと言って逃げている」と安倍を批判。これに対して、安倍は反論し、「議会の運営について、少し勉強していただいた方がいい。議会については、私が『立法府の長』だ(行政府の間違い)。立法府と行政府は別の権威。(国会での)議論の順番について、私がどうこう言うことはない」と一蹴した。これに対して山尾は、「総理の席からたびたびヤジを飛ばして立法府の権威をわきまえているとも思えない振る舞いを続けてきた総理から、立法府と行政府の役割を教えてもらわなくても私はわかっている」と切り返した。安倍は国会審議で、蓮舫、辻元清美、山尾ら民進党の女性議員の舌鋒に苛立つ場面が少なくなかった。

2　「ニッポン一億総活躍プラン」のポイントは次の通り。

▽基本的考え方＝一億総活躍社会は誰もが活躍できる、いわば全員参加型の社会であり、究極の成長戦略である。▽働き方改革＝同一労働同一賃金の実現に向け、労働契約法、パートタイム労働法、労働者派遣法の一括改正等を検討する。正規、非正規といった雇用形態にかかわらない均等・均衡待遇を確保する。どのような待遇差が不合理かを事例等で示すガイドライン（指針）を策定する。▽希望出生率1・8＝保育士の処遇は2％相当の処遇改善を行う。技能・経験を積んだ保育士は追加的に処遇改善し、4万円程度ある全産業の女性労働者との賃金差をなくす。▽介護離職ゼロ＝介護人材の処遇では2017年度からキャリアアップの仕組みを構築し、月額平均1万円相当の処遇改善を行う。

第12章　第2次政権の転換点

谷垣退場と二階登場

2016年8月3日行われた自民党執行部人事で、安倍は谷垣禎一幹事長[*1]の後任に二階俊博総務会長[*2]を充てた。総務会長に細田博之幹事長代行、政調会長に茂木敏充選挙対策委員長、選対委員長に古屋圭司元国家公安委員長が就いた。高村正彦副総裁は留任した。谷垣は7月16日の土曜日、皇居周辺で、趣味のサイクリング中に転倒し、頸髄《けいずい》損傷で入院し手術を受けた。その大ケガから回復の見通しがたたず、安倍は谷垣の再任を断念し、二階を横滑りさせた。菅義偉官房長官が二階の幹事長起用を進言したとされる。その後、谷垣は長期入院でリハビリに専念せざるを得なくなった。

二階幹事長をはじめ新執行部は9月下旬以降、「解散風」をしきりに吹かせて党内を引き締めた後、安倍の総裁3選に道筋をつけていった。二階は総務会長として、15年総裁選では他派に先駆けて安倍支持を打ち出し、無投票当選の流れをつくり、参院選前の16年5月、「これからの安倍さんの頑張り次第で、当然、（任期延長は）あり得る」と表明。8月3日の幹事長就任会見で、総裁任期延長の論議を急ぐ考えを示した。そして自民党は、11月1日の総務会で、総裁任期を現行の「連続2期6年」から「連続3期9年」に改める党則改正案を全会一致で決めた。

安倍は12年9月に自民党総裁に返り咲いてから2期目で、18年9月末に任期切れを迎える予定だった。安倍が18年の総裁選で3選を勝ち取れば、総裁任期は21年9月末まで延びる計算になる。二階は17年2月、「支障がない限り、（安倍首相の）3選支持は間違いない」と述べて、いち早く支持を表明した。

安倍が、「百戦錬磨、いわば自民党で最も政治的技術を持った方」と評した二階に党内操縦を任せたことが、安倍「一強政治」を継続させる力となり、結果としてさらなる長期政権をもたらした。[1]

初の女性都知事の誕生

政治資金流用問題で辞任した舛添要一の後継を選ぶ東京都知事選は、16年7月31日、投開票され、政党の支援を受けない新人で無所属の小池百合子元防衛相が当選、女性初の都知事の座に就いた。自民、公明、こころの推薦を受けた増田寛也元総務相、民進、共産、社民、生活の野党4党の推薦を受けたジャーナリストの鳥越俊太郎らを大差で破った。

当初、都知事の最有力候補として取りざたされたのは、民進党代表代行の蓮舫だった。蓮舫は、知名度が高いだけでなく、10年参院選の東京選挙区で171万票を獲得した実績があった。しかし、蓮舫の後見役的存在の野田佳彦前首相がブレーキをかけ、蓮舫は不出馬を表明した。これに対して、自民党は、都知事に担いだ猪瀬直樹、舛添要一の2人が相次いで「政治とカネ」でつまずき、任期途中で辞任したこともあり、選挙態勢はなかなか固まらなかった。

小池は6月29日、突如、記者会見し、「自民党議員として出馬の決意を固めた」と表明した。当時、自民党東京都連は、桜井俊前総務事務次官（人気アイドルグループ「嵐」の桜井翔の父親）の擁立へ向け、調整を進めていた。小池から推薦を求められた都連は困惑し、固辞した桜井に代わって増田の擁立に動いた。これを受け、小池は7月6日、自民党の推薦がなくても出馬する考えを正式に表明し、「しがらみなく戦えるので、ある意味、吹っ切れた」とも述べて、政府・自民党に反旗を翻した。増田は出馬を決め、自民党は分裂選挙に突入した。小池が都連を「ブラックボックス」と呼び、都連幹事長を「都議会のドン」と名指しすれば、石原慎太郎元都知事は「大年増、厚化粧」と小池を中傷するという、政策そっちのけの泥仕合が演じられた。

結果は、小池は291万票、増田は179万票、鳥越は134万票だった。読売新聞の出口調査では無党派層の半数が小池に投票していた。大衆人気を誇り、総理総裁への意欲を隠さず、意表を突いた政治行動に出る小池新都知事は、長期政権に安住しようとしていた安倍の足下を脅かす存在になっていく。

第3次安倍・第2次改造内閣

第3次安倍・第2次改造内閣が16年8月3日夕、発足した。麻生太郎副総理・財務相や菅官房長官ら8閣僚が留任し、内閣の骨組みは変わらなかった。特徴的だったのは、世耕弘成前官房副長官を経産相に抜擢するなど、初入閣組が8人を数えたことだ。安倍首相は、適材適所より各派閥の入閣待機組への配慮を優先させていた。女性は改造前と同じ3人。稲田朋美自民党前政調会長は、当選4回で早くも2度目の入閣を果たした。安倍は、今回の人事で党三役を留任させるつもりだったが、谷垣の事故に伴い二階総務会長を後任に充て、稲田政調会長の処遇に悩んだ末、防衛相に起用した。しかし、稲田の厚遇人事は、安倍政権の足を引っ張ることになる。

他方、石破茂前地方創生相は、農相への横滑り人事を断り、閣外に出た。「ポスト安倍」を意識しての行動だった。石破は約1年前に石破派を発足させ、総裁選出馬への準備を進めていた。これに対して、岸田文雄外相は留任要請を受け入れた。2人は対照的な行動をとっていた。

第3次安倍・第2次改造内閣の顔ぶれは次の通りだった。

首相	安倍晋三	61歳	自民（無派閥）	衆（当選8回）	
副総理・財務・金融	麻生太郎	75	自民（麻生派）	衆（12）	留任
総務	高市早苗	55	自民（無派閥）	衆（7）	留

法務	金田勝年	66	自民（額賀派）	衆（3）参（2）	初入閣
外務	岸田文雄	59	自民（岸田派）	衆（8）	留
文部科学	松野博一	53	自民（細田派）	衆（6）	初
厚生労働	塩崎恭久	65	自民（無派閥）	衆（7）参（1）	留
農林水産	山本有二	64	自民（石破派）	衆（9）	
経済産業	世耕弘成	53	自民（細田派）	参（4）	初
国土交通	石井啓一	58	公明	衆（8）	留
環境・原子力防災	山本公一	68	自民（無派閥）	衆（8）	初
防衛	稲田朋美	57	自民（細田派）	衆（4）	
官房	菅　義偉	67	自民（無派閥）	衆（7）	留
復興・原発事故再生	今村雅弘	69	自民（二階派）	衆（7）	初
国家公安・防災・消費者	松本　純	66	自民（麻生派）	衆（6）	初
沖縄・北方・科学技術	鶴保《つるほ》庸介	49	自民（二階派）	参（4）	初
経済再生・経済財政	石原伸晃	59	自民（石原派）	衆（9）	留
一億総活躍・働き方改革	加藤勝信	60	自民（額賀派）	衆（5）	留
地方創生・行政改革	山本幸三	67	自民（岸田派）	衆（7）	初
五輪	丸川珠代	45	自民（細田派）	参（2）	

「働き方改革」

安倍は、第2次改造内閣を「未来チャレンジ内閣」と命名し、最大の課題に「働き方改革」を挙げた。担当相も新設し、側近の加藤一億総活躍相にこれを兼務させ、有識者らによる「実現会議」を設置した。安倍は同月8日、経済財政諮問会議で、「最大のチャレンジは働き方改革だ。長時間労働の慣行を断ち切るとともに、多様な働き方の実現に向けて、年度内をめどに実行計画を策定する」と表明した。

各企業で人手不足が深刻化していることのほか、労働時間が長いのに賃金が一向に上がらないこと、正規・非正規社員の待遇の格差が依然として大きいことがその背景にあった。

「働き方改革」の実行計画は、17年3月、政府の「働き方改革実現会議」(議長・安倍首相)によってまとめられた。①正社員と非正社員の不合理な待遇差をなくす「同一労働同一賃金」の実現②残業の上限規制による長時間労働の是正——が柱で、労使任せでは前に進まなかった日本型雇用慣行の見直しを促進させる試みだった。①については、正社員と非正社員で業務や責任、勤務年数などに客観的な違いがない限り、原則として基本給や賞与において同一額を支給する、②は残業時間に「年720時間(月平均60時間)まで」などの上限規制を新設し、違反した場合には使用者に罰則を科す、というものだった。

政府は①と②に加えて、実際の労働時間に関係なく一定の時間だけ働いたとみなす裁量労働制の対象業務拡大と、高収入の専門職を対象とする「脱時間給」（高度プロフェッショナル）制度の創設を図ろうとしたが、裁量労働制に関するデータそのものに不備があり、大きな混乱を招くことになる。

金融政策は軌道修正

日本銀行の黒田東彦総裁は、2％のインフレ（物価上昇率）目標達成時期について「2年程度」としてきた。ところが、14年10月の追加緩和も効果をあげず、2年程度を経た15年になっても達成できそうになかった。15年2月4日、日銀の岩田規久男副総裁は、仙台市内で記者会見し、2年で「年率2％」を達成するのは「うまくいかないと思う」と述べた。岩田は、副総裁就任前の国会で、就任後2年で目標を達成できない場合、「最高の責任の取り方は辞職」と答弁していた。岩田はこの日の会見で、「副総裁として目標達成に全力を尽くすのは変わりない」と辞任を否定したうえで、「答弁で述べた責任の取り方は『最高の』と言っている。その前の段階の責任の取り方がある」と苦しい釈明をした。

日銀は16年1月29日の金融政策決定会合で、民間の金融機関が日銀にお金を預けた時に金利をマイナスにする「マイナス金利政策」を、日銀として初めて導入することを決めた。ただし、「量的・質的緩和」もこれまで通り継続し、世の中に出回るお金の量を年間80兆円ずつ増やすとした。マイナス金利の導入は、会合に出席した政策委員9人のうち、賛成が黒田総裁を含む5人、反対が4人と異例の僅差となった。それは、民間銀行が日銀にお金を預ける際に適用される金利の一部を、現在のプラス0・1%からマイナス0・1%に下げるもので、金融機関がお金を預ける代わりに融資に回すよう促し、企業や個人がお金を借りやすくして経済を活性化させるのが狙いだった。

しかし、黒田がまたもサプライズを狙ったマイナス金利政策は、景気刺激効果に乏しいうえ、金融機関の収益に悪影響を及ぼすなど評判は良くなかった。日銀は、16年9月の金融政策決定会合で、13年4月以降の金融緩和策について初めて総括的に検証した結果、一連の政策が「経済・物価の好転をもたらし、デフレではなくなった」と評価する一方、原油安や海外経済の失速、消費増税後の消費低迷がインフレ目標の達成を妨げたと分析した。

日銀は、この検証を踏まえて金融緩和の枠組みを変更し、軸足を、これまでの世の中に出回るお金の「量」から、長期と短期の「金利」に移すことを決定。マイナス金利政策の金利と、10年物国債の流通利回り（長期金利）を目標とすることになった。黒田は記者会見で、「従来の政策をさらに強化したもの」と強調したが、国債の大量購入策など従来の手法が限界に達したとの見方が強かった。

長期政権折り返し

12年末に始まり、20年9月に幕を閉じる第2次安倍政権は、16年が文字通り、折り返し点にあたる。この第2次政権で安倍は、第1次内閣の反省から、「アベノミクス」を看板に経済重視の路線をとり、日本経済はデフレ脱却に向けて前進し始めた。13年は参院選に勝利して「ねじれ国会」を解消、政権のスタートダッシュに成功すると、14年衆院選にも勝利して、自民、公明連立による安定政権の基盤を築いた。この間、国家安全保障会議（日本版NSC）や内閣人事局を新設して、官邸主導政治が機能する仕組みを整備し、その一方で五輪の東京招致にも成功した。

そして15年、満を持して憲法解釈を変更し、集団的自衛権を限定的に容認する安全保障関連法を9月に成立させた。これに先立つ同年4月、米議会で演説し、8月には戦後70年談話を発出した。翌16年は、伊勢志摩サミットの後、オバマ米大統領が被爆地ヒロシマを初訪問し、年末には安倍が真珠湾を訪ねて「戦後」に一区切りをつけた。こうして振り返ると、安倍政権はこの頃が、外交的にも内政的も、いわば得意の絶頂期にあった。

安倍は、安保法制をめぐる与野党対立で荒れ果てた国会と世論のきしみを見て、国民生活の安定と経済重視の政策に立ち返り、アベノミクスの目先を変えた「働き方改革」などを標榜、長期政権の後半期に入る。安倍は、ここで宿願の憲法改正と北方領土問題解決に挑むことになるが、これらは、17年以降、相次いで発覚する森友・加計問題などの政治スキャンダルの連鎖によって阻まれ、政権は下り坂に向かうことになる。

人物

*1　谷垣禎一　1945年3月7日生まれ。東京大学法学部を卒業し弁護士をしていたが、文相を務めた父・専一の急死で83年衆院旧京都2区補選（欠員2）に出馬、野中広務とともに初当選した。次世代を担う若手有望株として、衆議院議院運営委員長を務めた後、第2次橋本改造内閣で科学技術庁長官として初入閣。小渕内閣の金融担当相、小泉改造内閣の国家公安委員長、産業再生機構担当相を歴任し、小泉再改造内閣で財務相に就任した。2006年、「ポスト小泉」の自民党総裁選に立候補し、安倍に敗れた。福田内閣では党政調会長、国土交通相を務めた。自民党の野党転落後の09年9月から12年9月まで党総裁を務め、自公民路線で消費税引き上げの3党合意をまとめた。谷垣は3党合意成立の要因として、野田佳彦首相が法案成立に対してみせた気迫と、2人に共通の財務官僚との関わりを通じての双方の認識の一致を挙げていた（『一片冰心 谷垣禎一回顧録』）。12年に自民党が政権復帰した後は、法相や党幹事長として安倍内閣を支えた。

いつも講談社学術文庫を手に携えているような文治派。宮澤喜一の宏池会系の流れを汲む谷垣は、穏健保守の立ち位置にあり、保守色の濃い清和会育ち、いわゆる「戦後思想」に挑む対決型の安倍とのバランサーとして貴重な存在感を示していた。後年、谷垣は自転車事故について、「何度も通った道で段差があることもわかっていたのに、その日に限って、注意がそれた。『自転車で前に進むことだけ考えればよかったのですが。いろいろ余計なことを考えてしまいました』」と振り返り、「事故の瞬間は覚えていない。（中略）集中治療室で目覚めて真っ先に思ったのは、職務のこと。『幹事長は辞めるしかない』（中略）安倍晋三氏に連絡しようと思ったが、気管切開して人工呼吸器をつけていたため、声が出せない。文字を書こうにも、手が動かせない。急きょ、秘書を務める弟に、手書きの50音表を作ってもらい、視線で合図して、何とか辞意を伝えることができた」と語っている（22年10月1日付『読売新聞』夕刊インタビュー）。17年10月の衆院選への出馬を見送り、同年9月25日、「政界引退」のコメントを発表。19年2月の自民党大会には特別ゲストとして車いすで登場して演説し、同年3月、二階幹事長から参院選への出馬を要請されたが固辞した。その後、党内では、谷垣を中心に旧谷垣派のグループ

「有隣会」が20人規模で活動していたが、24年1月に解散を決めた。

＊2　**二階俊博**　1939年2月17日生まれ。中央大学法学部を卒業し、衆院議員秘書から和歌山県議2期を務めた後、83年、旧和歌山2区から衆院選初当選。92年の旧竹下派分裂以来、小沢一郎の側近として活動し、93年6月に自民党を離党、新生党の結党に参画した。その後、新進党を経て自由党国会対策委員長となり、自民・自由・公明の連立政権発足に中心的役割を果たした。99年、小渕、森各連立内閣で運輸相・北海道開発庁長官。のち、保守党、保守新党にも参画し、2003年、自民党に合流した。復党後の05年の郵政解散選挙を総務局長として仕切り、第3次小泉改造内閣、福田改造内閣、麻生内閣で各経済産業相、07年の安倍改造内閣で総務会長になった。14年の第2次安倍改造内閣で再び総務会長に就き、15年には韓国と中国に、観光業界関係者らの大訪問団を派遣し、近隣外交でも貢献した。

16年に幹事長就任後、自民党と対立して当選した小池百合子東京都知事と、その近い関係を生かして連絡をとりあったほか、自公両党の幹事長、国会対策委員長による「2幹2国」会議を定例化し、菅官房長官との連携も強めた。一方、「親中派」として対中外交の節目で安倍を助けた。二階派を岸田派と並ぶ規模の派閥に成長させ、「ポスト安倍」では、他派に先駆けて菅義偉を支持し、菅政権誕生に力を尽くした。幹事長の通算在職日数は20年9月8日で1498日となり、「政治の師」と仰ぐ田中角栄元首相の記録を塗り替え、菅内閣成立後も、幹事長を1年間続投した。安倍にとっては、総理総裁の座を脅かされることなく、党運営を任すことのできた二階は、実に重宝な存在だった。安倍は『回顧録』で、二階との間柄について、対中関係のキーワードを引き合いに、「(お互いの関係が利益になるならば、付き合うという)戦略的互恵関係だったと言える」と語っている。二階は、派閥の政治資金規正法違反事件をめぐる党の処分に先手を打つ形で、24年3月、次期衆院選に出馬しない意向を表明した。

注

1　安倍首相は第2次政権を通じ、麻生太郎を副総理・財務相、菅義偉を内閣官房長官に充て、最後まで全く代えなかった。一方、加藤勝信、岸田文雄、茂木敏充、世耕弘成ら実務能力の高い人物を政府・党の要職に起用し続けた。その間、自民党幹事長には石破茂、谷垣禎一、二階俊博の3人を配した。この中で、2016年当時、「ポスト安倍」と有力視されていたのは石破と谷垣だったが、谷垣は自転車事故で退き、後に首相となる菅や岸田は、その域に達していなかった。この結果、安倍後継を狙うのは石破だけとなり、党内政局に緊張感が一層なくなった。菅と麻生を使い続けたことは、中曽根内閣が安倍晋太郎外相、竹下登蔵相を4年近く代えなかったことを参考にしたと安倍は『回顧録』で述べたが、その実態は、中曽根が安倍、竹下に宮澤喜一を加えた3人によって総理総裁の座を競わせていたのと比べると、まったく趣《おもむ》きを異にしていた。

第13章　天皇陛下のおことば

特報「『退位』の意向」

２０１６年７月13日、首相官邸は大揺れに揺れた。ＮＨＫがこの日午後７時のニュースで、「天皇陛下が退位の意向を宮内庁関係者に伝えた」と特報したのである。これまで首相官邸で、天皇陛下が退位の意向を持っていることを知っていたのは、安倍のほか杉田和博官房副長官らごくわずかだった。この日、官邸はＮＨＫの報道の動きもまったく掌握しておらず、このスッパ抜きに動揺を隠せなかった。一方、宮内庁の山本信一郎次長は13日夜、「天皇陛下が『生前退位』の意向を宮内庁関係者に伝えているという事実は一切ない」と語った。

天皇陛下は、ずいぶん前から退位の意向を示されていた。初めて側近らにこれを伝えたのは10年７月。当時の宮内庁長官の羽毛田《はけた》信吾、侍従長の川島裕、東京大学名誉教授の三谷太一郎らと夕食を囲む「参与会議」の場だったという。参与らは、反対や慎重論を述べたが、陛下は考えを変えなかったとされる。皇太子や秋篠宮は、ともに天皇の退位の意向に賛同されていた。

宮内庁から水面下で陛下の意向が官邸に伝えられたのは15年初め。官邸側はこれを容認せず、杉田官房副長官は、退位ではなく摂政制度を活用するよう、風岡典之宮内庁長官に迫ったが、溝は埋まらず、官邸と宮内庁は対立したままだった（読売新聞政治部『令和誕生』）。

皇室の基本法である皇室典範は第４条で、天皇が代わるのは天皇が崩御した時と規定し、生前退位は想定していなかった。このため、官邸サイドは、生前退位を実現するには、皇室典範の改正が避けられず、退位の強制も起こりうるとしてこれに否定的だった。また、天皇の意思を国民にどう伝えるか。天皇が政治的な発言をすることは、憲法で禁じられている。仮に天皇が退位の意向を公にすれば、法改正を促す政治的な発言と受け取られかねなかった。宮内庁次長も、こうした憲法上、法律上の制約がある以上、天皇の退位の意向報道を全否定せざるを得なかったのではないかとみられる。

陛下がビデオメッセージ

天皇陛下は16年8月8日午後3時から、国民に向けたビデオメッセージ「象徴としてのお務めについての天皇陛下のおことば」（巻末資料参照）を発表した。天皇が高齢になった場合、どのような在り方が望ましいかについての考え方を約11分、述べられた。

陛下は、２度の外科手術（03年に前立腺、12年に心臓の手術）を受け、高齢による体力の低下を覚えるようになってから身の処し方を考えるようになったとしたうえで、「既に80を越え、幸いに健康であるとは申せ、次第に進む身体の衰えを考慮する時、これまでのように、全身全霊をもって象徴の務めを果たしていくことが、難しくなるのではないかと案じています」と語られ、全国各地への訪問や国民のために祈るという「象徴の務め」ができなくなることへの懸念を示された。

陛下は、「天皇の務め」として「国民の安寧と幸せを祈ること」と「人々の傍らに立ち、その声に耳を傾け、思いに寄り添うこと」を挙げ、宮中祭祀と地方訪問などを通じ、この務めをなしえたことは「幸せ」と振り返られたあと、天皇の高齢化に伴う対処策に言及された。そこでは、「国事行為や、その象徴としての行為を限りなく縮小していくことには、無理があろう」とされ、また、摂政を置いた場合も、「天皇が十分にその立場に求められる務めを果たせぬまま、生涯の終わりに至るまで天皇であり続けることに変わりはありません」と述べて、負担軽減や摂政を置くことは根本的な解決にならないとの考えを示された。

そして最後に、「これからも皇室がどのような時にも国民と共にあり、相たずさえてこの国の未来を築いていけるよう、そして象徴天皇の務めが常に途切れることなく、安定的に続いていくことをひとえに念じ、ここに私の気持ちをお話しいたしました」と語られ、国民の理解を「切に願っています」と締めくくられた。

安倍は翌9日、長崎市で記者会見し、陛下のご発言を「重く受け止めている」とし、「ご公務のあり方などについては、ご年齢やご公務の負担の現状に鑑み、ご心労に思いを致し、議論し検討を行っていきたい」と述べた。この退位の意向が読みとれる「おことば」の公表により、安倍内閣は、陛下の「生前退位」に正面から向き合わざるを得なくなった。

読売新聞が天皇のメッセージに関して緊急全国世論調査（8月9〜10日）を行ったところ、生前退位ができるように制度を「改正すべきだ」と思う人は81％に上り、「改正する必要はない」の10％を大きく上回った。高齢化社会における「老い」の現実をみている国民の大多数は、天皇陛下のお気持ちを受け入れていた。

有識者会議の設置

政府は、これまで生前退位を認めなかった理由として、天皇と上皇の権力争いが生じる可能性や、天皇がその意思に反して退位させられるおそれ、天皇の恣意的な退位に道を開きかねないリスクなどを挙げてきた。

政府はまず、天皇の退位をめぐる有識者会議を設置し、有識者の意見を聞くことから始めた。この会議が、「天皇の公務の負担軽減等に関する有識者会議」と名付けられたのは、天皇の意向で生前退位を検討すると、天皇の国政に対する権能を否定した憲法第4条に抵触するおそれがあるためとされた。有識者会議のメンバーは6人で、座長に今井敬《たかし》経団連名誉会長、座長代理に御厨《みくりや》貴東京大学名誉教授が就いた。[1] 会議では、生前退位だけでなく、陛下の公務の負担軽減策や摂政の役割など計8項目についても議論すると同時に、憲法や皇室の専門家ら16人からヒアリングを行うこととし、11月7、14、30日の3日間、集中的に実施した。[2]

安倍首相も菅官房長官も、有識者会議に対して「予断をもつことなく」議論するよう求めたが、すでに政府は、平成の天皇の一代に限って生前退位を可能にする皇室典範の特例法を制定する案を軸に検討に着手、その方向で集約されることを期待していた。「退位はあくまで例外的措置」と考えていた安倍は、ヒアリングの対象者に保守派論客の平川祐弘《すけひろ》と渡部昇一を加えた。とくに渡部は、安倍が国家観などについて教えを乞う近しい関係にあり、安倍には、彼らの「慎重な考え」によって、退位の制度化の難しさについて理解が広がることを期待していた（読売新聞政治部『令和誕生』）。ヒアリング対象者の中に退位反対・慎重論者が予想以上に多く含まれていることに、有識者メンバーの中からは不安の声も漏れたという。

これに対して、民進党の野田佳彦幹事長は9月27日の衆院代表質問で、政府が特措法制定の方向で検討しているとの報道が相次いでいることを挙げ、「一代限り、その場しのぎの特例法に初めから誘導するのでなく、皇室典範改正も視野に入れて議論すべきだ」と注文をつけた。さらに11月21日の記者会見で、ヒアリングについて「（陛下の）おことばと全く関係のない検討項目と、意に反する人を呼び集めるやり方に、強い違和感を覚える」と批判。菅官房長官は同日の記者会見で、「特定の立場に偏ることなくバランスをとる人選が行われた」と反論した。

有識者会議のヒアリングの結果、16人のうち、条件付きを含めて9人が退位容認論、7人が反対・慎重論だった。政府が目指す特例法制定に理解を示した専門家はわずか5人だった（読売新聞政治部『令和誕生』)。反対論者の中では、かねて安倍に近い、保守色の強い論客の発言が目立っていた。会議の論点は拡散し、政府の思惑通りに進まなくなっていた。

ヒアリング終了日翌日の12月1日、天皇陛下が望んでいるのは退位の恒久制度化だという記事が新聞各紙に掲載された。陛下が「おことば」を発表する前、学習院で陛下の同級生だった友人に直接語られたものだった。[3] 同月23日の天皇誕生日での記者会見で、陛下が「第2のメッセージ」を発せられるのではないか、そんな憶測が政府関係者の間に広がった。有識者会議は翌17年1月23日、「論点整理」をまとめ、安倍に提出した。退位の是非については両論併記として結論を出すのは避け、生前退位は一代限りとするのが望ましいとする方向性をにじませていた。

「政争の具にしない」

生前退位を実現させるためには、国会で法律を成立させなければならなかった。ところが、国会では、与野党ともに、首相官邸の主導に反発、とりわけ有識者会議の御厨貴座長代理がメディア・インタビューなどで特例法が望ましいというメッセージをしきりと打ち出していることに、神経を尖らせていた。

党内に皇位検討委員会を設けた民進党は、16年12月21日、天皇の退位の恒久制度化を求める内容の論点整理を発表した。皇位継承を普遍的で安定的な制度とするため、「皇室典範改正によって退位制度を準備すべきだ」と主張し、皇室典範4条に、天皇の意思に基づいて皇室会議の議決により退位を可能とする新項目を設ける案を示した。退位の要件に「天皇の意思」を入れたのは、天皇の意に反する退位を防ぐためだった。また、今後の検討事項として、女性宮家を創設できるよう皇室典範を改正すべきだと明記した。このほか、憲法は皇位継承を「皇室典範の定めるところにより」と定めており、特例法の対応では「違憲の疑い」があると指摘した。

大島理森衆院議長は、この問題を政争の具にしないこと、できれば全会一致での合意を目指していた。17年1月19日、国会の全党、全会派の代表者を集め、「天皇の退位等についての立法府の対応に関する全体会議」を開始。安倍は同月24日、国会内で大島をはじめ衆参の両院議長・副議長と会い、有識者会議の論点整理を提示した。大島は同日、与野党の幹事長らを集めてその内容を伝えたが、大島自身が、「我々は有識者会議の下請けではございません」と語ったように、国会側は、有識者会議が国会の議論に先行し、その追認を求めるかのような態度に反発していた

(読売新聞政治部『令和誕生』)。

他方、同月20日、民進党の野田は、首相公邸の一室で安倍と会い、天皇の生前退位のあり方をめぐって、1時間余り密談した。後年、野田が安倍の国会追悼演説で述べたところでは、お互いの立場は大きく異なったが、「政争の具にしてはならない、国論を二分することのないよう立法府の総意をつくるべきだ」という点では意見が一致した。確かに両者の意見の隔たりは大きかった。

一代限りか、恒久制度か

自民党は2月13日、「天皇の退位等についての懇談会」（座長・高村正彦副総裁）を開き、一代限りの特例法が望ましいとの見解をまとめた。その理由として、「あいまいな退位要件に、将来、乱用を招く」「天皇の意思を要件とすると、『天皇は国政に関する権能を有しない』とする憲法4条に抵触するおそれがある」「『高齢』は定義が難しく要件には出来ない」ことが挙げられていた。

衆参両院議長は同月20日、各党派から意見を聴取し、自民、公明、日本維新の会、日本のこころの4党は、特例法制定を支持し、民進、共産、社民の野党3党と無所属クラブ、沖縄の風の参院2会派は典範改正を主張した。自由党も摂政設置が望ましいとしたうえで、退位を容認し典範改正を求めた。

同月22日夜、有識者会議のメンバーを首相公邸に招いた夕食会で、安倍は、「民進党は『錦の御旗』を掲げて政局にしようとしている」と、民進党への不満を口にし、「長州は『蛤《はまぐり》御門《ごもん》の変』で錦の御旗と戦ったから」と、冗談めかして続けた。幕末、安倍の地元の長州藩は、蛤御門の変で御所に銃口を向け、朝敵となった。安倍はこの故事を引いて、退位の制度化が皇室の意向だとしても、民進党の言い分をのむわけにはいかないと言いたかったようだ（読売新聞政治部『令和誕生』）。

両党対立が続く中、高村自民党副総裁が水面下で調整に動いた。高村は、皇室典範の付則に

「天皇の退位については特例法で定める」と書く案を編み出した。ここにいう「天皇」は、今上天皇とも、将来の天皇とも読める。特例法の制定で自民党の主張を受け入れる一方で、民進党の言う皇室典範改正による制度化とも受け取れる妥協策だった。

安倍は、当初は摂政を置くことを考えていた。それは、一度退位を認めると、今後、天皇に対する退位の強要がおきかねないことをおそれていたためである（『回顧録』）。しかし、陛下のメッセージは、国民の圧倒的多数の支持を得ていた。このため安倍は、今回の退位をいかに先例としないかに力を注ぎ、杉田和博官房副長官、今井尚哉政務秘書官らと協議を続けた。特例措置であることを強調するため、陛下の年齢や「今上天皇」という言葉を入れようとしたが、高村は、「今上天皇の退位については特例法で定める」という政府案では、民進党は受け入れまいと判断し、2月9日と17日に安倍と会って説得、安倍も「今上」の削除を受け入れた。

3月2日、衆参両院の全党・全会派による全体会議で、高村は、「特例法では陛下一代限りの退位を規定するものの、将来の天皇の退位を否定しているものではない」と表明し、皇室典範と特例法の関係を明確にする規定を置くと説明。そして特例法案に「退位に至る事情」を書き込み、皇嗣《こうし》の皇太子さまが成年で、退位が陛下の意思に反していないことを明確にする考えも示した。民進党もこれで矛を収めた。

衆参両院議長は3月15日、各党・会派の全体会議を開き、特例法で退位を規定し、皇室典範の付則に、「天皇の退位について定める天皇の退位等に関する皇室典範特例法は、この法律と一体を成すものである」と書くことが決まった。衆参両院議長は17日、これまでの「議論のとりまとめ」を決定し、首相に提示した。民進党の強い要請を踏まえ、女性宮家の創設など皇位の安定的継承の方策について、政府に「速やかに検討」することを求めた。

「退位」特例法成立

政府の有識者会議は17年4月21日、最終報告をとりまとめ、首相に提出した。退位後の天皇は「上皇」、皇后は「上皇后」と呼び、象徴や権威の二重化を回避するため、被災地訪問などの公的行為はすべて新天皇に譲ることが「適切」と明記した。皇族数の減少対策の速やかな検討の必要性を記したが、女性宮家の創設など具体策には触れなかった。

政府は4月26日、天皇陛下の退位を実現する特例法案の骨子を衆参両院の正副議長と各党・各会派に示した。法案名は「天皇の退位等に関する皇室典範特例法案」。ところが、政府・自民党は、平成の天皇の一代限りとの意図を明確にするため、はじめ法案名を「天皇陛下」としていた。この安倍の意を汲んだとみられる法案名に、野田民進党幹事長らは猛反発。将来の先例としての意味合いをもたせるため、「陛下」の削除を要求し、最終的に安倍は「陛下」を外すことを受け入れた。安倍と野田元首相との間には、皇室観をめぐって深い溝があり、それが最後まで、自民、民進両党の調整をこじらせていた。[4]

特例法案は6月1日、衆院議院運営委員会で審議入りし、菅官房長官は、「法案作成のプロセスや基本的考え方は、将来の先例になり得る」と答弁し、特例法の制定理由には、①天皇陛下が高齢で象徴としての活動が困難となることを案じられている ②国民が陛下のお気持ちに共感している ③皇太子殿下がすでに公務に長期、精勤している——ことなどを挙げた。[5] 特例法案は、17年6月2日の衆院本会機で、自由党を除く自民、公明、民進、日本維新の会、共産、社民の全党と無所属議員の賛成多数で可決され、9日の参院本会議で成立した。

付帯決議をめぐって自民、民進両党は対立した。民進党が法案審議で政府に促した「女性宮家」などの検討を明記するよう求めたのに対し、自民党は「将来の女系天皇の議論につながる」として反対した。5月16日、秋篠宮家の長女眞子さまの婚約が報じられたことで、女性宮家問題が再びクローズアップされた。結局、女性宮家と皇位継承は別問題と解釈できるよう、「安定的な皇位継承を確保するための諸課題、女性宮家の創設等」と表記することで決着し、政府が特例法施行後これを速やかに検討し、その結果を国会に報告することを求めた。

注

1　有識者会議のメンバーは、▽今井敬経団連名誉会長＝座長▽御厨貴東京大学名誉教授（日本政治史）＝座長代理▽清家篤慶應義塾長（労働経済学）▽小幡純子上智大学教授（行政法）▽宮崎緑千葉商科大学国際教養学部長（国際政治学）▽山内昌之東京大学名誉教授（国際関係史）。有識者会議の検討項目は、①憲法における天皇の役割 ②天皇の国事行為や公的行為のあり方 ③高齢となった天皇の負担軽減策 ④摂政の設置 ⑤国事行為の委任（臨時代行）⑥天皇の生前退位 ⑦生前退位の制度化 ⑧生前退位後の天皇の地位や活動のあり方——の8項目。

2　第1回のヒアリング対象者は、▽平川祐弘（東京大学名誉教授）▽古川隆久（日本大学教授）▽保阪正康（ノンフィクション作家）▽大原康男（國學院大学名誉教授）▽所功（京都産業大学名誉教授）の5人。第2回は、▽渡部昇一（上智大学名誉教授）▽岩井克己（ジャーナリスト）▽笠原英彦（慶應義塾大学教授）▽櫻井よしこ（ジャーナリスト）▽石原信雄（元内閣官房副長官）▽今谷明（帝京大学特任教授）の6人。第3回は▽八木秀次（麗澤大学教授）▽百地章（国士舘大学大学院客員教授）▽大石眞（京都大学教授）▽高橋和之（東京大学名誉教授）▽園部逸夫（元最高裁判事）の5人だった。注目された保守派論客の中で、平川は「もし世間の同情に乗じ、特例法で対応するならば憲法違反に近い」などと述べ、摂政設置要件を緩和して摂政を設けるのがよい旨を主張。渡部は、言いたいことを言い終えると、「突発性難聴になった」などと言い残して席を立った。また、天皇が「おことば」を述べた直後には退位を容認していた櫻井は、退位反対に転じ、理由を問われると、「陛下への配慮と国家のあり方は、分けて考えなければならない」と語った（読売新聞政治部『令和誕生』）。

3　2016年12月1日付『読売新聞』夕刊によると、陛下はその友人に、退位の意向について切り出し、「過去に譲位（退位）は数えきれないほどあった。長い歴史を考えれば、びっくりすることではないんだ」と説明された。大正天皇の摂政を務めた昭和天皇が、母親の貞明皇后が摂政設置に大変反対したため苦悩したことや、宮中に天皇と摂政それぞれのグループができることなどを挙げ、「摂政はよくない」との思いも示された、という。

4　安倍と野田との皇室問題をめぐる軋轢は過去に遡る。2005年11月、政府は女性・女系天皇の容認などを盛り込んだ皇室典範改正案の準備に入ったが、秋篠宮家に男児が生まれたことから国会提出寸前、見送られた。当時、内閣官房長官だった安倍は、第1次内閣でこの報告書を白紙に戻した。その後、野田内閣は11年10月、羽毛田信吾宮内庁長官の要請を受け、女性宮家の創設を含む安定的な皇位継承制度について検討を始め、12年10月、女性宮家の創設を検討すべきだとする論点整理をまとめた。これに関して、安倍は『文藝春秋』同年2月号に寄稿し、「女性宮家を認めることは、これまで百二十五代続いてきた皇位継承の伝統を根底から覆しかねない」などと反対の考えを示し、男系継承を維持するため、旧宮家からの皇籍復帰を提唱。皇室に関する重大な問題を「歴史観と皇室への敬意を欠いた民主党にまかせるわけにには断じていかない」と結んだ。安倍は政権に復帰すると、この野田内閣の方針を反故にした。

5　以下は、「天皇の退位等に関する皇室典範特例法」の抜粋である。

（趣旨）第一条　この法律は、天皇陛下が、昭和六十四年一月七日の御即位以来二十八年を超える長期にわたり、国事行為のほか、全国各地への御訪問、被災地のお見舞いをはじめとする象徴としての公的な御活動に精励してこられた中、八十三歳と御高齢になられ、今後これらの御活動を天皇として自ら続けられることが困難となることを深く案じておられること、これに対し、国民は、御高齢に至るまでこれらの御活動に精励されている天皇陛下を深く敬愛し、この天皇陛下のお気持ちを理解し、これに共感していること、さらに、皇嗣である皇太子殿下は、五十七歳となられ、これまで国事行為の臨時代行等の御公務に長期にわたり精勤されておられることという現下の状況に鑑み、皇室典範第四条の規定の特例として、天皇陛下の退位及び皇嗣の即位を実現するとともに、天皇陛下の退位後の地位その他の退位に伴い必要となる事項を定めるものとする。（以下略）

第14章　米大統領にトランプ

ドナルド・トランプ

米大統領選は2016年11月8日、全米各地で投開票が行われ、実業家の共和党候補ドナルド・トランプが、民主党のヒラリー・クリントン前国務長官を接戦の末に破り、第45代大統領への就任が決まった。

トランプは1946年6月14日、米ニューヨーク州生まれ。父はドイツ系、母はスコットランド系。ペンシルベニア大ウォートン校を卒業し、父親の不動産会社で働き始め、全米でホテルやカジノなどを経営する実業家になった。視聴者参加型のテレビ番組の司会者として知名度を上げ、決めゼリフ「お前はクビだ」は流行語になった。これまで、公職や軍幹部の経験のない、いわば「アウトサイダー」が大統領選に勝利したのは例がなく、大番狂わせといってよかった。女性初の大統領を目指したクリントンは、選挙戦終盤、国務長官時代に軽率にも公務で私用メールアドレスを使用していた問題が発覚するなどして失速、女性進出を阻む「ガラスの天井」を破ることはできなかった。

トランプは、選挙戦で「米国を再び偉大にする」をスローガンに、オバマ民主党政権からの転換を主張、同時に米国の国益を最優先する「米国第一」を唱え、いわゆる「孤立主義」と「保護主義」を標榜した。さらにクリントンが属する「エスタブリッシュメント」(既存の支配層)の政治を徹底批判するとともに、移民やイスラム教徒への敵意をあおる言動や女性蔑視発言を繰り返し、米国の現状に不満を抱く白人中間層や無党派層から熱狂的な支持を集めた。

対外政策でも、「雇用を海外から取り戻す」と唱えて、北米自由貿易協定(NAFTA)の再交渉や環太平洋経済連携協定(TPP)からの即時撤退を明言。また、「米国が攻撃を受けても、日本は何もしなくていい。日米同盟は公平ではない」などと述べて日米安保条約の見直しを示唆し、米軍駐留経費の負担増を受け入れなければ、在日米軍を撤退させる可能性までちらつかせた。さらに、不法移民の流入を阻止するためにメキシコとの国境に「壁」を建設することも表明した。

トランプ・タワーで会談

こんな異形の新大統領の登場に、日本政府の要人も、驚きと不安を禁じ得なかった。安倍首相は同年9月、国連総会に出席するため、ニューヨークを訪問した際、民主党陣営からの要請を受け、ヒラリー・クリントンと会談した。大統領候補の一方だけと会談するのは異例だったが、日本外務省は「勝つのはクリントンに間違いない」と断言していた。ただ、念のためトランプ陣営に声をかけると、トランプは、知日派の実業家ウィルバー・ロス（のちトランプ政権の商務長官）を遣わし、安倍はロスと懇談した。

トランプの当選が確定するや、安倍は任期開始前のトランプとの会談を思い立つ。当選祝いの電話をかけ、「あなたが全米のどこにいても私はそこに行く」と熱意を示し、ペルーで開かれるアジア太平洋経済協力会議（ＡＰＥＣ）出席の途次、ニューヨークで会談する約束を取り付けた。しかし、これには現職大統領のオバマ側が面白いはずがなかった。「会食はやめて」「報道陣を入れて撮影させるな」と注文がついたが、最後は、ニューヨーク・マンハッタンのトランプ・タワーにあるトランプの自宅での会談が固まった。

会談は11月17日午後（日本時間18日午前）から約1時間半行われた。安倍は安全保障問題について、中国が国防費を増強していることを挙げ、中国は「米国にチャレンジしようとしている、太平洋に展開する米海軍の第7艦隊を狙っているのだ」と指摘。日米同盟や在日米軍は、アジア太平洋からインド洋にかけての平和と安定に貢献し、米国にも利益をもたらしていると説いた。経済関係では、「貿易赤字を均衡させることばかりに注目すべきではない、日本が他国と比べていかに米国内で投資をし、雇用をつくっているか」と説明（『回顧録』）。ＴＰＰについても、中国を念頭に、「日米が中心になって自由経済圏のルールをつくるべきだ」と強調した。

安倍は会談の後、記者団に「私の基本的な考え方、様々な課題について話をした」「信頼関係を築いていけると確信の持てる会談だった」などと語った。トランプも会談後、自身のフェイスブックに「安倍首相に我が家に立ち寄ってもらい、素晴らしい友人関係を始められたことは喜ばしい」と記した。トランプが外国首脳と会談するのは安倍が初めてで、安倍は後年、トランプとは「ケミストリー（相性）も合った」と振り返っている。

会談には、マイケル・フリン元国防情報局長官、トランプの長女のイバンカ、イバンカの夫のジャレッド・クシュナーが同席した。会談に先立ち、トランプ・タワーの入り口では、イバンカとクシュナーが安倍を出迎えた。安倍はエレベーターの中で、夫妻の長女が「ピコ太郎の物まね」をしている動画の話を振って「最もキュートなパイナッポーでした」と語りかけて夫妻を喜ばせた。後にトランプは、「イバンカは人に対する評価が厳しいが、安倍さんの評価は最も高い」と安倍に語ったという（『回顧録』）。初対面であれ、物怖じせず相手の懐に飛び込み、心を捉えてしまう安倍の「社交術」には天性のものがあった。

米国、TPP離脱表明

TPPに参加する日米など12か国は、11月19日（日本時間20日未明）、ペルーのリマで首脳会合を開き、TPPの経済的、戦略的な重要性を確認し、各国が発効に向けた国内手続きを進めることで一致した。しかし、「TPPは米国の製造業を衰退させる不公平な協定だ」と反対を掲げたトランプが米大統領選で勝利し、TPPの発効は全く見通せなくなっていた。TPP発効の規定上、米国の承認は欠かせなかった。安倍は外遊前の同月14日、参院TPP特別委員会で、TPP

の発効は「大変厳しい情勢」としながらも、「終わったのかと言えば、決して終わっていない」と答弁。リマでの首脳会合でも、「現状にひるんで国内手続きをやめれば、ＴＰＰは完全に死んでしまう。保護主義を抑えられなくなる」と危機感をあらわにして、発効への取り組みを訴えた。しかし、トランプは同月21日、ＴＰＰからの離脱を大統領就任初日に通告すると表明した。20日のＡＰＥＣ首脳宣言では、保護主義に対抗して自由貿易を推進することをうたい、会議には現職のオバマ米大統領も出席していた。トランプは、この国際会議の合意事項を弊履《へいり》のごとく廃棄したのである。

日本では16年12月9日、ＴＰＰと関連法が与党と日本維新の会などの賛成多数で可決され、承認・成立した。ＴＰＰ参加12か国のうち、議会での承認を終えたのは、ニュージーランドに続いて2か国目だった。しかしトランプの離脱表明で、ＴＰＰは反故同然になった。

17年1月20日、第45代大統領に就任したトランプは、就任演説で「今日この日から米国第一だ」と宣言し、「我々は2つの簡単なルールに従う。米国製品を買い、米国人を雇う」ことと語った。また、「米国を再び強くする」「我々は国境を取り戻す」などと既定路線からの変革を強調した。トランプ政権は同日、ＴＰＰからの離脱方針などを示した基本政策をホワイトハウスのホームページ上に発表。23日にはＴＰＰ離脱の大統領令に署名した。

安倍・トランプの初の首脳会談

安倍は同年2月10日午後（日本時間11日未明）、トランプ米大統領とワシントンで初の首脳会談を行い、日米同盟と日米経済協力に関する共同声明を発表した。[1] 首脳会談では、麻生副総理・財務相とマイク・ペンス米副大統領をトップに、分野横断的な日米経済対話を新設することで合意。そこでは、①財政、金融などマクロ経済政策の連携　②インフラ、エネルギー、サイバー、宇宙などの分野にわたる協力　③2国間貿易の枠組み——の3項目について話し合うことになった。

共同声明では、日米同盟に関して、「核及び通常戦力の双方によるあらゆる種類の米国の軍事力を使った日本の防衛に対する米国のコミットメント（関与）は揺るぎない」との表現で、米国の核の傘による日本防衛（拡大抑止）をはっきりと示した。さらに、対日防衛義務を定めた「日米安全保障条約第5条が尖閣諸島に適用されることを確認した」と併せて明記した。[2] また、海洋進出する中国を念頭に、東・南シナ海での力の行使や威嚇による現状変更に反対し、北朝鮮には核・ミサイル開発の放棄を求めること、拉致問題の早期解決が重要であることも盛り込んだ。トランプの登場で日米安保協力が変調を来すのではないかという日本側の懸念は、これにより払拭された。

経済関係では、「米国がTPPから離脱した点に留意し、両首脳は、これらの共有された目的を達成するための最善の方法を探求することを誓約し（中略）日米間で二国間の枠組みに関して議論を行う」などと表記。米国抜きのTPP、欧州連合（EU）との経済連携協定（EPA）、日中韓や東南アジア諸国連合（ASEAN）など16か国が交渉参加する東アジア地域包括的経済連携（RCEP）、そして日米の2国間など幅広い選択肢をもって、自由で公正な貿易のルールづくりにあたるとしたのである。

北朝鮮、弾道ミサイル発射

両首脳は会談後、大統領専用機「エアフォース・ワン」でトランプの別荘のあるフロリダ州パームビーチに移動し、2月11日は、トランプからの誘いを受け、2人共通の趣味であるゴルフを楽しんだ。ところが、夕食会の時間（日本時間12日）、北朝鮮が弾道ミサイルを発射。その報が入ると、両首脳は特設テントで情勢分析にあたり、共同記者会見の内容について打ち合わせた。会見で安倍が、ミサイル発射は「断じて容認できない」と非難すると、トランプは「米国の同盟国、日本を100％支持する」と述べた。

安倍の『回顧録』によれば、トランプの発言は、会見で「何と言えばいいか」と相談を受け、アドバイスしたものだった。これとは別に、安倍は初の首脳会談後の共同記者会見前にも、トランプが、特定の日本企業の名を挙げて非難したり、為替に言及したりしないよう注意を促していた。『ニューヨーク・タイムズ』紙に「安倍はトランプにおべっかを使ってばかり」と批判されたが、安倍にすれば、「常識を超えて」いるトランプを相手に、日米関係を損なうことのないよう腐心し、「話し合える環境をつくることが重要」と考えていたという。

一方で安倍は、米国のTPP離脱を織り込んで、日米首脳会談の前から次の手を打っていた。

安倍は17年1月、フィリピン、豪州、インドネシア、ベトナム各国を歴訪したが、同月14日の豪州訪問では、シドニーの海岸をマルコム・ターンブル豪首相と散歩しながら、米国を除く11か国による協定成立を目指すべきだと提案、ターンブルも同調した（寺田貴「TPP・通商」、アジア・パシフィック・イニシアティブ『検証 安倍政権』所収）。この点、ターンブルは後年、読売新聞の取材に対し、「私はシドニーの自宅に安倍氏を招き、米国以外の11か国による協定成立を日豪で協力して目指すよう説得した。安倍氏は賛同し、協定成立に精力を注いだ。彼がいなければ、TPPは死んでいただろう」と語った（20年9月12日付朝刊）。安倍は、その直後に訪問したベトナムのグエン・スアン・フック首相からも同様の支持を取り付け、日本政府としてTPP11を推進する意向をほぼ固めたという。

異形の米政権

トランプは、TPPに続いて半年後の17年6月、地球温暖化を防ぐための国際的な枠組みである「パリ協定」について、「中国やインドに有利で非常に不公平」などとして離脱を表明。19年11月に離脱を国連に通告し、20年11月に離脱を完了した。15年にパリで開かれた国連気候変動枠組条約第21回締約国会議（COP21）で採択されたパリ協定は、18世紀の産業革命前からの気温上昇幅を2度未満に抑えることを目指しており、オバマ前政権は、石炭業界などに規制をかけて二酸化炭素の排出量を減らそうとしていた。トランプは、自分を支持する石油業界の意を汲み、離脱したものとみられた。温暖化の原因となる二酸化炭素の排出量が世界2位である米国が離脱した影響は、きわめて大きかった。

トランプ政権は、17年12月にはエルサレムをイスラエルの首都と認定し、イスラム諸国などの反発を招いた。また、メキシコとの国境の壁建設なども進めた。その後、発生した新型コロナウイルス感染症への対応でも、司令塔の世界保健機関（WHO）について、「中国寄りの対応で感染者を世界に拡大させた」と批判、20年7月、WHOからの脱退を国連に通知した。

このほか、対キューバ融和政策を見直して渡航制限を厳格化する一方、イランが核開発計画を縮小する見返りに経済制裁を解除した「核合意」（15年7月）の再検討にも着手。18年5月には、米欧など6か国とイランが結んだこの核合意からの離脱を表明した。

安倍政権は、こうして多国間での協調や国際約束を平然と覆すトランプ政権を相手に、日米同盟関係の維持・強化にあたることになる。なお、20年秋の大統領選で、トランプを破った民主党のジョー・バイデンは、就任初日の21年1月20日、パリ協定への復帰に向けた大統領令に署名し、2月19日に正式に復帰した。また、WHOの脱退手続きも撤回した。

注

1　日米共同声明のポイントは次の通り。

▽核及び通常戦力の双方によるあらゆる種類の米国の軍事力を使った日本の防衛に対する米国のコミッ

トメント（関与）は揺るぎない。▽両首脳は、日米両国がキャンプ・シュワブ辺野古崎地区及びこれに隣接する水域に、普天間飛行場の代替施設を建設する計画にコミットしていることを確認。▽両首脳は、日米安全保障条約第5条が（沖縄県の）尖閣諸島に適用されることを確認。▽日米両国は、威嚇、強制または力によって海洋に関する権利を主張しようとするいかなる試みにも反対。▽日米両国は、北朝鮮に対し、核及び弾道ミサイル計画を放棄し、更なる挑発行動を行わないよう強く要求。▽両首脳は、拉致問題の早期解決の重要性を確認。▽米国がTPPから離脱した点に留意し、両首脳は、これらの共有された目的を達成するための最善の方法を探求することを誓約。これには、日米間で2国間の枠組みに関して議論を行うこと、また、日本が既存のイニシアティブを基礎として地域レベルの進展を引き続き推進することを含む。

2　外交評論家の岡本行夫は、『読売新聞』の取材に対し、今回の日米首脳会談は「これまでで最も成功した会談の一つ」とし、「重要性からいえば、沖縄返還を合意した1969年の佐藤・ニクソン会談に次ぐもの」と高く評価した。とくに過去の共同声明でこれほど「日本に寄り添った安全保障協力」が盛り込まれたのは初めてと指摘。さらに、条約と同じように政治的な重要性を持つ共同声明に、尖閣諸島が日米安保条約の適用対象と明記した意味は重いと語った（17年2月12日付朝刊）。安倍自身も『回顧録』で、「拡大抑止については、1968年の佐藤榮作首相とリンドン・ジョンソン米大統領の声明で婉曲的に触れていますが、ここまで明確にしたのは初めてでした。（中略）尖閣諸島にも（安保を）適用する方針も盛り込まれました。オバマ米大統領は口頭で約束してくれていましたが、日米首脳間の合意文書に位置づけたのは初めて」と指摘し、画期的な共同声明と強調している。

第15章　ＰＫＯ日報問題

南スーダン派遣の陸自部隊

国連平和維持活動（ＰＫＯ）で南スーダンに派遣中の陸上自衛隊の部隊が日々の活動状況を防衛省に報告している「日報」が、２０１６年10月、ジャーナリストからの情報開示請求をきっかけに「隠蔽」事件に発展した。請求された当時は、安全保障関連法で認められた「駆けつけ警護」などの新任務を付与するかどうかをめぐって国会で論争が展開されていた。開示請求に対して、防衛省は同年12月、「廃棄したため存在しない」と回答した。ところが、改めて探したところ、ＰＫＯ業務を統括する統合幕僚監部（統幕）内に日報が保存されていたことが判明した。

稲田朋美防衛相は17年2月7日、閣議後の記者会見で、日報が見つかった事実を明らかにし、同月9日の衆院予算委員会では、日報を不開示とした決定を取り消す考えを示した。防衛省が公表した16年7月7〜12日の日報は、首都ジュバでの大規模な武力衝突について記述していた。それによると、7日夜、前副大統領派の車両に大統領派が発砲。その後8日夕には大統領府付近で銃撃戦が始まり、夜にかけて徐々に拡大。自衛隊の宿営地周辺では約50発の曳光弾《えいこうだん》が確認され、9日未明も数分おきに銃声が鳴り響いた。武力衝突については、7日夜の段階では「抗争」と記録されたが、8日夕から「戦闘」と表記されるようになっていた。

17年2月9日の衆院予算委員会で、民進党の後藤祐一衆院議員がジュバでは「戦闘はあったのか、なかったのか」と詰め寄ると、稲田は「人を殺傷し、物を破壊する行為はあったが、(PKO参加5原則に抵触する)法的な意味の戦闘行為はなかった」と説明、南スーダン情勢はPKO参加5原則を満たしているとの考えを示した。審議は再三にわたって中断し、稲田は声を震わせながら答弁した。

また、日報が16年12月26日に統幕で見つかったのにもかかわらず、17年1月27日まで稲田防衛相に報告がなかったことも判明。後藤は、一連の不手際を「隠蔽」と批判し、稲田の辞任を要求した。2月14日の衆院予算委では、野党から集中砲火を浴びる稲田に代わって、安倍首相が手を挙げて答弁に立ち、「私が自衛隊の最高指揮官だ」と言い放って激しいヤジを抑え込もうとした。その後、3月15日、陸上自衛隊内にも日報のデータが保管されていたことが発覚し、組織的な隠蔽が疑われた。稲田は、直轄の防衛監察本部に特別防衛監察の実施を指示した。

稲田防衛相、相次ぐ失態

安倍政権はこの年、PKO日報問題と並行して、第16章で後述する森友学園、加計学園をめぐるスキャンダルに波状的に襲われることになる。これらは、過去の政界の疑獄事件と比べるとスケールは小さく、性格も異なっていたが、森友・加計学園問題では「首相の関与」が取り沙汰される一方で、文書の改竄や隠蔽という行政への信頼を裏切る、あきれた事実が相次いで露見した。

稲田防衛相は、その所管以外の問題でも民進党委員から砲火を浴びた。17年3月13日の参院予算委員会で、05年の民事訴訟の準備書面に、スキャンダル渦中の学校法人「森友学園」の訴訟代理人として「弁護士稲田朋美」の名前が記されていることを質されたのだ。これに対して、稲田は、「学園の事件を受任したことも、裁判を行ったことも、法律相談を受けたこともない」と突っぱねた。しかし、翌14日の衆院本会議で、稲田は一転して、森友学園が起こした民事訴訟の口頭弁論に原告側代理人として出廷したことを認め、前日の答弁を撤回、謝罪した。国会答弁を一夜にして覆した稲田は、同日の記者会見で、「記憶に基づいた答弁であって虚偽との認識はない」と辞任を否定した。

稲田防衛相の失態は、これにとどまらなかった。6月27日、東京都板橋区で開かれた東京都議選自民党候補の集会で応援演説し、「隣の練馬区には自衛隊の師団もある。自衛隊、防衛省とも連携のある候補の、ぜひ2期目の当選を、防衛省、自衛隊、防衛相、自民党としてもお願いをしたい」と述べた。

自衛隊員は、自衛隊法により、選挙権の行使を除く政治的行為が制限されている。稲田は集会後、「陸自の駐屯地も近く、感謝の気持ちを伝える一環としてそういう言葉を使った」と釈明して済ませたが、批判の声が高まった同日夜、国会内で、「発言を撤回したい」と記者団に語った。民進党の蓮舫代表は28日、「自ら（身を）引くか、首相が罷免するしか選択肢はない」と辞任を迫った。

「組織的隠蔽」で防衛相辞任

特別防衛監察の結果は17年7月28日、公表され、防衛省が日報のデータを組織的に隠蔽していたことが明らかになった。監察の焦点は、3月に報道で発覚する前に、稲田防衛相にデータ保管が知らされていたかどうかだった。監察結果によると、17年2月13、15日、岡部俊哉陸上幕僚長らが稲田に日報の取り扱いについて説明したことは認定した。ただ、陸自のデータ保管が報告されたかどうかについては、「報告した」とする陸自側と、これを否定する稲田側の主張が食い違ったため、「可能性は否定できない」との表現にとどまった。一方、同年1月には見つかっていた陸自のデータは、2月15日、黒江哲郎防衛次官が「開示対象外の個人データ」と判断して非公表と決まり、データの廃棄が図られていた。稲田の非公表への関与は否定された。

稲田防衛相は7月28日午前、閣議後の記者会見で、監察結果を受けて「責任を痛感している」と述べ、給与1か月分を返納するとともに、安倍首相に辞表を提出したことを明らかにした。黒江ら防衛省幹部5人の懲戒処分も発表した。稲田は、「防衛省・自衛隊のガバナンス（統治）についても信頼を損ないかねず、極めて重大かつ深刻」と述べた。

防衛省・自衛隊に対しては、情報公開に対する消極姿勢、防衛相のガバナンス不足、陸自内からとされる情報流出、内局（防衛官僚）と陸自の反目、自衛隊員の士気の阻喪などが指摘されていた。事務方トップの黒江防衛次官と陸自トップの岡部陸上幕僚長はそれぞれ引責辞任した。

稲田の辞表を受理した安倍は、記者団に対し、「閣僚の任命責任は全て首相たる私にある」と陳謝。稲田は前日の27日夕、首相官邸で安倍に会い、「次官も陸幕長も辞めるのに、私だけ残るわけにいかない」と辞意を伝えていた。黒江次官らの引責辞任を受けてからの決断だったとみられた。

稲田が辞任した7月28日の深夜、北朝鮮は大陸間弾道ミサイル（ＩＣＢＭ）を発射し、ミサイルは北海道・奥尻島の北西約１５０キロの日本の排他的経済水域（ＥＥＺ）内の日本海に落下した。防衛相は岸田外相が兼務し、政府は29日未明、首相官邸で国家安全保障会議（ＮＳＣ）を開催するなど対応に追われた。

稲田については、首相と思想信条が近く、[1] 衆院当選4回ながら要職を歴任。安倍は、度重なる失態にもかかわらず稲田をかばい続け、8月に予定していた内閣改造で交代させようとしていた。23万人の実力部隊を動かすトップとして、稲田防衛相は就任当初から不安視されており、稲田更迭に至るまでの安倍の判断は明らかに誤っていた。

この日報問題は、国の公文書管理をめぐる問題の発端となり、民主主義の根幹にかかわる公文書の取り扱いのあり方が厳しく問われることになる。

注

1　稲田防衛相は、就任早々の2016年8月、ジブチ訪問に伴い、毎年8月15日恒例の靖国神社参拝を見送ることになったことについて、記者団に「靖国問題は心の問題だ。安倍内閣の一員として適切に判断していきたい」と、目を潤ませ、言葉をつまらせつつ語った。また、安倍の真珠湾訪問に同行して帰国した翌日に靖国神社を参拝し批判された。17年3月8日の参院予算委員会では、教育勅語について聞かれ「私は、日本が道義国家を目指すという教育勅語の精神は取り戻すべきであると、今も思っている」と答弁し波紋を呼んだ。

第16章　森友学園・加計学園問題

国有地の売却問題

「森友学園」問題に火を付けたのは、民進党の福島伸享《のぶゆき》衆院議員だった。2017年2月17日、舞台は衆院予算委員会。国土交通省大阪航空局が大阪府豊中市に管理していた国有地（8770平方メートル）が、評価額を大幅に下回る価格で学校法人に売却されているのはおかしいと追及した。

それによると、この土地は1974年、伊丹空港周辺の騒音対策区域の用地として指定され、国が買い入れた。89年にこの指定が解除され、売却が可能になったのに伴い、大阪航空局が調査したところ、地下に鉛とか廃材、コンクリート片などのごみが見つかった。大阪航空局から売却処分を依頼された財務省近畿財務局が15年5月、小学校建設用地として購入を望んだ学校法人「森友学園」（籠池《かごいけ》泰典理事長、大阪市淀川区）との間で、将来、学園が土地を購入することを前提に、10年間の有償貸付契約を結んだ。学園側は、ごみを除去し、その費用を受け取った後、16年

3月、くい打ち工事にあたり、「新たな地下埋設物が発見された」と近畿財務局に連絡、直後に土地を購入したい旨を伝えた。財務局は、ごみを除去する費用を8億1900万円と見積もり、不動産鑑定士の評価額である9億5600万円からこれらを差し引いて、16年6月、1億3400万円で売却したという。

質疑の中で、福島が「実際、(見積もり費用に見合う)撤去工事をやったかどうかを確認したのか」と質したのに対し、財務省の佐川宣寿《のぶひさ》理財局長は、これには直接答えず、「適正な価格で売っている」とかわし、福島は「チェックしていないのなら8億円余りを利益供与したのと一緒だ」と主張した。さらに福島は、森友学園の学校設置認可についても疑問をぶつけた。私学の小学校認可に関する大阪府の審査基準では、学校の土地は原則として「自己所有」と定め、借地上に校舎は建てられない。しかし、森友学園の場合は、借地の上に校舎があったのに、大阪府私立学校審議会が条件付きで「認可適当」とした。福島は、「何か裏で怪しい力が働いていたのではないか」と食い下がった。

「総理も議員も辞める」

福島は続けて、安倍昭恵首相夫人が開校予定の小学校の名誉校長とされていることを質した。昭恵夫人は、父親が森永製菓元社長で、聖心女子専門学校を卒業後、電通に入社。首相とは知人の紹介で知り合い、1987年に結婚。「アッキー」の愛称でも親しまれ、無農薬農業の実践や居酒屋経営に携わるなど、型破りな「ファーストレディー」として知られていた。

安倍は、福島の質問に「それは承知している。妻から森友学園の先生の教育に対する熱意はすばらしいと聞いている」と答えた後、突然、「私や妻がこの認可あるいは国有地払い下げに、もちろん事務所も含めて、一切かかわっていないということは、明確にさせていただきたい。もし、かかわっていたのであれば、これはもう私は総理大臣をやめる、それははっきりと申し上げたい」と発言した。福島は「余りムキになって反論すればするほど怪しいから、冷静な答弁を」と挑発した。

次いで福島が、森友学園の籠池理事長が「安倍晋三小学校」と名付けて寄付金集めをしている、「総理は利用されているだけじゃないか」と二の矢を放つと、安倍は再び、「私や妻が関係していたということになれば、まさに私は間違いなく総理大臣も国会議員も辞める」と、強い調子で断言した。首相の進退にかかわる言葉は極めて重い。委員会室はざわつき、委員らは顔を見合わせ、息をのんだ。この誰もが耳を疑う異様な答弁によって、森友問題の国会質疑は、真相の究明よりも、もっぱら首相と夫人の「関与の有無」が焦点になってしまった。

予算委員会は、森友学園問題一色に染まり、安倍は2017年2月24日の質疑で、①昭恵夫人は同学園の幼稚園で講演した際に、保護者の前で名誉校長として紹介され、断りきれなかった②小学校名誉校長への就任は辞退することを先方に申し入れた　③私の名前を冠した小学校については断ってきたが、これで寄付金集めをしていることは遺憾で、学園側に抗議した――ことなどを明らかにした。

安倍は、籠池について、1週間前は「私の考え方に非常に共鳴している方」と述べていたのに、この日は一転して「非常にしつこい人」と酷評した。そして森友問題は、国会質疑であちこちに飛び火した。[1]

籠池理事長の証人喚問

森友学園は、17年3月に小学校設置認可申請を取り下げ、籠池は理事長を退任した。国交省は、小学校建設への補助金の交付決定を取り消した。同月16日、参院予算委の与野党理事らが森友学園の現地視察に訪れた際、籠池は、「安倍首相から昭恵夫人を通じて100万円の寄付を受けた」と言い出した。果たして本当なのか。与野党は、真偽をただす必要があるとして、籠池の証人喚問要求で一致した。

籠池の証人喚問は、同月23日、午前は参院予算委、午後は衆院予算委でそれぞれ行われた。籠池は、参院での証人喚問の冒頭、「15年9月、講演のため昭恵夫人が来園した際、園長室で『安倍晋三からです』と言って、寄付金として封筒に入った100万円をくださった」と、その模様を語った。籠池は、「土曜日だったので金庫に入れ、月曜日に職員が郵便局に持参した」と説明した。また、昭恵夫人に「10万円の講演料をお持ち帰りいただいた」とも述べた。

籠池は、近畿財務局と締結した国有地の定期借地契約（15年5月）を、より有利な内容にしようとして、15年10月、「昭恵夫人に助けをいただこうと直接電話をし、留守電だったのでメッセージを残した。後日、（夫人付きの政府職員から）ファクスで、『現状では希望に沿うことはできない』との言葉をいただいた」と証言した。籠池は、最終的に土地の価格が8億円余りも値引きされたと聞いて、「想定外の大幅な値下げにちょっとびっくりした」と述べ、国有地の買い受けに「政治的な関与があったか」との問いに、「あったのだろうと認識している」と答えた。籠池は、協力を頼んだ政治家として自民党の前・現参院議員、日本維新の会の現参院議員の計3人の名を挙げた。

菅官房長官は23日の記者会見で、「首相は自分で寄付をしていない。昭恵夫人に確認したところ、領収書などの記録もなく、夫人個人としても寄付は行っていない」と、すぐさま籠池の証言を全否定した。昭恵夫人も同日夜、フェイスブックに籠池証言を否定するコメントを掲載し、100万円の寄付はなく、講演料も受け取っておらず、証言の場面も事実と異なるなどと説明した。その後、野党側は、このファクスに関して、昭恵夫人が職員を通じて財務省に働きかけたのではないかと追及を続けたが、安倍は、夫人の関与を強く否定し、夫人に対する野党の証人喚問要求も拒否した。

国会での執拗な追及に対し、安倍は「2人きりで『渡した』『渡していない』となれば、こちらは証明のしようがない。『悪魔の証明』だ」などと逆襲に転じることもあった。ただ、首相夫人周辺が所管官庁に照会したことや、問題発覚後、夫人が籠池の妻の諄子《じゅんこ》とメールでやり取りをしていたことは軽率、との指摘も出た。

籠池前理事長逮捕

安倍首相も国会も振り回された森友学園問題は、やがて詐欺事件に発展する。大阪地検特捜部が、17年7月31日、国の補助金をだまし取ったとする詐欺容疑で籠池を、学園が経営する幼稚園で副園長を務めていた妻の諄子とともに逮捕したのである。国有地売却問題は、大騒動の末、安倍にシンパシーを感じていた個性的な人物の詐欺事件として処理されることになった。

逮捕容疑は、2人が設計会社役員らと共謀し、16年2月下旬、実際の小学校建設の工事費が「15億5500万円」だったにもかかわらず、「23億8400万円」と記載した虚偽の工事請負契約書などを提出。木材を使った先進的な建築を対象に支給される国の補助金計約5600万円を詐取したというものだった。籠池は、補助金適正化法違反容疑で告発されていたが、特捜部は補助金をだまし取る意図が明確にあったと判断し、詐欺容疑を適用した。

また、同特捜部は8月21日、大阪府の補助金をだまし取った容疑で籠池夫妻を再逮捕。2人はその後起訴されたが、籠池は、口封じのための国策捜査だと主張した。

大阪地裁は20年2月、籠池被告に懲役5年（求刑・懲役7年）、妻の諄子被告には一部無罪としたうえで懲役3年、執行猶予5年（同）を言い渡した。判決によれば、2人は15～17年、工事費を水増しした契約書などを提出して、国から約5600万円を詐取し、籠池は11～16年度、幼稚園の職員数などを偽り、府と大阪市から約1億2000万円をだまし取った。控訴審の大阪高裁は22年4月、籠池被告については1審判決を支持して懲役5年とする一方、妻の諄子被告は1審判決を破棄し、懲役2年6月の実刑判決を下した。府と市の補助金詐取をめぐり2人の共謀を認めたのだった。最高裁は23年1月、上告を棄却、2人の2審判決が確定した。

獣医学部の新設

森友学園問題が国会で取り上げられてから約1か月後、今度は「加計学園」問題が噴き上げた。この2つは合わせて、「もり・かけ問題」と通称され、安倍政権は厳しい追及にあうことになる。

加計学園は、岡山市にあり、岡山理科大学のほか倉敷芸術科学大学、千葉科学大学などを運営する学校法人（加計孝太郎理事長）。同学園が世に広く知られるのは、安倍内閣が13年に創設した「国家戦略特区」（観光や医療、保育などを対象に、地域を限った特別区域＝特区で規制緩和を進める制度）に、愛媛県今治市が指定され、岡山理科大学に獣医学部の新設が認められてからである。獣医師養成学部の開設は、国内では52年ぶり、四国では初めてのことだった。

文部科学省は、獣医学部については獣医師過剰の恐れがあるとして、1966年の北里大学を最後に新設を認めてこなかった。政府は2015年の「日本再興戦略」に「獣医学部の新設の検討」を明記し、同年6月、獣医学部新設を検討する際の前提条件として、①既存の獣医師養成とは違う構想の具体化　②生命科学などの新分野で獣医師の具体的需要が明らか　③既存の大学・

学部では対応困難　④獣医師の需要動向も考慮して全国的見地から15年度内に検討――の全てを満たすことが必要であると閣議決定した。

国は16年1月に今治市などを国家戦略特区に指定し、10か月後には獣医学部新設を規制改革メニューに追加した。政府は17年1月、国家戦略特区で獣医学部を新設する事業者の公募を始め、これに加計学園が名乗りを上げ、同月20日の国家戦略特区諮問会議でその事業計画が認定された。獣医学部は、岡山理科大学の7つ目の学部として今治市に置かれ、獣医（定員160人）、獣医保健看護（60人）の2学科で構成し、18年4月に開学するとしていた。

今治市議会は17年3月3日、同学園に建設用地16・8ヘクタールを無償譲渡することを可決。松野博一文部科学相は4月10日、同学園の設置認可を大学設置・学校法人審議会に諮問した。ところが、その前後から、安倍と加計が古くからの友人関係にあり、安倍が規制改革の名を借りて、加計への利益誘導を図ったのではないかという疑問の声が野党から上がったのである。

「印象操作」と苛立つ首相

3月13日の参院予算委員会。社民党の福島みずほ参院議員は、まず森友学園問題について、「学園のバックに首相夫人や首相がいると思ったから、役所は無理難題を聞いたのでは」と口火を切った。続いて加計学園に話頭を転じ、「加計理事長が今治市に獣医学部を作りたいと思っているのを（総理は）知っていたか」と本題に入った。

安倍は、その質問には答えず、「私や家内がバックにいれば役所が何でも言うことを聞くのなら、私の地元から要望する予算は全部通っていますよ」と前置きしたうえで、しかし、実際は「そんな簡単なものではない。そういうのを『印象操作』と言うんですよ」と反撃に出た。

これに対し、福島が、国家戦略特区の規制改革のメニューに獣医学部新設を加えた16年11月の前後2回、安倍が加計理事長と会食していることを指摘すると、安倍は気色ばんでこう反論した。

「これね、そもそも、何か不正があったんですか。何か確証をつかんでいるんですか、週刊誌の記事以外に。彼は私の友人ですよ。ですから会食も、ゴルフもします。でも、この問題について、彼から私、頼まれたことはありませんよ。ですから働きかけていません。これははっきりと申し上げておきます。もし、働きかけて決めているのであれば、責任を取りますよ。当たり前じゃないですか」――。まるで先月の森友学園問題を彷彿《ほうふつ》させる答弁。野次が飛び交い、委員会室が騒然とすると、安倍は、議員名を挙げて「うるさ過ぎますよ」と、ヤジの相手をにらみつけた。

この日の答弁の中で安倍は、苛立ちも露わに、「福島さんね。特定の人物の名前を出して、あるいは学校名を出している以上、確証がなければ、その人物に対して極めて失礼ですよ。（中略）これ全く関係なかったら、あなた責任とれるんですか」といった発言を繰り返した。

学部新設「総理の意向」

今度は17年5月17日の衆院文部科学委員会。民進党の玉木雄一郎は、文科省が作成した文書に、特区を担当する内閣府から「総理のご意向だと聞いている」などと伝えられた、との記述があると指摘し、「首相の意向により、(学園側の目指す)18年4月開学で進めようと決めたのではないか」と追及した。NHKと朝日新聞が先行して報じていたニュースが、ここで国会審議の土俵に乗った。

菅内閣官房長官は同日の記者会見で、「そのような事実はない」と全否定し、追及材料は「怪文書みたいな文書で、出所が明確になっていない」と強く批判した。松野文科相も5月19日、省内の聞き取り調査結果を公表し、文書の「存在は確認できない」と結論づけた。

これに対して、民進党は同月25日、前川喜平前文部科学次官が『週刊文春』で「文書は本物だ」と言っている、などとして前川の参考人招致を要求した。前川は同日午後、記者会見し、問題の内部文書は「確実に存在していた」と述べるとともに、「極めて薄弱な根拠の下で規制緩和が行われ、公正公平であるべき行政のありかたが歪《ゆが》められた」と語った。翌26日、民進、共産、自由、社民の野党4党は、前川の証人喚問要求で一致し、「利益誘導が行われた」と批判をエスカレートさせた。

前川前次官は、1979年旧文部省に入り、初等中等教育局長などを経て、2016年6月に文部科学次官に就任したが、再就職斡旋問題(違法天下り)で17年1月、引責辞任していた。これに対して、菅官房長官は5月26日の記者会見で、前川が在職中に出会い系バーに出入りしていたとして、杉田官房副長官から厳重注意を受けていたことを明らかにし、「教育行政の最高責任者がそうした店に出入りし、小遣いを渡すことは到底考えられない」と、前川を強く批判した。この出会い系バーの問題は、同月22日付の『読売新聞』朝刊が報じていた。[2]

前川は5月30日、和泉洋人首相補佐官から16年9月上旬、首相官邸に呼び出され、特区での獣医学部設置の手続きを急ぐよう求められ、「総理は自分の口からは言えないから、私が代わりに言う」と告げられたと、代理人の弁護士を通じて文書で発表した。和泉首相補佐官は、「面会記録が残っておらず確認できない。首相から（学部新設の）指示を受けたことはない」と語った。

文科省内で文書発見

それでも、安倍首相は強気の姿勢を変えなかった。17年6月5日の衆院決算行政監視委員会では、民進党委員が、昭恵夫人のフェイスブックに載っている、加計と安倍らが一緒に談笑している写真（タイトルは「男たちの悪巧み」）を取り上げたのに対し、安倍は「印象操作」だと批判しつつ、「（タイトルのように）本当に悪巧みをしようと思ったらそんな写真出しませんよ」といなしてみせた。ところが、加計学園と夫人とが教育活動などを通じて「密接なつながりがある」といった内容に質問が及ぶと、安倍は激高し、「違うよ。反論させろよ。ちょっと。いい加減なことばかり言うんじゃないよ」などと自席からヤジを飛ばし、委員長に制せられ注意を受けた。

同月9日、松野文科相は、「総理の意向」文書について再調査すると表明した。その結果、民進党などが入手した19文書・メールのうち、「総理のご意向」「官邸の最高レベルの判断」と伝えられた文書など14文書について存在が確認された。松野は同月15日の記者会見で、これを公表し陳謝した。一方、山本幸三地方創生相は同月16日、内閣府の調査結果を発表し、文科省の文書の記載内容について、事実関係を否定した。双方の食い違いは、委員会質疑でも露呈し、文科省、内閣府の両大臣が正反対の見解を述べ合うという異常な場面を生んだ。

菅官房長官は、初め「怪文書」と断じた文書が存在したことについて、記者会見で、「当初は出所不明で、私自身、不可解な文書だと思った。怪文書という言葉が独り歩きしている」と述べた。首相官邸の初動の甘さと拙さは否めず、結果として傷口を広げた。

松野文科相は同月20日の記者会見で、萩生田光一官房副長官と文科省高等教育局長との国家戦略特区に関する協議内容を記した、新しい文書が見つかったと発表した。特区への獣医学部新設が認められる前の16年10月21日に行われた両者の面談の記録で、これによれば萩生田は、「総理は『平成30年(2018年)4月開学』とおしりを切っていた」などと語り、早期開設を迫っていた。萩生田は、そうした発言を否定。菅官房長官は同日の記者会見で、「首相は全く関与していないと明快に申し上げており、(指示は)ない」と重ねて否定した。

こうした国会での政官入り乱れての激しいバトルからは、内閣府、官邸サイドが、首相の後ろ盾をほのめかしながら、抵抗する文科省に獣医学部の早期開設を迫った構図がみえてきた。しかし、関係者は発言を否定し、真相は藪《やぶ》の中。文書の流出は、再就職斡旋問題(違法天下り)で17年3月末、大量の処分者が出た文科省の意趣返しともささやかれた。諸文書が首相の不当な権力行使を直ちに裏付けるものではなく、国民は苛立ちと不信感ばかりを抱えることになった。

注

1　稲田防衛相は2017年2月23日の衆院予算委員会分科会で、籠池理事長に対し「防衛大臣感謝状」を贈っていたことを明らかにした。森友学園の幼稚園児らが自衛隊艦船の入港に合わせて演奏を行うなど「隊員の士気高揚に寄与した」ことを理由としていた。また、森友学園の幼稚園の園児に運動会で「安倍首相頑張れ、安保法制、国会通過よかったです」などと選手宣誓をさせたことも明るみに出て、籠池は「不適切だった」と謝罪した。一方、自民党の鴻池祥肇元防災相は3月1日、記者団に対し、14年4月に参院議員会館で、籠池理事長から財務省への働きかけを要請され、謝礼を渡されそうになった旨を明らかにした。ただ、仲介については明確に否定した。

2　文科省の前川前次官は2017年5月25日の記者会見で、在職中、東京・歌舞伎町の出会い系バーに出入りしていたとの『読売新聞』報道について、事実を認め、女性の貧困問題に関する「実地調査の意味合い」があり、「教育行政の課題を見出せ、意義があった」と釈明した。他方、菅官房長官は、文科省が天下りを組織的に斡旋した問題を受け、前川が辞職したことに関連して、「当初は、自ら（次官を）辞める意向を全く示さず、地位にしがみついたが、世論の批判にさらされて最終的に辞めた人だ」と公然と批判した。菅は、前川が和泉首相補佐官と面会した際、獣医学部設置の手続きの推進を促されたと語った件でも、面会の有無などを調査する考えは「全くない」と述べ、「前川さんが勝手に言っていること。いちいち政府として答えることではない」と切り捨てた。

第17章　首相の改憲提案

党改正草案に固執せず

安倍首相は、２０１６年７月の参院選で、改憲の国会発議に必要な衆参両院における「３分の２」勢力を獲得しても、すぐには走り出さなかった。当時、公明党の山口那津男代表は、参院選直後の安倍との会談で、憲法改正について、「憲法審査会で落ち着いて議論を深めていくべきだ」と、拙速な議論は避けるよう注文。記者会見でも「３分の２のくくりは、政治的に何の意味もない。全政党が当事者だ」と語った。また、自民党の谷垣幹事長も、参院選の最中、「野党第１党と合意できる内容を作っていきたい」と表明。また、民進党の岡田克也代表は、「安倍政権下での改憲論議には応じられない」との頑《かたく》なな姿勢を崩していなかった。

憲法審査会は15年６月、憲法学者が参考人質疑で「安保関連法案は違憲」と断定し混乱して以来、長期間、審議が止まっていた。さらに16年８月、天皇陛下が生前退位の意向を表明されて以降、安倍内閣にとっては、改憲よりも、生前退位に向けての立法をめぐる国会との調整が喫緊の課題となった。

ただ、改憲への動きが全く止まったわけではなかった。16年10月18日の自民党憲法改正推進本部の全体会合で、保岡興治《おきはる》本部長は、12年4月に決定した党の憲法改正草案は撤回せず、公式文書として残すものの、「草案やその一部を切り取ってそのまま、衆参両院の憲法審査会に提案することはない」と表明した。

12年の同改正草案は、現行第9条第1項の戦争放棄条項は基本的に残しつつ、第2項に「前項の規定は、自衛権の発動を妨げるものではない」と規定。この自衛権には個別的、集団的自衛権が含まれるとし、自衛権の行使に憲法上の制約はないことを明確にした。そのうえで、「9条の2」を新設し、「首相を最高指揮官とする国防軍を保持する」と記した。また、第1条では「天皇は、日本国の元首であり、日本国及び日本国民統合の象徴」と明記したが、これをめぐっては、当時、福田元首相が「定着している『象徴天皇』を尊重した方がいい」と主張したのに対して、安倍元首相は「国際関係において天皇は元首として扱われており、元首と明確に規定すべきだ」と反論し、結局、「天皇は元首」とされた。

05年の同党の新憲法草案に比べると保守色が強く、「戦後憲法色」を薄めている。12年、自民党は野党にあって、「党のアイデンティティー」が問われていた時期にあたり、改正内容は、当時の民主党政権に対抗し「自民党らしさ」を際立たせようとしていた。

このため、民進党など野党は草案の撤回を要求しており、保岡が草案に固執しない旨を発言したのは、野党側に一定の配慮を示し、改憲をめぐる警戒感を解く狙いがあった。安倍は16年10月26日、保岡と会談し、「冷静に、政局から離れて各党が意見を述べ合い、発議案をまとめることを期待したい」などと語った。憲法審査会は11月半ば、1年5か月ぶりに衆参両院で再開されたが、自民、民進両党の歩み寄りは見られず、各党の論点も拡散し、議論が収斂《しゅうれん》する気配はなかった。

3期9年、任期延長で勢い

10月26日、自民党の政治制度改革実行本部（本部長・高村正彦副総裁）で、総裁任期を従来の「連続2期6年まで」から「連続3期9年まで」に改めることが了承された。多選制限撤廃案は、今後の検討課題とすることで見送られた。

自民党は17年3月5日、定期党大会を開き、従来の党総裁の任期を「連続3期9年」に延長する党則改正を正式決定した。連続2期目にあった安倍首相（党総裁）は、これにより、18年9月の任期満了に伴う総裁選に出馬できるだけでなく、仮に3選を果たすと、21年9月末までが総裁任期となる。安倍にとっては超長期政権が視野に入ったのである。「3期9年」は、安倍が政権に返り咲いた時から密かに温めていた宿願だった。憲法改正と北方領土返還・日露平和条約の締結を果たすには、それだけのロングラン政権でなければならない。それは、女房役の菅官房長官との間で達成すべき黙契になっていた。

党大会で採択された17年運動方針には、当初、前年同様に「憲法改正原案の検討・作成を目指す」と書かれていた。しかし安倍は、山口泰明《たいめい》党組織運動本部長を首相官邸に呼び、「憲法改正原案の発議に向けて具体的な歩みを進める」と書き替えさせた。安倍は党大会のあいさつでも、総裁任期の延長期間を念頭に、改憲発議に向けて議論をリードしていく考えを表明した。

安倍は同年5月1日、東京・永田町の憲政記念館で開かれた「新しい憲法を制定する推進大会」に現職首相として初めて出席した。超党派の国会議員らでつくる新憲法制定議員同盟（会長・中曽根元首相）が主催した大会で、安倍は、「憲法改正の機運が高まってきた今だからこそ、柔軟性を持ち、現実的な議論を行う必要がある」と述べ、自民党の憲法草案に固執せず、できる限り与野党の幅広い合意を得て改正を目指す姿勢を示した。安倍はいよいよ、自ら本命とする憲法9条の改正に向けて具体的に動き始めたのだった。

9条に条文追加、自衛隊の「合憲化」

首相はこれに先立つ17年4月26日、首相官邸で『読売新聞』のインタビューに応じ、自民党総裁として憲法改正を実現し、20年の施行を目指す方針を表明した。憲法施行70周年にあたる5月3日付の同紙朝刊で報じられた。安倍はこの中で、戦争放棄、戦力不保持と交戦権の否認を定めた9条1項、2項を維持したまま、憲法に規定がない自衛隊に関する条文を追加する考えを明らかにした。

その理由について、安倍は「自衛隊が全力で任務を果たす姿に対し、国民の信頼は今や9割を超えている。一方、多くの憲法学者は違憲だと言っている。教科書には、（中略）違憲との指摘も必ずといっていいほど書かれている。（中略）自衛隊員の子どもたちが、その教科書で学んでいる現状がある。（中略）安全保障環境が一層厳しくなっている中、『違憲かもしれないけれど、何かあれば命を張ってくれ』というのはあまりにも無責任だ」と述べた。そして「自衛隊を合憲化することが（私の世代の）使命ではないか」と強調し、自民党で具体的な改正案の検討を急ぐ考えを示した。

また、自民党の12年改正草案では、集団的自衛権や集団安全保障などを可能としていたことに関連し、安倍は「党の目指すべき改正はあの通りだが、政治は現実であり、結果を出していくことが求められる。改正草案にこだわるべきではない」と述べた。さらに大規模災害時に備えた緊急事態条項について、国会での議論に期待を示す一方、日本維新の会が改正項目に挙げていた教育無償化について「積極的な提案を歓迎する」と語った。

安倍は5月3日に開かれた改憲派の集会「公開憲法フォーラム」にビデオメッセージを送り、「1964年の東京五輪を目指して日本は生まれ変わった。（東京五輪が開かれる）2020年を新しい憲法が施行される年にしたい」と、改正の目標年を明言。安倍は、第1次政権で改憲手続きを定めた96条の改正を唱えたが失敗、これに懲りて、それ以来、具体的な改正案には言及してこなかった。それが今回、緊急事態条項、環境権などを手始めとする「お試し改憲」ではなく、文字通りのトップダウンで第9条改正に手をつけたのだった。「何としても、9条改正を国民投票にかけたい」という安倍の政治的信念の発露だった。

『読売新聞』のインタビューの前に、安倍が協議や根回しを十分にした形跡はなかった。当時、副総裁の高村正彦が安倍発言を知ったのは新聞報道でだったと述べ、石破茂元幹事長は、「本当に椅子から転がり落ちるほど驚いた」と語った。菅官房長官でさえ、事前に相談を受けておらず、関与していなかったという（ケネス・盛・マッケルウェイン「憲法改正」、アジア・パシフィック・イニシアティブ『検証 安倍政権』所収）。

一方、公明党は04年10月、憲法改正に関する党見解をまとめた際、第9条について、第1、2項を堅持したうえで、「自衛隊の存在の明記」や「国際貢献のあり方」を「加憲」の対象として「議論を深め、慎重に検討していく」としていた。安倍は、この同党の「加憲」論に乗ることで、9条改正では抵抗勢力であり続ける公明党を抱き込む狙いがあるとみられた。また、国民投票で過半数を得るには、1、2項を残して自衛隊明記という穏健な提案のほうが、有権者の賛同を得やすいという、現実的な判断がうかがえた。そして安倍が目指す与野党の幅広い合意は、自民、維新に公明党を加えた3党の合意形成を意味していた。

改憲提案に賛否両論

安倍の改憲提案を高く評価したのは維新だった。馬場伸幸幹事長は17年5月3日、9条改正に賛意を示したうえで、20年施行の目標について「自民党としてスケジュール感を示したことはよいことだ」と支持した。党法律政策顧問の橋下徹前大阪市長も同日、自身のツイッターに「自衛隊を解釈だけではなく明文上合憲とする憲法改正は絶対に必要」と書き込んだ。

これとは対照的に、民進党の蓮舫代表は同月3日、「首相は口を開けば（改正を目指す）条項が違う。誰のために改正するのか。自分のレガシー（政治的遺産）のためではないか」と強く批判。同党の野田幹事長も13日、「国民の総意に基づく憲法改正にするためには、本来は野党第1党（の民進党）も賛同するやり方を目指すのが王道だ。（これは）王道から外れた覇道のやり方だ」と批判した。ただ、改憲派と護憲派が混在する同党内では、前原誠司元外相が8日発売の経済誌で、首相と同様、1項と2項を残したうえで自衛隊を追記する考えを示すなど、足並みの乱れが出た。

これに対して、自民党内では大きな反応はなかった。そもそも党内では、政府の憲法解釈――自衛のための必要最小限の実力組織である自衛隊は、戦力不保持を定めた9条2項の「戦力」にはあたらない――には無理があり、自衛隊違憲論を払拭するためには2項の改正が必要とする意見が多数派だった。ところが、石破元幹事長が、「自衛隊は何なのか、陸海空軍ではないのか、という話を全部ネグレクト（放置）していいのか」「自民党の改正草案が通りっこないというのは敗北主義だ」などと、安倍提案を正面から批判したものの、同調する声は広がらなかった。岸田外相は、「（当面、9条の改正は考えないという）考えは（今も）変わりはない」と語るにとどめた。一方、高村副総裁は5日、外遊先の中国・西安で、「最も穏健で現実主義者、安倍晋三の面目躍如だ」と高く評価した。

公明党では、太田昭宏前代表が安倍提案に近い考えの持ち主といわれており、北側一雄副代表は3日、「非常に理解できる」と安倍提案を高く評価する一方で、「多くの国民が自衛隊を違憲とは思っていない中で、必ずしも優先順位が高いとは思えない」「自衛隊違憲論は少数派であり、あえて書き込む必要はない」などと、同党内にある慎重論にも言及した。

他方、改憲は与野党協調で進めるべきだという考えが根強い憲法審査会では、首相が唱えてきた持論[1]とも、2項削除の05年、12年の自民党改正草案とも大きく異なる提案だけに、与野党双方のメンバーに反発や困惑が生まれた。

安倍の「国会軽視」発言

安倍が改憲派の集会に寄せたビデオメッセージと『読売新聞』のインタビューは、早速、国会質疑で取り上げられた。民進党の長妻昭元厚労相が17年5月8日の衆院予算委員会で、20年に施行する考えを表明したその真意をただしたところ、安倍は、「党総裁として改正の考えを公にしたのは、国会での政党間の議論を活性化するためだ」と述べた。長妻が「なぜ、国会で（内容を）説明しないのか」と問い詰めると、安倍は「この場には党総裁としてではなく首相として立っており、首相としての答弁に限定している。党総裁としての考え方は、相当詳しく『読売新聞』に書いてあるから、是非それを熟読してもらいたい」と述べた。

首相の改憲提案が憲法尊重義務（憲法第99条）違反にあたるとの批判を回避しようとしたのかもしれない。しかし、国会を軽んじているととれる答弁に、委員会室は騒然とした。翌5月9日の参院予算委員会でも、民進党の蓮舫代表が、この安倍の発言は「立法府軽視だ」と切っ先を向けると、ヤジが激しく飛び交い、委員長が何度も「静粛に」と叫んだ。蓮舫が「首相には改憲の発議権も、年限を区切る権限もない」と断言したのに対し、安倍は、「政治家は、結果を出していかなければいけない。自民党改憲草案のままで、衆参両院で3分の2は得られない。政治家は時として、どれくらいの民意を得られるかを考えて発言する場合もある」と説明した。

民進党内には、改憲の発議権を持つのは国会であり、首相発言は、立法府の権限を著しく侵害しているといった意見が強まった。これにより、野党第1党の民進党との間で、冷静に改憲論議を進めることは一層、難しくなった。政府は同月16日、「内閣は憲法改正の原案を国会に提出できる」とする答弁書を閣議決定した。[2] ただ、菅官房長官は同日の記者会見で、「政府が原案を提出することは考えていない」と述べた。

自民党憲法改正推進本部（保岡興治本部長）は同月24日、同本部の役員に二階俊博幹事長や下村博文幹事長代行らを加えて体制強化を図り、6月6日には憲法改正案作成作業に着手した。①憲法9条1、2項を維持して自衛隊の根拠規定を追加　②大学など高等教育を含む教育無償化　③緊急事態条項　④参院選で導入された合区（「鳥取・島根」「徳島・高知」の各統合）解消――の計4項目について検討することとし、保岡は、「遅くとも年内をめどに提案をまとめたい」と述べた。

テロ準備罪法案、与野党が激突

「もり・かけ」のスキャンダルで紛糾を続ける国会では、17年4月半ば、テロ等準備罪の創設を柱とする組織犯罪処罰法改正案（テロ準備罪法案）が審議入りした。新たにテロ等準備罪を創設し、テロ組織などの組織的犯罪集団の構成員や関係者が2人以上で、組織的殺人などの「重大犯罪[3]」の実行を計画し、このうち1人でも、現場の下見や資金の手配といった「準備行為」を行えば、計画に加わった者全員が処罰される。政府は、重大犯罪の共謀段階で処罰する共謀罪の創設を目指して法案を過去3回、国会に提出したが、野党などの反対が強く、廃案になっていた。改正案では、共謀罪の成立要件を厳格化し、罪の呼称を「テロ等準備罪」として、この与野党対決法案の成立を期した。

野党は、「憲法が保障する内心の自由を侵害する」「一般市民も捜査対象になる懸念がある」などと反対を強め、答弁が不安定な金田勝年法相を集中攻撃して審議はもつれた。与党は、とくに東京五輪に向けてテロ対策に万全を期すことが求められるなどとして押し切り、同法案は5月23日に衆院を通過した。

参院審議で自民党は、法案の会期内の成立を目指して荒々しい手を使った。同年6月14日、参院国会対策委員長会談で、自民党は法務委員会での採決を省略し、参院本会議で「中間報告」を求めることを提案した。異例の強行突破に、民進党など野党は強く抵抗したが、参院議院運営委員会は、自・公の賛成多数で「中間報告」を議決。これを受けて民進党は、議運委員長（自民）解任決議案を提出した。一方、衆院では、民進、共産、自由、社民の4党が、「加計学園」問題に絡んで、松野文科相の不信任決議案を提出。民進党の野田幹事長は「あらゆる手段を講じて戦っていく」と強調し、国会は緊迫した。野党4党は同日夜、内閣不信任決議案を提出したが、翌15日午前2時前、反対多数で否決された。

参院では、同日午前3時半すぎ、秋野公造参院法務委員長（公明）が本会議で中間報告を行い、引き続き討論と採決が行われ、民進党の蓮舫代表は、「中間報告は、参院改革の歩みを踏みにじる暴挙」と非難した。15日午前8時前、同法は自民、公明、日本維新の会などの賛成多数で可決、拍手と怒号の中で成立した。なお、政府は同年7月11日、改正組織犯罪処罰法の施行を受け、00年に署名した国際組織犯罪防止条約を締結した。

国会は延長されることなく、「もり・かけ」の醜聞の臭気にふたをするように閉幕した。せっかくの憲法改正の機運も、これではしぼむほかなかった。

政権に「驕り」、内閣支持率最低に

読売新聞の17年7月の全国世論調査（7～9日）で、安倍内閣の支持率は続落した。支持率は

36％で、前回6月調査（17～18日）から13ポイント下落し、第2次安倍内閣発足以降、最低を記録した。これまでの最低は、安全保障関連法成立直後の15年9月調査の41％。不支持率は52％（前回41％）で、こちらは最高だった。不支持率が支持率を上回ったのも15年9月以来のことだった。

内閣支持率は、17年に入って最も高かった2月の66％から、約5か月間で30ポイント下落した。5月調査からの下落幅でみても25ポイントと、急落ぶりが明らかだ。とくに女性の内閣支持率は前回6月調査よりマイナス18ポイントの28％に下落し、女性の「安倍離れ」が顕著だった。安倍内閣に「長期政権のおごりが出ている」という意見について、「その通りだ」が68％に上り、内閣支持層でも54％、自民支持層でも63％に達した。自民党支持率も31％（前回41％）に下がり、これも第2次内閣発足以降で最低となった。無党派層は47％（同40％）に増えた。民進党支持率は6％で大きな変化はなかった。

ここで安倍内閣支持率の「構造」をみておくと、読売新聞が12年12月の第2次安倍内閣発足から18年7月までの毎月の全国世論調査を分析したところ、▽安倍内閣の平均支持率は55％。▽男女別にみると、内閣支持率から不支持率を差し引いた値の平均は、男性が女性より10・6ポイント高く、歴代内閣の中で男性の支持が女性を最も大きく上回った。▽年代別の平均支持率は、若年層の18～29歳が61％で最も高く、最低は60歳代の50％。▽自民党支持率はほぼ40％前後で推移し、若年層の支持率が急上昇した。▽無党派層の内閣支持率の平均値は、安倍内閣が31％で、小泉内閣の42％より低い（18年8月22〜23日付『読売新聞』朝刊）。その特徴は、比較的「女性より男性」「若年層」「無党派層より自民支持層」で高いところにあった。

注

1　安倍は、自民党新憲法起草委員会の「前文」小委員長代理を務めていた2005年当時、ジャーナリストの櫻井よしことの対談で、9条の1項は残す意味があるが、2項は「交戦権は、これを認めない」とあり、「解釈でしのぐのは限界に来ている」ので、「全面的に削除し、改正すべきである」と主張。現憲法の前文の「平和を愛する諸国民の公正と信義に信頼して、われらの安全と生存を保持しようと決意した」は、9条の枕詞であり、「（前文は）敗戦国としての連合国に対する詫び証文でしかない」「白地から新しい前文を書きます」――などと述べていた（PHP研究所編『安倍晋三 対論集』）。安倍は、それ以前から憲法の全面的改正論者であり、安倍が直接関与した05年の憲法改正草案や、安倍の主張が生かされた12年の憲法改正草案でも、2項は削除するとしており、安倍の持論は2項削除論だった。

2　政府の答弁書は、①内閣は憲法第72条の規定により、議案を国会に提出することが認められていることから、憲法改正の原案を国会に提出することが可能である　②政府としては、憲法第99条は、日本国憲法が最高法規であることに鑑み、国務大臣その他の公務員は、憲法の規定を遵守するとともに、その完全な実施に努力しなければならない趣旨を定めたものであって、憲法の定める改正手続きについて検討し、あるいは主張することを禁止する趣旨のものではない――としていた（参院ホームページから）。

3　「重大犯罪」については、組織的な詐欺やハイジャックなど犯罪組織の関与が現実的に想定される277の罪に限定して法律に列挙した。政府は国会答弁で、適用される集団について、重大な犯罪の実行を目的として結びついたテロ組織や暴力団、麻薬密売組織などの団体に限られるとした。政府が２０００年に署名済みの国際組織犯罪防止条約では、加盟国に重大犯罪の「合意」（計画）を犯罪に位置付ける国内法の整備を義務付けていた。このため政府は、条約を締結するためには、テロ等準備罪の新設が必要と説明していた。条約が締結されると、テロなどの組織犯罪について、締約国間での捜査協力や犯罪人引き渡しなどがスムーズに行われるようになるという。

第18章　試練のアジア外交

「北」弾道ミサイルを乱射

２０１７年２月13日、北朝鮮の金正恩朝鮮労働党委員長の異母兄、金正男《キムジョンナム》がマレーシアの空港で暗殺された。この不穏な事件の直前、ちょうど安倍首相が米フロリダ州を訪れていた12日、北朝鮮は、新型の中長距離弾道ミサイル「北極星２型」を発射した。３月６日には、日本海に向けて弾道ミサイル「スカッドＥＲ」と推定される４発を発射した。さらに４月５日にも、北朝鮮の弾道ミサイルが日本海に落下した。

米国は同月８日、原子力空母「カールビンソン」はじめ空母打撃群を朝鮮半島沖に派遣した。トランプ大統領は、これに先立つ６日の安倍首相との電話会談で、「全ての選択肢がテーブルの上にある」と述べ、先制攻撃など制裁以上の措置を検討していることを示唆した。24日の電話会談では、「我々は北朝鮮に強い姿勢を示す。日本もサムライ（ウォリアー）の精神で臨んでほしい」と語り、挑発をやめない北朝鮮に対抗するため、日本が相応の役割を果たすよう求めた。５

月1日、日米両政府は、16年3月に施行された安全保障関連法で可能になった平時の米艦防護を初めて実施。海上自衛隊で最大級の護衛艦「いずも」が米海軍補給艦と合流し、米艦防護の任務を始めた。

5月26、27日にイタリアで開かれたタオルミーナ・サミット(主要7か国首脳会議)は、首脳宣言において、北朝鮮問題を「国際的課題の中での最優先事項」と位置づけ、「新たな段階の脅威」とみて圧力の強化を明記した。しかし、北朝鮮は、その前後の14、21、29日と、3週連続で弾道ミサイルを発射。29日のミサイルは、日本の排他的経済水域(EEZ)内に落下した。これで北朝鮮のミサイル発射は、年初から計9回を数えた。

政府は同年4月、早期に弾道ミサイルを想定した住民避難訓練の実施を各自治体に通知。北のミサイルは、直接、日本国民を巻き込むことになった。全国の各自治体は18年前半にかけ、住民の避難訓練を開始し、全国瞬時警報システム「Jアラート」が作動する事態をも想定した訓練が、小中学校などで実施された。ただ、国民の不安をかきたてるだけで、「とても防ぎようがない」と、その効果は疑問視されていた。

核実験を強行、情勢緊迫

7月4日、北朝鮮は弾道ミサイルを発射し、米政府はこれが大陸間弾道ミサイル(ICBM)だったことを初めて認めた。さらに9月3日、北朝鮮は6回目の核実験を強行した。これに対して、国連安保理は11日夜（日本時間12日午前）、北朝鮮への原油や石油精製品の輸出量に上限を設定するなどの追加制裁決議を全会一致で採択した。安保理の北朝鮮に対する制裁決議は、同年5月の北朝鮮による3週連続の弾道ミサイル発射後と、7月のICBM発射後に続いて3回目。06年10月以降では9回目だった。

これに対し北朝鮮は、米国主導の制裁決議に反発し、17年9月15日、中距離弾道ミサイル「火星12」を発射し、さらなる軍事挑発に出た。それから2か月間、鳴りを潜めた北朝鮮は、11月29日、米本土に到達可能な新型ICBM「火星15」を発射、ミサイルは青森県西方の日本のEEZ内の日本海に落下した。トランプは安倍との電話会談に先立ち、記者団に対し、「深刻に受け止めている。この状況に我々は対処していく」と語った。

米ジャーナリストのボブ・ウッドワードがトランプとのインタビューに基づいて公刊した著書『RAGE（レイジ）怒り』（伏見威蕃訳）によれば、9月23日、米軍のインド太平洋軍は、B－1爆撃機数機と、サイバー戦能力を具《そな》えたものも含めたその他20機で空爆演習を行い、南北の軍事境界線を海上に延長した「北方限界線」を越えた。この挑発的な軍事行動の詳細は公知されなかったので、米朝間がいかに緊張状態にあったかを米国民はほとんど知らなかった。同書によれば、19年12月、トランプはウッドワードに、「金正恩は（その頃）全面的な戦争準備をしていた」と語った。日本人には、こんな極限の緊迫した状況を知る由もなかった。

ところが、金正恩は17年11月の「火星15」発射後に「国家核戦力の完成」を宣言し、一転、米国との対話攻勢に出ることになる。

習政権の「一帯一路」

他方、日中関係の改善は遅々として進まず、中国は尖閣諸島周辺で公船の領海侵入を常態化させていた。また、東・南シナ海でも、いわゆる「現状変更」の試みを続け、周辺国を苛立たせていた。16年9月、安倍首相や李克強《りこくきょう》中国首相、オバマ米大統領らが出席して、ラオスで東アジア首脳会議（EAS）が開かれた。そこでは、南シナ海での中国の主権主張を否定した仲裁裁判所の判決を受け入れるよう求める日米両国と、判決を無効とする中国が激しく対立。しかし、他の参加国はおおかた様子見で、日米の「対中包囲網」は実を結ばなかった。しかしその一方で、北朝鮮の核・ミサイルの頻繁な実験・開発を阻止するためには、日中の協力が不可欠になっていた。

中国政府は、習近平政権が唱える巨大経済圏構想「一帯一路」に関する国際協力フォーラムを、北京で17年5月に開催しようと計画した。「一帯一路」とは、13年秋に習国家主席が提唱したもので、中国から欧州までを陸路で結ぶ「シルクロード経済ベルト（一帯）」と、南シナ海やインド洋などをつなぐ「21世紀海上シルクロード（一路）」からなっていた。

中国は、関係諸国のインフラ整備を支援することで、経済的、政治的影響力を拡大しようとしており、日本政府は、アジアの経済覇権を握ろうとする中国の企図に警戒心を抱いていた。また、安倍主導の外交戦略「自由で開かれたインド太平洋戦略（構想）」（ＦＯＩＰ）は、「一帯一路」への対抗戦略であり、「反中国包囲網」とも見られていた。

ＡＩＩＢとＡＤＢ

この「一帯一路」構想を資金面で支えるのが、中国主導で設立された「アジアインフラ投資銀行」（ＡＩＩＢ）だった。ＡＩＩＢの設立構想は、習近平が13年秋、東南アジア歴訪中に発表した。アジアのインフラ整備を目的に、中国を最大の拠出国とする国際金融機関で、日本が最大の出資国である「アジア開発銀行」（ＡＤＢ）に対抗した。中国は、東南アジア諸国連合（ＡＳＥＡＮ）加盟国などを着々とメンバーに取り込み、それに伴う「ＡＤＢ離れ」を心配した日本政府は、ＡＩＩＢに強く反対した。

しかし、14年10月に21か国の代表者がＡＩＩＢ設立覚書に署名したあと、15年には、英国が西側の先陣を切って参加し、次いでドイツ、フランス、イタリアの3か国、さらに豪州、韓国がＡＩＩＢへの参加を表明した。しかし日本政府は、「ＡＩＩＢは、ガバナンス（組織統治）、審査のあり方に問題がある」（麻生副総理・財務相）などとして、米国とともに参加を見送った。

ＡＩＩＢは16年1月に開業し、17年には、加盟国・地域は70を数え、ＡＤＢの67を超えた。ＡＩＩＢは開業すると、ＡＤＢや世界銀行との協調融資にあたるなど、むしろＡＤＢの関与を求めるようになり、日本側のＡＩＩＢに対する対抗心、警戒心は以前より薄らいでいった。また、

「一帯一路」に海外投資のビジネスチャンスを見出す日本企業も少なくなく、日本政府も軌道修正を図る時機を迎えた。

「一帯一路」に協力表明

安倍官邸は17年4月下旬、北京での「一帯一路」の国際協力フォーラムに、中国指導部と太いパイプを持つ二階俊博党幹事長の派遣を決めた。二階経産相時代、同省総務課長として仕えていた今井尚哉首相秘書官と経団連の榊原定征《さかきばらさだゆき》会長が同行した。安倍は、二階に「一帯一路」構想を「評価」する旨の習国家主席宛ての親書を託した。

安倍首相は6月5日、東京都内で講演し、「一帯一路」について、「(同構想が)国際社会の共通の考え方を十分に取り入れることで、環太平洋の自由で公正な経済圏に良質な形で融合し、地域と世界の平和と繁栄に貢献していくことを期待する」と述べ、同構想への協力を初めて表明した。安倍は『回顧録』の中で、中国の一帯一路は「どうやら大風呂敷を広げているだけで、覇権には至っていない」とし、それならば、適正な融資による対象国の財政健全化の維持、プロジェクトの開放性、透明性、経済性の確保を条件に、日本として協力は可能と判断した――と、その理由を語っている。中国の動きを阻止するよりも、日本が関与することで質の高いインフラ整備を実施する方が、新興国や日本の経済界にとってプラスと考えたというのである。

安倍は7月8日、ドイツ・ハンブルクで習国家主席と会談し、一帯一路について、「ポテンシャル（潜在能力）をもった構想」であり、日本として協力する方針を伝えた。習近平は、「政治的な課題は一つ一つ解決していかなければならないが、両国の経済関係発展の妨げにしてはならない」と述べた。

ただ、核・ミサイル開発を続ける北朝鮮をめぐっては、安倍が「中国の役割が重要だ」と、中国として役割を果たすよう求めたが、習は対話の重要性を強調したうえで、国連安保理決議に基づかない日本の独自制裁には反対の考えを示した。さらに11月11日、ベトナム・ダナンでの習近平との会談で、安倍が首脳間の相互訪問を提案したのに対し、習は「ハイレベルの往来を重視する」と応じた。日中関係は対決モードを脱し、良い方向に転がり始めた。

韓国、慰安婦合意を破棄へ

17年の韓国大統領選挙は、5月9日投開票され、北朝鮮に融和的な左派「共に民主党」の文在《ムンジェ》寅《イン》が当選した。文は新大統領への就任前、慰安婦をめぐる15年の日韓合意について「間違いだ」と断言し、日韓合意の「再交渉」を大統領選の公約に掲げていた。また、前年11月に締結された日韓軍事情報包括保護協定（GSOMIA）についても批判的だった。

安倍首相は17年5月11日、文大統領と初の電話会談を行い、「国際社会からも高く評価された（慰安婦）合意を、責任を持って実施することが重要だ」と、その着実な履行を求めた。これに対して、文は「韓国国民の大多数が感情的に合意を受け入れていないのが現実だ」と指摘し、合意の履行に消極的な姿勢を示した。日韓関係は早くもギクシャクし始めた。

8月17日、文在寅大統領は、就任100日の記者会見を開き、日本の植民地時代に朝鮮半島から動員された「徴用工」への補償に関し、元徴用工に日本企業への個人請求権があるとの見解を示した。[1]それは、1965年の日韓請求権協定で解決済みとしてきた従来の韓国政府の方針を覆すものだった。また、慰安婦問題についても、請求権協定の締結時にそれは「知られていない問題」であり、従って「慰安婦問題が韓日会談（国交正常化交渉）で解決されたというのは正しくない」と強調。2015年の慰安婦合意については、外交省の作業部会における合意の経緯の検証を待って方針を決めると述べた。

その後、作業部会は12月27日、報告書を公表し、日韓合意は「被害者の意見を十分にまとめないまま合意を結んだ」と総括、「被害者（元慰安婦）が受け入れない限り、政府間で慰安婦問題の『最終的かつ不可逆的』な解決を宣言しても、問題は再燃するしかない」と断定した。とくに谷内国家安全保障局長と李丙琪大統領府秘書室長による8回にわたる秘密交渉を一方的に公表し、国民の声を反映させる「民主的な手続き」が不足していたと批判した。

これを受けて、韓国の康京和《カンギョンファ》外相は18年1月9日、「合意が公式合意だった事実は否定できない」として、日本に「再交渉を要求しない」と明言した。しかし、「日本自ら被害者の名誉と尊厳の回復に努力を続けてくれると期待する」と語り、「（元慰安婦の）被害者が望んでいるのは、自発的な真の謝罪だ」と主張した。韓国側の外交常識を外れた非礼な態度により、慰安婦合意はわずか2年で風前の灯火となった。

18年11月、韓国政府は元慰安婦への支援事業を行ってきた「和解・癒やし財団」を解散すると発表し、日韓合意の柱が葬られた。財団には日本政府の予算10億円が拠出され、合意時点で存命だった元慰安婦47人のうち34人が1人当たり約1000万円の支援金を財団から受け取った。安倍は「国際約束が守られないのであれば、国と国との関係が成り立たなくなる」と厳しく批判したが、19年1月、韓国政府は財団の設立許可を取り消した。

注

1　韓国大法院（最高裁）は2012年、日本の植民地統治が違法だったことを理由に、元徴用工の個人請求権は消滅していないとの判断を示していた。文大統領は、17年8月17日の記者会見で、「強制徴用者個人が三菱（重工業）などの会社を相手とする民事上の権利が残っているというのが大法院の判例だ」と述べ、従来の政府見解を覆した。韓国では、文大統領と同じ左派の盧武鉉《ノムヒョン》政権が05年、日本による「反人道的行為など」に対して個人請求権があるとし、慰安婦、原爆被害者、サハリン残留韓国人を日韓請求権協定の対象外と一方的に主張したが、徴用工の補償については、日韓請求権協定によって解決済みとの立場を示していた。なお、22年3月の大統領選で勝利した保守系の尹錫悦《ユンソンニョル》政権は、対日関係改善のため、23年3月、韓国の財団が被告の日本企業の賠償金相当額を支払う解決策を発表した。

第19章　都議選、自民が歴史的大敗

「築城3年、落城1日」

2017年6月16日の参院予算委員会集中審議で、安倍首相は「加計学園」の獣医学部新設について、「具体的指示や働きかけをしたことは一度もない」と改めて関与を否定し、同日、通常国会は事実上閉幕した。安倍は19日の記者会見で、これまでの強気な態度を改め、神妙な顔つきで「今国会は、建設的議論という言葉からは大きくかけ離れた批判の応酬に終始した」と振り返り、「(野党の）印象操作のような議論に、つい強い口調で反応してしまう私の姿勢が、政策論争以外の話を盛り上げてしまった。深く反省している」と述べた。また、加計学園問題で、当初、「総理の意向」などと記された文書の存在が確認できず、説明が二転三転したことで、「国民の不信を招いたことは率直に認める」と陳謝した。

安倍は同月20日の自民党役員会に出席し、内閣支持率が低下していることに関し、「築城3年、落城1日だ」と述べ、「気を引き締めて政権運営に当たりたい」と強調した。都議選告示翌日の同24日の神戸市での講演でも、「驕りや緩みがあれば、国民の信頼は一瞬で失われる。今後も情報公開と説明責任を全うする」と、自戒を込めて語った。加計学園の獣医学部新設については、「固い岩盤規制に風穴を開けることを優先し、1校だけに限定して認めた。獣医師会の要望を踏まえた中途半端な妥協が国民的な疑惑を招く一因となった」と釈明、愛媛県今治市だけに限定せず、速やかに全国展開を目指すと、方針転換を明らかにした。

また、安倍はこの講演で、「来る臨時国会が終わる前に、衆参の憲法審査会に、自民党の案を提出したい」と述べた。安倍は、この逆風の中でも、自らの9条改憲案を前倒しして国会に提出し、その実現を図ろうとしていた。

都議選、小池都民ファースト圧勝

東京都知事の小池百合子[*1]は、都議選を控えた17年6月1日、自民党に離党届を提出し、同日開かれた地域政党「都民ファーストの会」総決起大会で代表に就任した。小池は前年7月の都知事選で、自民党の方針に反して立候補した際、党に「進退伺」を提出したが、党籍は残っていた。この結果、都民ファーストの会は、都議会最大会派の自民党と臨戦態勢に入った。都内の有権者を対象とした読売新聞の世論調査（5月20～21日）では、小池知事の支持率は69％を記録し、安倍内閣の支持率が低落する中、小池人気は健在だった。

東京都議選（定数127）は6月23日、告示された。前回選挙で59人の全公認候補を当選させた自民党は60人の候補者を立てた。都民ファーストは、小池が主宰する政治塾「希望の塾」の塾生4000人の中から選ばれた50人の公認候補のほか、無所属11人を推薦し、自民党の公認候補の数にほぼ並んだ。公明党は、自民党と袂《たもと》を分かち、都民ファーストと選挙協力体制をとっていた。一方、選挙期間中、自民党女性衆院議員による政策秘書へのパワハラや、稲田防衛相が「自衛隊としてもお願い」と述べた応援演説などの不祥事が相次ぎ、自民党の足を引っ張った。

7月2日の投開票の結果、都民ファーストが49議席を獲得し、都議会第1党に躍進した。これに対して、自民党は過去最低の38議席（2009年と1965年）を下回る23議席にとどまった。都議会議長などが次々議席を失い、自民党都連は下村博文会長以下5役全員が辞任した。これに対し、公明党は、7回連続で23人全員当選を果たし、公明党、東京・生活者ネットワークなどを含めた小池知事勢力は79議席と、過半数を大きく上回った。都民は小池都政を、事実上、信任したのである。現有1議席にとどまった日本維新の会の松井一郎代表は「小池タイフーンに吹き飛ばされた」と語ったが、この圧勝によって「小池新党」の結成が、政局の新たな焦点になっていく。

「こんな人たちに……」と怒声

安倍首相は、都議選の自民惨敗に強い衝撃を受けていた。投開票日の7月2日夜、東京・新宿区若葉のフランス料理店で、安倍は麻生副総理、菅官房長官、甘利前経済再生相と急遽会食した。

『回顧録』によれば、この席で4人は「安倍政権が倒されるとしたら、敵ではなく、身内だと。（中略）自民党内を動揺させなければ大丈夫だ」ということを互いに確認し合った。「政権が揺らぐのは、自民党内の信頼を失う時」と、第1次政権で痛感した安倍にとって、ここは踏ん張り所だった。

翌朝、安倍は記者団に、「自民党に対する厳しい叱咤《しった》と深刻に受け止め、深く反省しなければならない」と述べ、敗因については「安倍政権に緩みがあるのではないか、という厳しい批判があった」と語った。安倍が選挙前に示した釈明や反省は、有権者の心にはほとんど届いていなかった。

都議選の選挙戦最終日の7月1日夕、選挙期間中初めて街頭演説に立った安倍は、政権批判の嵐をその場で実感していた。この日、物々しい空気に包まれていたJR秋葉原駅前で、安倍が選挙カーの上でマイクを握ると、「帰れ」のコールが起き、それは「辞めろ」の大合唱になった。激高した安倍は、その声に向かって「こんな人たちに負けるわけにはいかない」と怒声を張り上げた。友と敵を峻別して敵を叩くという安倍流の政治スタイルが生んだ差別的な言動だった。安倍は7月24日の衆院予算委員会の閉会中審査で、[1]「私を批判する人たちを排除し、一切目を向けないということではない。そう受け取られたのなら、私の不徳の致す所」と述べ、陳謝する羽目に陥った。

自民惨敗について、各メディアは、「『安倍1強』の慢心を反省せよ」（17年7月3日付『読売新聞』社説）などと一斉に批判した。同月3日の自公党首会談で、公明党の山口那津男代表は、12年の第2次安倍内閣発足時の連立政権合意には「『決しておごることなく、真摯な政治を貫く』と書かれている」とあえて指摘した。さらに山口は5日の記者会見で、安倍が意欲を示す憲法改正について、「政権が取り組む課題ではない」と安倍を強く牽制し、「政権の課題は経済再生、アベノミクスの推進だ。そこにひたすら邁進することだ」と述べて、「改憲」よりも自公政権の原点に立ち返るべきだとの考えを強調した。

安倍は8月5日の読売テレビの番組で、加計学園問題などをめぐる国会答弁に関し、「政権発足以来、少しずつ（政策の）成果が出ている中で、自分の気持ちに驕りが生じたのかもしれない。それが答弁の姿勢に表れたと思う」と述べた。安倍を15年間取材してきたＮＨＫの岩田明子解説委員は、『文藝春秋』（17年10月号）に「安倍総理『驕りの証明』」と題する論考を寄せた。岩田は、安倍の「驕り」は、戦後70年の節目の15年、安全保障関連法を成立させ、支持率低下という危機的状況を乗り切った後に、すでにその「萌芽」があったと論じていた。

民進党、蓮舫代表が辞任

民進党の野田幹事長は7月3日の記者会見で、「都議選は自民党の極めて強権的な国会運営、権力の私物化などに対し、都民がノーという意思を示した」と述べた。しかし、民進党も大きな痛手を負っていた。同党の当選者はわずか5議席にとどまっていた。都議選で公認していた候補者41人のうち、現職8人を含む16人が離党届を出し、都民ファーストの公認や推薦を受けて戦った。この自民、民進両党の凋落ぶりは、通常国会での「森友」「加計」をめぐる不毛な抗争のツケと言えなくもなかった。

野田は同月25日の両院議員懇談会で、都議選惨敗の責任をとって辞任の意向を明らかにした。蓮舫代表は席上、次期衆院選では自ら参院から鞍替《くらが》えし、都内の小選挙区から出馬する考えを表明、党勢の立て直しに意欲を示した。ところが、党内では蓮舫への批判がやまず、蓮舫は同月27日、記者会見して「代表を引く決断をした」と述べ、就任後1年足らずで党首の座を去った。「統率する力が不足していた」とその理由を語り、衆院への鞍替えについては撤回した。

蓮舫は、国会論戦で安倍首相らを批判する弁舌の鋭さで注目され、その発信力が期待されたが、自らの国籍問題で説明が混乱し、「原発稼働ゼロ」の目標年次の前倒しも党内外の反対で挫折。党勢が低迷する中、4月には、民進党と共産党との連携を批判して長島昭久元防衛副大臣（都連幹事長）が離党届を提出し、細野豪志代表代行も憲法改正への考え方の違いを理由に代行を辞任するなど、党内に不満が高まっていた。

一方、都議選圧勝で勢いを得た小池は、国政進出を期して次の行動に出た。自らに近い若狭勝衆院議員（無所属）を代表とする政治団体「日本ファーストの会」を7月13日に設立し、若狭が8月7日、記者会見してこれを発表した。若狭は、政治塾「輝照塾《きしょう》」を作って同志を募る考えも明らかにした。小池が事実上率いる地域政党「都民ファーストの会」と連携して新党の年内結成を目指し、塾生から次期衆院選の候補者を擁立する考えを示した。ただ、新党の理念や政策は示されなかった。小池は、記者団に「国政は若狭氏に任せている」と述べ、若狭を支援しながら、自らは表舞台に立たず、一定の距離を置く姿勢をみせた。

民進党では細野前代表代行が同月8日、離党届を提出し、若狭と新党結成に向けた協議に入った。「小池新党」に触発された民進党内の離反行動がいよいよ党幹部にまで波及し、野党再編を予感させた。

民進党代表に前原誠司

民進党の代表選は8月21日に告示された。前原誠司元外相と枝野幸男元官房長官が立候補を届け出た。初当選から24年間、政治行動をともにしてきた2人だが、共産党との選挙協力について、枝野が前執行部の敷いた共闘路線の継続を主張したのに対し、前原は政策や理念が異なる同党との共闘は「野合だ」と見直しを訴えて、対立した。菅直人元首相、岡田克也前代表や、赤松広隆前衆院副議長のグループは、枝野支持を打ち出し、旧民社党系のグループや松野頼久元官房副長官のグループなど、保守系や民間労組出身者らが前原を支援した。

代表選は、9月1日の臨時党大会で行われ、前原が枝野を破って新代表に選出された。前原は、国会議員142人のうち83人の支持を集めたが、8人が無効票を投じ、「これは離党予備軍だ」との見方が出るなど、党内には分裂含みの空気が流れていた。前原は05年、43歳で前身の民主党の代表を務め、09年発足の民主党政権では、国土交通相、外相などを歴任した。政界再編論者として知られ、この頃は、疎遠になっていた小沢一郎自由党共同代表とも会合を重ねる一方、自らと同じ日本新党出身の小池都知事との連携にも前向きな発言をしていた。

前原は、直ちに新執行部人事を進め、新しい幹事長に山尾志桜里を抜擢した。前原グループに属し、16年3～9月まで、岡田代表の下で政調会長を務めた山尾は、検事出身、衆院当選2回の「論客」で、清新なイメージをもっていた。しかし、「山尾幹事長」が報じられると、主に前原を支持した保守系議員から、山尾の手腕への懸念や、政調会長時代に発覚したガソリン代不正請求問題を蒸し返す声も出た。さらに週刊誌が山尾の「不倫疑惑」を報道するとの情報がもたらされ、前原は、肝いりの「ナンバー2」人事の撤回に追い込まれた。前原民進党は、「船出する前に沈没した」と冷笑する同党議員もいた。

幹事長には代表代行に内定していた大島敦元総務副大臣を起用し、9月5日、新執行部が発足した。代表代行には枝野、政調会長には階猛《しなたけし》元総務政務官、国会対策委員長に松野頼久元官房副長官、選挙対策委員長に長妻昭元厚労相がそれぞれ就任した。

同5日の記者会見で、民進党新執行部が混乱している状況の下、衆院解散の可能性について問われた菅官房長官は、「解散は首相の専権事項だ。首相があると言えばある、ないと言えばない」と語った。

人物

＊1　小池百合子　1952年7月15日生まれ。エジプトのカイロ大学を出てテレビ東京「ワールドビジネスサテライト」のメインキャスターなどを務めた後、92年の参院選で日本新党から出馬して初当選。93年衆院選で旧兵庫2区から立候補して当選、衆院議員になり、94年の新進党結党に参画した。衆院議員当選は安倍と同期。その後、自由党、保守党を経て、2002年12月には自民党入りした。この間、政界の中枢にあった細川護熙や小沢一郎への接近と離反を繰り返した。その後、03年の小泉再改造内閣で環境相として初入閣し、3年間務め上げ、「クールビズ」を推奨して話題を振りまいた。05年の小泉首相による郵政解散では、造反組への刺客候補として東京10区に選挙区を替えて出馬・当選し、一躍、時の人になった。第1次安倍内閣では国家安全保障担当の首相補佐官に就き、同内閣退陣前の07年7〜8月、防衛相を務めた。10年9月には野党・自民党の総務会長に就任。安倍が政権に復帰する際の総裁選では、石破茂を応援し、第2次安倍内閣では、党広報本部長や党税制調査会副会長などを務めるにとどまった。衆院議員8期目の16年7月、東京都知事選に無所属で立候補して当選を果たし、安倍のライバルの一人に浮かび上がった。小池は無党派層に幅広い集票力があり、その点を欠く安倍にとっては恐るべき存在だった。安倍は『回顧録』で、小池はトランプの「ジョーカー」だと形容し、「ジョーカーのカードなしでも、トランプの多くのゲームは成り立つのだけれど、ジョーカーが入ると、特殊な効果を発揮してくる。ある種のゲームでは、グンと強い力を持つ」と、政治権力ゲームで発揮される小池の特異な才覚に注目していた。これに対し小池は、「トランプのカードにたとえるのなら、自分自身では『ハートのエース』だと思っている」とジョークで受け流した（『中央公論』23年7月号インタビュー）。小池は24年、都知事選に出馬し、3選を果たした。

注

1　通常国会閉幕後の7月24、25日、衆参両院の予算委員会で、安倍首相も出席して、加計学園問題を中心に閉会中審査が開かれた。和泉洋人首相補佐官、前川喜平前文部科学次官、加戸守行前愛媛県知事らが参考人として出席した。衆院予算委で、安倍は、「『李下《りか》に冠を正さず』という言葉がある。国民から疑惑の目が向けられるのはもっともなこと。答弁に足らざる点があった」と反省の弁を述べた。ただ、加計孝太郎理事長からの働きかけや依頼については、「全くなかった」と重ねて否定した。一方、前川前次官が、和泉補佐官から学部新設を急ぐよう求められたと改めて主張したのに対し、和泉は、面会で学部新設を話題にしたことは認めたが、「総理は自分の口からは言えないから私が代わりに言う」などと、首相の意向を代弁したとの前川の証言は声を荒らげて否定した。

第20章　国会冒頭、抜き打ち解散

第3次改造内閣

内閣支持率の急落にあえいでいた安倍首相は、2017年8月3日、第3次安倍・第3次改造内閣を発足させ、これを機にピンチを脱しようとした。14人が入れ替わる大規模なもので、初入閣は6人にとどめ、実力派、堅実な顔ぶれをそろえた。安倍は、記者会見の冒頭、森友学園、加計学園、陸自日報の各問題に触れ、「国民から大きな不信を招く結果となった。改めて深く反省し、おわび申し上げる」と述べた。麻生副総理・財務相と菅官房長官は続投するとともに、党三役人事では、第2次安倍内閣発足時から外相を務めてきた岸田文雄外相・防衛相を政調会長に充てた。総務会長には竹下亘国会対策委員長が就き、幹事長は二階俊博が留任した。

安倍と岸田は7月5日夜、欧州連合（EU）との首脳会議のあと、ベルギー・ブリュッセルのホテルで懇談し、岸田は、都議選大敗直後の安倍に「どのような立場になっても安倍政権を支えていく」と誓約した。安倍は、岸田が望んでいた党三役入りを受け入れ、高村正彦副総裁とともに憲法改正にあたらせようと考えていた。安倍は、岸田派から林芳正文科相、小野寺五典防衛相、上川陽子法相、松山政司《まさじ》一億総活躍相の4人を入閣させ、同派を優遇した。林、小野寺は、ともに安定感のある閣僚経験者で、内部文書の流出が続いた文科省や、日報問題で大揺れの防衛省の組織の立て直しを特別の任務とした。

これに対して、「反安倍」の色を濃くしていた石破茂元幹事長には厳しく対処し、石破派の齋藤健農水副大臣を農相として一本釣りしたほか、無派閥で石破に近い小此木八郎、梶山弘志を初入閣させた。また、野田聖子元総務会長を総務相に充てた。15年の党総裁選で出馬を模索するなど、安倍とは距離を置いていた野田を、閣内に取り込むとともに、高市早苗、稲田朋美、塩崎恭久らを退任させ、「身びいき」批判をかわそうとした。いずれにしても、次の自民党総裁選をにらんでの深謀遠慮を感じさせる人事だった。

新しい外相には、発信力のある河野太郎前国家公安委員長を充てた。河野の父親は、従軍慰安婦をめぐる「河野談話」を発表した河野洋平元官房長官。慰安婦問題では洋平の対極にある安倍は、河野太郎に向かって「父親と全く違う立場でやってくれ」と注文をつけた。読売新聞が8月に実施した緊急全国世論調査（3〜4日）では、7月調査の36％から6ポイント上昇し、これ以上の下落を阻止した。ただ、不支持率は48％もあった。加計問題で、首相が国会で十分に説明していると「思わない」人が79％に達し、先に辞任した稲田元防衛相は、「もっと早く辞任すべきだった」が77％に上った。これらが、国民の首相に対する信頼感を損ねていた。安倍が好んで用いた「信なくば立たず」の苦境に自ら落ち込んでいた。
第3次安倍・第3次改造内閣の顔ぶれは次の通り。

首相	安倍晋三	62歳	自民（無派閥）	衆（当選8回）	
副総理・財務・金融	麻生太郎	76	自民（麻生派）	衆（12）	留任
総務・女性活躍	野田聖子	56	自民（無派閥）	衆（8）	
法務	上川陽子	64	自民（岸田派）	衆（5）	
外務	河野太郎	54	自民（麻生派）	衆（7）	
文部科学	林　芳正	56	自民（岸田派）	参（4）	
厚生労働・働き方改革	加藤勝信	61	自民（額賀派）	衆（5）	
農林水産	齋藤　健	58	自民（石破派）	衆（3）	初入閣
経済産業・ロシア経済協力	世耕弘成	54	自民（細田派）	参（4）	留
国土交通	石井啓一	59	公明	衆（8）	留
環境・原子力防災	中川雅治	70	自民（細田派）	参（3）	初
防衛	小野寺五典	57	自民（岸田派）	衆（6）	
官房	菅　義偉	68	自民（無派閥）	衆（7）	留
復興・原発事故再生	吉野正芳	68	自民（細田派）	衆（6）	留

国家公安・防災	小此木八郎	52	自民（無派閥）	衆	（7）	初
沖縄・北方・消費者	江﨑鐵《てつ》磨《ま》	73	自民（二階派）	衆	（6）	初
経済再生・人づくり革命	茂木敏充	61	自民（額賀派）	衆	（8）	
一億総活躍・科学技術	松山政司	58	自民（岸田派）	参	（3）	初
地方創生・行政改革	梶山弘志	61	自民（無派閥）	衆	（6）	初
五輪	鈴木俊一	64	自民（麻生派）	衆	（8）	

そろった解散の条件

安倍首相は、17年9月28日召集の第194回臨時国会冒頭、衆院を抜き打ち解散した。[1] 改造から2か月、自らが掲げた「仕事人内閣」の看板は吹き飛ばされた。

同日午前の臨時閣議で安倍が解散を諮り、全閣僚が解散の閣議書に署名し、正午からの衆院本会議で、大島理森衆院議長が解散詔書を読み上げた。政府は改めて臨時閣議を開き、第48回衆院選の日程を「10月10日公示、22日投開票」と正式決定した。衆院選は14年12月以来、約2年10か月ぶりのことだった。

衆参両院の野党議員ら計192人は、約3か月前の6月22日、「森友・加計学園の審議が尽くされていない」などとして憲法第53条（衆参いずれかの総議員の4分の1以上の要求があれば、内閣は召集を決定しなければならない）に基づき、臨時国会の召集を要求していた。これに対して、安倍内閣は、7月に閉会中審査に応じたものの、臨時国会を開こうとしなかった。それが、ここに至って、野党要求を逆手にとって国会を召集、冒頭解散に打って出た形で、野党側の反発は大きかった。[2]

安倍はなぜ、このタイミングで、解散・総選挙に踏み切ったのか。安倍には、以下の「勝利の方程式」がそろっていた。一つ目は、野党第1党の民進党が混迷状態にあったことだ。17年9月に発足した同党の前原新執行部は、幹事長人事で躓《つまず》き、「小池新党」への参加を目指す議員たちの「離党ドミノ」現象が起きていた。候補者擁立の作業も思うにまかせず、選挙共闘の相手は共産党か、あるいは「小池新党」か、全く定まっていなかった。これなら民進党に負けることはないと、安倍は踏んだ。

二つ目は、「小池新党」がスピードと勢いを欠いていたことだ。同月16日、若狭衆院議員が設立した政治塾「輝照塾」の開講式に講師として出席した小池都知事は、「私はまず、東京を変えていきたい。国政は皆さん方が学び、改革の志を持って、しがらみのない政治を進めてほしい」と述べていた。若狭らは、次期衆院選の候補者を半年かけて選ぶ方針だった。野党の選挙準備が整う前の奇襲作戦は、14年のアベノミクス解散と同じだった。

三つ目は、急落した安倍内閣の支持率が反転したことだ。読売新聞の9月の全国世論調査（8〜10日）によると、内閣支持率は50％で、前回8月調査から8ポイントも上昇した。不支持率は39％で、3か月ぶりに支持が不支持を上回った。菅は後年、安倍の解散のタイミングに関して、

「(内閣)支持率の数字よりも、(数字が)上向きか下向きかの動きを見ていた気がしました」と語っている(『中央公論』23年3月号)。さらに「絶対安定多数」の261議席獲得も可能とする自民党の選挙情勢調査結果も、安倍に伝えられた。

安倍は当初、翌18年9月の自民党総裁選で3選を果たし、その余勢を駆って衆院議員の任期満了(12月13日)前に解散するシナリオを描いていた。また、これとは別に、憲法改正案を同年の通常国会で発議し、同年中の衆院選挙と同日投票で国民投票に持ち込むというプランも浮かんでいた。しかし、安倍の身内が絡む「もり・かけ」スキャンダルと都議選の大敗は、安倍の求心力を著しく低下させていた。これでは、当初のシナリオは吹き飛び、任期満了時の「追い込まれ解散」になる恐れすら出ていた。

改憲よりも衆院解散

とはいえ衆院解散にあたって、安倍にも気がかりはあった。自ら挑戦した9条改憲の歯車が狂いかねないことだった。頼みの公明党は改憲への慎重姿勢を強めていた。山口代表は9月13日、モスクワ国立国際関係大学で講演し、安倍改憲案について「今は、はっきり言って難しい」と断言した。さらに首相が目指す20年までの改憲も「見通すことができない」と語り、その理由として、「自民党内や各党間で意見が集約されていない」「国民の高い関心があるとは言えない」「改憲の国民投票で国論が二分されれば、政権を失う可能性がある」の3点を挙げた。公明党は、衆院解散を控えて9条改憲論議の盛り上がりは御免こうむりたかったのである。

前述の読売新聞の9月の全国世論調査では、安倍が提案した9条改正案について、「賛成」が51％で、「反対」の37％を上回っていた。ただ、改憲案の国会提出時期は「来年の通常国会に提出すべきだ」27％、「今年秋の臨時国会に提出すべきだ」26％、「憲法改正案を提出する必要はない」37％と分かれ、国民に憲法9条改正を急ぐ機運は乏しかった。

もう一つ、解散を制約したのは、北朝鮮ファクターだ。仮に選挙期間中、北朝鮮が挑発行為を重ねれば、官邸の危機管理が問われる事態になる。8月29日、北朝鮮が発射した弾道ミサイルは、日本列島を飛び越した。9月3日には6度目の核実験を実施し、朝鮮半島情勢は緊迫の度を増していた。

安倍は同日、ロシアのプーチン大統領と電話で会談し、制裁に慎重だったプーチンを翻意させ、国連安保理決議に協力する旨の言質を得た。同月11日、国連安保理は、北朝鮮への追加制裁決議を採択。これにより北朝鮮はしばらく動けないだろうと読んだ安倍は、情勢が一層不安定化する見通しの18年よりも、「今の解散」に大きく傾いていった。北朝鮮問題のリスクはあっても、安倍の手中には、民進党の大不振、小池新党の準備不足、内閣支持率の回復という3枚のカードが握られていた。衆院解散にこれ以上の好条件がそろう時は、もう来ないかもしれない。勝てると思えば、ためらわずに賭けに出る安倍流の決断が下される。それは「改憲」よりも、政権の一層の弱体化を避けるための「解散」にほかならなかった。

消費税増収分の使途変更

安倍首相は解散を決意するにあたり、二階幹事長と麻生副総理・財務相の2人には相談した。公明党には、9月16日、ロシア訪問中の山口代表に電話で、臨時国会の冒頭解散を伝えた。公明党とその支持母体・創価学会は「解散の大義名分が立たない。選挙準備が間に合わない」と抵抗したが、安倍は聞こうとしなかった。すでに同月18日、衆院解散は各メディアの報じるところとなった。

安倍は25日に記者会見し、28日召集の臨時国会で衆院を解散する意向を正式に表明した。この中で安倍は、5年間の実績を並べ立て、賃金アップを持続的なものとするための「生産性革命」と、高等教育の無償化、幼児教育・保育（幼保）の無償化などを図る「人づくり革命」の「2つの大改革」に取り組むと述べた。とくに「人づくり革命」のための、全世代型社会保障への転換を図る財源の確保に向け、19年10月に予定する消費税率10％への引き上げに伴う増収分の使途を「思い切って変えたい」と強調。これまで増収分の5兆円強は、社会保障の充実に1兆円、国の借金返済に4兆円を充てるとしてきたものを、社会保障と借金返済を「おおむね半々」に改めると説明。これに伴い、借金への返済分は減るため、20年度の基礎的財政収支を黒字化する政府の財政健全化目標の達成は「困難」との認識を示した。

そのうえで安倍は、「国民との約束を変更し、国民生活に関わる重い決断を行う以上、速やかに国民の信を問わねばならない」と表明。これまでの2度にわたる消費税率引き上げの延期に続き、安倍はまたも国政選挙に消費税を持ち出し、今度はその使途変更を解散の「大義」としたのである。

安倍は『回顧録』で、この全世代型社会保障は、働き方改革とともに、自らの「ハト派的な政策の頂点」と振り返ったが、この使途変更は、「普段ならば財務省や財政健全派の反対でできません。解散と同時に決めてしまえば、党内の議論を吹っ飛ばせます。選挙で勝てば、財務省を黙らせることもできる」と考えたうえでのことだった。選挙での信任をテコに財務省に四の五の言わせないという政治手法は、増税先送りの時と同じだった。

「国難突破解散」

さらに安倍は25日の解散会見で、「民主主義の原点である選挙が、北朝鮮の脅かしによって左右されてはならない。むしろこういう時期にこそ選挙を行うことによって、北朝鮮問題への対応について国民に問いたい」と表明。少子高齢化に北朝鮮問題を大義に加え、「国難突破解散」と命名した。しかし、北朝鮮の暴挙は、日本の衆院解散・総選挙に容喙《ようかい》することが主目的とはみえず、「国難突破」には違和感が残った。

また、安倍が仰々しく2つの「革命」を持ち出そうと、それは従来のアベノミクスの延長線上のものにすぎなかった。消費税の使途変更自体は、重要な政策提言だったが、安倍自ら「本日決断した」と言う唐突ぶり。これは本来、国民に信を問う前に国会で論じるのにふさわしいテーマだった。「こじつけが過ぎる」との批判は免れようがなかった。

安倍は、妻や「竹馬の友」絡みの「もり・かけ」をめぐる野党の執拗な追及にうんざりしていた。民進党の前原代表は25日、「森友、加計問題を追及されるのが嫌で、まさに敵前逃亡解散、自己保身解散以外の何物でもない」と批判した。安倍は記者会見でこの点を突かれ、「解散に大義はあるのか」と問われると、「選挙は民主主義における最大の論戦の場だ。こうした中で私自身への信任を問うことになる。追及回避どころか、こうした批判も受け止めながら選挙を行う」と反論した。とはいえ、安倍は後年になって、「解散せずに、秋に臨時国会を迎えれば、『モリ・カケ』問題の疑惑が残っているとさんざん野党は攻撃してくるでしょう。（中略）それならば、先にこちらが仕掛けてやろう、という判断でした」（『回顧録』）と語り、野党側の追及から逃れることが、解散の大きな理由だったことを認めた。「政権危機突破の解散」という当時の見方は、的を外していなかった。

小池、「希望の党」旗揚げ

東京都知事の小池は9月25日午後、都庁で緊急記者会見を開くと、突如、新党「希望の党」結成を発表し、自ら代表に就任した。安倍の同日夕の解散会見に先立って新党結成を華々しく打ち上げて話題をさらう、そんな小池の露骨なメディア戦略がみてとれた。小池の計算通り、テレビのワイドショーは、小池の新党結成宣言の話で持ちきりになった。小池側近の若狭勝衆院議員、民進党出身の細野豪志、長島昭久両衆院議員のほか、中山恭子、松沢成文両参院議員ら9人が名を連ねていた。

小池は記者会見で、これまで若狭、細野らが結党に向けて進めてきた議論を「リセットし、私自身が直接に絡んでいきたい」と、自ら先頭に立つ考えを示した。小池は、いきなり「原発ゼロを目指す」と明言し、安倍政権との対立軸を打ち出すとともに、この日、原発ゼロが持論の元首相・小泉純一郎と都庁で会談し、新党への支援を取り付けた。小池は、郵政解散で小泉を支えた経緯があり、その時の「小泉劇場」を模した「小池劇場」がここに開幕した。小池は25日、『読売新聞』のインタビューで、「政権を取りに行く。全国から支持を得られる自信がある」と述べ、衆院選で過半数の議席を目指す考えを明らかにした。

希望の党は27日、東京・新宿のホテルで結党の記者会見を開いた。会場には、新党に参加する計14人の衆参両院議員が姿を見せ、「さらば、しがらみ政治」の文字が浮かぶ「希望の党」のPR動画が流れ終わると、緑のスカーフを首に巻いた小池が登壇。「しがらみのない政治、大胆な改革を築いていく新しい政治、日本をリセットするため希望の党を立ち上げる」と表明し、「日本にはありとあらゆるものがあふれているが、希望が足りない。国民に希望を届けていきたい」と述べた。

さらに「寛容な改革保守」などを柱とした党綱領を発表したうえで、小池は「改革の精神のべースにあるのは、伝統や文化や日本のこころを守っていく保守の精神だ。寛容な、改革の精神に燃えた保守だ」と強調した。さらに「20年の東京五輪・パラリンピックに向けた準備を都知事として進めたい。都知事として、党代表としてこの戦いに臨む」と述べて、都知事の辞任や衆院選への出馬は否定した。小池は、「次の次」を狙っていたのか、すぐに衆院議員となって首相の座を目指そうとはしていなかった。新党の首相候補が不透明では、政権の争奪戦になるはずがなかった。

民進と希望の合流案

小池劇場には第2幕が待っていた。新たな主役は、民進党の前原代表だった。代表就任1か月足らず、安倍の解散に急襲された前原は、これにどう立ち向かおうとしたのか。安保関連法での共産党との共闘によって党勢は低迷しており、このまま衆院選に突入すれば、民進党は壊滅的な状況に陥る。この際、小池と連携し、「非自民・非共産」の「大きなかたまり」をつくることによって安倍自民党に対抗するべきだ――それが前原の得た結論だった。前原を後押ししたのが、自由党共同代表の小沢一郎や連合（日本労働組合総連合会）の神津里季生《こうづりきお》会長らだった。26日夜、前原と小池、神津の3者会談が行われ、神津は、「民進党の候補を全員公認する」などの条件が満たされれば、連合傘下の労働組合が衆院選で希望の党を支援すると約束した。

前原は、衆院解散当日の9月28日午前、党の執行役員会で、「今回の選挙では、民進党は希望の党と一緒に選挙を戦っていく」と述べ、民進党からは候補者を立てず、現在の公認候補予定者約200人の公認を取り消し、候補者は希望の党に個別に公認申請して出馬すると表明した。この民進党と希望の党を事実上合流させるという、永田町の地を揺るがす前原提案を執行役員会は了承した。

前原は同日午後、党本部で開いた両院議員総会で、同様の方針を示し、「どんな手段を使っても安倍政権を止めないといけない。名を捨てて実を取る決断に理解をいただきたい」と訴えた。一部の議員から反対意見や選挙への不安が表明されたものの、「排除はない」という前原の説明を受けて合流方針を了承した。多くの議員が政局の余りの急転回に呆気にとられていた。ところが、いざ離党届と希望への公認申請書を提出するよう求められると、「だまし討ちだ。離党届は出すな」と反発が広がり、党内は大混乱に陥った。

前原と小池の間では、早くも食い違いが表面化した。27日夜のテレビ番組で、希望の小池代表は、「一人一人の考え方を確認する」と述べ、憲法改正や安全保障政策などについての考え方に基づき選別する意向を示した。28日の日本記者クラブでの会見では、「私たちは『合流』という考え方を持っていない」と、前原の説明を否定した。29日午前、前原との会談後、記者団に「全員を受け入れる考えはさらさらない」と言い放ち、都庁での記者会見では、「もちろん『排除』はする。絞らせていただく」と平然と答えた。一方、希望の細野豪志は同月28日、都内で記者団に「三権の長を経験した人は、(希望への合流は)遠慮いただいた方がいい。我々は新しい出発をしなければならない」と語り、首相経験者の菅直人や野田佳彦の「排除」を示唆した。

「排除」の論理、民進大分裂

9月30日、小池代表は、日本維新の会の松井一郎代表（大阪府知事）との間で、衆院選小選挙区について、「東京は希望」「大阪は維新」とする候補者すみ分けで合意した。また、希望の若狭や細野各衆院議員と、民進の玄葉光一郎総合選対本部長代行が候補者調整を進めたが、10月3日に発表された第1次公認候補は192人にとどまっていた。このうち民進党からの合流組は110人だった。

民進党の枝野幸男代表代行は10月2日、希望の党への入党を拒む民進党内の左派とリベラル勢力からなる「立憲民主党」結成を表明した。これにより、民進党の分裂は確実になり、民進党の出馬予定者は、「希望」「立憲民主」「無所属」のいずれかを選択することになった。そして衆院選は、自民・公明と希望・維新、立民・社民・共産の3勢力の対立構図で争われることになった。立憲民主党の結成は、希望の党に次ぐ新党だったが、選挙前だけに「後発新党」の方が効果的であり、それは選挙結果に表れることになる。

安保関連法の白紙化を要求してきた民進党と、安保関連法に賛成の立場をとる小池代表との間で、政策協議も全くないままの「合流」はありえなかった。「寛容な改革保守」という新党の看板は、小池の高飛車な「排除」発言でにわかに色あせ、小池の衆院選出馬待望論もしぼんでいった。

都議選で圧倒的な支持を集めた小池都知事の動きは、安倍首相にとって脅威だった。安倍側近の下村博文元文科相は切羽詰まり、解散会見の直前、「このまま突っ込んだらみんな落ちる」と、安倍に直訴したほどだった。それだけに、衆院解散後、希望と民進の全面合流の道が断たれたことは、安倍にとってこのうえない朗報だった。安倍は2日の首相官邸での会合で、「急いで成功する人は急いで失敗する」という言葉を紹介して、「政治の世界も同じだ」と語った。いずれにしても、安倍、小池、前原の3人は、何かに引きずり込まれるように政治的な大博打《おおばくち》を打ったあと、総選挙に突入したのである。

注

1　国会召集日の冒頭解散は戦後4回目。1回目は佐藤栄作首相によるもので1966年12月、自民党議員が汚職に絡んだ「黒い霧事件」で与野党が対立、事実上の「話し合い解散」だった。2回目は86年6月、中曽根康弘首相がいわゆる「死んだふり解散」に踏み切り、衆参同日選挙に持ち込んで歴史的大勝を果たした。3回目は、自民、社民、新党さきがけの3党連立政権の橋本龍太郎首相が、96年9月に冒頭解散した。冒頭解散はいずれも、野党の準備不足などがあり、自民党有利に働いた。

2　野党議員らは、内閣が国会召集に応じなかったのは「憲法違反」だとして国家賠償請求訴訟を東京、岡山、那覇の各地裁で起こした。2020年6月、那覇地裁が初めて司法判断を示し、賠償請求は棄却したが、「内閣は合理的期間内に臨時国会を召集する義務がある」とし、「召集するかしないかについて、内閣に認められた裁量の余地は極めて乏しい」と指摘した。その後、3件の訴訟の上告審で、最高裁第三小法廷は23年9月、議員側の上告を棄却する判決を言い渡した。内閣は召集決定の「義務を負う」としながらも、53条は個々の議員の権利を保障したものではなく、国家賠償法に基づく賠償請求はできないとした。なお、安倍内閣が野党の召集要求に迅速に応じなかったのは、15年10月21日、環太平洋経済連携協定（ＴＰＰ）関連質疑などを求めて提出された召集要求書に続いて2度目。この時は、要求があってから75日後に通常国会を召集した。

第21章　17年衆院選、自民圧勝

野党陣営は3分裂

第48回衆院選は2017年10月10日、公示され、1180人が立候補した。衆院の総定数は前回より10減り、戦後最少の465（小選挙区選289、比例選176）で過半数は233。野党・民進党が、希望の党、立憲民主党、無所属に3分裂したため、対決の構図は大きく変化した。争点は、アベノミクスの経済政策、消費増税、原子力発電所の是非などエネルギー政策、憲法改正、北朝鮮への対応といったところで、安倍は、勝敗ラインを「自公両党で過半数の233議席」とし、これを上回れば続投する考えを示した。

自民党が332人を擁立したのに対して、希望の党は、小池代表が出馬を見送り、235人の立候補にとどまり、首相候補はいなかった。この結果、政権選択選挙にはほど遠く、安倍政権5年間の実績評価を問う性格の選挙になった。立候補者数は、公明53、共産243、立民78、維新52、社民21人などとなっていた。

安倍首相は選挙戦初日、福島市郊外の田園地帯に遊説に入り、アベノミクスの実績を、数字を並べ立ててアピールするとともに、消費増税の増収分の使途変更に触れ、「社会保障を全世代型に大きく変える」と強調した。希望の小池代表は、東京・JR池袋駅西口で演説し、首相の使途変更を「しょぼい話」と切り捨て、消費増税の延期を主張し、「安倍一強政治を終わらせよう」と、対決姿勢を示した。共産党の志位委員長は、「首相は色々な数字を並べて自慢するが、庶民の暮らしはよくならない」と指摘し、立憲民主党の枝野代表は、安倍内閣は「格差を拡大させ、強い者をより強くした」と批判した。

選挙戦は、野党の候補の乱立が響いて、序盤の情勢調査から自民党が単独過半数を上回る勢いを示し、与党の勝利が早くも有力視されるに至った。

自民、公明の大勝利

10月22日の投開票の結果、自民党は追加公認した3人を含めて284議席を獲得し、自民、公明の与党で313議席と、大勝利を飾った。この結果、総定数の465のうち改憲の国会発議に必要な3分の2にあたる310議席を超えた。また、自民党は、単独でも国会を安定的に運営できる絶対安定多数（261）を上回った。

立憲民主党は、安倍批判票の受け皿になり、公示前の15議席を3倍以上増やす55議席へと躍進、野党第1党となった。希望の党は、拠点の東京をはじめ全国で苦戦、50議席にとどまり、小池は出張先のパリで「今回は完敗とはっきり申し上げたい」と語った。政権への批判票を立憲民主に奪われた共産党は12議席と惨敗した。

投票率は53・68％（小選挙区）と、過去最低を記録した前回14年衆院選の52・66％に次ぐ低さだった。投票日当日の台風や投票所の減少の影響も指摘されたが、選挙結果が事前に予測できた「凡戦」だったことが、有権者の多くが投票所に足を運ばなかった原因であることは容易に想像できた。

安倍は17年10月23日、公明党の山口代表と会談し、北朝鮮への毅然たる対応、力強い日本経済の再生、「全世代型社会保障」の構築、復興・災害対策の強化、憲法改正の5項目を盛り込んだ連立政権合意に署名した。その後、党本部で記者会見した安倍は、憲法改正について「公約に掲げた考え方に沿って、具体的な条文について党内論議を深め、党としての案を国会の憲法審査会に提案したい」と述べた。自民党は選挙公約に、自衛隊の明記、教育無償化、緊急事態条項、参院選の合区解消の4項目で改憲を目指すとしていた。安倍はそのうえで、「（改憲を公約に掲げた）希望の党はもちろん、与野党にかかわらず幅広い合意を形成するよう努力を重ねる」と語った。

「専権」ふるった安倍

衆院解散は、首相の「専権事項」とされてきた。とはいえ自民党派閥の全盛期は、反主流・非主流派閥や党内実力者、長老らが首相の専断に掣肘《せいちゅう》を加えていた。土壇場の閣議で解散署名に従わない閣僚もいた。与野党伯仲や「ねじれ国会」の下では、野党の風圧も強かった。しかし、首相官邸の機能強化を図った橋本行政改革、小選挙区比例代表並立制を導入した政治改革以降、総理総裁に権力が集中し、首相の力は格段に強くなった。14年、17年の衆院解散に至る過程をみると、安倍はこれらを背景に思う存分、「専権」をふるって解散に出ていた。

1990年以降をみると、第1次海部内閣から野田内閣までの8回の衆院解散では、小泉首相の「郵政解散」を除き、議員に残されていた任期は、みな1年足らずだった。ところが、安倍内閣では、14年の場合は約2年1か月、17年は約1年3か月、議員たちはそれぞれ任期を残していた。このため、安倍の衆院解散・総選挙は、「小刻み解散」とも評されたが、いずれも野党側の選挙準備不足などから与党は大勝利を得た。自民党の衆院選連勝は、安倍の求心力を高め、その間の参院選も合わせての国政選5連勝は、安倍の「一強」政治体制の形成に大きく寄与したのである。

安倍は14年の解散では、消費税率引き上げの先送りと、アベノミクス推進の是非を問い、「アベノミクス解散」と銘打った。17年は、消費増税の増収分の使途変更と少子高齢化、北朝鮮情勢を挙げて「国難突破解散」と名付けた。しかし、これらが果たして国民に信を問うのにふさわしい「大義」だったのか。言い換えれば、あえて国民に信を問う必要はあったのか、といった疑問の声は消えなかった。14年も17年も、消費税問題とはいえ、当面、国民の負担増を招くものではなく、野党が強く反対する対決型のテーマではなかった。いずれも、一刻も早く国民の判断を求めなければならない喫緊のテーマではなく、その意味で、安倍による解散は「大義なき解散」の批判が生まれる余地があった。

解散には無論、政略的要素を免れないものだが、14年も17年も、消費税絡みで財務省の抵抗を封じる狙いが隠され、17年は、「もり・かけ」の醜聞追及から逃れることを大きな動機としていた。安倍は、衆院選に圧勝することで、野党やメディアの批判や党内外の抵抗勢力を抑え込み、政権をリセットしようと意図していた。こうして解散・総選挙は、国民の関心を削ぎ、その性格を安倍内閣の信任を問う単なる「国民投票」にしてしまった。

解散権の制約論

17年の衆院解散の前後から、解散権[1]をめぐる議論が起き、同年3月の衆院憲法審査会では、解散権のあり方が論じられた。当時、民進党の枝野幸男は、『中央公論』17年5月号の「憲法施行70年」特集の誌上討論会で、「首相に自由な衆院解散権があると解釈される『七条解散』の是正」を主張し、7条解散で「多数派による恣意的な選挙が可能になり、(それは)議会に対する行政府の優位性を強めるだけ」と述べた。同じく当時、民進党の細野豪志は、同誌に論考を寄せ、解散権の行使は、内閣不信任案の可決または内閣信任案の否決の場合にのみ限定する改憲条文を提案した。また、元東京大学総長で政治学者の佐々木毅は、同誌への寄稿で「頻繁な国政選挙を促す条項の見直し」を挙げていた。[2] 立憲民主党は17年衆院選公約で、首相の解散権の制約を掲げ、枝野代表も選挙中、解散権を制約する改憲論議を進める考えを表明した。

日本が政治改革のモデルとした英国では、11年に議会任期固定法が制定され、首相の解散権を廃止。解散は、下院の3分の2の要求があった場合と、内閣不信任案が可決され、14日以内に下院の信任を受ける内閣が発足しない場合に限定された。これも日本国内での議論を刺激していた。しかし、前回の衆院選で想定外の重大な政治問題が起これば、内閣は当然、解散・総選挙で国民の判断を求めなければならない。国会で政府予算案が否決されたり、政府の極めて重要な政策が否定されたりすれば、総辞職するか、解散するしか手がなくなる。また、参院で与党に過半数がなく、衆院が3分の2の多数をもって参院の反対を覆せなければ、政権党は衆院での3分の2を目指して解散せざるを得ないこともある。他方、小刻み解散が連発されれば、政府は腰を落ち着けて政策を遂行できない。議員たちは「常在戦場」に置かれ、公認権を握る党執行部にすり寄るだけになる。野党は、選挙資金と選挙準備が追いつかず、選挙に負け続ける。その結果、国会では与党の「数の力」に抗することができず、緊張感に乏しい政治が続くことになる。

第2次安倍政権では、二大政党が、任期満了を前に政策のメニューを出し合って政権を争奪する、そんな平成政治改革の理想形は脇に押しやられた。ただ、安倍「一強」の固定化を許した大きな責任は、そもそも野党各党にあった。解散権制約論は、そこを問わぬままに語られる嫌いがあったのである。

注

1　現行憲法には、解散権を明示した規定はない。衆院で内閣不信任案が可決された場合、内閣は解散するか、総辞職するので、そこで解散権を行使できる（憲法69条）。ただ、２０１７年の安倍首相による衆院解散まで、現行憲法下で行われた解散24例のうち「69条解散」は４例のみ。20例は、解散を天皇の国事行為として定めた憲法７条による「７条解散」で、これが政治慣行として定着してきた。初の７条解散は、吉田内閣の「抜き打ち解散」（１９５２年）で、野党幹部から違憲訴訟が起こされたが、最高裁は統治行為論により憲法判断をしなかった。７条の国事行為は「内閣の助言と承認により」行われることから、内閣は任意に解散権を行使できることになり、首相は与党に都合の良い、勝てそうな時期を選んで解散を打つことができる。それは首相の「専権事項」とされた。

2　佐々木毅は、「日本の民主政の抱えている基本問題は、政治の時間軸の劣化、その短期志向にある」と指摘し、その最大の原因は「頻繁な国政選挙」にあるとする。この政治の時間軸の劣化は、「政策の実施とその評価に従って選挙と政権選択が行われるという、民主政のサイクルを事実上破壊する効果」を持ち、「次々に新しい政策が評価抜きに累積され、そのたびに新たな財政支出が求められるという現実が横行している」。この政治主導による短期志向に歯止めをかけるため、政府に対する監視機能の充実・強化と頻繁な国政選挙を促す条項の見直しが求められる。後者では、参議院の半数改選制度（46条）の見直しと、首相の解散権（７条）のあり方の検討が必要である。首相が随時自由に解散できる権限を持つことになれば、時間軸の問題にとどまらず、「衆議院議員の地位は劣化し、それと共に政党政治と議会制の変質も免れない」と論じた（『中央公論』17年5月号）。

第４次安倍内閣

2017年11月１日〜2020年９月16日（内閣総辞職）

第1章　トランプ大統領の初来日

第4次内閣は全閣僚再任

安倍首相は、2017年11月1日に召集された特別国会の衆参両院本会議で、第98代首相に選出されたあと、組閣を行い、すべての閣僚を再任した。8月の内閣改造から間もないことが理由とされた。官房副長官3人、内閣法制局長官、首相補佐官5人も全員再任した。自民党の主要幹部もそろって留任した。

新しい国会の勢力図をみると、自民党284、立憲民主党・市民クラブ55、希望の党・無所属クラブ51、公明党29、無所属の会13、共産党12、日本維新の会11、自由党2、社民党・市民連合2、無所属6、欠員0の計465だった。野党は、民進党の分裂、新党結成に伴い、7つの中小会派に分散し、安倍にとって国会で恐るるに足る勢力は存在しなかった。

安倍は11月1日の記者会見で、「一層強力な経済政策を展開する」と経済最優先の姿勢を示し、「生産性革命と人づくり革命を車の両輪として、少子高齢化という最大の壁に立ち向かう」と強調した。日本経済は、ゆるやかな景気回復を見せながらも、デフレ脱却は道半ばで、大多数の国民に好景気の実感はなかった。安倍には、スローガンを超えた、国民の共感が得られる具体的成果が求められていた。

外交でも、同盟国トップのトランプ米大統領は、反国際主義、自国第一主義のラッパを吹き続けていた。安倍には、トランプとの間で同盟関係の強化だけでなく、トランプがこれ以上、国際協調主義に背を向けないよう説得する役割が期待されていた。とくに、日本政府にとっては、暴走する北朝鮮を相手に日米の緊密な連携を確認する必要があった。

トランプが9月19日の国連総会演説で、北朝鮮が非核化に応じない場合は、「完全に壊滅させるしかなくなる」と恫喝し、金正恩朝鮮労働党委員長を「ロケットマン」とあざけると、金正恩も声明を出して、「火遊びを好む、ならず者」と非難、児戯に等しい罵《のの》り合いを演じていた。

トランプのアジア歴訪

トランプは17年11月、大統領就任後初めて、アジア歴訪の旅に出た。まず、日本を手始めに韓国、中国を訪問し、安倍首相、文在寅大統領、習近平国家主席とそれぞれ首脳会談を行った後、ベトナムで開かれるアジア太平洋経済協力会議（APEC）首脳会議、フィリピンでの米・東南アジア諸国連合（ASEAN）首脳会議、東アジア首脳会議（EAS）にそれぞれ出席した。「リバランス（再均衡）政策」の名の下、アジア太平洋への関与を重視していたオバマ前政権に比べ、環太平洋経済連携協定（TPP）からの離脱など対照的な政策をとるトランプ政権が、今後、どんなアジア政策を打ち出すのかが注目されていた。

トランプは同月5日、メラニア夫人とともに初来日した。米軍横田基地に到着したトランプは、名門ゴルフ場の「霞ヶ関カンツリー倶楽部」（埼玉県川越市）に向かい、安倍とプロゴルファーの松山英樹とともにゴルフを楽しんだ。その間、メラニア夫人は、安倍首相夫人と一緒に、東京・銀座の宝飾店「ミキモト」で真珠や宝飾品を見て歩いた。トランプ、安倍の両夫妻は、高級鉄板料理店「銀座うかい亭」でそろって夕食に臨み、伊勢エビのソテーやステーキを食し、親密な関係をアピールした。トランプ来日に際し、警視庁と埼玉県警は、総勢約2万1000人を動員し、厳戒態勢を敷いた。

翌6日、東京・元赤坂の迎賓館で行われた日米首脳会談は、同年1月にトランプ政権が発足してから5回目で、ワーキングランチと合わせて1時間45分にわたった。安倍は会談後の共同記者会見で、核・ミサイル開発を続ける北朝鮮に対し、「圧力を最大限まで高めていくことで完全に一致した」と力説。約35分間の会見中、「完全に一致」を3度も繰り返した。さらに、北朝鮮への日本政府の独自制裁として、資産凍結の対象に35団体・個人を追加する方針を明らかにした。これに対してトランプは、北朝鮮の「テロ支援国家」への再指定をめぐる米政府内の検討状況を説明し[1]、核を含むあらゆる種類の米軍事力による日本防衛を確約した。共同記者会見でトランプは、「戦略的忍耐の時代は終わりだ。私の発言を非常に強硬だと言う人もいるが、これまで25年間の弱腰の発言によって、何が起きたか考えてほしい」と語った。

「インド太平洋」で日米連携

対日貿易赤字を重視するトランプは、会談の中で具体的な赤字額を挙げて是正を求めた。また、記者会見では「米国の防衛装備品の大量購入を完了すれば、(ミサイルを) 撃墜できる」と述べ、貿易赤字の改善と米国の雇用創出のため、武器・装備品の購入促進を要求した。これに対して首相は、「イージス艦を拡充するうえで、さらに (装備品を) 購入していく」と明言した。貿易不均衡の問題は、麻生副総理・財務相とペンス米副大統領をトップとする「日米経済対話」の枠組みで協議していくことになった。

また、首脳会談では、安倍が掲げた「自由で開かれたインド太平洋戦略」(FOIP)を日米共通のものとすることを確認した。日米豪印4か国の連携を軸に、ASEANをも巻き込み、域内の安定を追求するこの戦略は、中国を牽制する一方で、一大経済圏の繁栄を強く志向していた。米国が日本提唱の外交戦略に乗ってくるのは異例のことであり、トランプは離日後、ベトナムでのアジア政策に関する演説で、アジア各国の民主化と法の支配、経済発展を称賛しつつ、「インド太平洋地域の全ての国々との関係を強化し、繁栄と安全を推進したい」と表明する。

トランプはさらに、6日の共同記者会見で、北朝鮮による日本人拉致問題について、「もし、金正恩が (拉致被害者を) 帰国させれば、特別なことの始まりになる」と語った。トランプは同日、迎賓館で拉致被害者の家族ら17人と約30分間、面会した。非公開で行われ、安倍が同席した。横田めぐみさん（拉致当時13歳）の母、早紀江さん（81歳）は、小学5年生の時のめぐみさんの写真をトランプに見せながら救出への協力を求めた。また、02年に帰国した曽我ひとみさんも、一緒に拉致されたまま帰国していない「母親に会いたい」と訴えた。家族ら一人一人と握手したトランプは、面会後、「安倍首相と力を合わせ、拉致された被害者の方々が、愛する人々のもとに戻れるように力を合わせていきたい。（北朝鮮は）とんでもない不名誉な行為をしたと思う」と語った。

注

1　トランプ政権は２０１７年11月20日、北朝鮮をテロ支援国家に再指定した。トランプは記者会見で、「（北朝鮮は）核による破壊で世界を脅かしているだけでなく、外国での暗殺を含む国際テロ行為を繰り返し支援してきた」と、理由を説明した。マレーシア空港で2月に起きた金正男殺害事件などが大きな決め手になったとされる。テロ支援国家は、米政府が独自の対テロ対策として指定するもので、武器輸出の禁止や、軍事転用できる民生品の輸出制限、経済支援の禁止などの措置を取る。北朝鮮は、１９８3年にビルマのラングーン（現在はミャンマーのヤンゴン）で起きた全斗煥《チョンドゥファン》韓国大統領を狙った爆弾テロ事件、87年の大韓航空機爆破事件を受けて、88年に指定された。２００８年、ジョージ・W・ブッシュ政権が指定を解除した。17年の再指定の時点で、テロ支援国家は、北朝鮮、イラン、シリア、スーダンの4か国。

第2章　着々と進む自由貿易圏

新TPP、米国抜きで署名

米国を除く環太平洋経済連携協定（TPP）参加11か国は、2017年11月11日、新たな協定で大筋合意した。TPPは、16年に米国を含む12か国で正式合意しながら、トランプ政権が17年1月に離脱を各国に通知した。しかし、日本、カナダ、ベトナムなど残る11か国は、従来のTPPの内容をおおむね維持して合意に持ち込んだのである。

11か国の交渉では、日本の首席交渉官らが高級事務レベル会合を再三主催してリーダーシップを発揮した。トランプ政権は、TPP離脱後、米国と自由貿易協定（FTA）を結ぶカナダ・メキシコや韓国に対して強引に再交渉を迫り、日米FTAの交渉開始に関心を示していた。これに対し、日本側は、新TPP協定の中に米国の主張を生かす措置をとって復帰を促す一方で、米政権で高まる保護主義に対抗しようとした。

18年3月8日、日本や豪州など11か国は、チリの都市サンティアゴで、新TPPに署名した。

協定には関税の撤廃・削減だけでなく、電子商取引に関するルールなど、先進的な貿易ルールが盛り込まれた。世界の国内総生産（GDP）の13％を超える、人口約5億人の巨大な自由貿易圏がここに誕生した。日本への経済効果は7・8兆円と試算された。

一方、トランプ米大統領は、同年1月のダボス会議で演説し、「全ての利益に合致する場合、TPPの加盟国と個別またはグループで協議することを検討する」と、復帰をにおわせる発言をしたが、まともに受け止められなかった。同年4月18日（日本時間19日）、米フロリダ州での日米首脳会談後の記者会見で、安倍が「TPPが日米両国にとって最善」と述べて早期復帰を促したのに対し、トランプは、「対日貿易赤字はどう見ても巨額だ。日本には貿易障壁がある。2国間の取引がより好ましい」と強調し、日本と米国との溝は埋まらなかった。また、米国が発動した鉄鋼・アルミニウムの輸入制限措置の除外については継続協議となり、茂木敏充経済再生相とロバート・ライトハイザー米通商代表部（USTR）代表を担当者に、「自由で公正かつ相互的な貿易取引の協議」が創設された。

新TPPは18年6月13日、参院本会議で与党などの賛成多数で可決、承認され、関連法も同月29日、可決・成立した。米国を除外したTPP11は、まず6か国が先行して18年12月に発効した。

日欧EPAで合意

安倍首相は17年7月6日、ブリュッセルで、欧州連合（EU）のトゥスク欧州理事会常任議長

（ＥＵ大統領）、執行機関・欧州委員会のユンカー委員長と会談し、ＥＵとの経済連携協定（ＥＰＡ）が大枠合意に達したと宣言した。協定は、全貿易品目の大半で関税を撤廃する高水準のもので、安倍は会談後の記者会見で、「日ＥＵが、自由貿易の旗を高く掲げる強い政治的意思を示した。世界へのメッセージだ。合意を踏まえ、総合的な対策を実施する」と表明した。

日本とＥＵの経済規模は、世界全体の３割を占めていた。日本にとってＥＵは、米国、中国に次ぐ第３の輸出相手。ＥＵにとって日本は６番目の輸出国にあたっていた。米国がＴＰＰを離脱した中で、経済規模が大きいＥＵの市場を取り込んだ意味は大きかった。この交渉は、安倍政権がＴＰＰ参加を決めた直後の13年から始まっていた。ＴＰＰ交渉が先行していたが、トランプ政権の登場とともにこちらの妥結機運が高まり、17年12月には最終的に合意した。

18年７月17日、安倍首相とＥＵ首脳が首相官邸でＥＰＡに署名。共同声明では、鉄鋼などへの輸入制限措置を発動した米国を念頭に、「保護主義に対抗する」とのメッセージを打ち出した。ＥＰＡは19年２月１日に発効した。

日本政府は、相次いで発効した新ＴＰＰと日欧ＥＰＡの２つの協定により、日本の実質ＧＤＰは約２・５％（約13兆円分）押し上げられ、新たに約75万人の雇用が生まれると試算している。

日米貿易協定発効へ

日米の閣僚級の新たな貿易協議の初会合が18年８月、ワシントンで開かれたが、双方の立場の隔たりは変わらなかった。トランプは、貿易協議で「合意に達しなければ、日本は大変な問題になる」などと語り、約7兆円に上るという17年の対日貿易赤字にイラついていた。

安倍は18年9月26日（日本時間27日）、ニューヨークでトランプと会談し、新たな貿易協定交渉の開始で合意した。安倍は、米国による自動車への追加関税について、交渉中は発動しないことをトランプに確認したうえで、物品を対象にした関税の撤廃、削減を中心とする「日米物品貿易協定」（TAG）の締結を目指すことにした。安倍は記者会見で、「日本が結んできた自由貿易協定（FTA）とはまったく異なる」と述べ、サービスなど幅広い分野を対象にしたFTAとは性格が異なると念押しした。トランプは記者会見で、「これまで何年も消極的だった貿易協議に日本が応じることになった。非常に良い結果を出せると信じている」と述べた。

日米貿易交渉は19年8月、ワシントンで開かれた茂木経済再生相とライトハイザーUSTR代表との閣僚級協議で大枠合意に達した。安倍とトランプは、9月25日（日本時間26日）、ニューヨーク市内のホテルで首脳会談を行い、日米の新しい貿易協定の内容を最終的に確認、共同声明に署名した。日本がTPPで合意した水準を超えない範囲で、米国からの牛肉や豚肉などの関税を引き下げることで合意。自動車への追加関税は回避し、日本が重視するコメは協定の対象から除外した。

日米共同声明では、「協定が誠実に履行されている間、協定及び共同声明の精神に反する行動を取らない」と明記。日本から輸出する自動車に数量規制をしないことを閣僚級協議で確認した。

ただ、米国が日本から輸入する自動車や車部品にかけている関税は、日本が撤廃を求めたものの継続協議となった。

安倍は、大統領選を前に成果を急ぐトランプの足許をみながら、保護主義的傾向を強めるトランプを無用に刺激せず、最後は自由貿易推進の枠組みを作ってスピード決着させた。日米貿易協定と、インターネットを使った電子商取引などが対象となる日米デジタル貿易協定は、19年12月、国会で可決、承認され、20年1月1日にそれぞれ発効した。新TPP、日欧EPAと日米貿易協定を合わせると、世界のGDPの約6割をカバーすることになった。[1]

注

1　日本政府は自由貿易圏の拡大に向け、日中韓やASEANなど15か国による東アジア地域包括的経済連携（RCEP）の合意を急ぎ、2022年1月1日、日本、中国、豪州、タイ、ベトナムなど計10か国が先行して発効した。2月1日には韓国との間でも発効した。日本にとって最大の貿易相手国である中国、そして韓国と結ぶ初めての自由貿易協定となった。15か国の域内人口は約23億人、GDPは約26兆ドルで、いずれも世界の3割を占める。関税撤廃品目の割合は91％で、100％近いTPPには及ばないが、巨大な自由貿易圏の誕生だった。

第3章 「もり・かけ」醜聞拡大

佐川国税庁長官辞任

2018年の第196回通常国会でも、野党による「森友学園」問題追及の火勢は一向、衰えなかった。財務省理財局長当時、国会で「国有地売却は適正」「内部文書は廃棄」「事前の価格交渉はない」といった答弁を繰り返した佐川宣寿は、国税庁長官に昇格していた。1月24日、立憲民主党の枝野幸男代表が衆院代表質問で、佐川の更迭を要求したのに対して、安倍首相は「適材適所だ」と突き放した。29日の衆院予算委員会の論戦でも、立民党は、佐川の国会招致と長官辞任を求めたが、麻生財務相は「適任だ」とこれを否定した。

3月2日、森友学園への国有地売却問題をめぐり、財務省が公文書を改竄していたという重大な疑惑が浮上した。朝日新聞のスクープだった。

森友学園との国有地取引の際に財務省が作成した決裁文書について、▽契約当時の文書の内容と、昨年（17年）2月の問題発覚後に国会議員らに開示した文書の内容に違いがある▽学園側との交渉についての記載や、学園との取引が「特例的な内容となる」との文言などが、複数箇所でなくなったり、変わったりしていた▽問題発覚後に書き換えられた疑いがある――という内容だった。麻生は3月5日の参院予算委で、「(改竄が) 事実なら、由々しき事態だ」と語った。

これを受けて財務省は6日、参院予算委理事会に調査状況を報告したが、書き換えの有無には全く言及しておらず、野党側は反発、国会審議は空転した。9日、国会答弁で疑惑を否定し続けてきた佐川国税庁長官が、理財局長当時の答弁で国会に混乱を招いたこととの責任をとって辞任した。麻生は、同日夜の記者会見で、自らの進退について、「特に考えているわけではない」と辞任を否定した。これに先立つ7日、財務省近畿財務局で森友学園への国有地売却を担当した部署にいた男性職員が自殺した。本省の指示で文書を書き換えさせられたとの趣旨のメモを残しており、理不尽な要求に対して、良心がたえられなかった末の自死とみられた。[1]

「森友」14文書改竄

財務省は3月12日、国有地売却に関する決裁文書をめぐり、問題発覚後の17年2月下旬から同年4月にかけ、本省の主導で14の文書が書き換えられたとする調査結果を国会に報告した。

書き換えられたのは、15年の土地貸し付け契約と16年の売却契約の決裁文書など、同省近畿財務局が作成した計14文書。決済時の文書には、「本件の特殊性を踏まえ」「価格等について協議した」など、価格交渉の経緯や学園への特別な配慮があったと受け取れる記載があったほか、複数の国会議員、秘書らが財務省・財務局に問い合わせや働きかけをした記録、学園側が安倍首相夫人とのやりとりを持ち出したという記述もあった。これらは、当時の佐川理財局長の答弁との整合性をとるために、いずれも削除されていた。14文書は計75ページあったが、大幅に削除した結果、約15ページ分が減っていた。

安倍は同日、首相官邸で記者団に、「行政全体を揺るがしかねない事態で、行政の長として責任を痛感している。国民の皆様に深くおわびしたい」と陳謝した。ただ、「全容を解明するため、麻生財務相にはその責任を果たしてもらいたい」と、麻生に辞任を求めない考えを示した。麻生は記者団に対し、「財務省理財局からの指示で書き換えが行われた。理財局の一部の職員により行われたことは事実だ」「佐川氏の国会答弁と決裁文書に齟齬《そご》があった。佐川氏の答弁に合わせて書き換えたのが事実だ」と述べた。

佐川の証人喚問

衆参両院の予算委員会は3月27日、佐川を証人喚問した。佐川は、改竄について「首相官邸などからの指示はなかった。理財局の中で対応した」と述べ、安倍や麻生の関与を否定した。自らの指示の有無や経緯については、刑事訴追の恐れを理由に証言を拒否した。

野党側が、前年2月に「私や妻が関係していたということになれば、総理大臣も国会議員も辞める」と語った安倍答弁が改竄の引き金になったのではないか、と質したのに対し、佐川は「首相答弁の前後で私自身が答弁を変えたとの意識はない。（省内で）協議をしたこともない」と否定。森友学園の小学校の名誉校長に首相夫人が就任を予定していたことは、「（17年）2月の報道で知った。（土地取引に）首相や夫人の影響があったとは考えていない」と述べた。

この日の衆参両院での喚問で、佐川が「答弁を控えさせていただきたい」「ご容赦いただきたい」「ご理解をたまわりたい」などの言い回しで回答を拒否した数は、計50回に上った。

野党は、国有地が森友学園に大幅に値引きされて売却されたのは、首相夫人が森友学園に縁があり、それで「首相への忖度が働いた」ためだと追及していた。3月28日の参院予算委員会の集中審議で、この点を追及された安倍は、「名誉校長（に就任予定）だったことは事実で、国民が疑念を持つのは当然のことだ。今から思えば引き受けるべきではなかった。あくまでも名誉校長であり、国有地の売却や学校の認可に関わってはいない。忖度があったかどうかは忖度する立場ではないので正確なことは言えない」と答えた。[2]

財務次官のセクハラ辞任

森友学園問題とは別に、財務省は深刻な不祥事の対応に追われていた。同年4月12日発売の『週刊新潮』に、福田淳一財務次官が複数の女性記者にセクハラ発言をしていたことが報じられたのだ。

麻生財務相は同月12日の参院財政金融委員会で、福田次官を口頭で注意したと明かし、処分や調査は行わない考えを示した。ところが、これは世間の批判を呼び、財務省は福田から聞き取り調査を行ったが、福田は事実関係を否定した。その一方、セクハラ疑惑の真偽を明らかにするため、報道各社に、福田からセクハラ被害にあった女性記者がいれば、財務省が調査を委託した弁護士事務所に直接連絡するよう求めた。

テレビ朝日は19日、同社の女性記者がセクハラ被害を受けていたと発表し、記者が録音していた音声データを週刊誌に提供したことは報道機関として不適切な行為であり、遺憾だとした。それでも麻生は、福田の進退問題を否定したが、政府は24日になって福田の辞任を閣議で承認した。財務次官の辞任は、旧大蔵省での「接待汚職」の監督責任をとり、小村武次官が辞任した1998年以来のことだった。しかし、福田を処分しないまま辞任を認めたことに野党は反発し、国会審議を拒否。財務省は2018年4月27日、福田のセクハラを認め、減給20％、6か月の処分を行い、退職金も減額した。

佐川国税庁長官に続く財務次官の辞任は、財務官僚の倫理観と同省の危機対処能力の欠如を世間にさらし、最高官庁だった同省への国民の信頼は、地に墜ちた。[3]

「佐川主導」と認定

佐川が国会で廃棄したと答弁していた交渉記録は5月23日、国会に提出された。957ページに上る記録には、首相夫人付き職員についての記載があり、職員は国有地の定期借地契約をめぐり財務省に問い合わせていたことなどが確認された。売却価格が約8億円も値引きされた根拠は見いだせなかった。

同月31日、大阪地検特捜部は、国有地売却に関する背任や決済文書改竄に対する虚偽有印公文書作成など全ての告発容疑について、佐川や財務省幹部ら38人全員を不起訴（嫌疑不十分、嫌疑なし）とした。市民団体などから告発を受けていた。地検の結論は、「疑わしいが、刑事責任を問える証拠はない」というものだった。とくに、財務局の担当者らが、国有地を不当に安く売却し、国に損害を与えようとした証拠は見つからず、決裁文書の改竄も、契約内容の根幹部分の改竄はなく、立件は困難だったという。また、交渉記録を意図的に廃棄したとする公用文書等毀棄《きき》容疑については、財務省規則で定められた「保存期間1年未満の文書」にあたり、法令上廃棄が不適切とは言えないと結論付けていた。

6月4日、財務省は、内部調査結果と関係者の処分を発表した。当時の理財局長の佐川が実質的に「改竄の方向性を決定付けた」と認定、停職3か月の懲戒処分に相当するとし、退職金（約5000万円）から513万円を減額して支払うことにした。また、理財局総務課長の停職1か月をはじめ、減給、戒告などの処分対象者は計20人に上った。麻生財務相は、監督責任をとり閣僚給与の1年分（約170万円）を自主的に返納するとした。

改竄は首相答弁から

調査報告書によれば、組織的な不正は「私や妻が関係していたということになれば、総理大臣も国会議員も辞める」とした首相答弁（17年2月17日）の後からだった。まず交渉記録の廃棄が始まり、続いて理財局が近畿財務局に改竄案を提示し、政治家の関与を示す記述を大幅に削除する過程では近畿財務局の抵抗にあっていた。

改竄の動機は、「国会審議において更なる質問につながりうる材料を極力少なくすることが主たる目的」だった。会計検査院が疑義を呈していたごみの撤去費の算定根拠、なぜ、大幅に値引きされたのかという肝心な点は明らかにならなかった。こうして佐川らによる廃棄・改竄の経緯をみると、その背景に安倍首相に対する度を越した慮《おもんぱか》りがあったとみられても仕方なかった。

麻生財務相に対し、野党各党が引責辞任を強く要求し、与党内からも大臣としての責任を問う声が出ていた。麻生は6月4日の記者会見の冒頭、座ったまま「深くおわび申し上げる」と軽く頭を下げ、改竄に走った理由を問われると、「(それが)わからないから苦労している。空気というやつだったのかもしれない」と述べた。また、大臣としての責任については、「私自身の進退は考えていない」と、辞任を重ねて否定した。しかし、麻生は当時、周囲に「俺も辞める」としきりに漏らし、安倍は「辞める時は、私と一緒です」と必死で麻生を慰留していたという（岩田明子『安倍晋三実録』）。

加計学園問題、収まらず

18年に加計学園に獣医学部が開設された後も、問題はくすぶり続けていた。

同学部新設をめぐり、愛媛県が国家戦略特区の新設を提案する2か月前の15年4月、県職員らが首相官邸で当時の柳瀬唯夫首相秘書官と面会した記録が見つかった。その記録には、柳瀬が「本件は首相案件」と述べたとの記載があったという。柳瀬は17年7月の国会答弁で、面会を認めていなかった。柳瀬はまた、この「首相案件」発言について、全否定するコメントを出した。

野党6党は、柳瀬の証人喚問を要求して、4月20日から審議拒否を続けた。結局、柳瀬の参考人招致を行うことで、19日ぶりに国会は正常化した。5月10日、衆参両院予算委員会の参考人質疑で、柳瀬は、15年2～3月頃、4月、6月頃の3回、首相官邸で学園関係者と面会したことを認めた。このうち、4月の愛媛県職員の面会記録に関しては、「随行者の中に県や市の方がいたかどうかは記憶に残っていないが、一連の報道や関係省庁の調査結果をみると、いたかもしれない」と述べた。

獣医学部新設計画について、安倍は国会で「17年1月に初めて知った」と答弁してきたが、柳瀬は「加計学園の件で総理に報告したことも指示を受けたことも一切ない」と語った。野党側は、「報告せず」というのは不自然で、17年1月に知ったという首相の答弁ラインを守りたかったからだろうと指摘した。また、「首相案件」に関しても、「獣医学部新設の解禁は、首相が早急に検討していくと述べている案件」と面会で紹介したが、個別事業をさしているわけではないと強調した。

それでも問題はくすぶり続けた。愛媛県が5月21日、同学園の加計孝太郎理事長が15年2月25日に安倍首相と面会して、学部新設計画を説明し、首相は賛同していたとする内部文書を参院予算委員会に提出した。学園側は首相との面会の事実はないとのコメントを発表した。安倍は面会を否定し、安倍は5月28日の予算委員会で「(その文書は)伝聞の伝聞に過ぎない」と強調した。

首相が直接関与した証拠は出なかった。それにしても、理事長が首相の友人であり、便宜供与を勘繰られる可能性はあった。誰もが「李下の冠」を思い浮かべた。読売新聞の7月の全国世論調査(21~22日)では、森友・加計問題をめぐる首相の説明に「納得していない」人は77%に達した。

この国会で、野党側は、政権へのダメージを狙って安倍のスキャンダルを攻撃し、「忖度」「改竄」が、一種の流行語になった。官僚らが、仕える首相や大臣に対し、「忖度」をするのは珍しいことではない。だが、公文書を「改竄」したり、国会で虚偽答弁をしたり、裏に回って特殊な工作をしたりといった無法が許されるわけがなかった。一部の官僚が吏道を大きく外れ、歪んだ心理状態に陥った裏には、「一強の安倍」に全身全霊を捧げるといった思い込みがあったのかもしれない。

国民民主党の結成

一方、野党側は、「首相の醜聞」という政権揺さぶりの絶好の材料を得て攻め立てたが、前年の分裂劇の後遺症から脱することができなかった。民進党と希望の党が、18年5月7日、新党「国民民主党」の結党大会を開き、共同代表に民進の大塚耕平、希望の玉木雄一郎両代表が就任した。幹事長には希望の古川元久幹事長、国会対策委員長には希望の泉健太国対委員長が就いた。新党参加者は、衆院議員39人、参院議員23人の計62人で、立憲民主党（衆院56人、参院7人）を下回り、野党第1党にはなれなかった。希望の党は、わずか7か月で解党した。

新党は、前年に分裂した民進勢力の再結集を目的に、民進、希望の両執行部が、連合の後押しも受けて合流を目指し、生まれたものだった。しかし、民進には、衆院選の際、「排除」の論理をふりかざした希望に対する怨念が根強く、希望の側には、民進内の左派への抵抗感が消えていなかった。また、「立憲民主党抜きの野党再編は意味がない」という否定的な意見も強かった。この結果、民進、希望の衆参所属議員107人のうち約6割の参加にとどまった。とくに民進では、衆参の国会議員53人のうち、27人が離党届を出し、新党への参加を見送った。この中には、岡田克也や野田佳彦ら幹部も含まれていた。

新党は基本政策で、安全保障関連法について「違憲と指摘される部分を白紙撤回」と明記し、見直す方針を掲げた。憲法改正に関しては、未来志向の憲法をつくるとする一方、9条への自衛隊明記に反対していた。国民民主党は9月4日、臨時党大会を開いて代表選を行い、玉木が津村啓介衆院議員を大差で破って新代表に選出された。

働き方改革関連法成立

18年7月22日、通常国会が182日間の会期を終えた。安倍がこの国会で最重要と位置付けていた働き方改革関連法が法案の一部削除という荒療治の末、6月29日、自民、公明、日本維新の会などの賛成多数で成立した。青天井だった残業時間に罰則付きの上限規制を設けて長時間労働を是正することと、同一労働同一賃金の推進が柱だった。また、高収入の一部専門職を労働時間規制の対象から外す「脱時間給」（高度プロフェッショナル）制度も導入した。

安倍は、この1月29日の衆院予算委員会の質疑で、「岩盤規制に穴をあけるには、やはり内閣総理大臣が先頭に立たなければできない。働き方改革は、労働基準法制定以来の70年ぶりの大改革だ」と強調し、法案成立に強い意欲を示した。この中で野党側は、実際に働いた時間ではなく、あらかじめ決めた時間を働いたとみなす「裁量労働制」の拡大について、「残業の上限を青天井にする。過労死が増える」と強く批判。これに対して安倍は、「裁量労働制で働く人は、一般労働者より労働時間が短いとの調査もある」と反論した。

ところが、ここに大きな綻《ほころ》びが出た。2月14日、安倍は同委員会でこの答弁の撤回に追い込まれたのである。答弁の基になった裁量労働制に関するデータに誤りがあり、厚生労働省も「方法の異なる調査結果を比較したのは不適切だった」と陳謝した。野党側は反発し、23日の与野党幹事長・書記局長会談で、働き方改革関連法案の今国会提出を断念するよう要求した。安倍は28日深夜、首相官邸に、二階幹事長、岸田政調会長、公明党の井上義久幹事長、石田祝稔《のりとし》政調会長、菅官房長官、加藤厚労相らを呼び、関連法案から裁量労働制の対象業務を拡大する部分を全面削除することを決めた。政府は4月6日の閣議で、働き方改革関連法案を閣議決定し、ようやくピンチを脱した。

「安倍内閣の最大のチャレンジ」と位置づけていた働き方改革関連法の成立は、15年の女性活躍推進法に続く成果といえた。正規・非正規社員の不合理な待遇差をなくす「同一労働同一賃金」という言葉が人口に膾炙《かいしゃ》する一方、「働き方改革」の呼びかけは世間に広がりをみせ、教員や医師らの長時間労働の実態をあぶり出すことになった。女性活躍も働き方改革も、もともと社民主義的な政策だったが、安倍は野党のお株を奪って、国民生活に寄り添う政策を実現した。

オウム麻原に死刑執行

法務省は18年7月6日、オウム真理教事件の首謀者として殺人罪などで死刑が確定した麻原彰晃こと松本智津夫死刑囚（63歳）ら教団元幹部7人について、東京、大阪など4か所の拘置所で刑を執行した。一連の事件で、死刑が執行されたのは初めてのことだった。上川陽子法相は、刑執行後の記者会見で「被害者や遺族が受けた恐怖や苦しみ、悲しみは、想像を絶する。慎重にも慎重に検討を重ねて執行を命令した」と語った。

麻原らは、1989年11月、幹部らに指示して坂本堤《つつみ》弁護士一家3人を殺害。94年6月には長野県松本市でサリンを散布させて住民7人を、95年3月には東京の地下鉄車内にサリンを散布させて12人を殺害した。この他の事件を含め、死者は29人、負傷者は6500人を超えた。96年4月に東京地裁で始まった松本死刑囚の裁判は長期化し、地裁は2004年2月、松本を13事件の首謀者と認定し、死刑判決を下した。東京高裁は控訴を棄却、06年9月に最高裁で死刑が確定した。

安倍によれば、死刑執行に関して、上川から事前の説明はなく、刑の執行時に「今から死刑執行が行われます。順次刑場に向かっています」と連絡があった（『回顧録』）。

麻原らに続いて、法務省は26日、死刑が確定した残りの6人の教団幹部について、東京、名古屋、仙台の3か所の拘置施設で刑を執行した。一連の事件では192人が起訴され、190人が有罪となり、そのうち13人が死刑、6人が無期懲役刑となったが、これにより、死刑の13人全員の刑が執行された。上川法相は同日の刑執行後、記者会見で、「鏡を磨いて、磨いて、磨ききる。そういう心構えだ」と述べ、一点の曇りもない心境で死刑執行命令に臨んだことを強調した。政府は6日以降、法相担当の警護官（SP）を増員し、法務省の警備も強化した。

注

1　自殺した元近畿財務局職員は、国有財産を管理する管財部に在籍。学園に国有地を売却した16年当時、上席国有財産管理官だった。２０１７年７月にうつ病と診断されて休職し、18年３月、改竄が発覚した５日後に自殺（当時54歳）した。19年２月に公務員の労災に当たる「公務災害」と認定された。職員の妻は20年３月、国と佐川元国税庁長官に慰謝料など損害賠償を求めて大阪地裁に提訴、「改竄は佐川の指示だと聞いた」と記された職員の手記を公表した。訴訟で妻は、改竄の経緯をまとめた文書の開示を要求し、国は地裁に促されて21年６月に開示。職員が改竄に抵抗するメールを上司らに送っていたことが明らかになった。同年12月、国は一転して賠償責任を認めるとの書面を大阪地裁に提出し、国に対する訴訟は終結した。地裁は22年11月、佐川に対する損害賠償請求については、「公務員個人は賠償責任を負わない」として請求を棄却した。

2　安倍は『回顧録』で、財務省による文書改竄に関して、「思いもよりませんでした。常識ではあり得ないわけです。（中略）そこまで官邸の目は届きません」「仮に官僚が忖度していたとしても、忖度される側の私は、分からないでしょう」と述べている。また、森友問題については、「私は密かに疑っているのですが、森友学園の国有地売却問題は、私の足を掬うための財務省の策略の可能性がゼロではない。財務省は当初から森友側との土地取引が深刻な問題だと分かっていたはずなのです。でも、私の元には、土地取引の交渉記録など資料は届けられませんでした。森友問題は、マスコミの報道で初めて知ることが多かったのです」と、陰謀説を語っていた。

3　麻生は、財務次官のセクハラ発言では、「言われている人の立場も考えないといけない。福田氏にも人権がある」と次官をかばっていた。また、「(福田氏が女性記者に）はめられて訴えられているんじゃないかとか、いろいろな意見がある」とも発言した。さらに、「セクハラ罪というのはない」「次官の番（記者）をみんな男にすれば解決する」との発言には、野党議員から質問主意書も出された。この時期、麻生の放言癖は手がつけられず、２０１８年5月16日の自民党衆院議員のパーティーでは、12年の総裁選を振り返り、「暗いやつを選ぶか、あまり頭の良くないやつを選ぶか。だったら、おなかの悪いのが一番いい（と思って支持した）」と言って物議を醸した。

第4章　自民党の9条改憲案

自民、衆院選公約に9条改正

2017年衆院選では、安倍による憲法9条改正提案を受け、自民党は公約で、自衛隊の明記、教育無償化・充実強化、緊急事態対応、参院選の合区解消の4項目を中心に、憲法改正原案を国会に提案・発議する方針を明記した。自民党が9条改正を選挙の主要公約に掲げたのは初めてだった。公明党は公約で、憲法規定に不備があれば、新たな条文を付け加える「加憲」による改正を考えているとし、その論議の対象として環境の保護や地方自治、緊急事態条項などの3項目を挙げた。一方で、安倍提案については、「多くの国民は現在の自衛隊の活動を支持しており、憲法違反の存在とは考えていません」と慎重な考えを示した。

希望の党は、「自衛隊の存在を含め、時代に合った憲法のあり方を議論する」とし、地方自治の「分権」の考え方を憲法に明記することなどを挙げた。維新の会は、教育無償化、道州制など統治機構改革、憲法裁判所の設置に加えて、「国際情勢の変化に対応し、国民の生命・財産を守るための9条改正」に言及した。これに対して、立憲民主、共産、社民の3党は、9条改正に反対した。

衆院選に勝利して息を吹き返した安倍首相は、憲法改正に力を入れ始めた。選挙後、出身派閥の領袖、細田博之を自民党憲法改正推進本部の本部長に据え、同推進本部は、17年12月20日の全体会合で、改憲4項目に関する「論点とりまとめ」（党改正案に先立つ中間報告）を了承した。

それによると、憲法に自衛隊を明記することでは一致したものの、その条文は、①9条1項、2項（戦力不保持）を維持し、自衛隊の根拠規定を追加する ②2項を削除して自衛隊の目的や性格をより明確化する――との両案併記にとどまり、結論を持ち越した。①は安倍の提案であり、②は12年の党改正草案に基づいていた。全体会合では、①の首相案に賛成する意見が多かったため、細田らは①を軸に意見集約を目指したが、党内からは「世界有数の能力を持つ自衛隊が戦力ではないというのは詭弁《きべん》だ」「公明党の賛同を得るための妥協策だ」などと反対論は収まらず、急先鋒の石破茂元幹事長は2項削除を求めていた。

細田本部長は18年3月15日の全体会合で、「9条の2」を新設して自衛隊の保持を明記する条文形式の執行部案を示し、同22日の全体会合で、改憲案とりまとめにようやく一任をとりつけた。根本匠同推進本部事務総長は23日、安倍首相に報告後、「首相と軌を一にする考え方の案が出来た」と語った。

自民党が改憲案決定

自民党憲法改正推進本部が決定した改憲案「条文イメージ（たたき台素案）」のポイントは、①自衛隊の明記＝「9条の2」を新設し、自衛隊の保持を明記する。戦争放棄と戦力不保持を定めた9条は維持する　②教育の充実＝教育費の家計負担の軽減策を講じる努力義務を国に課す　③緊急事態条項＝大災害で選挙を実施できない場合に、国会議員の任期延長を認める。内閣に緊急の政令制定権を付与する　④参院選の合区解消＝参院選は3年の改選ごとに各都道府県から1人以上の選出を認める——となっていた。

安倍は、18年3月25日の自民党大会であいさつし、「いよいよ結党以来の課題である憲法改正に取り組む時が来た。9条も改正案をとりまとめる。憲法に自衛隊を明記し、違憲論争に終止符を打とうではないか」と、檄《げき》を飛ばした。党大会は「憲法改正案を示し、実現を目指す」とする運動方針を採択した。読売新聞が3〜4月にかけて実施した憲法に関する全国世論調査（郵送方式）によると、自民党がまとめた憲法改正案4項目のうち、今の憲法9条の条文は変えずに、自衛隊の存在を明記する条文を追加することに「賛成」は55％、「反対」は42％。安倍は改正の理由として「自衛隊違憲論」の解消を訴えていたが、自衛隊の存在が「合憲」と思う人は76％に上り、「違憲」は19％だった。

自衛隊違憲論払拭の意義は大きく、改憲条文もわかりやすかった。安倍には、これで国会発議を経て、国民投票で過半数の賛成を獲得、「憲法改正」のレガシー（政治的遺産）を残したいという願望はあっただろう。しかし、国民の4分の3が自衛隊は「合憲」の存在と考えている中では、世論への喚起力が弱いのも事実だった。この改正案では、集団的自衛権が認められるかどうかの議論が改正後も続くという問題点もあった。

加えて、「もり・かけ」のスキャンダルは、ますます泥沼化し、内閣支持率は急降下、安倍政権は、憲法改正どころではない事態に陥っていた。衆院選で苦杯をなめた公明党内には、「自民党は改憲を急ぎ過ぎた。国民の間に機運は高まっていない」と警戒感が強まった。これでは自民党の改憲案をめぐる論議は勢いづかなかった。

総裁選、安倍と石破の一騎打ち

18年は、任期満了に伴う自民党総裁選の年でもあった。前回15年9月、安倍は無投票で再選を決めたが、今回は石破茂らが出馬に意欲を見せていた。年初、投票権のある党所属国会議員405人の動向をみると、安倍支持が確実なのは、細田派と麻生派、二階派の計197人。他派閥や無派閥議員の安倍シンパを加えれば、過半数は確保できる見通しだった。安倍は、いわゆる総主流派体制を築いてきており、そこから外れた石破派は、わずか20人に過ぎなかった。

安倍は、憲法改正や北方領土交渉に道筋をつけて有終の美を飾るためには、総裁選に圧勝したいと考えていた。そのためのキーポイントは、約104万人の一般党員の票だった。今回から党員票（それまでは300票に固定）が、国会議員票と同数になり、その重みが増していた。安倍は12年の総裁選では、党員票で石破に敗れ、議員票のみの決選投票で逆転した。その時、都道府県連から「地方軽視だ」との批判の声が出て、それを契機に党員票が加増された。このため、安倍は、大阪や北海道、滋賀、埼玉など12年総裁選で石破に敗れた地域を早くから行脚して地元議員らと懇談するなど、懸命に票固めを進めていた。

安倍は国会議員対策では、去就に悩む岸田文雄政調会長の岸田派、内紛状態の額賀派もうまく囲い込んで、石破を孤立させる戦術をとった。石破の自民党議員団内部の脆弱な基盤が、安倍を大いに助けていた。

総裁選は9月7日に告示され、安倍と石破の一騎打ちによる選挙戦が始まった。北海道胆振地方を震源として発生した地震への対応を優先して、選挙活動を3日間自粛し、論戦のない異例のスタートとなった。

総裁選でも憲法論議

9月10日に延期された立会演説会と共同記者会見で、安倍は「私にとって最後の総裁選になる。私は至らない人間だ。さまざまな批判を受け止めながら、自ら省みて改めるべき点は改め、謙虚に丁寧に政権運営を行いたい」と、「もり・かけ」の不祥事を念頭に、極めて低姿勢で演説を切り出した。そのうえで、安倍は「東アジアでは、冷戦終結後も戦後の枠組みが長らく残ってきた」と指摘し、北朝鮮の金正恩と向き合って拉致問題を解決する一方、日露平和条約交渉を進めるなど「戦後日本外交の総決算」にあたると強調した。そして自衛隊を明記する憲法改正を「あと3年の任期の間にチャレンジしたい」と語った。

これに対して石破は、「自由闊達《かったつ》に真実を語り、あらゆる組織と協議し、国会を誠実に公正に運営し、政府を謙虚に機能させる。何者も恐れず、国民のみを恐れ、この選挙を戦っていく」と述べ、安倍の政権運営や体質を批判。憲法9条改正では、「自衛隊が国の独立を守り、国際法に則って行動する組織だということをきちんと書くべきだ。国民の理解がないまま国民投票にかけてはいけない」と、安倍提案には反対の考えを示した。

9条改正案をめぐって、安倍は「自衛官の子どもたちも（自衛隊違憲論の）教科書で学ばなければならない」と、改正の理由に自衛官の「誇り」を挙げた。これに対して、石破は、「『僕のお父さんは自衛官』と誇りを持つ子どもがいっぱいいる」と切り返し、「むしろ『必要最小限だから戦力ではない』ということを廃さないと、自衛隊の献身に報いることはできない」と、戦力不保持の規定の削除こそ重要だと訴えた。

安倍は10日昼、共同会見を終えると、プーチン政権がロシア・ウラジオストクで毎年開いている「東方経済フォーラム」に出席するため、羽田空港を出発した。11日には、前日にプーチンと日露合弁企業の工場を視察した際の写真を自身のツイッターに投稿し、平和条約がない「異常な戦後を私とプーチンの手で終わらせる」と決意を表明。総裁選に「外交」を巧みに使う抜け目のなさをみせた。総裁選期間中の街頭演説会は、首相の外遊日程などを理由に5回にとどめ、12年の17回から大幅に減った。結局、総裁選は盛り上がりを欠いたまま終わった。

安倍、総裁3選果たす

自民党総裁選は18年9月20日、党員票の開票と国会議員票の投開票が行われた。安倍総裁が大方の予想の通り、有効投票の69％にあたる553票を獲得し、連続3選を果たした。石破は254票で、7派閥中5派が安倍を支持する中ではそれなりの善戦だった。

有効投票は807。議員票は安倍329（有効票の82％）、石破73（同18％）、無効票（白票）3だった。党内各派の構成員数は、細田派94、麻生派59、岸田派48、二階派44、石原派12、竹下派55、無派閥73、石破派20だった。竹下派は事実上の自主投票で、衆院34のほとんどは安倍支持、参院21は石破支持とみられた。石破は、自派と参院竹下派以外からも安倍批判票を集めていたことになる。党員票では、安倍は37都道府県で石破を上回り、224票（同55％）を獲得したが、6割には届かなかった。石破は181票（同45％）を得た。

安倍の総裁任期は、21年9月末までの3年間。これにより、首相在職期間の歴代最長記録が射程に入った。安倍は、総裁選後の記者会見で、「全国の党員・党友からは6年前の総裁選の2・5倍、35万票を上回る得票を頂くことができた」「現職の首相が総裁選に臨むのは15年ぶり。03年の小泉首相の得票率は60％にとどまった。1999年の小渕首相の得票率は68％。今回は過去を上回る、全体で7割近い票を得た」などと、勝利を自賛した。

安倍は、憲法改正に改めて意欲を示し、9条1、2項を残す改正案について、「総裁選の結果、支持を得られた。結果が出た以上、この大きな方針に向かって一致結束して進まなければならない」と述べ、9条2項の戦力不保持規定などの削除を唱える石破との論争に決着がついたとの見方を示した。さらに「改正案の国会提出に向けて対応を加速していく。その場合は公明党との調整を行いたい」と、与党内調整を急ぐとした。だが、公明党の山口那津男代表は10月2日、記者団に「国会に具体案を出す前に（与党で）協議して案を固める手法は採らない」と、事前協議はしない姿勢を明確にした。

第4次安倍改造内閣

安倍首相は2018年10月2日、第4次安倍改造内閣を発足させた。安倍は記者会見で、社会保障制度改革を「安倍内閣の今後の最大のチャレンジ」と強調したうえで、その第1弾として「雇用制度改革」の検討に着手する考えを示した。さらに「全世代型社会保障改革担当大臣」を新設して茂木敏充経済再生相に兼務させ、「国難とも呼ぶべき少子高齢化に真正面から立ち向かい、すべての世代が安心できる社会保障を3年かけて改革を行っていく」と表明した。

また安倍は、臨時国会への党の改憲条文案の提出を掲げて総裁選に勝利した以上、「さらに議論を深めて作業を加速させてほしい」と求めた。とくに公明党とは、「風雪に耐え連立政権を築いてきた信頼関係の中で、真摯に議論していくことが大切だ」と指摘し、「具体的な条文を示さなければ、公明党との議論も、国民の理解も深まらない。自民党がリーダーシップをとって、次の（臨時）国会での改正案提出を目指していくべきだ」と強調した。

党・閣僚人事では、財務省の不祥事で責任論が消えない麻生副総理・財務相も留任させ、野党側は「『政治が全く責任をとらない』という一つの宣言だ」（玉木雄一郎国民民主党代表）と批判した。総裁選で安倍を支持した派閥への配慮もあって、安倍内閣で最多となる12人が初入閣。党三役では、二階幹事長、岸田政調会長を続投させ、総務会長には安倍が信頼する加藤勝信前厚労相が就いた。総裁選で戦った石破は起用せず、石破派の山下貴司衆院議員（当選3回）を法相に抜擢した。

憲法改正推進本部長に自らに近い下村博文元文科相を起用し、党憲法改正案の了承が必要になる総務会のトップに加藤を充てたことで、改憲の具体化に向けた党内態勢を整えた。自民党は10月初旬、公明党との事前協議は見送り、安倍は10月3日の高村正彦前副総裁との会談で、4項目の条文案を自民党単独で国会に提示する考えを示した。また、下村は11月9日、憲法改正論議に消極的な一部野党を「職場放棄」だと批判、野党の反発を招き、衆院憲法審査会を開催できないまま、臨時国会での憲法改正案の提示を断念することになった。安倍は19年9月、下村に代えて細田博之元官房長官を再起用した。

第4次安倍改造内閣の顔ぶれは次の通り。

首相	安倍晋三	64歳	自民（無派閥）	衆（当選9回）	
副総理・財務・金融	麻生太郎	78	自民（麻生派）	衆（13）	留任
総務	石田真敏	66	自民（無派閥）	衆（7）	初入閣
法務	山下貴司	53	自民（石破派）	衆（3）	初
外務	河野太郎	55	自民（麻生派）	衆（8）	留
文部科学	柴山昌彦	52	自民（細田派）	衆（6）	初
厚生労働・働き方改革	根本　匠	67	自民（岸田派）	衆（8）	
農林水産	吉川貴盛	67	自民（二階派）	衆（6）	初
経済産業・ロシア経済協力	世耕弘成	55	自民（細田派）	参（4）	留
国土交通	石井啓一	60	公明	衆（9）	留
環境・原子力防災	原田義昭	74	自民（麻生派）	衆（8）	初
防衛	岩屋　毅	61	自民（麻生派）	衆（8）	初
官房・拉致問題	菅　義偉	69	自民（無派閥）	衆（8）	留
復興・原発事故再生	渡辺博道	68	自民（竹下派）	衆（7）	初
国家公安・防災	山本順三	63	自民（細田派）	参（3）	初
沖縄・北方・消費者	宮腰光寛	67	自民（岸田派）	衆（8）	初

ＩＴ・科学技術　平井卓也　60　自民（岸田派）衆（7）初
経済再生・社会保障改革　茂木敏充　62　自民（竹下派）衆（9）留
地方創生・女性活躍　片山さつき　59　自民（二階派）参（2）衆（1）初
五輪　桜田義孝　68　自民（二階派）衆（7）初

第5章　日中「競争から協調へ」

李克強首相が来日

２０１８年5月8日、李克強首相が首相就任後、初めて来日した。中国首相の公式訪問は、温家宝前首相以来8年ぶり。李首相は、東京・元赤坂の迎賓館で安倍首相と会談し、安倍の年内訪中と、自衛隊と中国軍の偶発的衝突を防ぐ「海空連絡メカニズム」の運用開始で合意した。首脳会談後、中国の「一帯一路」での協力をにらんだ官民合同委員会の創設、海外駐在勤務者の年金保険料二重払いを解消する「社会保障協定」など、10の協定や覚書に両国の閣僚らが署名し、日中の融和ムードを演出、安倍訪中へのレールが敷かれた。

他方、安倍と李首相、韓国の文在寅大統領による日中韓首脳会談が9日午前、同じく迎賓館で2年半ぶりに開かれた。3首脳は、米朝首脳会談を前に、「朝鮮半島の完全な非核化」を明記した共同宣言を発表した。[1] 日本人拉致問題については、対話を通じた早期解決が盛り込まれた。

共同宣言の表現をめぐる事前調整では、北朝鮮の「完全かつ検証可能で不可逆的な非核化」

（CVID）に向けて最大限の圧力の維持を主張する日本に対して、中国は、非核化の進展に合わせ、圧力を段階的に緩和すべきだとして反対。韓国は、北朝鮮との対話機運の高まりに水を差すことを心配した。結局、「我々は、朝鮮半島の完全な非核化にコミットしている」という表現に落ち着いた。さらに、共同宣言とは別に、18年4月の南北首脳会談で合意した「板門店宣言」を評価、歓迎し、米朝首脳会談が「懸念の包括的な解決に貢献することを強く希望する」との3か国首脳による共同声明を発表した。

安倍首相、中国公式訪問

安倍首相は18年10月、中国を公式訪問した。日本の首相として7年ぶりの訪中だった。同月26日、安倍は北京の釣魚台国賓館で、習近平国家主席と約1時間20分間会談し、安全保障や経済分野で、日中関係を「競争から協調へ」と新たな段階に発展させることで一致した。北朝鮮の非核化実現へ連携を強化することも確認した。

習国家主席は、18年3月の全国人民代表大会で再選された。2期10年の国家主席の任期が撤廃され、23年以降の続投も可能になった。一方、安倍首相は18年9月、自民党総裁選で3選を決め、21年まで任期が延びた。両首脳とも権力基盤が固まった時期に当たり、18年は、日中平和友好条約が発効してちょうど40年という節目を迎えていた。

安倍は、首脳会談の冒頭、「競争から協調へ、日中関係を新しい時代へと押し上げていきたい」と強調、習近平は「中日関係は曲折を経験したが、双方の努力で正しい軌道に戻り、前向きな勢いを見せている」と述べた。両首脳の発言は、両国が深刻な対立関係を経て、ようやく安定した関係構築に動き出したことを印象づけた。

会談では、日中企業による第三国での経済協力の推進で合意し、条件付きとはいえ、「一帯一路」にかかわる事業への日本政府の支援が可能になった。習は、「一帯一路を中日の相互利益協力のための新たな基盤にしよう」と、強い期待を示した。一方、安倍は、日本政府の対中政府開発援助（ＯＤＡ）は「歴史的使命を終えた」と語り、その打ち切りを表明した。日本は40年間で総額３兆６５００億円余りのＯＤＡを投じて、鉄道や港湾などのインフラ整備を進めてきた。中国は01年に世界貿易機関（ＷＴＯ）に加盟し、10年には国内総生産（ＧＤＰ）で日本を抜いている。日中の経済力は逆転したのに、日本から経済大国・中国へのＯＤＡ供与が続いていた。打ち切りは適切な措置だった。

安倍は一連の会談後、ツイッターと首相官邸のフェイスブックに、①競争から協調へ　②隣国同士として、互いに脅威とならない　③自由で公正な貿易体制を発展させていく――の「３つの原則を確認しました」と記した。

中国側が、安倍を厚遇し、日中関係の改善に動いたのは、米中間の貿易摩擦に歯止めがかからず、18年春から本格化した「貿易戦争」の影響が大きかった。中国の強引な海洋進出に対する関係国の批判の高まりが一因との見方もあった。

安全保障の懸念消えず

しかし一方で、日中関係では、安全保障問題が日本に重くのしかかっていた。中国公船による尖閣諸島周辺の領海侵入は常態化し、中国は、毎度の日本の抗議を無視する一方で、南シナ海の南沙諸島では軍事拠点化を進めていた。また、東シナ海の日中中間線付近にあるガス田をめぐっては、08年に共同開発区域の設置で合意したものの、10年に尖閣諸島沖で中国漁船が海上保安庁の巡視船に意図的に衝突した事件を契機に頓挫、中国側は掘削をやめなかった。

21世紀中葉までに中国軍を世界一流の軍隊にするという中国の18年度国防予算は、約1兆1070億元（約17兆7112億円）に達し、30年間で約51倍、10年間で約2・7倍になっていた。日本政府の18年版「防衛白書」は、中国海軍艦艇及び航空戦力が、日本周辺海域での行動を一方的にエスカレートさせ、同年1月には、潜水艦が尖閣諸島周辺の接続水域内に入域し、同年4月には空母「遼寧」が西太平洋に進出、太平洋上で艦載戦闘機（推定）の飛行が初めて確認された。こうした日中間の安全保障、日本の国益上の懸念は、首脳会談では全く解消されなかった。

中国政府が翌19年7月に発表した「新時代の中国の国防」と題する国防白書でも、日本については、安倍政権の名指しは避けつつも、『「戦後体制」の突破を図っている」と分析。その上で、尖閣諸島は「中国の固有の領土」だと明記し、周辺海域への公船派遣を「法に基づく国家主権の行使」だと正当化。南シナ海で進める軍事拠点化については、「島嶼では防衛に必要な施設を設置している」と説明した。台湾問題では、民進党の蔡英文政権を念頭に、「何者かが台湾を中国から分裂させようとするなら、いかなる代償も惜しまず、国家統一を守る」と、武力行使を排除しない考えを改めて示した。

日中関係、「正常な軌道に」

習近平国家主席は19年6月27日、国家主席就任後初めて来日した。大阪で開かれた主要20か国・地域首脳会議（G20サミット）に出席するためだった。中国国家主席の来日は10年の胡錦濤以来、9年ぶり。日中関係は曲折を経て、ようやく両首脳の相互訪問が実現した。安倍は、大阪市内で行われた首脳会談の冒頭、「日中関係は完全に正常な軌道に戻った。日中関係が新たな発展を遂げつつあることを歓迎する」と語り、習も「中日関係は新しい歴史的スタートラインに立っている」と応じた。

会談では、翌20年春に習国家主席の国賓としての訪日を実現することで一致した。習は会談の中で、19年6月20、21日に訪朝した際、「安倍首相の考えを金正恩朝鮮労働党委員長に伝えた」と述べるとともに、日本人拉致問題を含め、日朝関係の改善に支持を表明した。一方、安倍は、中国本土への犯罪容疑者の移送を可能とする条例改正案をめぐってデモが続く香港問題に触れ、香港が一国二制度のもとで従来の自由な体制を維持する重要性を指摘。また、尖閣諸島周辺海域での中国の活動の自粛と南シナ海の非軍事化も求めた。

安倍は、中国四川省成都で開かれる日中韓首脳会談に先立ち、19年12月23日、北京を訪問し、習近平と会談した。この中で安倍は、「東シナ海の安定なくして真の日中関係の改善はない」と、尖閣周辺での中国公船の領海侵入・接続水域進入という、挑発的行動の自制を強く求めた。同年1月から12月23日まで、尖閣周辺の接続水域で確認された中国公船は延べ1077隻で、過去最高を記録。領海侵入も同日までに延べ122隻で、前年1年間の70隻を大幅に上回っていた。

さらに中国国内での日本人拘束問題について、早期帰国の実現や情報提供を求めた。15年以降、中国で拘束された日本人は少なくとも15人で、そのうち9人が実刑判決を受けていた。また、デモ隊と警察の衝突が続く香港情勢について「大変、憂慮している」と表明、さらに新疆ウイグル自治区の少数民族問題にも言及し、国際社会に「透明性をもった説明」をするよう促した。安倍が繰り出す直言に対して、習は、いずれも「中国の内政問題だ」と言い、激しく突っぱねたという。

自民党内には、尖閣諸島周辺や香港などでの、安全保障・人権をめぐる中国の「独善的な対応」を理由に、習の国賓招請に異論も出ていた。しかし、トランプ米大統領に続き、令和2人目の国賓として、中国の習国家主席を招く安倍の計画は、結局、翌20年3月、新型コロナウイルスの感染拡大などを理由に実らずに終わった。

注

1　「第7回日中韓サミット共同宣言」では、以下の内容が盛り込まれた。①日中韓サミットを定期的に開催することの重要性について一致した　②我々は、保護主義との闘いにコミットし、世界貿易機関（ＷＴＯ）によって確立されたルールに基づく、自由で開かれた、透明性のある、無差別的で、包摂的な多角的貿易体制を強化するため共に取り組む　③日中韓自由貿易協定（ＦＴＡ）と東アジア地域包括的経済連携（ＲＣＥＰ）の交渉加速に向け一層努力する　④我々は、朝鮮半島の完全な非核化にコミットしている。朝鮮半島及び北東アジアの平和と安定の維持は、我々の共通の利益かつ責任であることを再確認する　⑤中韓首脳は日本と北朝鮮との拉致問題が対話を通じて、可能な限り早期に解決されることを希望する（外務省ホームページから一部抜粋）。

第6章　史上初の米朝首脳会談

平昌五輪

韓国の文在寅大統領は、２０１７年5月の大統領就任後、金正恩朝鮮労働党委員長との南北首脳会談に意欲を示していたが、北朝鮮は核実験や弾道ミサイル発射を繰り返し、対話提案を無視し続けた。ところが金正恩は、18年1月1日の「新年の辞」で、平昌《ピョンチャン》冬季五輪（2月9～25日）参加と南北接触に意欲を示すなど大胆な方針転換を図った。南北融和を宿願とする文大統領がこれに飛びつき、平昌五輪はにわかに濃厚な政治色を帯びることになった。

韓国と北朝鮮は、1月17日の南北次官級会談で、五輪での南北合同チームの結成や合同入場行進、また、北朝鮮南東部・金剛山での事前イベント開催などで合意した。北朝鮮は、2月9日の五輪開幕に合わせて、序列2位の金永南最高人民会議常任委員長を団長に、金正恩の実妹、金与正《キムヨジョン》党中央委員会第1副部長が加わった高官級代表団を派遣した。

開会式では、安倍首相やペンス米副大統領らが出席する中、北朝鮮選手と韓国選手は共に朝鮮半島旗を掲げて合同行進した。安倍は9日、文大統領主催の夕食会で、同じテーブルの金永南と短時間、言葉を交わし、拉致問題などの解決を求めたが、金永南は通り一遍の答えをしただけだった。

10日、北朝鮮代表団は文大統領と会談し、金与正が、金正恩の特使として文大統領に親書を手渡した。これに対し、大統領は「米朝間の早期の対話が必要だ」と述べ、トランプ政権との対話を促した。

安倍は、訪韓に先立って来日したペンスと7日に会談し、北朝鮮への圧力を最大限まで高めていくことを再確認した。融和路線に傾いた韓国を強く牽制する狙いもあり、安倍は、共同記者発表で「『ほほ笑み外交』に目を奪われてはならない」と表明。ペンスも「北朝鮮のプロパガンダが五輪の持つ（平和の祭典の）イメージをハイジャックすることを許さない」と強い調子で語った。ところがペンスは、韓国からの帰りの機中で、『ワシントン・ポスト』紙の記者に「南北対話の進展次第では、前提条件なく直接対話を行う用意がある」旨を語ったと報じられた。14日の衆院予算委員会の質疑で、安倍は「ペンス副大統領とは訪日の際も、平昌でも、綿密にすり合わせを行っている」などと述べて、米国の方針は不変だと強調した。しかしその後、事態は、安倍が思いもよらなかった米朝首脳会談へと発展していくことになる。

南北・米朝首脳会談へ

韓国政府は3月5日、鄭義溶《チョンウィヨン》国家安保室長と徐薫《ソフン》国家情報院長らを大統領特使として平壌に派遣した。金正恩は、到着したばかりの鄭特使とさっそく会談し、異例の歓待をした。6日に帰国した鄭特使は記者会見し、板門店の韓国側の施設「平和の家」で、4月末、第3回南北首脳会談を開催することで合意したことを明らかにした。

さらに会談では、▽軍事的緊張の緩和と緊密な協議のため、首脳間のホットラインを設置し、第3回首脳会談の前に最初の電話（会談）を行う。▽北は、朝鮮半島の非核化の意思を明らかにし、北に対する軍事的脅威の解消と、北の体制の安全の保証があれば、核保有の理由がないという点を明白にした。▽北は、非核化問題の協議及び米朝関係正常化のため、米国と対話する用意があると表明した。▽対話が続く間、北は追加の核実験および弾道ミサイル発射など挑発はしない。北は、核兵器はもちろん、在来式の兵器を南に向けて使用することはないことを確約した——ことなども併せて発表した。

韓国の鄭国家安保室長と徐国家情報院長は8日、ホワイトハウスでトランプ大統領と面会した。韓国大統領府報道官によると、鄭が「トランプ大統領と可能な限り会いたい。直接会って話をすれば、大きな成果を出すことができる」という金正恩の発言を口頭で伝えると、トランプは大きくうなずきながら、「よし、会うぞ」と即答したという。

金正恩やトランプと会談した徐国家情報院長は13日、安倍と首相官邸で会談した。安倍によると、この中で徐は、「北朝鮮は、核やミサイルを放棄します。だから、休戦状態の朝鮮戦争を終わらせて、平和協定を結ぶことができるのです。金正恩は立派な方です」などと話した。安倍は、後に「話を盛っている気がした」（『回顧録』）と言ったが、南北・米朝首脳会談の開催がとんとん拍子で決まると、日本政府内には、「置き去り」にされるとの懸念も生まれた。

中朝、日米で首脳会談

金正恩は3月26、27の両日、突如、中国・北京を訪問し、習近平国家主席と会談した。北朝鮮の最高指導者になって初めての外国訪問だった。南北関係や朝米関係をこれから動かすにあたり、後ろ盾である中国との関係を改善し、安定化させる狙いがあるものとみられた。

他方、安倍首相は4月17日、米フロリダ州でトランプ大統領と会談した。安倍は、「北朝鮮が話し合いを求めてきたのは、日米が国際社会をリードして圧力を最大限に高めた結果だ」との見方を示し、米朝首脳会談で核・ミサイル問題、拉致問題が進展することに期待を表明した。安倍がとくにトランプに注文したのは、日米の共通目標である「完全かつ検証可能で不可逆的な非核化」（CVID）方針の貫徹。安倍は会談を前にして、米国の国家安全保障会議（NSC）のメンバーから、「CVIDを守るようトランプに言ってほしい」と頼まれていた。しかし、すでに米朝会談に前のめりになっていたトランプは、この日の安倍の話に「わかった」とは言わなかった

(『回顧録』)。

安倍は18日、トランプと別荘近くで共にゴルフをした後、再び会談に臨んだ。この中で、両者は日米の通商問題を協議する新たな枠組みを創設することで合意し、担当閣僚に茂木経済再生相とライトハイザー米通商代表部(USTR)代表を指名した。会談後の共同記者会見で、安倍が「TPPが日米両国にとって最善」と述べたのに対して、トランプは2国間の取引がより好ましいとの立場を示した。トランプはまた、「拉致被害者を日本に連れ戻すためにやれることは何でもやる。私はそう約束した」と明言。安倍は、南北・米朝会談の調整が進む中で、「日本が取り残されていくとの懸念は全くあたらない」と強調した。

南北首脳が「板門店宣言」

金正恩朝鮮労働党委員長は、4月20日の党中央委員会総会の報告で、「核実験や中長距離ミサイル、大陸間弾道ミサイル(ICBM)の試射も必要がなくなり、北部核実験場も使命を終えた」と述べた。総会がこの日採択した決定書で、核実験とICBMの発射実験を中止し、豊渓里《プンゲリ》にある核実験場は廃棄すると表明していた。ただ、核・ミサイルなどの廃棄や短・中距離ミサイルの発射中止には言及しなかった。

史上3回目の南北首脳会談が同月27日、南北軍事境界線上の板門店で約1時間40分間行われた。金正恩は同日朝、板門店の北朝鮮側から軍事境界線を越え、待ち構えていた文大統領と握手を交わした。午後は付近を散策し、橋の上のベンチで約30分間、2人だけで話をした。両首脳は、「朝鮮半島の平和と繁栄、統一のための板門店宣言」に署名した後、共同記者会見を行った。

宣言には、「相手に対する一切の敵対行為を全面中止」するとともに、今年中に終戦を宣言、休戦協定を平和協定に転換し、強固な平和体制構築のため、南北と米国による3者、または南北と米国、中国による4者会談の開催を推進するとした。また、南と北は、「完全な非核化を通じて、核のない朝鮮半島を実現するという共同の目標を確認」し、北側の自主的な措置が朝鮮半島の非核化のために非常な意義があるという認識を共にした、とうたっていた。

宣言では、非核化の時期や方法、具体策は示されず、日本人拉致問題にも言及されなかった。ただ、文大統領は29日、安倍との電話会談で、南北会談で拉致問題を取り上げたと説明した。また、文大統領が「安倍首相は北朝鮮と対話する意思をもっており、歴史清算を基盤とした日朝国交正常化を望んでいる」と金正恩に伝えたところ、金は「いつでも対話する用意がある」と応じたという。

5月7～8日、金正恩は中国・大連へ飛び、習近平と再度、会談し、8日には、習近平とトランプが電話で会談した。9日、米朝首脳会談の最終調整のため、米国のマイク・ポンペオ国務長官が訪朝。北朝鮮が拘束していた米国人の人質3人が解放され、ポンペオが連れ帰った。

「米朝」開催前の一波乱

米朝首脳会談は6月12日にシンガポールで開催されることが決まった。シンガポールが会談場所になったのは、「板門店では南北会談の二番煎じになる」という安倍のアドバイスをトランプが受け入れたためといわれる。

ところが、ここで一波乱起きた。北朝鮮は5月16日、米韓空軍の合同訓練が韓国で実施されていることを理由に、南北閣僚級会談を中止すると韓国に通知したのだ。加えて金桂冠《キムゲグァン》第1外務次官が同日、「トランプ政権が一方的な核放棄だけを強要しようとするなら、朝米首脳会談に応じるか再考するしかない」とする談話を発表。さらに崔善姫《チェソンヒ》外務次官が同月24日、別の談話でペンス米副大統領のFOXニュースのインタビューでの発言をとらえて、ペンスのことを「愚鈍な間抜け」などと批判し、「米国が我々と会談場で会うか、さもなければ核対核の対決場で会うかは、米国の決心と行動にかかっている」と再び米側を挑発、米朝関係は一気に緊張した。

トランプも黙っていなかった。5月22日、訪米した韓国の文在寅大統領とホワイトハウスで会談し、北朝鮮が非核化で米国の要求を満たさなければ延期も辞さない考えを表明。24日には記者団に対し、米朝首脳会談の中止と金正恩に宛てた書簡を発表した。書簡は、「一番最近の声明で示された、ものすごい怒りと、むき出しの敵意に基づけば、この時期の首脳会談は適切でない」と述べていた。ロシア訪問中の安倍首相は25日、「残念だが、トランプ氏の判断を尊重し、支持する」と語った。

26日、金正恩は、板門店の北朝鮮側の施設「統一閣」に、文在寅を招き入れて会談した。前回から1か月も経たないうちの再会談は、金正恩側からの要請だったという。27日、ソウルで記者会見した文大統領は、この再会談で金正恩は、「完全な非核化」の意思を示し、米朝事務レベル協議の開催に合意したと明らかにした。文大統領は、「(金正恩は)非核化する場合、米国が体制の安全を保証してくれるか心配していると思う」と、その心中を推し量った。

トランプ—金正恩会談

米朝首脳会談を前に、安倍首相は18年6月、カナダでのシャルルボワ・サミット(主要7か国首脳会議)出席に先立って訪米。同月7日(日本時間8日)、ワシントンでトランプ大統領と会談し、北朝鮮が非核化に向けて具体的行動をとるまで制裁は解除しない方針を確認した。共同記者会見で、安倍は、「拉致問題を早期に解決するため、私は、もちろん、北朝鮮と直接向き合い、話し合いたい」と、金正恩との直接対話により拉致問題を解決する決意を表明した。

会談の中で安倍は、米朝会談でどのように拉致問題を提起するかまで指南し、トランプも耳を傾け、会見では「首相の望みに沿って、絶対に北朝鮮との議題にする」と請け負った。安倍は、トランプに要請する最優先事項は、トランプが後ろ向きだったCVIDは外して、拉致問題に絞ることとし、「拉致問題を解決できなければ、北朝鮮支援の金を出せといわれても、日本は出せない」ことをトランプに執拗に説いた（『回顧録』）。

金正恩は6月10日、中国国際航空の特別機で、平壌から厳戒のシンガポールに入った。トランプとの史上初の米朝首脳会談は、12日午前9時すぎから、シンガポール南部セントーサ島のホテルで、約3時間半行われた。会談には、米側はポンペオ国務長官、ジョン・ボルトン国家安全保障担当大統領補佐官ら、北朝鮮側は金英哲《キムヨンチョル》党副委員長、李容浩《リヨンホ》外相らが同席した。

会談後、両首脳は共同声明に署名し、発表した。[1] 声明によれば、トランプは北朝鮮に対して「安全の保証」を提供することを約束し、金正恩は朝鮮半島の完全な非核化に向けた「堅固で揺るぎない決意」を再確認した。しかし、CVIDという言葉はなく、非核化の時期や具体策も示されず、北朝鮮の弾道ミサイルにも触れていなかった。また、朝鮮戦争の終戦にも言及はなかった。あとはポンペオと北朝鮮高官との後続の交渉に委ねられた。

トランプは記者会見で、金正恩から弾道ミサイルの実験施設を破壊する意向を告げられたことを評価したうえで、米韓合同軍事演習の中止の検討を表明した。トランプは、合同軍事演習に多額の費用がかかることにかねて不満を覚えていた。余りに唐突な演習中止に、日韓両国内には動揺と困惑が広がったが、米・韓各国防省は19日、8月の合同軍事演習の中止を発表した。

「型破り」のトランプ外交は、結局、肝心かなめの非核化では全く前進しなかった。安倍は6月18日の参院決算委員会で、18年4月の日米首脳会談の際、米朝首脳で必ず署名文書を残すようトランプに提案したことを明かし、米朝共同声明を「重みのあるもので、非核化に向けた土台になった」と評価した。また、「金委員長に米朝首脳会談を実現した指導力があることは事実だ。相互不信の殻を破って一歩踏み出したい」と述べて、日朝首脳会談の実現を模索する考えを示した。安倍の「トランプ頼み」の姿勢に対しては、国内から対米追随といった批判も出た。[2]

「日朝会談」呼びかけ

トランプ大統領は18年9月25日の国連総会で演説し、「我々はグローバリズムのイデオロギーを拒絶し、愛国主義を尊重する」と、相変わらず米国第一主義を唱え、各国首脳らの反発を呼んだ。その中でトランプは、米朝首脳会談に言及して、「ミサイルやロケットは、どの方向にももはや飛んでいない。核実験は停止した」などと自賛し、「金委員長の勇気と彼の取った措置に感謝したい」と述べた。前年の国連演説でトランプは、金正恩を「ロケットマン」と揶揄しており、その豹変ぶりとあまりの楽観論は、聞く者を唖然《あぜん》とさせた。

安倍首相は、9月25日の国連総会の一般討論演説で、拉致問題解決に向け、「私も、北朝鮮との相互不信の殻を破り、新たなスタートを切って、金正恩委員長と直接向き合う用意がある」と表明した。北朝鮮問題に大半を費やし、「必要なのは対話ではなく圧力だ」と訴えた前年の演説とは異なり、「圧力」という言葉も封印した。一方、首相はこの頃、内閣情報調査室トップの北村滋内閣情報官をモンゴルとベトナムに極秘に派遣し、北朝鮮の情報部門である朝鮮労働党統一戦線部幹部らと接触させるなど、水面下の工作も進めた。

他方、9月18〜19日、南北両首脳が平壌で会談し、北西部・寧辺《ヨンピョン》の核施設の廃棄などを盛り込んだ合意文書「平壌共同宣言」に署名した。金委員長は記者発表で、朝鮮半島の非核化に向けて「積極的に努力することを確約した」と述べた。しかし、寧辺の核施設の廃棄には「米国が相応の措置をとる」という条件付きだった。

第2回米朝会談は物別れ

その後、米朝交渉は停滞し、トランプと金正恩との第2回米朝首脳会談が行われたのは19年2月27〜28日、ベトナムの首都ハノイでのことだった。しかも、会談は物別れに終わり、予定していた昼食会や共同声明の署名も中止された。トランプは会談後の記者会見で、金正恩が寧辺の核施設の廃棄を提示し、その見返りに経済制裁の全面解除を要求したが、応じられなかったと述べた。金は、核・ミサイル実験の中止継続については約束したが、米側が求めた寧辺以外のウラン濃縮施設、弾道ミサイル、核弾頭の廃棄や核リストの申告は拒否したという。

第1回の米朝首脳会談以降、米国側はCVIDから軟化したとの指摘があり、日本側には、トランプは第2回の会談で、ある程度、経済制裁の緩和に応じるのではないか、といった懸念が出ていた。2月28日夜、トランプから電話で首脳会談の説明を受けた後、安倍は首相官邸で記者団に、安易な譲歩を行わなかったとして、「トランプの決断を全面的に支持する」と語った。

ボルトン大統領補佐官の回顧録によると、ハノイでの会談前にトランプは、「小さな合意を結ぶことと会談から立ち去ること、どちらのほうが大きな話題になるか」と尋ねてきたという（『ジョン・ボルトン回顧録』）。トランプは、外交戦略より、世論受けを気にかけていた。

一方、トランプは、初日に行われた1対1の会談の冒頭、拉致問題を提起したほか、夕食会でも、この問題について「真剣な議論」を行ったという。安倍は、事前の2月20日のトランプとの電話会談で、拉致問題を取り上げるよう重ねて求めていた。[3]

国賓トランプ来日

トランプ米大統領は19年5月25日、「令和」に入って初めての国賓として来日した。トランプは26日、千葉県茂原市のゴルフ場で、プロゴルファーの青木功を交えて安倍とゴルフをした。安倍はプレー中、「自撮り」したトランプとのツーショット写真をツイッターに投稿し、親密な関係をアピールした。安倍は広報戦略としてSNSの活用に熱心で、この時も事前にホワイトハウスに自撮りの許可を受けていた。一方、トランプはプレーの後、日米貿易交渉について、「多くのことは7月の（参院）選挙後まで待つ」とツイッターに投稿し、具体的な対日要求は参院選後に先送りする考えを示した。

その後、トランプは東京・両国国技館に行き、升席近くに設けられた「特別席」で大相撲千秋楽を観戦、特注した米大統領杯を優勝力士の朝乃山に贈呈した。夜は安倍と六本木の炉端焼き店で夕食をとった。日本側のもてなしぶりは、トランプの初来日時に輪を掛けた手厚さだった。

27日午前、天皇、皇后両陛下は、トランプ夫妻と会見され、夜は宮中晩餐会に臨まれた。この間、日米首脳会談と共同記者会見が行われた。トランプは首脳会談で、日米貿易交渉で不均衡是正を目指す考えを強調するとともに、安倍のイラン訪問については「イランは対話を望んでおり、我々もそうだ」と理解を示した。

また、安倍が、拉致問題の解決に向けて、前提条件なしに日朝首脳会談を目指す考えを表明したのに対し、トランプは、全面的支持と支援を約束した。ただ、安倍はすでに6日のトランプとの電話会談でこの考えを伝え、その後記者団に、「金正恩委員長と条件をつけずに向き合わなければならない。あらゆるチャンスを逃さない決意だ」と述べていた。トランプは、首脳会談の後、迎賓館で日本人拉致被害者の家族たちと会見した。トランプの被害者家族との面会は2回目。トランプは、「我々はあなた方の親類や娘たち、息子たち、母親たちを連れ戻すために協力して取り組む」と語った。

日米首脳会談は、トランプ政権が発足した17年1月以降、今回が11回目だった。19年6月下旬の大阪でのG20首脳会議の際の来日と合わせると、両首脳は異例のペースで会談を重ねていた。この間、安倍はトランプをノーベル平和賞に推薦した。トランプが19年2月に明らかにした。北朝鮮が核・ミサイル実験を停止したことを踏まえ、トランプ側から安倍に推薦を打診したものだったという。

トランプと安倍は5月28日、海上自衛隊横須賀基地で、護衛艦「かが」に乗艦し、隊員らを激励・訓示した。安倍は「本艦を改修し、戦闘機を搭載することで、我が国と地域の平和と安定に寄与していく」と述べた。トランプはこの後、帰国の途についた。

トランプ、板門店入り

19年6月、トランプと金正恩の間で親書の交換が行われた後、トランプは同月29日、ツイッターなどを通じて板門店での会談を呼び掛け、3回目の米朝首脳会談が実現した。トランプは韓国を訪問中で、同月30日、板門店の南北軍事境界線をはさんで金正恩と対面し、握手を交わした後、現職米大統領として初めて北朝鮮に足を踏み入れた。続いて2人は韓国側に連れ立って入り、文韓国大統領も加わって、韓国側の施設に向かった。

米朝首脳会談の冒頭、金正恩が「昨日の朝、（ツイッターで面会の）意向を示されたのを見て驚いた」と語ったように電撃的な訪問だった。しかし会談では、実務者協議の再開で合意するにとどまった。トランプは、翌年の大統領選を控え、板門店を舞台に「歴史的成果」を強調するパフォーマンスを演じ、北朝鮮の国営メディアは「和解と平和の新しい歴史が始まった」と喧伝《けんでん》した。

だが、2〜3週間以内に開始するとされた実務者協議は開かれないまま、北朝鮮は7月25日、日本海に向けて2発の短距離弾道ミサイルを発射した。ようやく10月5日、スウェーデンで米朝の実務者協議が開かれたが、双方の主張の食い違いは埋まらず、協議は行き詰まった。

「徴用工」で日韓関係悪化

19年12月24日、中国四川省成都で、安倍首相、李克強中国首相、文在寅韓国大統領による日中韓首脳会談が行われ、朝鮮半島の非核化に向けての協力と、東アジア地域包括的経済連携（RCEP）の早期署名を目指すことで一致した。しかし、共同記者会見では、度重なる北朝鮮の弾道ミサイル発射を非難したのは日本だけで、3国の足並みは乱れていた。

安倍と文在寅との日韓首脳会談が同日、当地で1年3か月ぶりに行われた。1年前の18年12月には、能登半島沖の日本海で、海上自衛隊のP－1哨戒機が韓国海軍の駆逐艦から火器管制レーダーの照射を受ける事件も発生していた。今回の会談の最大のテーマは、元徴用工（旧朝鮮半島出身労働者）の問題だった。同年10月に韓国大法院（最高裁）が、新日鉄住金（現・日本製鉄）と三菱重工業に対し、元徴用工らへの賠償を命じる判決を出していた。

安倍は、判決について「日韓の法的基盤の根本にかかわる問題だ」と指摘し、韓国側の責任で解決策を示すよう求めたが、文大統領は「早期に解決を図りたい」と述べるにとどまった。また、安倍は、韓国が東京電力福島第一原子力発電所の処理水を問題視する発言を繰り返していることを取り上げ、「福島をいじめるのもいい加減にしてほしい」と痛烈な言葉を浴びせた。

19年8月2日、日本政府は、輸出手続き簡略化の優遇措置を受けられる対象国（ホワイト国）から韓国を除外した。世耕経済産業相は記者会見で、決定の理由について、「安全保障のための輸出管理制度の運用に必要な見直しだ」と説明した。これに対して韓国政府は、対抗措置として、日韓間で秘密情報を交換するための軍事情報包括保護協定（ＧＳＯＭＩＡ）を破棄した。しかし、これは日韓間の情報共有を損ない、朝鮮半島の安全保障に悪影響をもたらすことから、マーク・エスパー米国防長官が急遽訪韓し、文大統領に翻意を迫った。その結果、韓国政府は、協定の失効期日の直前、輸出管理をめぐる日韓の政策対話再開を条件に方針を変更し、ＧＳＯＭＩＡを当面存続させることにした。

一方、米国と北朝鮮との交渉は進展せず、トランプは20年の大統領選で敗北し、米朝の「非核化ゲーム」は終わる。トランプと金正恩という、力の信奉者で、独善的な２人のリーダーが進める外交交渉は、常に危うさをはらみつつ、成果を出せなかった。安倍は、トランプとの蜜月関係を利用して、拉致問題の打開に努めたが、「条件をつけない」と呼びかけた日朝首脳会談も実現できなかった。20年６月、拉致被害者家族の中心だった、横田めぐみさんの父、滋さんが87歳で亡くなった。

北朝鮮は、対米政策の全面的な見直しに入り、18年の米朝首脳会談の前に中止を決めた核実験とＩＣＢＭ発射実験の再開へと動き、21年９月からミサイル発射などの軍事挑発を再び、活発化させた。

注

1　米朝首脳会談の共同声明の要旨は次の通り。
　トランプ大統領は、北朝鮮側に対して安全の保証を提供することを約束し、金委員長は朝鮮半島の完全な非核化に向けた堅固で揺るぎない決意を再確認した。相互の信頼醸成が朝鮮半島の非核化を促進することを認識し、両首脳は、以下の通り表明する。①米国と北朝鮮は新しい米朝関係を樹立する　②朝鮮半島に永続的で安定した平和体制を築くために協力して取り組む　③板門店宣言にのっとって北朝鮮は朝鮮半島の完全な非核化に向けて取り組む　④両国は戦時捕虜・行方不明者の遺骨の回収に取り組む。身元が確認済みの遺骨は即座に本国に返す――。両首脳は、この共同声明に明記した内容を完全かつ迅速に実行する。両国は、米国のポンペオ国務長官および北朝鮮の相応の高官が率いる代表の間で、会談の成果を履行するため、できるだけ早い日程で後続の交渉を行う。

2　安倍首相は、対米追随批判について、『回顧録』で「『安倍も所詮、米国頼みかよ』と言われたのだけれど、米国は、日本にはできない戦力投射をやれるわけでしょう。私が、用心棒のトランプと良好な関係を築いて、『大統領、いざという時は頼みますよ』とお願いすることは、北朝鮮にとっては脅威なわけです。私が北朝鮮に『この野郎、ふざけるな』と言ったって、北は、日本が軍事行使できないことを知っているから、『お前なんか、どうせ弱いだろう』と、日本の足元を見てくる。だから、トランプに踏み込んでもらって、彼の口から拉致問題に言及してもらうことが大切だったのです。そうすれば、北朝鮮も日本との関係を正常化しなければならないという意識が強まるでしょう」と反論した。

3　2020年7月、ボルトン前大統領補佐官は『読売新聞』のインタビューに応じ、「拉致問題はトランプ氏の個人的関心も高いのか」との質問に、「安倍首相にとっていかに重要かを理解している。日本の要請に応えるとトランプ氏が約束し、それを実行した好例だ。トランプ氏に批判的な人たちは彼のなすこと全てが間違っていると言うが、正しくない」と述べた。また、トランプが米朝首脳会談で、拉致問題を提起した際、金正恩がどう反応したかについては、「私が見た限りでは、正恩氏は『解決済みだ』などと述べて取り合わなかった。取るに足らない問題だと思っているのかは分からないが、正恩氏は拉致問題を突っ込んで議論したくない様子だった」と答えた（20年7月16日付朝刊）。

第7章　北方領土交渉の破綻

プーチンの唐突な提案

「戦後日本外交の総決算」を掲げた自民党総裁選の最中、安倍が2018年9月10日、「東方経済フォーラム」に出席するため、極東のウラジオストクを訪問したことにはすでに触れたが、安倍とプーチンは同日夜、2時間35分間にわたって会談した。日露首脳会談は同年5月以来で、すでに通算22回を数えていた。

会談後の共同記者会見で、安倍は北方領土における共同経済活動の実現に向けた「ロードマップ」（行程表）を承認したと述べた。さらに「海産物の共同増養殖」や「温室野菜栽培」など優先的に取り組む5項目の具体的な実施のため、現地調査団を10月初旬に派遣することを明らかにし、「（共同経済活動の実現で）変化を積み重ねた先に平和条約がある。私たちの手で必ずこの問題に終止符を打つ。プーチン大統領と全力で取り組んでいく」と強調した。

安倍は東方経済フォーラム3日目の12日の全体会合で演説し、「プーチン大統領、もう一度ここで、たくさんの聴衆を証人として、私たちの意思を確かめ合おうではありませんか。今やらないで、いつやるのか。我々がやらないで、他の誰がやるのかと問いながら、歩んでいきましょう」と、熱のこもった呼びかけをした。

異変はそのあとの質疑応答で起きた。司会者から「北方領土の帰属が変わると、米軍が配属されるのでは」と問われたプーチンは、「私のアイデア」と前置きして、「まず平和条約を結ぼう。年末までに、他の条件はつけずに」と唐突な提案をした。そして「平和条約を結び、(日露両国が)友人として、争点となっている北方領土問題の話し合いを続けていきたい」と続けた。何の前触れもなく、国際会議の聴衆の前で投じられたプーチンの変化球。安倍は打ち返すことなく、黙したままだった。[1]

プーチン提案は、北方4島の帰属問題を解決したうえで、平和条約を締結するという日本の基本方針を真っ向から否定していた。インターファクス通信によると、ロシアのドミトリー・ペスコフ大統領報道官は12日、プーチン提案について、「領土問題の解決は、時として数十年を要することがある」と述べ、領土問題の解決と平和条約締結を切り離す提案だとの認識を示した。

安倍首相は12日のうちに、「その提案は呑めない」とプーチンに伝えたが、自民党総裁選前の17日のフジテレビの討論番組で、安倍はプーチン提案について、「進展につながるという甘い判断はしない。でも、変化球を恐れていたのではだめだ。それを手繰り、ほぐしていくことが必要だ」と述べた。これに対して、対立候補の石破茂は「(領土交渉が)振り出しに戻った」と批判した。

安倍、「2島返還」に舵

2か月後の11月14日、安倍首相は、シンガポール、豪州、パプアニューギニア歴訪のため、羽田空港を出発した。安倍は同日午後、シンガポールでプーチン大統領と約1時間半、会談した。安倍は会談後、記者団に対し、「2年前の長門での首脳会談以降、新しいアプローチで問題を解決する方針の下、北方4島で日露のこれまでにない協力が実現している」と指摘。「この信頼の積み重ねの上に、私とプーチン大統領の手で必ず終止符を打つ強い意志を完全に共有した。そして1956年の日ソ共同宣言を基礎として平和条約交渉を加速させることで合意した」と語った。

この日ソ共同宣言を「基礎に」とは一体、何を意味するのか。『回顧録』によれば、安倍は当初、「日ソ共同宣言のプロセスを完成させるため」という表現を提案したが、プーチンが「プロセスを完成させる、という概念は、ロシア語にはない」と言い出して揉《も》め、結局、「基礎に」という言葉に落ち着いたという。

2か月前、ウラジオストクでのプーチン提案で「日本はどうするんだ」と問われた思いがしたという安倍は、「思い切って勝負しよう」と決意。そして策を練った末の結論が、4島返還を事実上断念し、平和条約締結後に歯舞、色丹の2島引き渡しを明記した日ソ共同宣言の「原点に戻る」、つまり、共同宣言を「基礎に」、「2島返還に向けた交渉をスタートする」ことだった。安倍は「4島一括返還を主張することは、永久に北方領土が戻って来なくてもいい、ということと同義」と考えていた（『回顧録』）。

安倍はこの会談で、北方領土返還後、米軍がミサイル基地を置くことはシミュレーションとしてあり得るけれども、「私とトランプの極めて良好な関係を考えれば、仮に私とウラジーミルの間で『米軍基地を北方領土には置かない』と約束しても、トランプが怒ることはないでしょう」などと語りかけ、プーチンの懸念払拭につとめていた（『回顧録』）。

プーチンの冷徹な対応

安倍の高揚感に比べ、プーチンの言葉は冷ややかだった。同月15日、当地での記者会見でプーチンは、かつて共同宣言の履行を拒んだのは日本だという持論を展開し、「56年宣言を基礎に、この問題の議論に戻る用意がある」との提案は安倍の方からあったと明かした。しかし、「この宣言は、ソ連が南側の2島を引き渡す用意があると記されているだけだ。どのような条件で、どこが主権を有するかは言及されていない。これらはすべて真剣な検討の対象だ」との考えを改めて繰り返した。

この発言からは、共同宣言には2島の主権には触れられていないので、例えば、歯舞は日本側に返すとしても、色丹はロシアの主権を維持して日本の利用を認めるだけということもあり得ると考えられる。これに対し、日本政府内には、「歯舞、色丹の2島返還プラス国後、択捉での共同経済活動」という妥協案も囁かれていた。つまり「2島マイナスアルファ」のロシアと、「2島プラスアルファ」の日本。同じ「2島返還」であっても、その懸隔は大きかった。

12月1日、安倍とプーチンは、南米アルゼンチンの首都ブエノスアイレスで開かれた主要20か国・地域首脳会議（G20サミット）の際、またも会談した。新しい交渉の責任者は、河野太郎とラブロフの両国外相とすることを決め、日露の実務交渉担当者として森健良《たけお》外務審議官と、イーゴリ・モルグロフ外務次官を選任。翌年6月に大阪で開かれるG20の際の日露首脳会談で合意を目指すことで一致した。安倍は『回顧録』で、「この時が、安倍政権の中で日露が最も近づいた時」であり、「本当に2島返還の合意に向けたチャンスだった」と振り返っている。[2] しかし、この方針転換に対しては、日本国内のロシア研究者や古手の外務官僚から懸念の声が上がっていた。[3]

「2島返還」への転換も空しく

プーチン大統領は2018年12月20日、モスクワでの年末の恒例会見で、沖縄の米軍基地問題を持ち出し、ロシアが北方領土を引き渡した場合、米軍が展開されるのではないかというロシアの懸念を、日本側が解消させなければ、「重大な決断は難しい」という趣旨の発言をした。

安倍の訪露に先立ち、河野外相とラブロフ露外相は、[4] 19年1月14日、モスクワの露外務省別館で、平和条約問題について協議した。交渉実務者の2人も同席し、協議は昼食も含め約4時間に及んだ。ラブロフは会談後、記者団に対し、「両国間に相当の隔たりがあることは隠せない。1

956年宣言に基づくということは、（北方領土を含む）クリル諸島のロシアの主権を認めることも含め、第2次世界大戦の結果を認めることを意味する。（日本が）認めなければ、他の問題へ前進するのは困難だ」と語った。さらに、日本のミサイル迎撃システムの配備によって「ロシアと中国の安全保障に危険が生じている」と付言した。ラブロフが、日本側が決して容認できない、ロシア側の「歴史認識」を早速、持ち出したことからも、交渉をまとめる気がないのは明らかだった。

安倍とプーチンは1月22日、モスクワのクレムリンで会談し、今後、数年間で日露間の貿易額を1・5倍に引き上げることで一致した。25回目、約3時間にわたる会談後の共同記者発表で、プーチンは、「強調しておきたいのは、相互に受け入れ可能な解決に至るには、長くて骨の折れる作業が今後、必要だということだ」と語った。プーチンは全く急いでいなかった。安倍は「その共同作業を、私とプーチン大統領のリーダーシップのもとで進めていく決意を確認した」と述べるのが精一杯だった。

2月7日の「北方領土の日」でも異変が起きていた。「北方領土返還要求全国大会」で安倍は、「領土問題を解決して平和条約を締結する」と訴えたが、過去の挨拶で使っていた「4島の帰属問題を解決」という文言は使わなかった。外相の河野は、前年の大会では使用した「北方領土はわが国固有の領土」との言い回しを避け、大会で採択されたアピール文からは「4島が不法占拠されている」との表現が削られた（北海道新聞社編『消えた「四島返還」』）。安倍政権は、国民に全く説明しないまま、なし崩し的に、歴史に基づく旧来の主張を引っ込めてしまっていたのだった。

注

1　安倍は2018年9月16日のNHKの番組で、プーチン提案をめぐり、プーチンからは、発言後、「習近平国家主席がそばにいたから（発言した）」と説明を受けたことを明らかにした。全体会合では、プーチンの隣に習、習の隣に安倍が座っていた。中露は01年に善隣友好協力条約を締結したあと領土問題を最終解決した経緯があり、プーチン提案はそれが念頭にあっての発言だったという。安倍は帰国後の9月13日、公明党の山口代表との会談でも、「大統領の平和条約に対する意欲の表れ」と述べるなど、プーチン提案を積極的に評価していた。

2　2000年5月に大統領に就任したプーチンは、同年9月に来日し、1956年宣言の有効性を確認した。これを受けて2001年3月、森喜朗首相がロシア・イルクーツクでプーチンと会談し、歯舞・色丹の返還と国後・択捉の帰属を同時に扱う「並行協議」を提案した。しかし、同年4月に発足した小泉政権は、「4島一括返還」の立場をとり、並行協議が行われることはなかった。森のイルクーツク訪問に同行したのが、北海道・根室支庁地域を選挙地盤とする新党大地代表の鈴木宗男。鈴木は、第2次安倍内閣発足後、首相官邸で安倍と面会を繰り返すようになり、安倍の対露政策に影響を与えたとみられている。鈴木は、18年12月7日付の『読売新聞』朝刊のインタビューで、「安倍首相の『この道しかない』という覚悟を持った決断にプーチン大統領が理解を示した。2人の信頼関係で歴史が動き始めた」と、「2島返還プラスアルファ」への方針転換を歓迎した。

3　ロシア政治を専門とする木村汎《ひろし》北海道大学名誉教授は、２０１８年12月の『読売新聞』インタビューで、「(安倍首相は) レガシー (遺産) を残そうと前のめりになっている印象だ」「プーチン氏は『しめた』と思っているのではないか」と語った。そのうえで、「ソ連は１９４５年8月に日ソ中立条約を破って対日参戦し、日本の降伏後に北方4島を占拠した。4島返還を求めるのは、国境不可侵、領土不拡大の原則という国際正義をロシアに突きつけることにほかならない」「4島は日本がその領土をどれだけ強く守る気持ちがあるのか、象徴的意味を持つ。中国や韓国は日本の出方を見ている」と強調した。「共同宣言には平和条約締結から何年後に歯舞、色丹の2島を引き渡すとは書いていない。ロシアも『いつ返す』とは言っておらず、この点はもめるだろう」「2島が返還されても、択捉、国後は返ってこない。『2島先行』ではなく『2島ぽっきり』だ。『2島プラスアルファ』という意見もあるが、択捉と国後を含めて共同経済活動が実現しても日本が資金を出すのであれば、プラスではなくマイナスだ。結果的に『2島マイナスアルファ』となる」と警告した (18年12月6日付『読売新聞』朝刊)。

4　ラブロフ露外相は、交渉の責任者になった直後の２０１８年12月7日、イタリアのミラノで記者会見し、日露両国が平和条約を結ぶためには、ロシアの北方領土領有は第2次世界大戦の結果だと日本が認めることが不可欠と強調した。ところが、同月11日の記者会見で、この発言への見解を問われた河野外相は、「次の質問をどうぞ」を4回繰り返して回答を拒否。答えない理由を説明せず、「なぜ質問に対して『次の質問をどうぞ』と言うのか」という質問にも、「次の質問をどうぞ」と応じ、不敵な笑みまで浮かべた (北海道新聞社編『消えた「四島返還」』)。

第8章 「令和」の誕生

退位は2019年4月30日

2017年6月に成立した「天皇の退位等に関する皇室典範特例法」は、公布から3年を超えない範囲で退位日を定めるとし、政府が退位日を決める際は、首相が皇族や三権の長らでつくる皇室会議の意見を聞くことになっていた。

同年12月1日、宮内庁で24年ぶりとなる皇室会議が開かれ、退位日にあたる特例法の施行日は、19年4月30日にすべきだとの意見をまとめた。これを受けて政府は、同月30日に陛下が退位し、5月1日に皇太子さまの即位と同時に改元する日程を固めた。

政府は当初、「18年末退位、19年元日改元」を検討したが、宮内庁は、「年頭には多くの儀式がある」などとして難色を示した。年度替わりの「19年3月末退位、4月1日改元」の案も、統一地方選の直前であることなどから退けられた。皇室会議では、全員が意見を述べたあと、議長の安倍が退位日を19年4月30日とする意見案を提示。採決は行わず、会議として取りまとめた文書に署名したという。政府は、皇室会議の意見を12月5日の閣議に報告し、特例法施行日を定める政令を8日の閣議で決定した。

元号をいつ発表するかも難題だった。政府は、改元にあたっては、元号書き換えのための官民コンピューターのシステム改修などが必要で、国民生活に混乱をきたさないためにも、事前公表が避けられないと考えていた。ところが、自民党内の保守派から事前公表に「待った」がかかる。天皇一代に元号一つを定める「一世一元」制に照らせば、退位によって平成が終わるまで、新元号を明らかにすべきでないという主張だった。

安倍に近い保守派の衛藤晟一《えとうせいいち》首相補佐官らがその代表格だった。政府側は、事前公表しても構わないという立場を保持し、菅官房長官は18年5月、「情報システムの改修に1か月程度は必要。作業の便宜として新元号の公表日を改元の1か月前と想定して作業を進める」と発表した。神社本庁の機関紙「神社新報」(6月25日付)は、新元号について「新天皇が御聴許《ちょうきょ》の上、政令として公布され、公表される手続きを大事にすべきだ」と論じた。衛藤補佐官らは簡単には引き下がらなかった。同年12月、安倍は衛藤を呼び出し、新天皇による公布は受け入れないとの考えを伝えた。

保守系団体「日本会議」が機関誌「日本の息吹」19年2月号で、新元号を4月1日に発表する政府方針に対し、「遺憾の意を表明せざるを得ない」と批判、新元号公布にあたって「皇太子殿下へのご報告」を求めた。その後、安倍が皇太子殿下のところに報告に赴いたことなどから、

「保守派は首相が元号案を事前説明したと受け止め、政府への不満を和らげた」という(読売新聞政治部『令和誕生』)。

元号候補、6案に絞る

政府は、新元号の制定にあたり、国文学、漢文学、日本史学、東洋史学の4分野を専門とする学者らに考案を委嘱。学者から提出を受けた元号案について、①国民の理想としてふさわしい②漢字2字　③書きやすい　④読みやすい　⑤これまでに元号や追号で用いられていない　⑥俗用されていない――という6つの基準を踏まえ、事務方の古谷《ふるや》一之官房副長官補らが候補選考を進めてきた。

19年3月になって、安倍や菅官房長官、杉田和博官房副長官ら少数の官邸首脳陣に約70の案が上げられた。安倍はこれらの案の中で、日本の書物(国書)由来の「天翔《てんしょう》」が気に入ったとされるが、「イニシャルのTが大正と重なる」などの慎重論が出されたため見送られた。

しかし、最終リストの候補にしっくりこなかった安倍は、追加発注を行った。古谷は、「できれば国書に由来した案」、過去に「候補に挙がったことがない案」を望む安倍の思いを知っていた。そこで「天翔」なども考案した国際日本文化研究センター名誉教授の中西進に新たな案を依頼、提案されたのが「令和《れいわ》」だった(読売新聞政治部『令和誕生』)。安倍は『回顧録』で、「令和」については、「全体のストーリーがあり、何となく情景も浮かぶでしょう。(中略)『令』と書くと、凜《りん》とした雰囲気が出る。令室、令嬢、令息という言葉には、気品を感じるでしょう。『令』の音としての響きも美しい。そこに『和』が加わり、和みや穏やかさが出てきます」と評しており、「令和」を気に入った。

同月27日の少人数の会議で絞り込まれた最終候補は、「令和」のほか「英弘《えいこう》」「広至《こうし》」「久化《きゅうか》」「万和《ばんな》」「万保《ばんぽう》」の6案だった。令和、英弘、広至は国書に由来し、令和は万葉集、英弘は古事記、広至は日本書紀と続日本紀《しょくにほんぎ》がそれぞれの出典だった。久化、万和、万保は、中国の古典（漢籍）が由来で、久化は易経、万和は史記、万保は詩経からの引用だった。

新元号「令和」に決定

「新しい元号は、令和であります」

19年4月1日午前、首相官邸の記者会見室で、菅官房長官がそう告げ、「令和」と墨書された額を掲げた。政府はそれに先立つ臨時閣議で、「平成」に代わる新しい元号を「令和」と決定した。現存する日本最古の歌集『万葉集』からの引用で、万葉集の「梅花《うめのはな》の歌三十二首」の序文にある「初春の令月《れいげつ》にして、気淑《よ》く風和《やわら》ぎ、梅は鏡前《きょうぜん》の粉《こ》を披《ひら》き、蘭《らん》は珮後《はいご》の香を薫《かお》らす」の文言を出典としていた。これまでの元号は、漢籍を典拠としてきており、国書が元号の出典になったのは初めて。新元号を定めた政令は、天皇陛下の署名を経て即日公布された。改元は、天皇陛下の退位を受けた皇太子さまの即位に合わせ、同年5月1日午前0時とされた。

「大化」（645年）以降248番目の新元号選びにあたり、政府は1989年1月の平成改元時の手続きを踏襲した。4月1日午前、菅官房長官が元号候補6案を正式決定。首相官邸に招集された「元号に関する懇談会」[1]のメンバーに提示し、意見を聞いた。その結果、国書から元号をとることに次々と賛意が示され、国書に由来する3案の中では令和に支持が集中、大勢は決まった。とくに事前の根回しはなかったという。

衆院議長公邸での衆参両院議長からの意見聴取のあと、首相官邸の閣僚応接室で全閣僚会議が開かれた。菅が「何か意見はありますか」と尋ねると、河野太郎外相が令和に否定的な発言で口火を切り、他の閣僚も思い思いのことを言い始めた。河野以外にも2人の閣僚が令和に異論を唱えたが、最後は安倍が「（令和が）いいのではないか」と結論づけ、令和と内定した。その後の閣議で、新元号の政令が決定された。菅官房長官の発表に先立ち、天皇陛下と皇太子さまに新元号が報告された。

安倍、自ら記者会見

4月1日、菅の記者会見が終わって18分後の午後0時5分、今度は安倍首相が同じ部屋で記者会見を行った。会見の冒頭、安倍は首相談話[2]を読み上げ、「令和」に込めた願いについて、「悠久の歴史と薫り高き文化、四季折々の美しい自然。こうした日本の国柄を、しっかりと次の時代へと引き継いでいく」と述べた。「悠久の歴史」「美しい自然」「国柄」は安倍の自著『美しい国へ』で使っていたキーワードだった。安倍は新元号を、自ら第1次政権発足時に掲げた「美しい国」のイメージとダブらせていたようだ。

平成改元時は、小渕恵三官房長官が新元号と竹下登首相の談話を発表した。それが今回は7分間の菅会見のあと、安倍首相自らが登場して18分間を使った。安倍は会見の中で、「我が国は歴史の大きな転換点を迎えているが、いかに時代が移ろうとも、日本には決して色あせることのない価値がある。今回はそうした思いの中で歴史上初めて国書を典拠とする元号を決定した」と強調。さらに、「新しい時代には、若い世代の皆さんがそれぞれの夢や希望に向かって思う存分活躍することができる、そういう時代であってほしいと思う。この点が今回の元号を決める大きなポイントでもあった」と、若い世代に対するメッセージを込めたと語った。

読売新聞社が発表当日から翌日にかけて行った緊急全国世論調査では、新元号の令和に「好感を持っている」は62%で、「なじみにくい感じを持っている」の31%を大きく上回った。また、政府は、メディアによる新元号のスクープ合戦で混乱が生じる事態を恐れ、「保秘」に神経を使っていたが、結局「特ダネ」はなかった。[3]

「令和」が始まる

天皇陛下（第125代、御名・明仁《あきひと》）は19年4月30日、退位された。在位の期間は30年3か月余り、日数は1万1071日に及んだ。憲政史上初となる天皇の退位により、平成は幕を閉じ、

5月1日、皇太子徳仁《なるひと》親王殿下が即位され、令和が始まった。

4月30日夕、「退位礼正殿《せいでん》の儀」が皇居・宮殿「松の間」で、国の儀式として行われた。両陛下をはじめ、皇太子ご夫妻、秋篠宮ご夫妻ら成年の皇族方が参列、三権の長や閣僚、県知事、市町村の代表ら約300人が出席した。陛下は、「天皇としての務めを、国民への深い信頼と敬愛をもって行い得たことは、幸せなことでした。象徴としての私を受け入れ、支えてくれた国民に、心から感謝します」と続け、令和の時代が「平和で実り多くあることを、皇后と共に心から願い、ここに我が国と世界の人々の安寧と幸せを祈ります」と、おことばを結ばれた。

これに先立ち、安倍首相は、国民代表の辞を述べた。安倍は、「天皇陛下におかれましては、皇室典範特例法の定めるところにより、本日をもちまして御退位されます」と、国民合意の下に退位されることを明らかにしたうえで、自然災害など多くの困難に直面した際、「天皇陛下は、皇后陛下と御一緒に、国民に寄り添い、被災者の身近で励まされ、国民に明日への勇気と希望を与えてくださいました」と、天皇陛下に深い敬意と感謝の念を表した。

なお、皇位の証しである剣璽《けんじ》は、儀式終了後、日ごろ安置されている皇居・御所の「剣璽の間」にいったん戻された。「剣璽等承継の儀」は5月1日午前に行われた。これは、陛下から皇太子さまに直接、剣璽が渡る形を避けることで、陛下が皇位を譲ったと受け取られないようにしたものだったという。ここでも官僚たちは、憲法との整合性に心を砕いていた。

「即位の礼」

5月の皇位継承に伴う国の儀式「即位礼正殿の儀」が19年10月22日、皇居・宮殿で行われ、天皇陛下が即位を内外に宣言された。186か国や、国際機関、各界の代表者ら計1999人が参列した。陛下はおことばを述べ、「国民の幸せと世界の平和を常に願い、国民に寄り添いながら、憲法にのっとり、日本国及び日本国民統合の象徴としてのつとめを果たすことを誓います」などと決意を示された。安倍首相は、「私たち国民一同は、天皇陛下を日本国及び日本国民統合の象徴と仰ぎ、心を新たに、平和で、希望に満ちあふれ、誇りある日本の輝かしい未来、人々が美しく心寄せ合う中で、文化が生まれ育つ時代を創り上げていくため、最善の努力を尽くしてまいります」と、寿詞《よごと》を述べた。

最後に参列者が安倍首相の音頭で万歳三唱し、皇居近くの北の丸公園で、陸上自衛隊による礼砲が21発うたれた。当日は、その年限りの祝日扱いとなった。また、陛下の即位を祝うパレード「祝賀御列《おんれつ》の儀」は、台風19号による被害を考慮して延期され、11月10日、皇居から赤坂御所までの約4・6キロのコースで行われた。

16年夏の天皇陛下のおことばに始まり、皇位継承の行事に至るまで、退位・皇位継承の一連の行事は、これでつつがなく終わった。退位をめぐっては首相官邸と宮内庁との間で摩擦が生じた。安倍は改元にあたっては、すでに述べたが、19年3月29日午前、皇居で陛下に対し、午後には東宮御所で皇太子さまに対して、それぞれ6つの元号案について説明していた。東宮御所訪問は、2月22日に次ぐものだった。安倍は「元号案を天皇陛下にも皇太子殿下にもお見せするのは、(天皇は国政に関する権能を有しないと規定した憲法の上からも)問題ないでしょう。保守派もそれで納得します」(『回顧録』)と、後年述べていた。

安倍は、新元号についての首相談話発表の際、背後のカーテンをいつもの青から赤に替えたり、「令和」の新元号が陛下と皇太子さまに伝えられたのを見届けてから発表の記者会見に臨んだり、皇室への細かな配慮をみせていた。

安倍はその年の瀬の12月13日、東京都内での講演で、「(元号)公表の4月1日が近づくにつれて緊張感がますます高まり、首相官邸にある種の重苦しい雰囲気があった。私自身、新元号が国民から受け入れてもらえなければ取り返しのつかないことになる。相当なプレッシャーがあった」と率直に語った。自ら深く関与し元号選びにあたった安倍は、これに失敗すれば、「元号制度の存立自体が揺らいでしまいます。そうなったら、首相辞任どころの話じゃない。切腹ものでしょう」(『回顧録』)と覚悟を決めていた。

皇位の安定継承問題、先送り

新天皇の即位により、皇位継承権をもつ男性皇族は、継承順位1位の皇嗣・秋篠宮さま、秋篠宮家の長男の悠仁《ひさひと》さま、上皇の弟・常陸宮さまのわずか3人となった。

天皇の退位について定める特例法成立の際、「政府は、安定的な皇位継承を確保するための諸課題、女性宮家の創設等について、本法施行後速やかに検討を行い、その結果を速やかに国会に報告する」旨の付帯決議がなされたのも、皇室が存続の危機にさらされているという現状認識のゆえだろう。

歴代内閣も、この問題に目をつぶってきたわけではなかった。とくに、第2次小泉内閣が設置した有識者会議は05年11月、女性天皇とその子である女系天皇にも皇位継承を認める報告書をまとめた。これを受けて、小泉は皇室典範改正案を準備するよう指示。当時官房長官だった安倍は改正案に反対で、微妙な立場に立たされたが、秋篠宮妃紀子さまの第3子懐妊が明らかになって、改正案の国会提出は見送られた。安倍は、男の子が生まれた場合、典範改正によって男子が即位できなくなる可能性があるとして法案提出の断念を小泉に進言していた。

安倍首相は17年2月22日、「天皇の公務の負担軽減等に関する有識者会議」メンバーとの夕食会の席上、紀子さまの懐妊を知った時のことを振り返って、「天佑《てんゆう》だと思った。男の子だと確信していた」と語っている。その席で、座長の今井敬経団連名誉会長が「せっかくの長期政権です。皇位継承の件も道筋をつけてもらえませんか」と促しても、安倍は正面から答えず、民進党批判に話をそらした（読売新聞政治部『令和誕生』）。

野田内閣は、女性皇族が結婚後も皇室に残れる「女性宮家」創設を検討すべきだとしたが、政権に復帰した安倍はこれを白紙に戻した。安倍を支持する自民党内右派は、女性天皇にも女性宮家にも強く反対していた。安倍は在任中、長期安定政権の利を生かして、皇室の将来に深くかかわる、皇位の安定継承問題に前向きに取り組むことはなかった。政府が特例法の付帯決議に基づいて、有識者会議を設置し、議論を始めたのは菅内閣の下、21年3月のことである。[4]

注

1　「元号に関する懇談会」のメンバーは、▽上田良一（ＮＨＫ会長）▽大久保好男（日本民間放送連盟会長）▽鎌田薫（日本私立大学団体連合会会長）▽榊原定征（前経団連会長）▽白石興二郎（日本新聞協会会長）▽寺田逸郎（前最高裁長官）▽林真理子（作家）▽宮崎緑（千葉商科大学教授）▽山中伸弥（京都大学教授）の有識者9人。

2　首相談話の要旨は以下の通り。

新しい元号「令和」は、万葉集の文言から引用したもので、人々が美しく心を寄せ合う中で、文化が生まれ育つという意味が込められております。万葉集は、１２００年余り前に編纂《へんさん》された日本最古の歌集であるとともに、天皇や皇族、貴族だけでなく、防人《さきもり》や農民まで、幅広い階層の人々が詠んだ歌が収められ、我が国の豊かな国民文化と長い伝統を象徴する国書です。悠久の歴史と薫り高き文化、四季折々の美しい自然。こうした日本の国柄を、しっかりと次の時代へと引き継いでいく。厳しい寒さの後に春の訪れを告げ、見事に咲き誇る梅の花のように、一人ひとりの日本人が、明日への希望とともに、それぞれの花を大きく咲かせることができる。そうした日本でありたい、との願いを込めました。文化を育み、自然の美しさを愛《め》でることができる平和の日々に、心からの感謝の念を抱きながら、希望に満ちあふれた新しい時代を、国民の皆さまと共に切り拓いていく。新元号の決定にあたり、その決意を新たにしております。元号は、皇室の長い伝統と、国家の安泰と国民の幸福への深い願いとともに、１４

00年近くにわたる我が国の歴史を紡いできました。日本人の心情に溶け込み、日本国民の精神的な一体感を支えるものともなっています。この新しい元号も、広く国民に受け入れられ、日本人の生活の中に深く根差していくことを心から願っております。

3　政府は、秘密保持のため、元号選びに関わる関係者を極力少なくし、作業部屋は厳重に部外者立ち入り禁止措置がとられた。新元号を選定してから発表するまでの時間に漏れることを防ぐため、「元号に関する懇談会」メンバーの携帯電話は取り上げ、全閣僚会議が開かれた官邸4階のトイレには、携帯の電波障害を起こす装置が置かれたという。一方、国会では情報管理をめぐって一悶着起きた。政府が、衆参両院議長に対する意見聴取の際、事前に「携帯預かり」などを要請したところ、立憲民主党出身の赤松広隆衆院副議長が「行政府が立法府に指図するのか」と猛反発。実際、衆院議長公邸での意見聴取の冒頭、赤松は政府の対応について謝罪、撤回を求め、菅官房長官が陳謝する一幕があった（読売新聞政治部『令和誕生』）。

4　安定的な皇位継承策などを検討する政府の「天皇の退位等に関する皇室典範特例法案に対する附帯決議」に関する有識者会議は、2021年12月、報告書をまとめ、岸田首相に提出した。秋篠宮家の長男悠仁さままでの皇位継承順位は維持し、その後の皇位継承については「悠仁親王殿下の御年齢や御結婚等をめぐる状況を踏まえた上で議論を深めていくべきではないか」とした。皇族数の確保策としては、①内親王（天皇の子と孫）・女王（ひ孫以降）が、結婚後も皇族の身分を保持する　②皇室典範で認められていない皇族の養子縁組を可能とし、皇統に属する男系男子を皇族とする——の2案の検討を求めた。女性宮家の創設の是非には触れなかった。①と②の検討を進め、十分な皇族数を確保できない場合、皇統に属する男系男子を法律で直接皇族にする第3案を検討すべきではないかとした。

第9章　G20大阪サミット

米中露首脳ら勢ぞろい

世界経済や環境問題などを議論する主要20か国・地域首脳会議（G20サミット）が2019年6月28日、大阪市の大規模展示場「インテックス大阪」で開幕した。

G20メンバー（日本、アルゼンチン、豪州、ブラジル、カナダ、中国、EU、フランス、ドイツ、インド、インドネシア、イタリア、メキシコ、韓国、ロシア、サウジアラビア、南アフリカ、トルコ、英国、米国）をはじめ、チリ（APEC議長国）、エジプト（AU議長国）、タイ（ASEAN議長国）など8つの招待国、国連、国際通貨基金（IMF）、世界貿易機関（WTO）、経済協力開発機構（OECD）など9つの国際機関の代表が出席し、史上最大規模の首脳会議となった。

米国からトランプ大統領、中国から習近平国家主席、ロシアからプーチン大統領らが出席。安倍が議長を務め、「世界経済、貿易・投資」「イノベーション（デジタル経済・AI）」「格差への対処、包括的かつ持続可能な世界」「気候変動・環境・エネルギー」をテーマとする各セッションで議論が行われた。

安倍は同日昼の「世界経済、貿易・投資」の第一セッション冒頭、世界経済の現状について、「貿易と地政学をめぐる緊張は増大している。下振れリスクに対処し、すべての政策手段を用いて成長を実現していく決意を共有したい」と表明。「自由、公正、無差別な貿易体制を維持、強化するための強いメッセージを打ち出さなければならない」と強調した。

大阪サミットの主要議題は、米中貿易摩擦の緩和、景気下支えのための協調、デジタル経済のルール「大阪トラック」の創設、巨大IT企業の課税強化に向けた国際ルールづくり、海洋汚染の原因となるプラスチックごみ（廃プラ）削減、WTO改革などだった。あわせて、各国首脳らの2国間会談の行方にも強い関心が向けられ、その最大の焦点が米中首脳会談だった。

米中の決裂回避

米中間では「貿易戦争」が燃え盛り、世界経済の最大の懸念材料になっていた。18年3月、米トランプ政権が鉄鋼・アルミニウム製品の輸入制限を発動し、同年4月、中国が米国製品に高関税の対抗措置をとって以来、貿易摩擦が本格化。双方が追加関税を発動しあい、紛争が激化する中、同年12月にアルゼンチンで開かれた米中首脳会談で、両国の貿易協議の開始が合意された。

18年、米国の中国からの輸入額は約5400億ドル、その逆は約1200億ドルという著しい不均衡を示していた。19年5月、米国が2000億ドル分の中国製品への関税を10％から25％へ引き上げる措置を発動し、貿易協議は中断した。6月には中国が600億ドル分の米国製品への関税を引き上げる報復措置をとっていた。

安倍は6月28日夜、大阪迎賓館で開いた夕食会で、隣に座ったトランプ米大統領と、テーブルをはさんで向かい合って座った中国の習近平国家主席に対して、冗談交じりにこう語りかけた。

「You should save the world tomorrow」（明日、あなたたちが世界を救ってくれ）（19年7月1日付『読売新聞』朝刊）

翌29日、トランプと習近平は大阪市内で会談し、中断していた貿易協議の再開で合意。トランプは記者会見で、中国に対する制裁関税を当面、引き上げず、中国通信機器大手「華為技術《ファーウェイ》」への輸出を容認する考えを表明した。貿易協議決裂という最悪の事態は回避された。

20年の大統領選での再選を目指すトランプは、対立の激化により株価の下落や景気の悪化を招き、国内から反発が出ることを恐れていた。10月に建国70年を迎え、国威発揚のイベントを控える習近平も、決裂は避けたかったと見られた。いずれにせよ、これは「一時休戦」にすぎず、経済にとどまらない、米中の国家同士の覇権争いは、収まる気配がなかった。

G20大阪首脳宣言

6月29日に採択された「G20大阪首脳宣言」[1]には、まず、「自由、公正、無差別で透明性があり予測可能な安定した貿易及び投資環境を実現し、我々の開かれた市場を維持するよう努力する」などと、自由貿易の原則が明記された。また、機能不全が指摘されるＷＴＯ改革を進める必要性のほか、50年までに廃プラによる新たな海洋汚染をゼロにする削減構想「大阪ブルー・オーシャン・ビジョン」も盛り込まれた。

米国が反対した「保護主義と闘う」という文言は、2年連続で宣言への明記が見送られた。日本側はこれに代わって「自由」「公正」など自由貿易を連想させる言葉を連発して「反保護主義」を強くにじませ、「長すぎる」という米国の抵抗を押し切った。安倍は記者会見で、「自由貿易の基本原則を明確に確認できた」と宣言の意義を強調した。

首脳宣言で最ももめたのが気候変動問題だった。[2] 15年にパリで開かれた国連気候変動枠組条約第21回締約国会議（ＣＯＰ21）で採択された「パリ協定」からの離脱を表明した米国と、他のＧ20メンバー国とが鋭く対立した。パリ協定を主導したマクロン仏大統領が、「パリ協定の不可逆性を確認」の文言を盛り込むよう強く要求したのに対し、米国は受け入れず、最後は、安倍首相がトランプ、マクロンと最終調整にあたった。その結果、米国はパリ協定から「脱退するとの決定を再確認する」と明記する一方、パリ協定の署名国は「完全な履行についてのコミットメントを再確認する」との表現で落着した。

アフリカ開発会議

19年、日本では、Ｇ20サミットに続き、第7回アフリカ開発会議（ＴＩＣＡＤ7）が8月28日、横浜市で3日間の日程で開幕した。[3] 日本開催は6年ぶり、アフリカ54か国のうち53か国が参加し、うち42か国は首脳級が出席。このほか国際機関や民間セクターなど1万人以上が参加する大イベントだった。

安倍は開会式の基調演説で、アフリカへの民間投資が過去3年で200億ドル（約2兆1000億円）を突破したことを挙げ、「民間投資の勢いが日々、新たに塗り替えられるよう、日本政府は全力を尽くす」と表明。日本とアフリカのビジネスの現場で指導的役割を果たす人材を今後6年間で3000人育てる目標を掲げるとともに、対アフリカ貿易や投資で企業が被った損害を全額補塡する新たな貿易保険制度も設ける意向を明らかにした。また、アフリカで新たに300万人が適切な保健・医療を受けられるようにするため、上下水道整備など「アフリカ健康構想」を進めるとした。さらに国連安保理改革に触れ、日本などの常任理事国入りに理解を求めた。

30日に採択された会議の成果文書「横浜宣言」は、質の高いインフラ投資を官民で促進し、アフリカの発展に協力すると表明。日本が主唱する「自由で開かれたインド太平洋」構想も、「好意的に留意する」との表現で、成果文書で初めて明記された。安倍は29日だけで、会議に参加しているアフリカ首脳ら18人と個別に会談するなど、会期中、精力的にアフリカ外交を進めた。

41年ぶり、イランを訪問

安倍首相は19年6月、日本の現職首相として41年ぶりにイランを訪問した。核合意をめぐる米国とイランとの深刻な対立を打開し、中東の緊張を緩和する試みだった。

同月12日、安倍は、テヘランでイランのハッサン・ロハニ大統領と会談した。安倍は会談の中で、「緊張緩和に向けて日本としてできる限りの役割を果たしたい」と表明。これに対し、ロハニ大統領は「日本の取り組みを歓迎する。イランとしても戦争は望んでいない」と応じ、「日本の一貫した核合意支持を評価する。イランも、核合意がなくなることも、核兵器も追求していない」と述べた。13日、安倍は、西側指導者とほとんど会わない最高指導者のアリー・ハメネイ師と会談し、直接、米国との対話を促した。しかしハメネイ師は、「トランプはメッセージをやりとりするに値しない」と、対決姿勢を崩さなかった。

この年、日本とイランは、国交樹立90周年にあたっていた。安倍の父・晋太郎外相が1983年にイランを訪問した際に会談したアリー・アクバル・ベラヤティ外相は、ハメネイ師の外交顧問をしていた。安倍は6月上旬、薗浦《そのうら》健太郎首相補佐官をひそかにイランに派遣してベラヤティと接触させ、ハメネイ師との会談の約束をとりつけた。こうした日本の外交実績の上に立って、安倍自身も、ロハニ大統領と国連総会で6年連続して会談を重ねるなど、イランとの友好関係を維持してきた。今回、トランプが安倍のイラン訪問を容認し、ハメネイ師が安倍と会談したのは、米国もイランも、これ以上の緊張激化を避けるため、安倍のような仲介者を必要としたものとみられた。

安倍は長期政権の下、「地球儀を俯瞰する外交」をうたい文句に、欧州や中東諸国を訪ね、グローバル時代にふさわしい首脳外交を展開、主要7か国首脳会議（G7サミット）や主要20か国・地域首脳会議（G20サミット）など国際政治の舞台でも、古参格として存在感を発揮した。とくにトランプとの親密な関係は、安倍にとって大きな強みになっていた。安倍のイラン訪問は、国際社会でも注目を浴び、これまでの安倍の外交努力の一つの結実ともいえた。

安倍がイランを訪問中の6月13日、ホルムズ海峡近くのオマーン沖で、日本が運航しているタンカーが攻撃を受け、被弾した。さらに20日には、イラン革命防衛隊が米国の無人偵察機を撃墜するなど、イラン情勢は緊迫の度を高めた。米国は7月、日本を含むアジア、欧州の60か国以上に、ホルムズ海峡などの安全確保のための有志連合の結成を呼びかけ、その協議のため、ボルトン国家安全保障担当大統領補佐官を同月、日本へ派遣した。ちなみにボルトンは、この来日の際、米軍駐留経費について、日本側に現在の4倍の負担を求めていたと、米誌『フォーリン・ポリシー』（電子版）が11月に報じた。

しかし日本は、安全保障関連法で自衛隊の活動範囲は広がったものの、今回の派遣には該当せず、補給活動を可能にする国連安保理決議もなかった。このため、安倍は有志連合には入らず、独自の貢献策を探り、12月27日、防衛省設置法の「調査・研究」の規定に基づき、海上自衛隊部隊の中東派遣を閣議決定した。護衛艦1隻を派遣、ジブチを拠点に海賊対処にあたる哨戒機2機を活用し、日本関係の船舶が攻撃を受けるなど不測の事態の時は、海上警備行動に切り替え、タンカーなどの防護を行うことにした。

自衛隊の情報収集活動の範囲は、オマーン湾など3海域の公海。閣議決定に先立つ同月20日、安倍は、来日したイランのロハニ大統領との会談で、海自の活動地域に、ホルムズ海峡とペルシャ湾は含めない考えを伝え、理解を求めた。イランへの刺激を避ける狙いとみられた。安倍がこれらをトランプ米大統領に事前に説明したところ、トランプは「日本はイランとの関係を切らない方がいい」と述べたという（『回顧録』）。安倍は、年明けの20年1月11〜15日の日程で、中東の緊張緩和と自衛隊派遣への理解を得るため、サウジアラビア、アラブ首長国連邦（ＵＡＥ）、オマーンの3か国を歴訪した。

注

1 「G20大阪首脳宣言」のポイントは次の通り。
〈貿易と投資〉自由、公正、無差別で透明性があり予測可能な安定した貿易投資環境を実現し、我々の開かれた市場を維持するよう努力する。ＷＴＯの機能を改善するため、必要なＷＴＯ改革への支持を再確認する。〈イノベーション〉データの自由な流通を促進し、消費者及びビジネスの信頼を強化する。〈質の高いインフラ投資〉インフラは成長と繁栄の原動力。「質の高いインフラ投資に関するG20原則」を承認する。〈グローバル金融〉世界規模で公正、持続可能、かつ現代的な国際課税システムのための協力を継続する。〈女性のエンパワーメント〉ジェンダー平等と女性のエンパワーメントは、持続可能で包摂的な経済成長に不可欠。〈気候変動〉パリ協定の署名国は、完全な履行へのコミットメントを再確認。米国は協定から脱退するとの決定を再確認する。〈環境〉２０５０年までに海洋プラスチックごみによる追加的な汚染をゼロにすることを目指す。「大阪ブルー・オーシャン・ビジョン」を共有する。

2　パリ協定は、米国、中国、インドなどが相次いで批准し、２０１６年11月に発効した。日本は批准が遅れたため、ＣＯＰ22での批准国による会議は、オブザーバー参加にとどまった。日本の地球温暖化対策に批判が出かねない中、菅義偉内閣は、20年10月、50年までに二酸化炭素（CO_2）などの温室効果ガスの排出量を実質ゼロにするカーボンニュートラル（排出量と森林整備などによる吸収量をプラスマイナスゼロの状態にする）を宣言した。19年12月のＣＯＰ25の期間中、国際ＮＧＯ「気候行動ネットワーク」からは、日本はいまだに石炭火力発電に依存しているなどとして、不名誉な「化石賞」が贈られるなど、世界から厳しい目が向けられていた。

3　アフリカ開発会議（ＴＩＣＡＤ）は、１９９３年に日本が主導して始まり、２０１３年までは5年ごと、16年からは3年ごとに開催。ＴＩＣＡＤ７の共催者は、日本、国連、世界銀行、国連開発計画、アフリカ連合委員会。日本がこの会議を始めた背景には、国連加盟国の約4分の1を占める大票田のアフリカ諸国との関係を深め、日本の国連安保理常任理事国入りへの支持を得る狙いがあった。その後アフリカは、高い経済成長率を示して世界の注目を集め、日本企業も進出、政府も民間投資の拡大などに力を入れた。中国は、アフリカを「一帯一路」構想の重要な地域とみて、インフラ整備に巨額の支援を行い、日本も16年のケニアでの会議（ＴＩＣＡＤ６）で、安倍首相が「自由で開かれたインド太平洋戦略」を明らかにした。

第10章　19年参院選、国政選で6連勝

改憲勢力、3分の2割れ

第25回参院選は2019年7月21日、投開票日を迎えた。自民党は57、公明党は14議席で計71議席を獲得し、改選定数124の過半数である63議席を大きく超えた。安倍は、国政選で6連勝を果たした。しかし、与党と憲法改正に前向きな日本維新の会などを含めた勢力は、国会発議に必要な定数の3分の2（164）に4議席届かなかった。

安倍は参院選の勝敗ラインを、「与党で過半数を確保すること」とあいまいな言い方をしていた。余りに低い目標設定に対して、二階幹事長らはより厳しい「与党で改選過半数が目標」としたが、選挙結果は、いずれもクリアした。

野党側の獲得議席は、立憲民主党17、日本維新の会10、共産党7、国民民主党6、社会民主党1で、そのほか諸派3、無所属9だった。参院選の帰趨を左右する、全国に32ある改選定数1の「1人区」では、自民党22勝、野党統一候補10勝だった。立民、国民、共産、社民の4野党は、

1人区の全てで候補者を一本化し、16年参院選の結果と同じ「11勝」を目標としていたが、かなわなかった。

自民党の57議席は、16年参院選の56議席（追加公認を含む）を上回ったものの、圧勝した13年の65議席には及ばなかった。宮城、滋賀、大分など8選挙区では現職が落選した。自民党の非改選は56で、単独過半数（123議席）を3年ぶりに失った。公明党は選挙区選で擁立した7人全員が当選し、比例選の7議席を合わせると、党として最多に並ぶ14議席を獲得した。立憲民主党は、比例選で8議席を獲得し、改選9議席から17議席に伸ばした。改選8の国民民主党は2減の6議席にとどまった。

投票率（選挙区選）は48・80％。前回16年参院選を5・90ポイント下回った。衆院選を含め全国規模の国政選挙として最低だった1995年参院選（44・52％）以来、24年ぶりに50％を割り、同年に次ぐ低投票率になった。今回は3年ごとの参院選と4年ごとの統一地方選が重なる戦後7回目の「亥年《いどし》選挙」で、統一選を終えた地方議員らの動きが鈍くなり、投票率が低下しやすいと指摘されていたが、これも「燃えない選挙」の一因とみられた。

衆参同日選、またも果たせず

安倍は参院選前の2019年2月10日の自民党大会で、「12年前の亥年の参院選でわが党は惨敗を喫した。当時、総裁であった私の責任だ。我が党の敗北により、政治は安定を失い、悪夢のような民主党政権が誕生した。あの時代に戻すわけにいかない」と、選挙勝利へ檄を飛ばした。このどぎつい言葉に立憲民主党の岡田克也元民主党代表が腹を立て、衆院予算委員会で発言の撤回を要求したが、安倍は「少なくともバラ色の政権ではなかった」と言い返し、撤回を拒否した。

安倍は4月ごろから同日選を模索し、麻生副総理から「本気で憲法を改正したいのなら、衆院解散のタイミングは10月の消費増税前しかない」とアドバイスされていた。安倍は、改憲論議に応じない野党の姿勢の是非を争点に、ダブル選挙を実施できるかどうか思案した。安倍には、前回16年の参院選の時もダブル選挙を企図し、断念した経緯があった。

しかし、この改憲論議の是非は、解散の「大義」としては弱かった。6月初めに発表された「老後の生活資金に2000万円が必要」という金融審議会の報告書が国民の年金不安をあおるなど、逆風も吹いていた。さらに、事前の自民党の選挙情勢調査で、衆院では現有議席を減らすとの結果が出て、衆参ダブル選は疑心暗鬼を呼ぶだけで終わった。安倍は選挙が終わった7月21日夜、フジテレビの番組で、「衆参同日選」について「迷わなかったと言えば、ウソになる」と、検討していたことを認めた。

改憲論議は進まず

参院選の争点は、年金制度、消費増税、憲法改正だった。政府は、老後資金をめぐる金融審議会の報告書の受け取りを拒否する挙に出て、野党側の批判を増幅させた。さらに野党は、10月に予定される消費増税への反対で足並みをそろえたが、これも多くの有権者の支持は得られなかった。安倍は、6月26日の通常国会閉幕後の記者会見で、「参院選は、憲法の議論すらしない政党を選ぶのか、国民にしっかりと自分たちの考えを示し、議論を進めていく政党や候補者を選ぶのか。それを決めていただく選挙だ」と訴え、選挙戦でもこれを繰り返した。この1年、国会の憲法審査会は、衆院で2時間余り、参院ではたった3分しか開かれておらず、安倍は、改憲論議が一向に進まないことに苛立っていた。

しかし、選挙戦では、共産党の志位代表が積極的に改憲批判をしただけで、立民・枝野、国民民主・玉木の両代表は、演説ではほとんど取り上げなかった。読売新聞の投票時の出口調査で、投票の際に重視した政策を聞いた結果でも、「社会保障」が30％でトップ。「憲法改正」は8％にとどまり、国民の関心も低かった。

安倍は選挙翌日の7月22日の記者会見で、「少なくとも議論は行うべきだ。これが国民の審判だ」と述べたが、公明党の山口代表は、同日のテレビ番組で、「この結果を『憲法改正について議論すべきだ』と受け取るのは、少し強引だ」と、安倍の解釈を否定した。さらに安倍は同日の会見で、「国民民主党に『議論すべきだ』と考えている方々がたくさんいる。そうした皆さんと積極的に議論を展開していくべきだ」と、国民民主党に触手を伸ばした。同党の参院の新勢力は21議席で、協力を得られれば3分の2以上に達する。これに対して、同党の玉木代表は、「首相の考えとは私は違うが、憲法改正の論議はさせていただく」と前向きな姿勢を示したが、党内から「代表の独断専行」などと批判を浴び、火消しに追われた。

結局、安倍の9条改正案は一時、改憲論議を活発化させたが、自民党内のコンセンサスは不十分なまま、公明党も同調せず、世論も高まらず、安倍自身のスキャンダルの直撃を受け、行き詰まってしまった。

安倍の選挙カレンダー

自民党は、12年12月の衆院選で民主党を破り、政権交代により第2次安倍政権が誕生して以降、13年7月の参院選、14年12月の衆院選、16年7月の参院選でそれぞれ勝利した。続いて17年10月の衆院選、次いで19年7月の参院選にも勝利した。この間、15年、19年には統一地方選があり、安倍政権下では毎年のように大型選挙が行われていた。

安倍は、第1次政権の07年参院選に敗北、政権を追われた屈辱をバネに、「負ける」選挙はしないことを政権の最優先課題に据えた。この一連の選挙カレンダーをみると、13年、16年の「参院選翌年の衆院解散・総選挙」というサイクルがみえてくる。付け加えると、14年、17年の2度の衆院選に圧勝した翌年には自民党総裁選を迎えていた。安倍は、衆院選勝利の余勢を駆って、15年の総裁選では無投票再選、同じく18年の総裁選では3選を果たした。とくに、安倍が頻繁に選挙を繰り返した裏には、「野党が政党交付金を2年分ためることのないように、解散は交付金の支給前に」という戦術があったともいわれる。

安倍は、一連の選挙を好循環させ、党内の求心力を高めて、与党勢力の安定化を図った。そして野党勢力の弱体化を進め、自民党の「一強多弱」、「安倍一強」と呼ばれる政治体制を作り上げた。安倍は選挙の度に、アベノミクス、消費増税先送り、消費増税再延期、消費税の使途変更のほか、女性活躍、働き方改革、全世代型社会保障など多様な政策を示して選挙公約とした。安倍は選挙に勝利すると、これら「公約＝政策」は全て信任されたと主張することが多かった。

しかし、年がら年中選挙があっては、政権が腰を据えて政策問題に取り組む余裕はなくなり、国会論戦も未消化に終わった。これには「小刻み解散」といった見方や、多様なスローガンは安倍が「やっている感」を演出しているだけという批判も出た。有権者の多くは、政策も吟味できず、選挙に関心を持てず、それゆえ投票所に足を運ばなかった。そして、あげくの「自民勝利」に釈然としない気分を抱き続けることになった。

第4次安倍・第2次改造内閣

安倍首相は19年9月11日、内閣改造・自民党役員人事を行った。全19閣僚ポストのうち、ポスト変更を含め17人を交代させ、安倍内閣としては最多の13人を初入閣させた。その一方で、麻生副総理・財務相と菅官房長官は続投させ、政権の骨格は維持した。党三役は、二階幹事長、岸田政調会長が留任し、総務会長には鈴木俊一五輪相が就いた。選挙対策委員長には下村博文党憲法改正推進本部長を起用した。

安倍が目指す「全世代型社会保障」の実現に向けては、経済再生相に充てた西村康稔《やすとし》にこの改革を担当させるとともに、加藤勝信党総務会長を厚生労働相に再登板させた。閣僚の中では、小泉元首相の次男で、人気のある小泉進次郎を環境相に抜擢したことがメディアの注目を集めた。安倍は記者会見で、「これまでの発想にとらわれない大胆な改革に挑戦していく」と表明。新たに全世代型社会保障検討会議を設け、「70歳までの就業機会の確保、年金受給年齢の選択肢の拡大、医療、介護など社会保障全般にわたる改革を進める」と述べた。さらに憲法改正については、「困難な挑戦だが必ずや成し遂げる」と強調した。

第4次安倍・第2次改造内閣の顔ぶれは次の通り。

首相	安倍晋三	64歳	自民（無派閥）	衆（当選9回）
副総理・財務・金融	麻生太郎	78	自民（麻生派）	衆（13）留任
総務	高市早苗	58	自民（無派閥）	衆（8）
法務	河井克行	56	自民（無派閥）	衆（7）初入閣
外務	茂木敏充	63	自民（竹下派）	衆（9）
文部科学	萩生田光一	56	自民（細田派）	衆（5）初
厚生労働・働き方改革	加藤勝信	63	自民（竹下派）	衆（6）
農林水産	江藤　拓	59	自民（無派閥）	衆（6）初

経済産業	菅原一秀	57	自民（無派閥）	衆（6）初
国土交通	赤羽一嘉	61	公明	衆（8）初
環境・原子力防災	小泉進次郎	38	自民（無派閥）	衆（4）初
防衛	河野太郎	56	自民（麻生派）	衆（8）
官房・拉致問題	菅　義偉	70	自民（無派閥）	衆（8）留
復興・原発事故再生	田中和徳	70	自民（麻生派）	衆（8）初
国家公安・防災	武田良太	51	自民（二階派）	衆（6）初
沖縄・北方・一億総活躍	衛藤晟一	71	自民（二階派）	参（3）衆（4）初
科学技術・IT	竹本直一	78	自民（岸田派）	衆（8）初
経済再生・社会保障改革	西村康稔	56	自民（細田派）	衆（6）初
地方創生・規制改革	北村誠吾	72	自民（岸田派）	衆（7）初
五輪・女性活躍	橋本聖子	54	自民（細田派）	参（5）初

消費税率10％実施

消費税率が19年10月1日、10％に引き上げられた。安倍は、政権復帰後の14年4月、予定通り8％への税率引き上げを行ったが、その影響で景気が低迷したなどの理由で、10％へのアップは2回にわたって先送りし、今回の引き上げは5年半ぶり、安倍内閣では2回目のことだった。

安倍は17年の衆院選で、増収分の主な使い道について、従来の「財政再建」から「人づくり革命」に変えると訴えた。選挙の鬼門である増税問題に、安倍はかなり神経を使っていた。今回の引き上げでは、増収分は現役世代への支援を手厚くし、教育無償化などの財源に充てる「使途変更」を行い、それと同時に、酒類と外食を除く飲食料品、新聞などの税率は８％に据え置く軽減税率制度を初めて導入した。

軽減税率の減収分約１・１兆円を差し引くと、税率アップによる増収分は約４・６兆円と見込まれる。このうち約２・８兆円を幼児教育などの無償化、社会保障の充実に使うとされた。この結果、国の借金返済分は１・８兆円程度になった。10月１日から、幼保無償化がスタート。３～５歳児がいる全ての世帯と、０～２歳児をもつ住民税非課税世帯を対象に、認可保育園や認定こども園の利用料を無料とし、幼稚園は月２万５７００円を上限に給付金が支給されることになった。

歴代最長政権

19年11月20日、安倍首相の在職日数が通算２８８７日に達し、憲政史上最長となった。歴代最長だった戦前の政治家、桂太郎の通算２８８６日を抜いた。歴代首相の通算在職日数は、安倍、桂以下では、佐藤栄作２７９８日、伊藤博文２７２０日、吉田茂２６１６日、小泉純一郎１９８０日――などである。

第1次安倍内閣は06年に発足したが、1年で総辞職。12年12月に首相に返り咲いた。安倍は、史上最長を記録したこの日、首相官邸で記者団に対し、「短命に終わった第1次政権の深い反省の上に、政治を安定させるため日々全力を尽くし、一日一日の積み重ねで今日という日を迎えることができた」と振り返り、今後も責任の重さをかみしめながら、「薄氷を踏む思いで初心を忘れず、全身全霊をもって政策課題に取り組んでいきたい」と述べた。また、今後、力を入れる政治課題について、「デフレからの脱却、また最大の課題である少子高齢化への挑戦、戦後日本外交の総決算、そしてその先には憲法改正もある」と語った。

これに対し野党側は、「安倍内閣はレガシー（政治的遺産）も成果もない長期政権。国会の行政監視機能を壊し、国民生活は豊かにならず、分断が広がっている」（福山哲郎立民党幹事長）、「首相が先頭に立ってモラルハザード（倫理の欠如）をやっている。史上最悪の内閣だ」（小池晃共産党書記局長）などと批判した。なお、安倍は20年8月24日、連続在職日数2799日を記録し、佐藤栄作の2798日を破って歴代最長になった。

第11章　桜を見る会

共産党の追及

２０１９年４月13日、東京・新宿御苑で安倍首相主催の「桜を見る会」[1]が開かれ、政財界の関係者や芸能人ら約１万８２００人がつめかけ、八重桜咲く御苑の春を満喫した。安倍があいさつの中で、元号が令和に改まる、この年５月１日を念頭に、自作の２句――「平成を　名残惜しむか　八重桜」「新しき　御代《みよ》寿《ことほ》ぎて　八重桜」――を披露すると、会場から拍手が湧いた。『読売新聞』掲載の「安倍首相の一日」をみると、安倍は前日の午後６時半すぎから、東京・紀尾井町のホテルニューオータニで、「安倍晋三後援会　桜を見る会前夜祭」に昭恵夫人とともに出席。13日は午前８時前に新宿御苑に到着、昭恵夫人とともに下関市長、地元の後援会関係者らと写真撮影に臨み、９時から桜を見る会が始まっていた。

それから半年以上が経過した同年11月８日の参院予算委員会。共産党の田村智子参院議員が「桜を見る会」を取り上げ、安倍政権下、その参加者数が14年の１万３７００人、支出額３００

5万円から、19年には1万8200人、支出額5520万円へと、年々増えているのはなぜか、と質した。答弁に立った安倍は、「桜を見る会は各界において功績、功労のあった方々を、各省庁からの意見を踏まえて幅広く招待している。招待者は内閣官房、内閣府がとりまとめており、私は招待者のとりまとめ等には関与していない」と説明した。

しかし田村は、山口県議のブログや共産党機関紙『しんぶん赤旗』の現地取材をもとに、首相は地元後援会員を多数招待しているのではないかと指摘。それだけでなく、桜を見る会の前夜には、ホテルの宴会場で山口県内外からの招待客とのパーティーを開催しており、今年19年の場合、前夜祭の参加者は約850人。翌朝、貸し切りバス17台で新宿御苑に移動しており、桜を見る会と前夜祭は一体のものだと追及した。田村は、「これを政治家のお金でやったら明らかに公職選挙法違反。そういうことを公的行事で税金を利用して行っている」と断じて、この日の質問を終えた。

立憲民主、国民民主、共産、社民の野党4党は11月12日、「首相は桜を見る会を後援会活動に使っていた疑いが非常に強い」などとして追及チームを発足させた。13日、菅官房長官は記者会見で、早々と桜を見る会の来年度中止を発表。招待基準の見直しなどにあたる考えを示した。安倍は15日、記者団を前に異例の説明に立ち、「前夜祭」に関して、夕食会（参加費5000円）を含めて全ての費用は参加者の自己負担で支払われたこと、また、事務所や後援会の資金負担は一切なく、政治資金規正法上の問題はないことなどを明らかにした。

安倍は、これで早期に幕引きをしたかったようだが、野党は追及の手を緩めず、20日の参院本会議の答弁で、安倍は「私自身も（招待する）推薦者について意見を言うこともあった」と述べ、関与否定の発言を修正した。全招待者1万5000人のうち、各省庁が推薦した各界の功労者らは約6000人。ほかに副総理、官房長官、官房副長官の関係者で約1000人、自民党関係者で約6000人、特別招待者や公明党関係者ら約1000人――で、安倍については、昭恵夫人分を含め約1000人の推薦枠が設けられていた。各省庁が国会に提出した招待者の推薦名簿は、ほとんどが黒塗りで、首相や自民党などからの推薦名簿は廃棄済みとして公表されなかった。

経産相・法相、相次ぐ辞任

安倍は19年9月に再改造内閣を発足させたあと、10月4日、臨時国会を召集した。しかし、菅原一秀経済産業相の公設秘書が、地元選挙区の支援者の通夜で2万円入りの香典を出していたことが『週刊文春』報道で発覚、同月25日、菅原は引責辞任した。公職選挙法では、選挙区内での香典は、議員本人が持参する場合を除いて禁止しており、これは政界の常識だった。

第2次安倍内閣が発足した12年12月以降、内閣改造を除いた閣僚辞任は、この年4月の桜田義孝五輪相に続き9人目。安倍は後任に自民党の梶山弘志元地方創生相を起用した。

閣僚スキャンダルは、これにとどまらなかった。安倍は10月31日、今度は河井克行法相を更迭せざるを得なくなった。河井の妻の案里《あんり》参院議員の陣営が、7月の参院選で法定額を超える日当を運動員に払ったと『週刊文春』に報じられていた。安倍は河井の辞表を受理し、後任に森雅子元少子化相を充てた。この事件は、間もなく大規模な選挙買収事件に発展し、法務行政のトップを務めた河井克行前法相が逮捕されるに至る。[2]

菅原、河井は、いずれも菅官房長官に近い人物で、安倍も河井を首相補佐官などとして重用してきた。1週間で2人の新人・重要閣僚の相次ぐ辞任は、政府内に生じていた緩みを象徴していたが、加えて、大学入学共通テストで使われる英語民間試験の扱いでも大失策をおかした。この試験は、会場が都市部に集中するという地域格差や、受験料負担などをめぐって生じる経済格差が問題視されていた。そこへ萩生田光一文科相が「自分の身の丈に合わせて勝負してもらえれば」と口走った。「格差容認だ」と野党から攻勢が強まるのを恐れた首相官邸は、事態収拾に介入し、11月1日、英語民間試験の20年度導入を急遽、見送ることになった。

桜を見る会をめぐる「公的行事の私物化」批判は、こうした度重なる不祥事の中で一層注目を集め、「もり・かけ」のスキャンダル以上に、安倍政権の体力を消耗させていった。

「桜」で荒む予算審議

2020年1月20日、第201回通常国会が召集された。安倍は施政方針演説で、カジノを含む統合型リゾート（IR）をめぐる汚職事件[3]や桜を見る会にはいっさい、言及しなかった。しかし、野党側は追及をやめず、安倍は国会審議で、荒々しい答弁を繰り返すようになる。

2月12日の衆院予算委員会で、立憲民主党の辻元清美が、質疑の最後で「タイは頭から腐る」と挑発。「ここまできたら、原因はタイの頭、頭をかえるしかない。総理の手でなし遂げることは、そろそろ総理自身の幕引きだ」と、質疑を締めくくった。それにカチンときた安倍は、「意味のない質問だよ」と、自席からヤジを飛ばした。次の質問に立った逢坂《おおさか》誠二（立民）が、「後ろを向いて帰ろうとしている質疑者に追いうちをかけるように（ヤジを）言うなんて言語道断」と強く非難すると、安倍は、「私から言わせれば罵詈雑言《ばりぞうごん》。ここは一方的に罵る場なのか。それでは質疑が無意味になる」と反駁した。

確かに辻元発言には「言い過ぎ」との批判も出たが、結局、17日の同委員会で、安倍は陳謝に追い込まれ、「今後、閣僚席からの不規則発言は厳に慎むよう首相として身を処していく」と述べざるを得なかった。

安倍は、これに先立つ同月4日の衆院予算委員会でも、桜を見る会をめぐる質疑で立民党議員とやり合った。質問者が首相に耳打ちする秘書官に対して、「うるさい」と声を荒らげると、安倍は「どなるのは異常だ」と怒気を強め、今度は、議員の質問について「うそつき」とやり返した。議員は発言の撤回を求め、まるで口喧嘩のような、刺々《とげとげ》しいやりとりが続いた。

公設第1秘書を略式起訴

安倍はヤジを謝罪した2月17日の衆院予算委員会でも、立民党議員が、疑念を晴らすためホテル側に事実関係を確認するよう求めたのに対し、「私がうそをついていると言うのであれば、うそをついているということを説明するのは、そちら側ではないのか」と突っぱね、強気の姿勢を崩さなかった。しかし、案の定、安倍の国会での主張は、間もなくことごとく覆されることになる。

20年5月21日、弁護士や法学者ら約660人が、安倍らに対する告発状を東京地検に提出した。特捜部が捜査したところ、前夜祭は、参加者の会費では賄えず、その分を安倍側が補塡しており、安倍の国会答弁や発言とは異なる事実が浮かび上がった。ホテル側からは事前に開催費総額の見積もりが発行されていただけでなく、飲食代や会場費などが記載された明細書も安倍側に出されていた。

特捜部は20年12月24日、政治団体「安倍晋三後援会」(山口県下関市)代表を務める公設第1秘書を政治資金規正法違反で東京簡裁に略式起訴し、捜査は終結した。第1秘書は、罰金100万円を即日納付した。特捜部は、安倍本人については、共謀を認める証拠は得られなかったとして不起訴(嫌疑不十分)とした。特捜部が12月21日、安倍に対して任意の事情聴取を行った際、安倍は「不正への関与はない」と説明したという。特捜部の発表などによると、第1秘書は16〜19年分の後援会の収支報告書について、会費徴収分の収入約1157万円と、補塡額約708万円を含めたホテル側への支出約1865万円を記載しなかった。

東京地検特捜部は21年12月28日、安倍について、再び不起訴(嫌疑不十分、公訴時効の成立)とした。検察審査会が同年7月、「不起訴不当」を議決したのを受けて再捜査したが、判断を変更するだけの証拠が得られなかった。これで安倍本人に対する捜査も終結した。

118回のウソ答弁

安倍は20年12月24日、国会内で記者会見し、公設第1秘書が罰金100万円の略式命令を受けたことについて、「私が知らない中で行われていたとはいえ、道義的責任を痛感している。深く反省し、国民に心からおわび申し上げる」と語った。また、後援会が前夜祭の一部費用を支出していたことを認め、政治資金収支報告書を修正したことを明らかにした。とくにこれまでの国会答弁について、事実と異なる部分があったとして、「国民の政治への信頼を損なうことになった。国民、与野党全ての国会議員に深くおわび申し上げたい」と陳謝した。安倍は9月に首相を辞任していたが、議員辞職については否定した。

野党側の依頼を受けて、前夜祭をめぐる国会答弁を調べた衆院調査局によれば、19年11月20日~20年3月4日、安倍は本会議や衆院予算委員会で事実と異なる答弁を118回も繰り返していた。「後援会としての収入、支出は一切ない」などと事務所の関与の有無に関する答弁で70回、「ホテル側から明細書などの発行はなかった」「明細書はいただいていない」など明細書の有無に関して20回、「事務所側が補塡した事実も全くない」など差額の補塡の有無に関して28回に上っていた。

国会での質疑の中で安倍は、「事実と違ったら責任をとるということか」と問われて、「私がここで総理大臣として答弁することについては、すべての発言が責任を伴う」と答え、また、「総理の答弁は信憑《しんぴょう》性に欠ける」と追及されると、「ここで話していることはまさに真実」と、強気の発言を繰り返していた。結果として安倍が、国権の最高機関である国会を愚弄し、国民をだましていた政治的責任は、きわめて大きかった。

注

1　「桜を見る会」は皇室主催の観桜会が前身。戦後は吉田茂内閣の1952年、首相が招待する形式に変更されて始まった。政財界や文化、芸能、スポーツなどで活躍した人たちの慰労を目的とした首相主催の行事として定着。東日本大震災直後の2011年、北朝鮮の弾道ミサイル発射予告があった12年を除いて例年4月、東京・新宿御苑で開かれ、10年には民主党の鳩山由紀夫政権下でも行われた。

2　広島地検は2020年3月3日、河井案里参院議員の公設第2秘書ら3人を公職選挙法違反（買収）容疑で逮捕した。案里が初当選した19年参院選で、選挙カーに乗る車上運動員14人に対し、公選法施行令で定められた上限額（1日1万5000円）を超える3万円の日当を支払った疑いだった。さらに河井夫妻は、案里が19年3月、参院選広島選挙区（改選定数2）の自民党公認候補に決まった直後から、選挙買収に動いていた。東京地検特捜部は20年6月18日、案里の夫で衆院議員の河井克行（広島3区）と、案里参院議員の2人を同法違反（買収）容疑で逮捕した。2人は、票の取りまとめなどを依頼する趣旨で、地元議員ら94人に計約2570万円を提供した容疑だった。この事件の背景には、自民党本部が広島選挙区に、公認済みの溝手顕正候補（落選）に加え、案里をにわかに担ぎ出したことがあった。

案里の陣営には、参院選前に党本部から破格の1億5000万円もの資金が振り込まれていたという。なお、この買収事件では、東京地検特捜部検事の供述誘導疑惑が浮上し、23年12月、最高検察庁は、取り調べ担当検事が当時の広島市議に行った任意の事情聴取について、「不適正だ」とする調査報告書を公表した。

3　ＩＲは、カジノに加え、ホテルや国際会議場などが一体となった複合施設。地方経済活性化に向け、外国人観光客の呼び込みに力を入れる安倍内閣は、ＩＲを成長戦略の柱に掲げていた。ＩＲをめぐっては、ギャンブル依存症や治安悪化が指摘されていたが、これが汚職事件に発展。東京地検特捜部が２０１９年12月25日、自民党の秋元司衆院議員を収賄容疑で逮捕した。21年９月の東京地裁判決（懲役４年）によると、秋元は、内閣府のＩＲ担当副大臣をしていた17～18年、ＩＲ事業への参入を目指す中国企業側から現金など計７６０万円相当の賄賂を受け取った。また、自分の裁判で証人になりそうな贈賄側の被告を買収しようとした組織犯罪処罰法違反にも問われた。東京高裁は24年３月、一審判決を支持、弁護側の控訴を棄却する判決を言い渡した。

第12章　「政・官」の劣化現象

ずさんな公文書管理

桜を見る会をめぐっては、第2次安倍内閣発足後の２０１３年から招待者が膨れ上がり、安倍の後援会関係者が多数招かれていたことが明らかになった。内閣府が正式な招待状を発送する前に、安倍の事務所が後援会員らに案内状を送っていたとも言われたが、招待者選びの実態は、十分に解明されなかった。

公文書管理法は、保存期間1年以上の文書は名称などを管理簿に記入し、廃棄する際にも廃棄簿に記録を残すことを義務付けた。13～17年度の招待者名簿はこの対象になっていたが、内閣府は義務を怠っていた。政府は18年度に名簿の保存期間を1年未満に短縮し、いつでも裁量で廃棄可能とした。このため内閣府は、桜を見る会が19年4月13日に開かれると、5月9日に紙の名簿を廃棄したなどと説明した。内閣府は20年1月17日、公文書管理が不適切だったとして、歴代人事課長6人を厳重注意処分とした。

森友学園問題では、国有地売却をめぐる14の決裁文書が書き換えられ、財務省の20人が停職などの処分を受けた。加計学園の獣医学部新設問題でも、内部文書の真贋《しんがん》をめぐり、文科省と内閣府、首相官邸と愛媛県が対立した。「もり・かけ・さくら」には、公文書の隠蔽、改竄、廃棄など重大な問題が共通して伏在していた。

民主党政権で、政策形成から排除された官僚たちは、第2次安倍政権では、新設の内閣人事局による人事コントロールの強化に直面した。その結果、霞が関では、首相官邸の意向ばかりを気にする風潮が生まれ、これが公文書管理のあり方にも影響を与えたとの指摘も出た。[1] 官僚の側は、後になって問題にならないよう、文書は速やかに廃棄するか、文書はなるべく残さないようにする。

本来、「開かれた行政」のためには、官僚への指示が透明化され、情報公開や公文書管理がきちんと行われることが必要だ。公文書は、そもそも現代政治の政策決定過程の検証材料であり、後世の史家には有力な歴史資料である。公文書を捨てたり、捏造したりすることは、日本の民主主義の質を損ね、歴史まで歪めてしまうことになる。

職業倫理の欠如

しかし、すでに書いてきたように安倍政権における公文書の問題は、これにとどまらなかった。16年、南スーダンの国連平和維持活動（ＰＫＯ）に派遣された陸自部隊の日報の情報開示請求に対し、「廃棄した」としていた日報が見つかり、稲田朋美防衛相と防衛次官、陸上幕僚長が引責辞任。さらに18年、「存在しない」としてきた陸上自衛隊のイラク派遣時の日報が、省内で発見され、ずさんな文書管理の実態がまたも浮かび上がった。

他方、19年1月、厚生労働省の毎月勤労統計において、決められた調査手法を守らずに集計していた事実が露見し、弁護士らによる特別監察委員会は、「甚だしい職務怠慢」と指弾した。統計を歪めた結果、過少給付となっていた雇用保険や労災保険などの不足分の追加給付を行う必要が生じ、政府は19年度予算案を修正し、改めて閣議決定する異例の事態に追い込まれた。厚労次官や担当職員ら22人が処分された。

厚労省では18年2月にも、裁量労働制に関し、データ処理を誤り、首相が答弁を撤回、働き方改革関連法案からその部分を削除して事態を収拾していた。第1次安倍政権で同省は、「消えた年金記録」と呼ばれる年金の記録漏れ問題を引き起こしていた。こうして続発する公文書の扱いをめぐる失態は、官僚や公務員の間にはびこる職業倫理や責任感の欠如をみせつける結果になった。

検察庁法改正案は廃案

政府は20年1月31日、従来の法解釈を変更して、2月に63歳の定年を迎える黒川弘務東京高検検事長の定年を半年間延長することを閣議決定した。しかし、この異例の措置は、黒川を次期検事総長にする思惑があるのではないかとの憶測を呼んだ。菅官房長官や杉田和博官房副長官ら官邸の首脳陣は、法務省で官房長や次官を務めた黒川を高く評価。黒川の定年前に稲田伸夫検事総長が退任し、その後任に黒川が就くシナリオを描いていた。しかし、これがうまく運ばず、異例の定年延長に踏み切ったという。

検察庁法には定年延長の規定はなく、政府は、国家公務員法に基づき延長を決めた。しかし、人事院は1981年の国会で、「検察官に国家公務員の定年制は適用されない」と答弁した経緯があり、これが野党の追及に火をつけた。政府側の答弁は、二転三転し、安倍首相は2020年2月13日の衆院本会議で、黒川の定年延長を決める際、国家公務員法の解釈を変更したと説明した。

一方で、政府は20年3月13日、国家公務員の定年を60歳から65歳へと段階的に引き上げる国家公務員法などの改正案を閣議決定した。これには、検察官の定年を63歳から65歳に引き上げる検察庁法改正案も含まれていた。検事総長の定年は現行の65歳に据え置いていた。

しかし問題は、内閣が必要と判断した場合、検事総長や検事長ら幹部の定年を最長で3年延長できるという「特例規定」が盛り込まれたことだった。これは使い方次第で、内閣の判断により検察幹部の任期が左右されることになり、政権と、政界捜査にも切り込む検察との適切な距離感を大きく崩しかねなかった。とくに改正案が黒川検事長の定年延長について、後付けで整合性をとるもののように映ったことも傷口を広げた。野党側は、「捜査機関トップへの人事介入」などと追及を強めた。

法案については、検察ＯＢの有志38人が、５月18日、３年延長案は「任命時に限られていた政治の関与を任期終了時にまで拡大するものです。（中略）検察権行使に政治的な影響が及ぶことが強く懸念されます」と、再考を求める意見書を森雅子法相宛てに提出した。反対世論は広がり、「＃検察庁法改正案に抗議します」というハッシュタグをつけた投稿がツイッターで急速に拡散した。菅や杉田は法案に強いこだわりを見せていたが、安倍は18日、首相官邸で二階幹事長に会い、この国会での改正案成立を見送る考えを伝えた。

黒川検事長は５月21日、新型コロナウイルス感染症の緊急事態宣言下、賭けマージャンをしていたことを認め、引責辞職した。報道機関の関係者と賭けマージャンをした疑惑が『週刊文春』の電子版で報じられていた。検察庁法改正案を含む国家公務員法改正案は６月の国会会期末、廃案になった。７月、稲田検事総長は退任し、黒川の辞職を受けて名古屋高検検事長から東京高検検事長に転じていた林真琴が検事総長に就任した。

日本学術会議会員の任命拒否問題

安倍政権から菅政権への過渡期に、これも人事にまつわる問題が起きた。日本学術会議会員の任命拒否である。菅義偉内閣の加藤勝信官房長官は20年10月１日の記者会見で、国の行政機関である学術会議から新会員として推薦を受けた１０５人のうち６人を任命しなかったことを明らかにした。学術会議の会員の選考は、学術会議側が会員候補の名簿をまとめ、最終的に首相が任命する仕組みで、こうした任命拒否は初めてのことだった。加藤官房長官は、「法律上、首相の直轄であり、人事などを通じて一定の監督権を行使することは可能だ。直ちに学問の自由の侵害にはつながらない」と説明。また、菅首相は10月2日、記者団に「法に基づいて適切に対応した結果だ」と述べた。学術会議側は、任命拒否を撤回し、全員を任命するよう求める声明を出した。

任命を拒否されたのは、芦名定道京都大学教授（哲学）、宇野重規東京大学教授（政治学）、岡田正則早稲田大学教授（行政法学）、小沢隆一東京慈恵会医科大学教授（憲法学）、加藤陽子東京大学教授（日本近代史）、松宮孝明立命館大学教授（刑事法学）。人文・社会科学系の６人の学者は、安倍内閣で成立した安全保障関連法、特定秘密保護法、改正組織犯罪処罰法に対し、それぞれ反対を表明したことがあった。

野党側は、同月７日の衆院内閣委員会閉会中審査で、「政府に楯突いたから外されたのではないか」などと、任命拒否の理由を質した。これに対して政府側は、「具体的な選考過程については、人事に関することであり、答えを差し控える」といった答弁に終始。「日本学術会議に総合的、俯瞰的観点から活動を進めていただくため」の任命であり、任命拒否は法律違反には当たらず、「学問の自由への侵害になるとは考えていない」と強調した。

安倍内閣で官房長官だった菅は、17年、学術会議が防衛装備庁の「安全保障技術研究推進制度」に反対し、軍事と民生の双方で活用できる「デュアルユース」（両用）の先端科学技術研究を否定する動きをみせたことを独善的だと批判。学術会議の会員は、出身や大学に偏りがあり、選考方法も閉鎖的で既得権のようになっているなどと不満を抱いていたという。内閣府の日本学術会議事務局は18年11月、「首相は、学術会議に人事を通じて一定の監督権を行使できる」とし、「日本学術会議法は、推薦通りに任命することを首相に義務づけてはいない」との趣旨の見解をまとめていた。

政府は、これまで「政府が行うのは形式的任命にすぎない」（1983年、中曽根康弘首相の国会答弁）との立場を示してきた経緯があり、野党は「恣意的な解釈変更だ」と批判した。2020年12月、内閣府は任命拒否をめぐり、「外すべき者（副長官から）」と手書きで書かれた文書を参院予算委員会理事に提出した。立憲民主党の要求を受けたもので、文書の日付は、6人の任命を拒否した決裁文書と同じ9月24日。「副長官」とは杉田和博官房副長官、文書の黒塗り部分には6人の名前が記されているとみられた。菅は、国会の質疑では「必ず学術会議の推薦通りに任命しなければならないわけではない」など同じ答弁を繰り返し、個別の拒否理由については最後まで明かすことはなかった。

注

1　「消えた年金記録」の反省から首相在任中、公文書管理法の制定に取り組んだ福田康夫元首相は、『読売新聞』のインタビューに次のように語った。「公文書は、国の歴史を作る。城の石垣として一つ一つ積み上げる石のようなものだ。石そのものや石の置き方が悪いと国が崩れてしまうし、海外から『日本は信用できない』と言われる。公文書管理がしっかりしていることは、民主主義が成り立つ前提条件だ。政府は国民に正確な記録を提供する責任と義務を負っている。しかし、最近は首相主催の『桜を見る会』をめぐる問題や財務省による決裁文書の書き換えなど、公文書に関する不祥事が次々と起きている。政治主導で、政治と行政のあり方がおかしくなったことが背景にある。官僚は内閣人事局を通じて『政治家に人事を握られている』との思いが強く、物事の善しあしにかかわらず、『政治家に気に入られるように』と思うようになった。（中略）官僚による忖度も流行している。政治家に言われなくても、『こうしたいのだろう』と想像して、公文書の改ざんなどをやってしまう。（中略）『桜を見る会』の招待者名簿にしても、予算執行に関わる文書なのだから、（中略）参院の決算委員会が終わるまでは保存し、十分な国会議論に資するようにすべきだ。（中略）公文書管理は国民や国家のためになるだけではない。『記録に残りますよ』と言えば、政治家だってむちゃなことは言えず、不当な政治介入も排除できる。官僚が自分の身を守ることにもつながる」（２０２０年3月17日付『読売新聞』朝刊）

第13章　コロナ失政

新型肺炎の襲来

２０２０年1月16日、厚生労働省は、前年末から中国湖北省武漢市を中心に多発していた新型コロナウイルスによる肺炎患者が、日本国内で初めて確認されたと発表した。患者は神奈川県に住む30歳代の中国人男性で、武漢市に滞在後、６日に帰国した。国立感染症研究所の検査の結果、陽性反応が出た。新型コロナウイルス感染症（ＣＯＶＩＤ－19）が、いよいよ、日本に襲来した。

世界保健機関（ＷＨＯ）は同月５日、「ヒトからヒトへの感染の証拠は報告されていない」としていたが、患者数は増加し、武漢市では23日、事実上のロックダウン（都市封鎖）措置がとられた。日本政府は28日、在留邦人を帰国させるため、チャーター機を武漢に派遣。29日、羽田空港に到着した帰国者は、政府が用意した警察や税関の関連施設では足りず、千葉県勝浦市のホテルで最長２週間近く待機を求められた。以後、２月17日にかけ計５便のチャーター機で計８２８人が帰国した。

ＷＨＯは、1月30日になってようやく「国際的に懸念される公衆衛生上の緊急事態」を宣言した。テドロス・アダノム事務局長は、同日の記者会見で、中国の感染症の流行への対応について、「新たな模範を示している」と称賛し、緊急事態宣言の発出は「中国への不信任投票ではない」と強調した。この「中国寄り」の態度がＷＨＯの決断を遅らせたと批判されることになる。

日本政府は同日、新型インフルエンザ等対策特別措置法に基づき、国の感染症対策の中枢となる「新型コロナウイルス感染症対策本部」（本部長・安倍首相）を設置した。２月７日、厚労省は医療・公衆衛生の専門家からなる「アドバイザリーボード」（助言機関）を置いた。13日には80歳代の日本人女性感染者が国内で初めて死亡した。政府は14日、内閣官房に「専門家会議」を設け、同会議の座長には、脇田隆字《わきたたかじ》国立感染症研究所所長、副座長には尾身茂《おみしげる》独立行政法人地域医療機能推進機構理事長が就任した。

「ダイヤモンド・プリンセス」

この間、日本人にとって新型コロナウイルスの怖さを目の当たりにする事件が起きた。クルーズ船「ダイヤモンド・プリンセス」（12万トン）における集団感染だった。発端は、1月20日、横浜港を出航した同船に乗って25日に香港で下りた男性が２月１日、コロナ感染者と判明。政府は３日、横浜港に戻ってきた同船を沖に停泊させたまま、日本人を含む56か国・地域の乗客２６６６人、乗員１０４５人を対象に検査を実施した。その結果、５日朝までに新たに10人の陽性がわかり、陽性者は医療機関に搬送する一方、市中感染を防止するため、乗客らに原則2週間の船内待機（隔離）を求めた。すでに船内は「感染爆発」を起こしており、その後もコロナ感染者は増え続けた。

19日になって経過観察を終えた陰性者らの下船が始まり、乗員・乗客すべての下船が完了したのは3月1日。感染者数は最終的に計712人、全体の2割に達し、死者は13人に上った。首相官邸は、ここまで武漢オペレーションとクルーズ船の対応にかかりきりになり、国内対策にはほとんど手がつけられなかった。新型コロナは世界5大陸に広がり、韓国の感染者数は2月26日、中国に次いで1000人を突破。中国以外で新型コロナの感染者が確認された国は28日に51か国に上り、WHOのテドロス事務局長は3月11日の記者会見で、「パンデミック（感染症の世界的な大流行）とみなすことができる」と表明した。

「PCR検査が受けられない」

政府の専門家会議は2月24日、記者会見を開き、「これから1～2週間が、急速な拡大が進むか、収束できるかの瀬戸際」として、かなり強い調子で警鐘を鳴らした。専門家会議は、感染の全体像に政府の目が行き届いていないことに強い焦燥感を抱いていた。ところが、「飲み会にはなるべく行かないで」というような日常生活に立ち入る発言を、首相官邸は、専門家会議の矩《のり》を踰《こ》えるものと冷ややかに受け止めていたという。

さらに厚労省側は、「瀬戸際」との表現を修正するよう注文をつけていた。だが、専門家会議側は国民に危機感を伝えるために、この言葉は譲れないとして断っている（牧原出・坂上博『きしむ政治と科学　コロナ禍、尾身茂氏との対話』）。首相官邸と専門家会議との間には、感染症に対する認識ギャップがあり、これ以降、政府と専門家との間でさまざまな摩擦が生じることになる。

政府は同月25日、対策本部会議でコロナ対策の基本方針を決め、風邪の症状がある人に休暇取得の勧奨や外出自粛、テレワークや時差出勤などを呼びかけた。一方、日本のコロナ対策の柱になる「クラスター対策」を担う班を同日、厚労省に発足させた。専門家会議は、小規模な感染集団（クラスター）の早期発見が感染拡大を防ぐカギとなるとみて、クラスターをいち早く把握し、感染経路を特定し、感染者の入院、濃厚接触者の調査、クラスター発生施設の使用自粛などによって、感染を食い止めようとした。この対策は、初期段階では効果を上げたが、感染者の拡大により、保健所職員の過重負担、疲弊を招いた。

コロナ感染の連鎖を断ち切るには、検査体制の整備や病床の確保が欠かせなかった。感染の有無を確かめるＰＣＲ検査[1]の対象は、保健所などの窓口が必要と判断した人に限られたため、厚労省には「ＰＣＲ検査を受けられない」という苦情や批判が殺到した。他方、臨時休校について、政府は「適切な実施」を自治体などに丸投げした。多数の観客が集まるイベントの開催は、当初、一律の自粛を要請しなかった。だが、26日には一転して、主催団体に対し今後2週間、行事の中止や延期、規模縮小などの対応をとるよう要請した。朝令暮改だった。

学校の一斉休校措置

安倍首相は2月27日、対策本部会議で、コロナの感染拡大を防ぐため、全国の小中学校、高校、特別支援学校を3月2日から春休みまで臨時休校とするよう要請すると表明した。ただ、入試や卒業式の実施は認め、その際は感染防止のため万全の対応をとるよう求めた。また、行政機関や民間企業に対し、子どもの面倒をみるため、会社などを休まざるを得なくなる保護者への「配慮」も求めた。

首相はこの中で、「ここ1～2週間が極めて重要な時期だ」とし、休校の狙いについて、「患者クラスターが次のクラスターを生み出すことを防止することが極めて重要だ」と説明した。この要請に法的な拘束力はなかったが、文科省は28日、都道府県教育委員会や知事に、一斉休校とするよう求める通知を出し、3月2日から全国の大部分の学校で実施に移された。

北海道の小中学校では2月27日に臨時休校が始まっており、全国的にも一部の大学付属の幼稚園、小中高校で1か月余りの休校を決めたところも出ていた。しかし、大多数の国民は、いきなり一斉休校を突きつけられ、案の定、「感染者数の少ない県では一斉休校にする必要はない」「突然、子どもの面倒をみろと言われても、仕事を休めない」といった批判が噴き出した。

北海道では同月28日、感染者が国内最多の64人（居住者）に上り、鈴木直道知事は「緊急事態宣言」を発表した。1月末からの「さっぽろ雪まつり」に約200万人の観光客らが訪れたことが感染拡大の要因とみられた。北海道を中心にＰＣＲ検査の需要が急増した。

「トップダウン」で混乱招く

安倍首相は2月29日、新型コロナウイルスに関して初めての記者会見に臨んだ。安倍は、「よく見えない、よく分からない敵との闘いは容易なものではない。政府の力だけでこの闘いに勝利を収めることはできない」と訴え、一斉休校の要請は「断腸の思い」と述べた。そのうえで、休職に伴う所得の減少に対する新しい助成金制度の創設、ＰＣＲ検査能力の増強や病床確保などを挙げるとともに、改正新型インフルエンザ等対策特別措置法の成立に向けて野党党首に会談を呼びかけた。

しかし、この首相のトップダウンによる一斉休校は、各方面に混乱と困惑をもたらした。萩生田文科相は、全国一斉の休校要請について難色を示し、安倍が文科省の藤原誠次官に打診したのは、表明当日の27日昼前だった。専門家会議にとっても「寝耳に水」で、尾身茂は後のインタビューで、「コロナは新型インフルとは違う。（中略）休校にしたら感染拡大が抑制されるというエビデンスはありませんでした。我々専門家は実は、この時期、学校休校の効果の有無について話し合っており、その結果、休校を勧めるつもりはまったくありませんでした」と述べている（牧原出・坂上博『きしむ政治と科学』）。

安倍は記者会見で、これまでのコロナ対応について反省すべき点を聞かれると、「政治は結果責任と申し上げてきた。その責任から逃れるつもりは毛頭ない。内閣総理大臣として国民の命と暮らしを守る。その大きな責任を先頭に立って果たしていく」と逆に決意を示した。

しかし、一斉休校に伴う学校現場の混乱は収まらなかった。文科省は3月24日、新学期からの再開指針を全国の教員委員会などに通知したが、感染拡大の恐れがあるとして指針の見直しが繰り返され、政府部内では一時、「9月入学」までが取りざたされた。文科省は5月1日、分散登校で段階的に再開するよう求め、全国の学校が全面的に再開されるのは6月下旬から7月初めのことで、一斉休校から4か月が経っていた。

改正特措法と水際対策

安倍は3月4日、各野党党首と会談し、新型インフルエンザ対策特別措置法の改正について協力を求めた。改正案は、12年に成立した特措法で感染防止の対象となっていない新型コロナウィルスを20年2月から最長2年間に限り、新たに追加するものだった。これにより、首相が緊急事態を宣言すれば、対象地域の都道府県知事は、必要に応じて、住民の外出自粛を要請し、学校や映画館、運動施設などを使用停止にできる。

厚労省は当初、新型コロナウイルス感染症は特措法の「新感染症」にはあてはまらないとして、適用を見送っていた。立民、国民両党は、同法を改正せずとも適用は可能と主張し、政府の「後手」を批判。感染者の急増を前に、特措法に基づく緊急事態宣言を求める世論が高まると、政府側も方針を変えた。改正特措法は3月13日、成立した。

政府は3月5日、感染が広がる中国、韓国からの日本人を含む入国者全員に対して、自宅や宿泊先などで14日間待機するよう要請することを決めた。さらに中韓両国に発給済みの査証（ビザ）の効力を停止する措置をとった。

出入国管理・難民認定法では、中韓両国の全地域を対象に入国拒否を行うことは難しかった。このため、日本の利益を害する恐れがある人の入国を拒否できるという同法の規定を活用して実施に踏み切った。これまで中国に対する日本の水際対策は、米国などに比べて明らかに甘かった。

日中間では、中国の習近平国家主席が4月に国賓として来日することが予定されていた。安倍は、習訪日を自らの対中外交の集大成と位置付けていた。このため、来日問題と水際対策強化の狭間《はざま》に立たされ、決断の遅れが指摘された。安倍は、習の来日延期の正式発表と入国制限の厳格化の同時決着を図るしかなかった。

五輪・パラリンピックの延期

トランプ米大統領は3月13日の記者会見で、米国内の感染の拡大を受け、国家非常事態を宣言した。トランプは、その前日、ホワイトハウスで記者団に、この年の夏に開催予定の東京五輪・パラリンピックについて、「無観客で実施するよりも、1年延期する方が良い選択肢だ」と発言した。安倍は翌日、トランプに電話を入れると、五輪延期を目指す考えを内密に伝え、協力を求めたという。さらに16日の主要7か国（G7）首脳とのテレビ会議のあと、安倍は官邸で記者団に、「人類がコロナに打ち勝つ証しとして、完全な形で実現することにG7の支持を得た」と述べた。安倍が長年培ってきた「外交力」が生かされた。

聖火リレーは3月12日、ギリシャのオリンピアで始まり、式典は異例の無観客で行われたが、13日には聖火リレーの中止が決まった。国際オリンピック委員会（IOC）は22日、夏の東京五輪延期の検討を始めると発表し、4週間以内に結論を得るとした。安倍は23日の参院予算委員会で、「五輪を現在、開けるかといったら、世界はそんな状態ではないと思う」との認識を示した。しかし、「五輪中止」だけは避けたかった。24日、安倍はIOCのトーマス・バッハ会長と電話会談し、この夏の五輪・パラリンピックを1年程度延期するよう提案。バッハはこれを受け入れ、21年夏までに東京大会を開催することで合意した。安倍による直談判だった。福島県で26日に始まる予定だった国内での聖火リレーの延期も決まった。

会談後、安倍は記者団に対し、「中止はないと確認した」と強調したうえで、延期は「世界のアスリートが最高のコンディションでプレーでき、観客にとって安全な大会とするため」だとし、延期を1年程度としたのは「現下の感染症の広がりの状況を見る中、年内は（収束は）難しいだろう」と考えてのことと説明した。大会組織委員会の森喜朗会長は、感染収束の見通しが立たないとして2年延期を主張していた。安倍が1年延期にこだわったのは、党総裁任期が切れる21年9月末を前に五輪成功を見届け、勇退の花道としたかったのではないかとの見方が残る。

20年3月30日に開かれたIOCの臨時理事会は、21年7月23日に開会式を行い、8月8日に閉幕する17日間の日程とすることを承認。パラリンピックは8月24日から9月5日まで実施することが決まった。これにより膨大な追加費用が発生することになった。[2]

小池都知事、「3密」アピール

3月23日、小池百合子東京都知事が記者会見で、「若年層のクラスターが発生し、無自覚の内にウイルスを拡散させる恐れがある」と指摘しつつ、「ロックダウンなどの強力な措置を取らざるを得ない可能性がある」と発言、多くの都民を動揺させた。さらに小池は、25日夜の緊急記者会見では、「オーバーシュート（爆発的な患者急増）の懸念が高まっている」とも述べて、週末は当面の間、「不要不急」の外出は控えるよう都民らに訴えた。

29日には、人気コメディアンの志村けん（70歳）が、新型コロナウイルス感染による肺炎のため死去した。茶の間に大きな衝撃を与え、ウイルスへの恐怖心を一気に高めた。小池は30日、夜間から早朝にかけて営業するナイトクラブなど、接客を伴う飲食店で感染事例が多発していることを挙げ、ナイトクラブやバー、カラオケ店などの利用を自粛するよう呼びかけた。

小池は、得意のパフォーマンス政治を演じ、「密閉」「密集」「密接」の3つの密は「NO！」と繰り返しアピール、「3密」は流行語になった。緊急事態宣言発出をめぐり国にプレッシャーをかけていた小池は、都として休業を要請し、これに応じた事業者には多額の協力金を支払う方針を示した。これは、休業措置には慎重だった首相官邸や、財政に余裕のない他の道府県を困惑させた。小池は7月に東京都知事選挙[3]を控えていた。自民党は都の新年度予算について、3年ぶりに賛成しており、知事選候補者の擁立も見送ることになった。

「アベノマスク」配布

政府の専門家会議は4月1日、東京、大阪、神奈川、愛知、兵庫の5都府県で感染者が増え、医療の提供体制は逼迫《ひっぱく》、医療崩壊の恐れがあると懸念を表明した。東京都は前日、1日あたり最多の78人の感染者を確認したと発表した。東京都台東区の総合病院では大規模な院内感染が発生し、高齢患者の命が次々と奪われていた。

安倍首相は同日、政府対策本部で、布マスクを全国5000万余りの全世帯に2枚ずつ配布することを明らかにした。政府は、20年3月以降、約2億8700万枚の布マスクを調達した。日本国内では1月半ば以降、マスクなどの感染防止グッズが飛ぶように売れ、品薄から価格は急騰し、やがて全国のドラッグストアの店頭からマスクが消えていった。

しかし、政府のマスクが各世帯に配布され始めたのは、東京を除き5月中旬以降となり、その頃には市中にマスクが出回りつつあった。配給のマスクは、サイズも小さ過ぎたうえ、配るタイミングも遅く一部に不良品が多数見つかった。このため、布マスクは「アベノマスク」と嘲笑される始末だった。

安倍は後に『回顧録』で、布マスクの配付によって、不足していたマスクが市中に流通し、価格も落ち着いたことを挙げ、「政策として全く間違っていなかった」と言っている。しかし、布マスクの調達・配送費用は約260億円。結局、大量に余り、約8200万枚が配られないまま、20年8月〜21年3月の保管費用が約6億円かかっていると、会計検査院が指摘した。

緊急事態宣言を発出

安倍首相は4月7日、東京、神奈川、埼玉、千葉、大阪、兵庫、福岡の7都府県を対象に、改正新型インフルエンザ対策特措法に基づき、緊急事態宣言を発令した。期間は同日から5月6日までの1か月間。首相は不要不急の外出の自粛を要請したうえで、この宣言は「海外のような都市封鎖（ロックダウン）ではない」と、冷静な対応を呼びかけた。

安倍は記者会見で、東京で感染者がこのまま増え続けると「1か月後には8万人を超える」、病床数が限界に近づき、医療現場も危機的状況にあることから「もはや時間の猶予はない」「国家的な危機」と強調した。また、外出自粛で人と人との接触機会を「最低7割、極力8割減らせば、2週間後に感染者の増加を減少に転じさせられる」とし、企業にテレワークの活用などで出勤者を最低7割減らすよう訴えた。さらに、状況が改善すれば、速やかに宣言を解除する考えも示した。

私権制限を伴う宣言発出をめぐっては、閣内で意見対立があり、経済の観点から麻生副総理・

財務相は否定的で、菅官房長官、杉田和博官房副長官らも慎重だった。これに対して、特措法担当の西村康稔経済再生相や、病床不足で医療提供体制が揺らぐことを恐れていた加藤勝信厚生労働相は、早期発令を求めていた（読売新聞東京本社調査研究本部編『報道記録 新型コロナウイルス感染症』）。

緊急事態宣言発出にあたり、尾身は6日、首相官邸で安倍と会い、「8割おじさん」と呼ばれた西浦博北海道大学教授の試算をもとに、安倍に対し「人と人との接触を8割削減しないと、短期間で感染を収束させることができないと思います」と伝えた。安倍は「8割はちょっときつい。どうにかならないか」と再考を迫り、尾身は折れて「最低7割、極力8割」という表現に落ち着いた（牧原出・坂上博『きしむ政治と科学』）。4月7日以来、尾身は請われて首相会見に同席するようになった。しかし、これは首相官邸の科学・医療にかかわる危機管理上の弱点をさらす一方、専門家会議がコロナ対策を仕切っている印象を与え、専門家会議への風当たりを強めることになった。

読売新聞が実施した4月の全国世論調査（11～12日）によると、緊急事態宣言の発令のタイミングについて、「遅すぎた」は81％に上った。内閣支持率は前回3月調査の48％から6ポイント下がって42％になり、不支持率47％（前回40％）と逆転した。

感染再拡大、第2波の到来

安倍首相は4月16日、7都府県に発令していた緊急事態宣言を、新たに北海道、愛知県など40道府県を加えて全国に拡大した。期間は5月6日まで。安倍は対策本部会議の席上、「ゴールデンウィークに向けて、不要不急の帰省や旅行など、都道府県をまたいで人が移動することを絶対に避けるよう住民に促してほしい」と語った。追加の40道府県のうち北海道、茨城、石川、岐阜、愛知、京都の6道府県を、すでに発令済みの7都府県と合わせて、感染拡大防止策を重点的に行う必要のある「特定警戒都道府県」と位置付けた。

30日になると、安倍は、記者団に連休明けの「7日からかつての日常に戻ることは困難」として、6日までの期限を延長する方針を示し、5月4日、全都道府県対象の緊急事態宣言を31日まで延長すると表明した。ところが、14日には、一転して39県で宣言を解除することを決めた。安倍は記者会見で、「感染拡大を予防しながら社会経済活動を本格的に回復させる『新たな日常』を作り上げる、極めて困難なチャレンジに踏み出す」と述べ、感染防止と経済の両立へと舵を切った。次いで21日、大阪、兵庫、京都の3府県で宣言を解除し、25日には5月末を待たず、緊急事態宣言の全面解除を宣言した。

安倍が解除を急いだのは、外出自粛の長期化による経済の悪化のほか、布マスクの配布や、外出自粛を呼びかける安倍のSNSへの動画投稿が不評なために、政権への不信感の増大を懸念したものとみられた。この動画は、歌手で俳優の星野源の楽曲に合わせて、安倍が自宅で愛犬を抱いたり、読書したりする様子が映されていた。世間に吹きまくるコロナの烈風が、安倍官邸には全く「どこ吹く風」のような動画だった。しかし、安倍は25日の記者会見で、「強制的な外出規制などを実施せず、わずかに1か月半で流行をほぼ収束させることができた。まさに日本モデルの力を示した」と、胸を張った。

しかし、緊急事態宣言が解除されて以降も、都内の感染者は増加傾向が続き、7月9日には、1日当たりの新規感染者数が224人と、緊急事態宣言中の206人(4月17日)を上回って過去最多を記録、第2波が到来した。東京都は7月15日、警戒レベルを最も深刻な「感染が拡大している」に引き上げた。都内の累計感染者数は22日、1万人を超えた。また、国内のコロナ感染による死者は、20日時点で、クルーズ船を含め計1001人となった。一方、世界の累計感染者数は、米ジョンズ・ホプキンス大の集計で1500万人を突破、死者は62万人に達した。

「1人10万円」ばらまき給付

1人当たり10万円の一律給付を柱とする20年度補正予算が4月30日、主要野党も賛成して成立した。補正予算は、コロナ拡大を受けた緊急経済対策を実行に移すもので、予算総額は25兆6914億円に上り、10万円給付に12兆8803億円を計上した。そのほか、減収となった中小企業などに最大200万円を支給する「持続化給付金」に2兆3176億円を充てるとともに、地方自治体向けに1兆円の臨時交付金、新型インフルエンザ治療薬「アビガン」を年度内に200万人分備蓄する費用を計上した。[4]

10万円の現金給付をめぐっては、与党内の意見が対立し混迷した。安倍は4月2日の衆院本会議で、「国民全員に一律に行うのではなく、困難な状況にある中小・小規模事業者や生活に困難をきたす恐れのある方々に必要な支援をできるだけ早く届けられるよう具体策の検討を急ぐ」と表明した。3日には、自民党の岸田政調会長と会談し、減収1世帯当たり30万円で調整することで一致した。給付額をめぐって、財務省は、リーマン・ショック後の定額給付金（国民1人当たり1万2000円）が「ばらまき」と批判された経緯もあり、当初、低所得世帯を対象に1世帯当たり10万円を提案していた。しかし、政府は7日の臨時閣議で、低所得や大幅減収の1世帯当たり30万円支給を盛り込んだ補正予算案を決めた。

ところが、公明党が強い不満を表明した。同党の山口代表は15日、首相官邸に乗り込み、安倍に対して世帯ごとではなく個人への「一律10万円」の給付を要求し、これをしないと「政治的に大変なことになる」と突き上げた（『回顧録』）。安倍はやむなく要求を受け入れ、30万円の給付案を取り下げ、所得制限は設けず、1人10万円給付に方針転換した。これにより、いったん閣議決定した予算案を組み替えるという異常な事態に追い込まれた。この「10万円」は文字通り、ポピュリズムの「人気取り政策」にほかならなかった。

「Go To トラベル」

政府は経済のテコ入れを図るため、観光需要喚起策の「Go To トラベル」事業を7月22日から開始すると発表した。国内の旅行代金総額の35％を国が補助し、土産物店や交通機関などで利用できる15％分のクーポンを配るという内容で、コロナで大打撃を受けていた観光・飲食業者らへの支援策だった。菅官房長官は同月11日、北海道千歳市での講演で、東京都の感染者数が3日連続で200人を超えたことについて、「圧倒的に『東京問題』といっても過言ではないほど、東京中心の問題になっている」と述べ、東京都のコロナ対応に強い不満を表明した。小池都知事は、これに不快感をあらわにし、感染対策とトラベル事業の「整合性をどう取っていくのか。冷房と暖房を両方かけるようなものだ」とやり返した。地方からは、「感染が急拡大している地域の人の観光を奨励すべきなのか」といった懸念の声も伝わってきた。

政府は16日、東京都の感染者の急増を受け、トラベル事業の「東京都発着」を補助対象から除外することを決めた。経済再開へと方針を転換する、菅官房長官肝いりの「Ｇｏ Ｔｏ トラベル」は、こうして出端をくじかれた。8月上旬開始予定だった事業を急遽前倒ししたり、東京都除外をいきなり発表したり、それに伴うキャンセル料の「補償は考えていない」から一転して「補償する」に変わるなど、政府の度重なる方針転換に、これでは「Ｇｏ Ｔｏ トラブル」だとからかわれる始末だった。

かすむアベノミクス

日本経済は、第2次安倍内閣が発足した12年12月から景気拡大が始まり、拡大局面が後退局面に転換する「景気の山」は18年10月（第4次安倍改造内閣発足時）だった。その結果、景気拡大期間は5年11か月（71か月）で、戦後最長の「いざなみ景気」（02年2月〜08年2月の73か月）に次ぐ戦後2番目の記録となった。

アベノミクスを俯瞰すると、日銀の大幅な金融緩和と政府の財政出動が景気回復を下支えし、12年には1ドル＝85円まで上昇した円相場は、15年に1ドル＝125円に下落。輸出企業を中心に業績が改善し、4％台だった完全失業率は2％台まで下がった。株価も上昇傾向が続き、日経平均株価は、企業業績の改善により、第2次内閣の発足時に比べて2倍以上になった。

ただ、消費税率引き上げ後の景気低迷により物価は上向かず、日銀は、国債の大量購入やマイナス金利政策の導入など、新たな緩和政策をとったが、物価上昇率2％の目標は達成できなかった。また、実質国内総生産（GDP）の成長率（年率換算）は平均1・1％で力強さを欠き、実質賃金はマイナス0・5％で、国民は成長を感じられず、いわば「実感なき長期景気拡大」だったのである。

安倍は「分配」にも目を配り、異例の「官製春闘」を始めたほか、「地方創生」「女性活躍」「一億総活躍」「働き方改革」「人づくり革命」など矢継ぎ早に政策スローガンを打ち出して、経済にテコ入れし、女性や高齢者を労働市場に呼び込み、有効求人倍率は全国で1倍を超えた。

しかし、コロナの猛威は、安倍が再生を進めてきた日本経済を著しく悪化させた。20年8月に発表された20年4〜6月期のGDPは、実質で前期比7・8％減、年率換算で27・8％減と、リーマン・ショック後の09年1～3月期（年率17・8％減）を超える戦後最悪の下落幅になった。

インバウンド（訪日客）に象徴される「観光立国」政策も、完膚なきまでの打撃を受けた。菅官房長官を旗振り役に、ビザ発給要件の緩和に取り組み、19年の訪日客は3188万人と、13年の3倍に達した。旅行消費額も19年は4・8兆円で、こちらも13年の3倍を超えた。しかし日本の主要産業に育った観光業も、コロナによって20年7月の訪日客は、わずか3800人にとどまるという異常事態に陥っていた。

財政再建もますます覚束なくなった。コロナに伴う経済対策で、20年度の一般会計の歳出は、第2次補正予算までに160兆円を超え、国債発行残高は約1097兆円に膨らんだ。政府が目標とする25年度の国と地方の基礎的財政収支の黒字化は困難になった。安倍政権は表看板の経済でも追い詰められていた。

注

1　PCRとは、ポリメラーゼ連鎖反応の略。PCR検査は、ポリメラーゼという酵素を用いて特定のウイルスなどの遺伝子の断片を速く大量に増幅させ、その遺伝子の有無を調べる。当時、その検査能力は1日約4000件であったのに対して、実際の検査件数は半数以下。検査機関の処理能力、保健所のマンパワーなど複雑な要因が絡んで、検査に「目詰まり」が起きていた。日本の検査体制は欧米各国に比べて見劣りし、韓国では自動車に乗ったまま検査を受けられる「ドライブスルー検査」が導入されていた。2009年の「新型インフルエンザ」流行後、PCR検査の体制の拡充を求めた有識者会議の提言が生かされていなかった。

2　1年後もコロナ禍は収まらなかった。菅義偉内閣の下、専門家有志が東京五輪を開催するなら「無観客が望ましい」との提言をまとめたが、政府や大会組織委員会は観客数を「上限1万人」と主張。最終的に異例の「無観客開催」となった。大会組織委員会の橋本聖子会長は、東京2020パラリンピック閉会式の挨拶で、「オリンピックとパラリンピックがあってよかった。私はその価値を信じます」と締めくくった。しかし、逆風を克服した東京五輪には、「汚職」という嘆かわしい続編があった。大会のスポンサー集めを担った広告最大手「電通」の元専務で、コンサルティング会社を営んでいた大会組織委員会元理事が22年8月、東京地検特捜部に受託収賄容疑で逮捕された。元理事は、紳士服大手など全5ルートで、スポンサー契約などで便宜を図った見返りに計1億9800万円の賄賂を受け取ったとされた。

3　2020年7月5日投開票された東京都知事選は、無所属で現職の小池百合子が約366万票を獲得して再選を果たした。立民、共産、社民3党が支援した元日弁連会長の宇都宮健児、れいわ新選組代表の山本太郎、日本維新の会推薦の前熊本県副知事の小野泰輔らを大差で破った。投票率は55・00％だった。自民党は自主投票という形で小池を側面支援し、公明党は小池を「実質支援」した。

4　新型インフルエンザ治療薬「アビガン」が新型コロナウイルスにも効くのではないかと効用が注目された。安倍首相は2020年5月4日の記者会見で、「3000例近い投与が行われ、臨床試験が進んでいる」などと述べて、コロナ治療薬として5月中の薬事承認を目指す考えを表明した。しかし、「アビガン」の治験は継続審議とされ、薬の有効性は結局、確認できなかった。安倍は『回顧録』で、「厚労省の局長は『アビガンを承認します』と話していました」と不満をぶちまけている。

第14章　安倍退陣・３１８８日

安倍首相、持病を理由に辞任

安倍首相は２０２０年８月28日、首相官邸で記者会見し、持病の潰瘍性大腸炎を理由に辞任する意向を明らかにした。安倍はその中で、８月上旬に潰瘍性大腸炎の症状が再発したとして、「病気と治療を抱え、体力が万全でないという苦痛の中、大切な政治判断を誤ること、結果を出せないことがあってはならない。国民の負託に自信を持って応えられる状態でなくなった以上、総理大臣の地位にあり続けるべきではないと判断した」と説明した。[1]

首相は17日、24日と２週連続、東京・信濃町の慶應義塾大学病院を訪れており、健康不安がささやかれていた。27日夜に二階幹事長ら自民党幹部によって開催される予定だった、連続在職日数の「史上最長をお祝いする会」も延期されていた。安倍は会見に先立ち、首相官邸で麻生副総理・財務相と会談したほか、自民党の二階幹事長、公明党の山口代表と相次いで会談し、辞意を伝えた。

安倍が第1次内閣の07年9月、首相を辞任したのも、潰瘍性大腸炎によるものだった。安倍は、「コロナ禍の中、職を辞することについて、国民に心よりおわび申し上げる」と陳謝した。首相の執務は、この年、1月26日から6月20日まで連続147日に及んだ。その割には、コロナ対策はつまずくばかりで、河井克行前法相と妻の案里参院議員の逮捕（20年6月）も加わって、読売新聞の全国世論調査の内閣支持率は、7月から3割台に落ち込んでいた。また、安倍を苦しめてきた「桜を見る会」については、5月に弁護士や法学者らが公職選挙法違反と政治資金規正法違反の疑いで、安倍と後援会幹部に対する告発状を東京地検に提出するなど、気がかりは去っていなかった。

ただ、安倍は記者会見前の自民党役員会では、「突然やめることは繰り返したくない」とも語っていた。今回は、コロナ感染者の状況や今後の政治日程を踏まえた、熟慮したうえでの辞任だとし、「政権を投げ出す」形になった07年の時とは違うことを理解してもらおうとしていた。

安倍は記者会見の質疑の中で、7年8か月を振り返り、20年続いたデフレにアベノミクスの「三本の矢」で挑んで、「400万人を超える雇用をつくり出すことができた」と強調した。また、11か国による環太平洋経済連携協定（TPP11）や日米貿易協定、日本と欧州連合（EU）間の経済連携協定（EPA）などを挙げ、「日本が中心になって自由で公正な経済圏をつくり出すことができた」と述べた。一方、外交・安全保障では、「集団的自衛権に係る平和安全法制」の制定により、日米同盟関係を強固なものとし、米国大統領の広島訪問も実現できたと述べた。その一方で、北朝鮮による日本人拉致問題、日露平和条約締結、そして憲法改正は、いずれも解決・実現に至らず、「痛恨の極み」だと語った。

首相の在職最長記録

安倍は19年11月、第1次内閣と合わせ、戦前の桂太郎元首相(2886日)を抜いて憲政史上最長の在職期間を達成した。連続在職期間は7年8か月で、20年8月に歴代最長の佐藤栄作の2798日を抜いた。安倍は今回の辞任にあたり、臨時代理を置かず、新総裁選出まで執務に当たり、安倍内閣は9月16日の臨時閣議で総辞職した。在職日数は12年12月の第2次内閣発足から連続して2822日、第1次内閣を含めた通算では3188日となった。

12年12月の第2次安倍内閣の発足から辞任表明後の20年9月まで、111回にわたる読売新聞による全国世論調査の安倍内閣の平均支持率は53%。1978年の調査開始以降では、細川内閣(67%)、小泉内閣(56%)に次いで3番目の高さだった。2006~07年の第1次内閣の平均は47%。安倍は、その意味で国民から広く支持された首相だったが、小泉のような熱狂的な支持はなかった。安倍の辞任表明後の20年9月調査では、内閣支持率は52%にアップした。第2次内閣以降の7年8か月の実績を聞くと、「評価する」と答えた人は「大いに」19%、「多少は」55%を合わせて74%。第1次政権の時と比べると、ある程度用意された退陣劇であり、コロナ禍の中で持病が再発したことへの同情論と、「お疲れさま」というねぎらいの気持ちがあったものとみられる。

また、後年の『回顧録』で、安倍は自民党総裁4選については、「病気が悪化していなくても、4選に挑戦することはありませんでした。二階俊博幹事長からは強く薦められましたが、ものには潮時があるでしょう」と語っていた。

長期政権を生んだもの

では、日本の憲政史に名を残す安倍長期政権を生み、支えたものは、一体、何だったのだろうか。

その第一は、安倍が国政選挙に大勝し続けたことだろう。

第1次政権時の参院選で惨敗し退陣したトラウマと、頻繁な政権交代を繰り返さないという信念から、安倍は第2次政権では、「選挙第一主義」のもと、「絶対に負けないこと」を最優先に戦略を練り上げ、選挙戦に臨んだ。安倍は、選挙での勝利こそ、政権への信任の何よりの証しと考え、国会での与党の安定多数をもたらす衆参両院選挙の大勝を重視。在任中、衆参同日選の機を一度ならずうかがった。「数の力」さえあれば、政府提出法案に野党がいくら抵抗しようと成立させられるというのが、国会のリアリズム。安倍が13年参院選で「衆参ねじれ」を解消すると、衆院選でも圧勝し、国会運営を盤石のものにしたのは、その最たる例で、これにより安全保障関連法など与野党対決型の重要法案を成立に導くことができた。

総裁として公認権を一手に握り、選挙に連勝したことは、子飼いの新人議員（安倍チルドレン）を量産し、党に巨額の政党交付金をもたらし、安倍の党内求心力を高めた。それは、党内外の「抵抗勢力」を黙らせ、不満分子の反抗の芽をつみ、総裁3選と首相官邸優位の政局運営を可能にした。

第二は、野党各党の非力である。鳩山由紀夫、菅直人、野田佳彦の民主党政権は、統治能力の未熟さを露呈し、失政続きで有権者から手厳しい不信任を突きつけられた。あげく、最後は党内抗争で自滅し、12年衆院選に惨敗、自民党はまるで「棚ぼた」式に政権復帰した。野党はその後、13年参院選で与党に「ねじれ」解消を許し、これ以降の国政選挙でも、国民の支持を回復できないまま、苦杯をなめ続けた。その間、野党第1党の民主党は、維新の党とともに民進党を旗揚げしたが、17年の衆院選を前に、希望の党、立憲民主党、無所属と3分裂した。安倍政権下、民主―民進―立憲民主党と代わった野党第1党は、「自社55年体制」下の社会党にも似て、「抵抗政党」を以て自足し、政権に肉薄することもなく、安倍の「一強」体制の脇役で終わった。

第三に、自民、公明両党の安定した「連立政権」の力もあった。自公両党は、そもそも、支持母体の創価学会の集票力をバックに、公明党がその組織票を小選挙区で自民党に提供するかわりに、自民党が比例票を公明に振り分けることを基本に、連立を維持してきた。安倍政権下ではそうした選挙協力関係は成熟し、とくに1小選挙区に1万～2万票をもつとされる公明党の力で、当落のボーダーライン上の自民党議員が多数救われた。

自公連立政権で、自民党は、組閣の際に公明党に1閣僚ポストを配分するだけでよく、政策や国会運営でも、自公2党間だけの調整ですんだ。両党間で隔たりのあった安保関連法でも与党協議を何回も重ねて決着させた。これらは、自民党単独政権下の事前審査制のシステムに類似し、これにより、連立与党は法案の国会審議前に法成立に道筋をつけることができた。その一方で自民党は、消費税の軽減税率の導入や、コロナ禍での国民1人当たり10万円給付の「ばらまき政策」などでは公明党の主張をそのまま受け入れた。

躍動的な戦略外交

このほか、安倍官邸主導の政策運営や躍動的な戦略外交の成功も、政権の安定をもたらした。「お友だち内閣」と揶揄され、不手際続きで行き詰まった第1次政権の挫折を教訓に、安倍は、ロマンチックな「美しい国」づくりを脇に置き、政権の最優先課題に「経済再生」を置いた。とくに第2次政権の初めから終わりまで、菅義偉官房長官、杉田和博官房副長官、今井尚哉首相秘書官らの側近を重用し、盟友的存在になった麻生太郎副総理・財務相の協力を得て、官邸が動かす政治を作り上げた。官邸の中枢は、霞が関の各省庁幹部に強面《こわもて》で臨み、新設の内閣人事局を使い、各省既定の人事を排して官僚群をコントロールした。また首相官邸スタッフの安倍に対する忠誠心やチームワークの良さも、安倍の政治運営を助けた。安倍は、独自のブレーンらの知恵を借り、「アベノミクス」という巧みなネーミングの経済政策で日本経済を上向かせる一方、政権の後半は、賃上げ、女性活躍、働き方改革など国民生活を重視する社民主義的な政策も進め、野党支持層も取り込んで高い内閣支持率を維持した。

安倍は、「地球儀を俯瞰する外交」を看板に、第1次政権では18（延べ20）か国・地域、第2次政権では80（延べ176）か国・地域に外遊を重ねた。これ自体、歴代首相に類例がなく、政権の長期化によって、国際社会やサミットなどの国際会議で、日本の存在感を高めた。

安倍は、解釈改憲を断行して、限定的集団的自衛権を認めた安保関連法を成立させ、日米同盟関係を強化するとともに、安保環境の悪化に伴う多くの国民の不安感を軽減した。また、オバマ大統領が被爆地・ヒロシマを訪問したことは、日米関係史に深く刻まれた。中国が日本や東南アジアに軍事的、経済的な圧力を増す中、安倍は「自由で開かれたインド太平洋戦略」（FOIP）のビジョンを提唱、日本発の戦略外交として国際的にも注目され、米国もこれに賛同した。TPP11や日米貿易協定、日欧EPAなど自由貿易のための経済外交でも成果をあげ、きしみがちな中国との関係では「戦略的互恵関係」を確立して安定軌道に乗せた。

また、トランプ、プーチン、習近平という米・露・中の大国首脳らを相手にした安倍の精力的な外交パフォーマンスは、「失われた30年」により経済力で自信喪失気味の日本人を励ます一面ももっていた。

安倍首相の「右派」の顔

安倍の祖父・岸信介を源流とする「清和会」は、00年以降、森喜朗から安倍まで4人の首相を輩出した。それまで優位にあった「経世会」や「宏池会」の保守本流派閥が分裂などによって地盤沈下する一方、中国の台頭など国際情勢の変化が、タカ派色の強い清和会政権を浮上させた。中でも安倍の保守主義は、「憲法を前提とし、経済発展を通じた富の再分配による平等の実現を目指し、キャッチ・オールを掲げた包括的な保守」の保守本流とは大きく異なり、「憲法改正を強く求め、左派やリベラル派に対する敵愾心《てきがいしん》を隠さない、より対立的な保守」だった（宇野重規『日本の保守とリベラル』）。

安倍は清和会の寵児《ちょうじ》として、党内全体のイデオロギー上の位置が右寄りにシフトする中、これに最も適合するリーダーとして登場する幸運を得た。そして総裁選に3回勝利し、長期政権によって、安倍派を、かつての経世会のような資金力豊富な大派閥に成長させた。そして、バランス感覚に富む谷垣禎一、政治経験豊富な二階俊博をそれぞれ幹事長に充てて党内運営を任せ、党総裁の座を脅かす政治的ライバルは石破茂だけに抑え込んで、党内でも「安倍一強」支配を築いた。

安倍は在任中、右派の議員や論客を応援団とし、国連決議に違反して核・ミサイル開発を続ける北朝鮮を非難し、これを「国難」と呼号した。その強硬姿勢は、右派的な支持層から歓迎された。だが、在任中の靖国神社への参拝は、1回だけにとどめ、戦後70年談話、天皇退位などをめぐっては、右派的な主張に与《くみ》せず、現実的な対応をした。第1次政権で「戦後レジームからの脱却」を唱え、「右派ナショナリスト」のイメージすら与えていた安倍は、第2次政権以降、実利的な選択をする現実主義者の顔に変わっていた。

「三兎」を追った安倍政治

安倍は国政選挙で大勝したが、いずれも投票率は低く、小選挙区の得票率に比べて過大な議席を与える衆院選挙制度の「恩恵」も受けていた。衆院解散劇でみせた安倍の「大義」は、牽強《けんきょう》付会《ふかい》といった批判も生み、劇作家の山崎正和は、「第2次政権の安倍首相は、きわめて芸術的なポリティシャン（政治屋）」と評していた。[2]

安倍が憲法改正論議を引っ張り続けた功績は大きく、最後は本丸の第9条改正に斬り込んだ。しかし、自衛隊違憲論の解消を理由とするだけでは、国民の理解は広がらなかった。改正教育基本法、国民投票法、安保関連法などでは協力した公明党も、憲法改正となると、終始慎重で、とくに安倍が「加憲」という公明党の主張を念頭に作り上げた9条改正案にも、公明党は乗ってこなかった。また、北方領土問題では、専制主義国家トップの決断を頼りに、安倍はプーチン露大統領と27回も会談を重ねた。「新アプローチ」と称して経済協力プランを提示し、プーチンの歓心を買い、二の矢で、日本政府が基本としてきた「4島返還」から「2島返還」に大きく舵を切った。しかし、老獪《ろうかい》なプーチンは、2島にも難癖を付け、交渉は進展せず、安倍が使った切り札は禍根を残しかねなかった。

安倍は、宿願とした憲法改正と北方領土返還では、現実主義的立場から「結果」を出そうとしていた。いずれもトップダウンで実現可能性のある提案を示し、政治家として後世に「政治遺産」を残そうとしたようにみえるが、安倍の「リアリズムの政治」は頓挫した。また、拉致問題も全く進展せず、トランプの北朝鮮訪問の機会をとらえて日朝首脳会談を模索したが、「トランプ頼み」も実を結ばなかった。よく「一内閣一仕事」と言う。安倍は、自らの内閣で二兎ならぬ「三兎」を追い求めたが、これこそ至難の業で、結果的に「一兎」も得られなかった。

第2次安倍政権は、その半ばから下り坂に入り、17年からは、森友学園、加計学園、19年には桜を見る会のスキャンダルなどが続発した。権勢は長くは続かないという「権不（腐）十年」の兆候といえたが、それらに共通の病根は、安倍の「身びいき」だった。これは第1次内閣でもみられた現象だが、とくに安倍が身内への攻撃に身構え、過敏に反応したことが、その傷口を広げ、虚偽答弁の愚を犯すことにつながった。

安倍はまた、政治を「友か敵か」の「友・敵」関係でとらえる志向があり、選挙や国会論戦で、野党第1党に対し、容赦のない批判を行う一方、霞が関では中心官庁・財務省を「敵」とみなして対峙した。また、この手法は、新聞・テレビにも向かい、好意的なメディアには多数登場し、批判的なメディアは遠ざけた。これは社会や世論の分断につながり、世の中に「安倍好き」「安倍嫌い」の両極を生む一因になった。

安倍政権では、尖閣諸島、竹島、米軍の普天間基地問題などの難題も解決に向かわなかった。

さらに、皇位の安定的継承、少子化・人口減社会・移民問題、大地震・災害対策、地球環境・気候変動・エネルギー問題など、国民の将来不安をかき立てる諸問題への取り組みも十分でなかった。これらは全てポスト安倍政権に委ねられたのだった。

注

1 安倍首相の会見の冒頭発言後半の要旨は次の通り。

13年前、持病の潰瘍性大腸炎が悪化し、わずか1年で突然、総理の職を辞することになり、国民に大変な迷惑をおかけした。その後、新しい薬が効いて体調が万全となり、国民から支持をいただき、再び総理大臣の重責を担うこととなった。この8年近く、持病をコントロールしながら、何ら支障なく総理大臣の仕事に毎日、全力投球することができた。しかし、本年6月の定期検診で再発の兆候がみられると指摘を受けた。薬を使いながら全力で職務にあたってきたが、先月（7月）中頃から体調に異変が生じ、体力をかなり消耗する状況となった。8月上旬には潰瘍性大腸炎の再発が確認された。現在の薬に加え、新しい薬の投与を行い、今週初めの再検診で効果が確認されたものの、ある程度継続的な処方が必要で、予断を許さない。政治において最も重要なことは結果を出すことだ。政権発足以来、全身全霊を傾けてきた。病気と治療を抱え、体力が万全でないという苦痛の中、大切な政治判断を誤ること、結果を出せないことがあってはならない。国民の負託に自信を持って応えられる状態でなくなった以上、総理大臣の地位にあり続けるべきではないと判断した。総理大臣の職を辞することとする。コロナ対応に障害が生じることはできる限り避けなければならないと、この1か月程度、その一心だった。悩みに悩んだが、7月以降の感染拡大が減少傾向に転じたこと、冬に備えて実施すべき対応策をとりまとめることができたことから、新体制に移行するのであれば、このタイミングしかないと判断した。残された課題も残念ながら多々あるが、様々な課題に挑戦する中で実現できたこともある。全ては国政選挙のたびに力強い信任を与え、背中を押していただいた国民のおかげだ。そうした支援にもかかわらず、任期を1年残し、様々な政策が実現途上にある中、コロナ禍の中、職を辞することについて、国民に心よりおわび申し上げる。拉致問題をこの手で解決できなかったことは痛恨の極みだ。ロシアとの平和条約、また憲法改正、志半ばで職を去ることは断腸の思いだ。しかし、いずれも自民党として国民に約束した政策であり、新たな強力な体制の下、さらなる推進力を得て実現に向けて進んでいくものと確信している。

2　2017年10月の衆院選公示後の『朝日新聞』のインタビューで、山崎正和は、解散から公示までの動きについて、「どういう政策を実現するのかで政治家が奮い立つのではなく、政権を取ることが一番の関心事になっています」「今度の解散はひどい。安倍晋三首相が内閣改造をし、『仕事人内閣』と称したのにすぐ解散してしまうのですから、国民をバカにしていると言われても仕方ない」と苦言を呈した。とくに山崎は、「21世紀は政治が社会変化のテコにならず、政策のリアリティーがだんだんと消えています。ところが政治家は政治的日程で動き、とにかく選挙がやってくるから、実現が疑わしいとしても何らかのスローガンを立てざるをえない。すると、次第に国民のための政治ではなく、政治家のための政治になってくる。国民は『勝手にやってろ』と思うようになります」と指摘。そのうえで、「政策がフィクション（虚構）と化せば、人々の関心を引くためには、劇場政治にならざるをえない。劇作家の立場からは、劇場とはもう少し立派なものなんですが（笑）。その劇場の中で、比較的名優である安倍首相は、自民党のほとんどの競争相手を抑え込んできました。第2次政権の安倍首相は、きわめて芸術的なポリティシャン（政治屋）でした」と述べている（17年10月11日付『朝日新聞』朝刊）。

終章　安倍元首相の殺害事件

参院選応援演説で遭難

2020年9月の安倍首相退陣後の自民党の総裁選では、菅官房長官が岸田政調会長、石破元幹事長に圧勝して、首相の座に就いた。安倍は事実上、菅を推し、退陣直前の同月11日、敵基地攻撃能力の保有について、次期政権が年末までに結論を出すよう求める談話を発表するなど、政治の第一線から退く気配はなかった。[1] しかし菅首相は、東京五輪・パラリンピック開催を実現した後、新型コロナウイルス感染症対応への批判に加えて、人事刷新にも失敗し、わずか1年で退陣した。

「ポスト菅」の総裁の座は、21年9月末、岸田と河野太郎規制改革相、高市早苗前総務相、野田聖子幹事長代行で争われ、岸田が河野との決選投票の末、勝利した。これは、1回目の投票で高市に投票した議員の多くが岸田支持に回った結果だった。安倍は、この総裁選で「国家観を強く示した」として、無派閥の高市の全面支援に動き、猛烈な運動を展開。20人の推薦人確保もおぼつかなかった高市を、国会議員票では２位の１１４票にまで押し上げ、自らの影響力の大きさを誇示した。岸田は、10月４日、首相に指名されると、14日に衆院を解散、31日に投開票の結果、自民党は２６１議席と、公示前から議席を減らしたものの、絶対安定多数を単独で確保した。

21年11月、安倍は清和政策研究会（清和会）会長に就任し、93人を擁する安倍派を正式に発足させ、最大派閥の領袖になった。政府に注文をつける場面も増え、22年の政府「骨太の方針」をめぐり、アベノミクス継続のため積極的な財政出動を迫る一方、防衛費を５年以内に国内総生産（ＧＤＰ）比２％以上に増額する目標を明記するよう主張した。

22年の参院選では、各地から安倍の応援要請が相次いだ。投票日を２日後に控えた７月８日午前11時半頃、安倍は奈良市の近鉄大和西大寺《やまとさいだいじ》駅前で街頭演説中、背後から近づいた男に銃撃され、救急搬送された病院で、午後５時３分、亡くなった。67歳だった。安倍の葬儀は７月12日、東京都港区の増上寺で近親者らにより営まれた。棺を乗せた車列は、増上寺から、自民党本部、国会議事堂、首相官邸を回り、官邸玄関では岸田首相、松野博一官房長官らが出迎え、頭を下げ手を合わせた。

国葬めぐり賛否

22年９月27日、安倍の国葬（国葬儀）が、東京・日本武道館で挙行された。葬儀委員長の岸田首相ら三権の長、秋篠宮ご夫妻ら７人の皇族、海外要人を含む４１８３人が参列し、安倍元首相の冥福を祈った。首相経験者の国葬は、1967年の吉田茂以来、55年ぶりで、戦後2例目。海外からは米国のカマラ・ハリス副大統領をはじめ、インドのモディ首相、豪州のアンソニー・アルバニージー首相ら218の国・地域などから約700人が出席した。会場近くの九段坂公園に設けられた献花会場には、多くの人が詰めかけ、夕刻までに約2万3000人が献花した。

国葬については、政府が7月22日に実施を閣議決定した後から、野党や国民の間から反対の声が出て、世論の賛否は割れた。国葬には、自民、公明両党に加え、野党からは日本維新の会、国民民主党が出席する一方、立憲民主党は野田佳彦元首相ら一部を除いて欠席し、共産党など3党は党として欠席した。会場周辺では抗議の集会やデモが行われた。読売新聞の全国世論調査（10月1〜2日）によると、国葬実施が良かったと「思う」人は41%、「思わない」人は54%だった。

国葬は、戦前、首相経験者では伊藤博文、山県有朋らが対象になったが、戦後では吉田茂だけだった。岸田は、安倍が死去してから6日後、早々に実施を発表した。政府は、国葬を決めた理由として、「歴代最長の8年8か月にわたり首相の重責を担った」「東日本大震災からの復興、経済再生、日米関係を基軸とした戦略的外交の展開など、大きな実績を残した」「諸外国で国全体を巻き込んでの敬意と弔意が表明されている」「民主主義の根幹である選挙運動中の非業の死であり、暴力には屈しないという国の姿勢を示す必要がある」などを挙げた。野党は、国会に何の説明もせずに国葬を閣議決定した手続きも問題にした。

これに対して岸田は、首相経験者の国葬実施について、決定手続きなどのルールを策定する考えを表明。衆院議院運営委員会でも協議が進められたが、初めから結論が出るとは思えず、2023年7月、政府が国葬実施の前後に、国会に説明・報告することが必要との見解を表明するにとどまった。

旧統一教会問題

手製の銃を使って犯行に及んだ山上徹也容疑者（当時41歳）は、奈良県警の調べに対し、宗教団体「世界平和統一家庭連合」（旧統一教会）の名前を挙げ、「母親が信者で多額の寄付をして破産した。絶対成敗しないといけないと恨んでいた」と述べ、安倍が教会と「つながりがあると思って狙った」と供述した。逮捕直後、山上は、安倍の「政治信条について恨みはない」と述べており、事件は、安倍に直接向けられたテロというより、旧統一教会をめぐる問題に収斂されていった。そこでは、旧統一教会による霊感商法や、山上の家族を経済的苦境に追い込んだとされる信者への高額献金要請のほか、自民党と旧統一教会との関係などが問われた。旧統一教会の実態などが明らかになるにつれ、世間には山上に対する同情論も現れた。

自民党が党所属の国会議員と旧統一教会及び関連団体との「接点」を調べたところ、国会議員379人中179人に接点が確認された。それによると、第1次安倍内閣で首相の政務秘書官を務めていた井上義行参院議員ら2人は、選挙の組織的支援・動員を受け入れ、安倍の実弟の岸信夫首相補佐官、安倍側近の萩生田光一政調会長ら17人は選挙ボランティア支援を受けていた。井上は再選を果たした22年7月参院選の公示直前に旧統一教会の「賛同会員」になっており、萩生田は参院選公示前に、立候補予定者だった生稲《いくいな》晃子（当選し参院議員）と一緒に旧統一教会の関連施設を訪ねていた。このほか、関連団体などからの寄付やパーティー券収入があったのは29人、旧統一教会主催の会合には10人が出席し、関連団体の会合での講演は20人、あいさつをしていたのは96人に上っていた。

安倍も21年9月、教団関連団体のイベントにビデオメッセージを送り、前清和会会長で衆院議長の細田博之は、旧統一教会の関連団体の会合に計8回出席していた。また、旧統一教会との関係が次々と発覚しながら、はぐらかす答弁を繰り返した山際大志郎経済再生相は22年10月、辞任に追い込まれた。

旧統一教会は1954年、文鮮明《ムンソンミョン》によって韓国で設立され、日本では「世界基督教統一神霊協会」（統一教会）の名称で64年、宗教法人の認証を受けた。教団は68年、反共産主義を掲げて政治団体「国際勝共連合」を日韓両国に創設し、日本の初代会長には、統一教会会長だった久保木修己が就任。名誉会長には右翼の大立者として知られた元日本船舶振興会会長の笹川良一が就き、顧問団には自民党の政治家が名を連ねた。笹川はかねて交際のある岸信介とともに、67年、文鮮明と会合を持っていた（櫻井義秀『統一教会』）。その後、教団は92年、日本の有名歌手や元新体操選手らが合同結婚式に参加したことで、世間の注目を集めた。

安倍殺害事件の後、2023年10月、文科省は旧統一教会の解散命令請求を東京地裁に申し立て、同年12月、国会で被害者救済法が成立した。殺人罪などで起訴された山上被告の奈良地裁での裁判の行方とともに、事件はずっと尾を引くことになった。一方、23年4月には、岸田首相が和歌山市内で街頭演説をする直前、手製の爆弾が投げ込まれる事件が起きた。岸田にケガはなかったが、誰もが、安倍殺害事件を想起した。襲撃犯の男は殺人未遂などで起訴された。

政治資金パーティー裏金事件

自民党の最大派閥である清和会（安倍派）は、安倍の死後、後継会長を決められなかった。そこへ23年12月、自民党内で政治資金パーティー収入をめぐる「裏金」疑惑が発覚し、旧政権派閥の安倍派を直撃。所属議員にパーティー券のノルマを課し、それを超えて販売した分を所属議員に還流（キックバック）していたが、それを政治資金収支報告書に記載していなかった。この不正行為は、二階派、岸田派などでも行われていたが、安倍派は最も規模が大きく、その額は22年までの5年間で計6億7500万円に上っていた。

東京地検特捜部は24年1月、安倍派の衆院議員1人とその政策秘書を政治資金規正法違反で逮捕したほか、安倍、二階、岸田3派の会計責任者ら計8人（うち国会議員2人）を在宅・略式起訴した。また、同法違反容疑で告発されていた塩谷立《しおのやりゅう》元文科相、下村博文元文科相、さらに「5人衆」と呼ばれていた松野博一前官房長官、西村康稔前経産相、高木毅前国会対策委員長、世耕弘成前参院幹事長、萩生田前政調会長の同派幹部計7人と、元会長の森喜朗元首相を不起訴

（嫌疑なし）とした。真相究明の舞台は国会に移り、3月1日には安倍派で座長を務めた塩谷、事務総長を務めた松野と西村と高木、18日には下村が衆院政治倫理審査会に出席。参院でも14日、世耕、橋本聖子前参院議員会長、西田昌司元参院国対委員長代行が政倫審に出席した。しかし、還流が始まった経緯や、安倍元首相が22年4月の幹部会合で還流中止を指示したにもかかわらず、安倍の死去後、還流が継続した理由などは判明しなかった。元会長で影響力を保持していた森の関与について、同派幹部はそろって否定した。

自民党は、4月4日の党紀委員会で、安倍、二階両派の所属議員ら計39人の処分を決めた。塩谷と世耕の2人は「離党勧告」、下村、西村、高木はそれより軽い「党員資格停止」処分を受けた。松野、萩生田は、党の役職停止1年。この安倍派における裏金問題の顚末《てんまつ》は、最大派閥を率いることのできる人物の払底《ふってい》を強く印象づけた。

安倍の「未完成交響曲」

安倍晋三は、平成最後の首相を務め、政権の末期、「令和」時代の幕をあけた。1989（平成元）年から2019（平成31、令和元）年までの30年の間、竹下登から安倍晋三まで17人の首相が登場した。この間、小泉内閣を除き、頻繁に政権交代が繰り返される中、安倍の第2次政権は、12（平成24）年12月から20（令和2）年9月まで7年8か月余りも持ちこたえ、日本政治に「安定」をもたらした。しかし、安倍が首相の座をおり、不幸にも殺害されたあと、古巣の安倍派を中心に発覚した「政治と宗教」「政治とカネ」の問題は、国民の間に根深い政治不信を招き、安倍が築き上げた自民党の一党優位体制は揺らぎ、再び、不安定な政治状況を招くことになった。[2]

安倍自身は、『回顧録』で、桂太郎を抜いて最長の在任記録を達成したことについて、桂は「日露戦争に勝った時の首相ですが、世の中ではあまり知られていなかった」としたうえで、自分の在職日数が取りざたされて桂に注目が集まった面があることから、「私も、いつか在任日数を抜かれ、『安倍を抜いて1位に』と報道される時に、『安倍って誰?』と言われるのかなと考えていた程度です」と、冷めた答えをしていた。[3]

安倍は、戦後体制を見直し、戦後外交を総決算するとしたが、「戦後」を超えることはできなかった。岸研究の第一人者である政治学者の原彬久《よしひさ》は、第1次安倍政権の発足時、「岸信介と安倍晋三」と題した論考の中で、「岸における『独立国家体制』という名の『未完成交響曲』を完成にもっていこうという安倍新首相の意気込みもまた見えてくる」と述べている(『世界』06年11月号)。原によれば、岸は日米不平等の旧安保条約に着目し、「独立の完成」を掲げ、安保条約を改定したが、これが「日米対等の相互防衛条約にならなかったのは、憲法が邪魔した」ためと考え、その後、憲法改正にますます執念を燃やしたという。

安倍は憲法解釈を変え、集団的自衛権の限定的行使を容認し、祖父・岸と同じく憲法改正を目指した。しかし、突如、政治的生涯を閉ざされ、宿願の憲法改正はついに未完成に終わった。「棺を蓋《おお》いて事定まる」というが、非業の死を遂げた宰相の真価を見定めるには、なお相当の年月を要するようである。

注

1　２０２２年12月16日、岸田内閣は、今後10年程度の外交・防衛政策の指針となる「国家安全保障戦略」「国家防衛戦略」「防衛力整備計画」の３文書を閣議決定した。国家安保戦略では、中国や北朝鮮などが迎撃困難なミサイルの技術や能力を向上させていることを踏まえ、「我が国へのミサイル攻撃が現実の脅威になっている」とし、「反撃能力を保有する必要がある」と結論づけ、戦後の安保政策を転換した。防衛力整備計画では、防衛費は23年度から５年間で43兆円程度とし、27年度に現在の国内総生産（ＧＤＰ）比２％とするとした。

2　「裏金」（政治資金収支報告書への不記載）事件のツケは大きく、２０２４年10月の衆院選で自民、公明の与党は惨敗を喫した。自公与党の過半数割れは、民主党に政権を奪われた09年衆院選以来15年ぶり。「敗軍の将」は安倍の政敵でもあった石破茂首相だった。石破は、支持率の低迷にあえいで退陣した岸田文雄前首相の後継を選ぶ自民党総裁選で、安倍直系の高市早苗経済安全保障相を決選投票で破って逆転勝利し、総理総裁の座をつかんだ。しかし、石破新内閣の布陣は刷新感に乏しく、石破は前言を翻して国会論戦を避け、衆院解散に走り、「裏金」に関与した議員の公認問題で混乱した。安倍の殺害事件を機に浮上し、岸田退陣の一因にもなった世界平和統一家庭連合（旧統一教会）の問題も、根深い自民不信を招いていた。選挙の結果、最盛期は１００人に達した旧安倍派の当選者はわずか22人にとどまった。他方、12年衆院選で敗れ、安倍に政権を奪われた野田佳彦は、衆院選前に立憲民主党の代表に返り咲き、「政権交代こそが最大の政治改革」と訴えたが、政権を倒す力はもたなかった。

3　桂太郎（１８４８～１９１３年）は、長州藩士として戊辰戦争に従軍後、ドイツに留学、帰国後陸軍に入り、軍制改革にあたった。山県有朋の庇護の下、陸軍次官、陸相などを歴任して政治力を蓄え、1901年に最初の内閣を発足させた。山県の関与もあり「小山県内閣」と言われたが、その後、原敬と通謀して、政友会の西園寺公望と交互に政権を担当する「桂園時代」を築き、当初は誰も予想しなかった長期政権の記録をつくった。「ニコポン」のあだ名から、業績は軽く見られがちだが、在職中は日英同盟を締結し、日露戦争に勝利。その後も、帝国主義外交を推進。韓国併合の功により公爵になると、得意の絶頂になって、明治天皇までが「近頃、桂は大天狗になった」と評したという。最後は、政党嫌いを捨てて、自ら新党を旗揚げするが、憲政擁護運動によって13年、内閣総辞職（大正政変）に追い込まれた。桂は退陣後も捲土重来《けんどちょうらい》を期し、「もう一度政権を取りたい」としていたが、病床に臥し死去した。桂の側近たちは国葬を望んだが、原敬内相や山本権兵衛首相は、これまで薩摩・長州の旧藩主や皇族のほかで国葬とされたのは三条実美《さねとみ》、岩倉具視、伊藤博文だけであり、桂の葬儀を国葬とするのは不適当と判断した（千葉功『桂太郎』）。

あとがき

政権はすべて時代の産物である。平成期最後の安倍政権も、例外でなかった。この政権では、自民、公明の与党が２０１２年末以降の国政選挙で圧倒的に勝ち続け、「安倍一強」体制をつくりあげた。この間、自民党議員らは与党政権を謳歌するばかり、野党側も安倍政権への批判で事足れりとし、本格的な政権交代の機運は遠のいた。その分、政治史で最も面白いはずの、政治家たちの「天下盗り」をめぐる剝き出しの権力闘争は姿を消し、与野党双方が罵倒し合う殺伐たる国会がそれにとって代わった。

安倍晋三氏は３０００日を超えて政権の座にあった。この歴史に残る離れ業こそ、安倍氏が後世に残した最大の政治遺産である。この史上最長政権を生んだ安倍氏の熱意と努力、とりわけその政治技術は、安倍政権の実績に対する評価とは別に、これからの与野党の政治家たちが学ぶべきことである。

思えば安倍政権では、党内操縦も国会運営も、数の多さによって相手を圧倒する「数の力」が物を言っていた。その手本は、田中角栄氏に始まり、竹下登、金丸信の両氏が権勢を誇ったいわゆる「経世会支配」の派閥政治である。また、「一億総活躍社会」などあの手この手のキャッチフレーズの政治は、安倍氏が仕えた小泉純一郎氏の政治手法の影響を受けている。さらに、政権の保持に努めた「官邸官僚」たちは、橋本行政改革以来、とくに小泉内閣で深化を遂げた官邸主導政治の延長線上にあった。「数の力」で自民党内や野党を抑え込み、劇場型ポリティックスで大衆の心をつかみ、官邸官僚によって霞が関官僚ににらみをきかせた安倍政治には、昭和から平成時代にかけて蓄積された自民党の政治運営のノウハウが凝縮されていた。

しかし、この長期政権も「絶対的権力は絶対に腐敗する」という警句からは逃れられなかった。森友・加計学園問題、桜を見る会の醜聞に続き、退陣後に発覚した政治資金パーティーをめぐる「裏金」事件は、お膝元の旧安倍派を中心に党全体に広がっていた。度重なる政治腐敗事件への反省から、政党助成金制度を導入した「政治とカネ」の改革はここに裏切られた。この事件と同様、安倍氏の退陣後に発覚した世界平和統一家庭連合（旧統一教会）をめぐる問題のツケも重く、自民、公明の両党は24年の衆院選で惨敗、少数与党に転落した。大派閥だった旧安倍派は凋落し、自民一強の「安倍時代」に幕が下ろされた。

安倍政権下の政界の有為転変、個々の政治家や派閥の栄枯盛衰を目の当たりにすると、800年前の名作『方丈記』（鴨長明作）冒頭の一節、〈ゆく河の流れは絶えずして、しかももとの水にあらず〉が頭をよぎる。しかし、あらゆるものは変化を遂げ、新しいものが生まれてくるのが世の常とすれば、日本政治にもそれを期待するほかない。

『安倍晋三 回顧録』の中で、安倍氏はバルト三国のある大統領が「ロシアにウクライナを諦めろと言っても、到底無理だ。ウクライナは、ロシアの子宮みたいなものだ。クリミア半島を手始めに、これからどんどんウクライナの領土を侵食しようとするだろう」と語ったという印象的なエピソードを残している。24年秋も、ロシアはウクライナを侵攻し続け、中東・イスラエル周辺での戦闘は止まず、中国は台湾を包囲する形の大規模軍事演習を実施。北朝鮮は弾道ミサイル発射を繰り返し、ロシアとの軍事協力を強めた。さらに米大統領選ではアメリカ第一主義のトランプ氏が衝撃的なカムバックを果たすなど、世界の動きは風雲急を告げている。

かつて米ソ冷戦終結という歴史的転換期に、日本は政治改革に熱をあげ過ぎ、湾岸戦争での日本の対応は諸外国から軽侮の対象になった。「世界の中の日本」の視点を忘れ、「カネ」さえ出しておけばという日本の国際貢献策が全く通用しなかったのである。あれから30有余年、世界各地で戦火は絶えず、我が国を取り巻く安全保障環境は悪化し、日本周辺にもきな臭さが漂う。これまでになく聡明な日本外交が待たれるゆえんだが、国家間の勢力バランスや世界の潮流を読み誤る時、国家の将来は危殆に瀕するということを、戦後80年の今、国家指導者は改めて肝に銘ずべきである。

本書『安倍内閣史』の執筆にあたっては、筆者の取材のほか、現代政治、外交、経済、政権の内幕ものなど数多の関連書籍、国会会議録、各省庁の公開資料・データなどを参照させていただいた。とりわけ、事実関係については、筆者が身を置く読売新聞社の政治・経済・国際・社会部記者らの報道記事によるところが数多くあり、同社の総合データベースなくして史録を書き上げることはできませんでした。紆余曲折を経て出版にこぎつけるまで、中央公論新社の中西恵子さん、杉山節夫さんにはひとかたならぬお世話になりました。ここにご協力を賜ったすべての皆様に心より感謝を申し上げ、筆をおきます。

浅海伸夫

資　料

安倍内閣史関連年表

※読売新聞をもとに作成

第1次安倍内閣

2006年（平成18）	9月20日	自民党総裁選で安倍晋三が麻生太郎、谷垣禎一を破り、第21代総裁に就任
	26日	安倍総裁が第90代首相に指名され、自公連立の第1次安倍内閣発足。戦後最年少、初の戦後生まれの首相。塩崎恭久官房長官、麻生外相、菅義偉総務相
	29日	安倍首相が衆参両院本会議で所信表明演説。「美しい国、日本」を強調
	10月8日	安倍首相が日本の首相として5年ぶりに中国を電撃訪問。胡錦濤国家主席と会談。「戦略的互恵関係」を提唱
	9日	安倍首相が北京からソウルを訪問。盧武鉉大統領と首脳会談
	9日	北朝鮮が核実験の実施を発表。安倍首相はブッシュ米大統領と電話会談し、国連安保理における北朝鮮制裁決議の採択で一致
	11日	日本政府が独自の北朝鮮への追加制裁措置を決定
	11月1日	政府が教育改革タウンミーティングでの「やらせ質問」を認める
	14日	政府が「国家安全保障会議」（日本版NSC）の創設に向け、有識者による「国家安全保障に関する官邸機能強化会議」設置を発表
	19日	沖縄県知事選で新人の前沖縄電力会長、仲井眞弘多が初当選
	27日	郵政民営化造反組の衆院議員のうち、堀内光雄、野田聖子、古屋圭司、武田良太、保利耕輔、森山裕ら11人の復党内定

	30日	麻生外相が講演で「自由と繁栄の弧」を提唱
	12月15日	改正教育基本法成立。「我が国と郷土を愛する」と明記
	15日	防衛庁の省昇格関連法が自民、民主、公明3党などの賛成で成立
	21日	政府税調の本間正明会長が国家公務員宿舎の使用をめぐり辞任
	27日	佐田玄一郎行革相が政治団体の不正経理で辞任、後任に渡辺喜美
2007年（平成19）	1月9日	防衛省が発足
	24日	教育再生会議が「ゆとり教育」見直しなどを含む第1次報告を安倍首相に提出
	26日	安倍首相が初の施政方針演説。「戦後レジームを大胆に見直す」と表明
	27日	柳澤伯夫厚労相が講演で、「女性は産む機械」と失言
	2月16日	社会保険庁改革関連法案の審議で、持ち主不明の年金記録が約5000万件に上ることが判明。「消えた年金」問題
	3月5日	安倍首相が参院予算委員会で、従軍慰安婦問題に関して「『慰安婦狩り』のような狭義の意味での強制性はなかった」と答弁。米メディアの批判高まる
	13日	安倍首相がハワード豪首相と「安全保障協力に関する日豪共同宣言」に署名
	27日	超党派の「自主憲法期成議員同盟」が「新憲法制定議員同盟」に改組
	4月11日	温家宝中国首相が来日。国会演説で「氷を融かす旅」と表明
	25日	首相の私的諮問機関「安全保障の法的基盤の再構築に関する懇談会」の設置を発表。集団的自衛権の行使をめぐる憲法解釈の見直しに着手
	4月26日	安倍首相が初の訪米に出発。27日にブッシュ米大統領と会談
	5月14日	国民投票法（日本国憲法の改正手続に関する法律）が成立

2007年

5月24日	安倍首相が地球温暖化に対する基本戦略「美しい星50」を公表
28日	事務所費疑惑の松岡利勝農相が自殺。後任に赤城徳彦
6月20日	教育改革関連3法が成立
30日	社会保険庁改革関連法、公務員制度改革関連法などが成立
30日	久間章生防衛相が長崎への原爆投下は「しょうがない」と発言。7月3日に辞任。後任に小池百合子
7月7日	赤城農相の政治団体が実家を「主たる事務所」として多額の経費を計上していたことが発覚
16日	新潟県中越沖地震。震度6強を記録
19日	麻生外相が「アルツハイマーでもこれくらいは分かる」と失言
29日	第21回参院選投開票。安倍自民党と小沢民主党との対決。自民は37議席と惨敗。民主が60議席で参院第1党に躍進し、参院は与野党逆転、「ねじれ国会」に。安倍首相は続投を表明
30日	米下院本会議が従軍慰安婦問題で日本政府に公式謝罪を求める決議を採択
8月1日	赤城農相を更迭
7日	第167回臨時国会召集。参院議長に民主党の江田五月
19日	安倍首相がインドネシア、インド、マレーシア歴訪に出発
22日	安倍首相がインド国会で「二つの海の交わり」と題して演説
27日	第1次安倍改造内閣発足。官房長官は与謝野馨。党三役は麻生幹事長、二階俊博総務会長、石原伸晃政調会長

	９月３日	遠藤武彦農相が補助金不正受給問題で辞任
	７日	安倍首相がＡＰＥＣ首脳会議出席のため、豪州訪問。８日に日米、日米豪首脳会談
	９日	安倍首相がシドニー市内での記者会見で、インド洋での海上自衛隊の給油活動が延長できない場合は、総辞職する可能性に言及
	10日	第１６８回臨時国会召集。安倍首相が所信表明演説。演説の一部を読み飛ばす
	12日	安倍首相が首相官邸で記者会見し、辞任の意向を表明
	13日	安倍首相が慶應義塾大学病院に入院。24日、同病院での記者会見で、退陣の理由は「体調の悪化だった」と説明
	25日	安倍内閣総辞職

福田・麻生内閣

２００７年	９月23日	自民党総裁選で福田康夫が麻生太郎に大差をつけて勝利
	26日	自公連立の福田内閣発足。「背水の陣内閣」と命名
	11月２日	福田首相が小沢民主党代表と党首会談。自民・民主大連立で合意できず
２００８年（平成20）	１月11日	新テロ対策特措法が57年ぶりの衆院再可決で成立。インド洋での海自の給油活動再開
	３月19日	日銀総裁人事案が参院で否決。総裁空席は戦後初
	４月１日	ガソリン税の暫定税率失効。30日、暫定税率を復活させる税制関連法が衆院で再可決・成立。みなし否決での再可決は56年ぶり
	５月６日	中国の胡錦濤国家主席が国賓として来日

2008年	7月7日	北海道洞爺湖サミット（主要8か国首脳会議）（〜9日）
	8月2日	福田改造内閣発足。自民党幹事長に麻生太郎
	9月1日	福田首相が辞意表明
	15日	米証券4位リーマン・ブラザーズが経営破綻
	22日	麻生太郎が自民党総裁選で与謝野馨、小池百合子、石原伸晃、石破茂に圧勝
	24日	自公連立の麻生内閣発足
	10月30日	麻生首相が記者会見で、想定されていた衆院解散の見送りを表明
	11月4日	米大統領選で、民主党のバラク・オバマが当選
2009年（平成21）	2月17日	中川昭一財務・金融担当相が主要7か国財務省・中央銀行総裁会議（G7）後の「もうろう会見」で辞任
	4月5日	北朝鮮が多段式の弾道ミサイル発射。5月25日に2度目の核実験
	7月12日	東京都議選で自民惨敗、21日に衆院解散
	8月8日	元自民党の渡辺喜美らが「みんなの党」結党
	30日	第45回衆院選投開票。民主が308議席を獲得し政権奪取。自民党は結党以来、初めて第2党に転落

鳩山・菅・野田内閣

2009年	9月16日	民主、社民、国民新3党連立の鳩山由紀夫内閣発足。非自民政権は細川政権以来16年ぶり。大型公共事業削減、事務次官会議廃止、事業仕分けを打ち出す
	11月13日	鳩山首相が、来日したオバマ米大統領に普天間問題で「トラスト・ミー」と発言

	12月15日	普天間問題で日米合意を見直し、移設先を改めて選定する方針を決定
	24日	鳩山首相の資金管理団体の擬装献金事件で、元公設秘書起訴
2010年（平成22）	1月15日	小沢民主党幹事長の資金管理団体「陸山会」の土地購入をめぐり、東京地検が小沢の元秘書・石川知裕衆院議員らを逮捕
	5月4日	鳩山首相が初の沖縄訪問で仲井眞知事と会談。普天間の県内移設を表明
	30日	社民党が連立政権離脱
	6月2日	鳩山首相が辞意表明。小沢幹事長ら執行部も総退陣
	4日	菅直人副総理・財務相が民主党代表選に勝利
	8日	民主、国民新連立の菅内閣発足
	7月11日	第22回参院選投開票。連立与党が大敗し、非改選を含め参院の過半数割れ。自民は51議席を得て改選第1党に。みんなの党は10議席と躍進
	9月7日	尖閣諸島沖で、違法操業の中国漁船が海上保安庁の巡視船に衝突。中国人船長を逮捕、25日に処分保留のまま釈放
2011年（平成23）	3月11日	三陸沖を震源とする国内観測史上最大（マグニチュード9・0）の巨大地震（東日本大震災）と大津波発生。東電福島第一原発の全電源機能喪失。死者・行方不明者は2万2000人超に達する
	6月2日	菅首相が民主党代議士会で退陣示唆。衆院で内閣不信任案否決
	30日	政府・与党が消費税率引き上げの「社会保障・税一体改革」案決定
	8月29日	野田佳彦財務相が民主党代表選に勝利
	9月2日	民主、国民新連立の野田内閣発足

2011年	11月11日	野田首相が環太平洋経済連携協定（ＴＰＰ）交渉に参加する方針を表明
2012年（平成24）	3月30日	消費税率引き上げ関連法案を閣議決定
	4月11日	金正恩が朝鮮労働党第1書記に就任
	19日	福島第一原発の1～4号機廃止。14年1月に5、6号機も廃止
	6月26日	消費税率引き上げを柱とする社会保障・税一体改革関連法案が民主、自民、公明3党などの賛成多数で衆院通過。民主党は小沢元代表のグループを中心に57人が反対、16人が欠席・棄権
	7月11日	小沢ら衆参両院議員49人が新党「国民の生活が第一」結成
	8月8日	民自公党首会談で一体改革関連法案の早期成立で合意。野田首相は衆院解散について「近いうちに国民の信を問う」と表明。同法は10日成立
	10日	李明博韓国大統領が竹島上陸を強行
	29日	生活など野党提出の首相問責決議が参院本会議で自民党などの賛成多数で可決
	9月11日	日本政府が尖閣諸島国有化
	26日	自民党総裁選で、安倍晋三が決選投票の末、石破茂を破って当選
	10月6日	米海兵隊の新型輸送機「オスプレイ」が沖縄・普天間飛行場に配備
	11月14日	野田首相が党首討論で16日に衆院解散を断行する意向を表明
	21日	自民党が「日本を、取り戻す。」と題する衆院選公約で、大胆な金融緩和、弾力的な経済運営、成長戦略の推進などを示す（12月26日にアベノミクス「三本の矢」として表明）
	12月16日	第46回衆院選投開票。自民が２９４議席、自公で定数の3分の2超の議席を得て政権奪還。民主は公示前の約４分の１の57議席に落ち込む惨敗

2012年	12月26日	安倍晋三が第96代首相に就任。自公連立の第2次安倍内閣発足。副総理・財務相・金融相に麻生太郎、官房長官に菅義偉、党幹事長に石破茂
2013年（平成25）	1月16日	アルジェリア東部でイスラム武装勢力がプラントメーカーの天然ガス関連施設を襲撃。日本人10人を含む約40人が死亡
	22日	政府と日銀が2％のインフレ（物価上昇率）目標を明記した共同声明を発表
	28日	安倍首相が所信表明演説で「地球儀を俯瞰する外交」を表明
	30日	東シナ海で海自護衛艦が中国海軍艦艇から火器管制レーダーを照射される
	2月8日	安保法制懇が論議を再開
	12日	安倍首相が経済3団体首脳に会い、従業員の賃上げに協力要請
	22日	安倍首相がホワイトハウスでオバマ米大統領と初の会談
	3月15日	安倍首相がTPP交渉への参加を正式表明
	20日	日銀総裁に黒田東彦アジア開発銀行総裁が就任
	22日	政府が米軍普天間飛行場の移設先の名護市辺野古沿岸部の埋め立て許可を沖縄県知事に申請
	4月4日	日銀が「量的・質的金融緩和」導入。2％のインフレ目標を2年程度で達成することを決定
	5日	日米両政府が嘉手納基地以南の米軍6施設・区域の返還計画で合意
	15日	安倍首相が『読売新聞』インタビューで、憲法第96条の改正に着手すると表明

2013年	4月19日	インターネットを使った選挙運動を解禁する改正公職選挙法成立
	28日	政府が「主権回復・国際社会復帰を記念する式典」を開催
	29日	安倍首相がクレムリンでプーチン露大統領と会談。北方領土交渉を再開
	7月21日	第23回参院選投開票。自民は65議席を獲得し、非改選含め自公が絶対安定多数を確保し「ねじれ国会」解消。民主の獲得17議席は結党以来最少
	8月8日	内閣法制局長官に小松一郎駐仏大使が就任
	9月5日	安倍首相がロシアでの主要20か国・地域首脳会議（G20サミット）出席
	7日	国際オリンピック委員会（IOC）総会で20年夏季五輪・パラリンピックの東京開催決定
	25日	安倍首相が米ハドソン研究所での講演で、集団的自衛権の憲法解釈見直しと「積極的平和主義」の考え方を打ち出す
	10月1日	政府が14年4月の消費税率8％への引き上げを閣議決定
	11月23日	中国国防省が尖閣諸島を含む東シナ海上空に防空識別圏を設定
	27日	国家安全保障会議設置法成立
	12月6日	特定秘密保護法成立
	17日	政府が「国家安全保障戦略」と「防衛計画の大綱」（防衛大綱）、「中期防衛力整備計画」（中期防）を閣議決定
	26日	安倍首相が靖国神社参拝。米政府は「失望」声明
	27日	仲井眞沖縄県知事が記者会見で、普天間移設先の辺野古沿岸部の埋め立てを正式に承認したと表明

2014年（平成26）	1月7日	日本版NSCの事務局「国家安全保障局」発足。初代局長に谷内正太郎
	2月7日	安倍首相がロシア・ソチでの冬季五輪開会式に出席
	9日	東京都知事選で舛添要一元厚労相が当選。出馬した細川元首相は小泉元首相とタッグを組み、選挙戦で「即原発ゼロ」を主張
	3月16日	拉致被害者の横田めぐみさんの両親がモンゴルで孫娘と面会して帰国
	18日	プーチン大統領がウクライナ南部クリミアのロシアへの編入を宣言
	25日	米の仲介によりオランダ・ハーグで日米韓首脳会談
	4月1日	消費税率が8％に。税率の引き上げは17年ぶり
	1日	政府が武器輸出三原則に代わり「防衛装備移転三原則」を閣議決定
	23日	オバマ米大統領が国賓として来日。オバマは24日の共同記者会見で、尖閣諸島が日米安保条約の適用対象である旨明言
	5月15日	安保法制懇が憲法解釈を見直すことにより、集団的自衛権の限定的行使を容認すべきだとする報告書を安倍首相に提出
	20日	集団的自衛権行使などをめぐる自公の与党協議会開始
	26日	スウェーデンのストックホルムで日朝外務省局長級の公式協議（～28日）。北朝鮮側は拉致の可能性がある全日本人を対象に調査を行うと約束
	30日	内閣人事局が発足
	6月20日	有識者による政府の検討会が「河野官房長官談話」の検証報告書を公表
	7月1日	政府が集団的自衛権の限定的行使を容認する政府見解を閣議決定
	9月3日	第2次安倍改造内閣発足。自民党幹事長に谷垣禎一

2014年	10月20日	小渕優子経産相と松島みどり法相が、それぞれ政治資金規正法違反の疑いと「うちわ」配布の不祥事でダブル辞任
	27日	日本政府が代表団を平壌に派遣。北朝鮮の特別調査委員会側と協議
	11月10日	安倍首相が北京で習近平国家主席と会談。日中首脳会談は約3年ぶり
	18日	安倍首相が、消費税率10%への引き上げを予定より1年半先送りして17年4月とし、衆院を21日に解散すると表明。安倍首相は「アベノミクス解散」と命名
	12月14日	第47回衆院選投開票。小選挙区の定数「0増5減」で実施。自民290、民主73、維新41、公明35、共産21。自公両党で定数の3分の2超の議席獲得。投票率（小選挙区選）は52・66%で戦後最低

第3次安倍内閣

2014年	12月24日	第3次安倍内閣発足。防衛相に中谷元元防衛長官。他の閣僚17人は再任
2015年（平成27）	1月20日	イスラム過激派組織「イスラム国」が拘束した日本人2人の映像を公開
	2月25日	戦後70年談話に関する首相の私的諮問機関「21世紀構想懇談会」初会合
	3月20日	自公両党が共同文書「安全保障法制整備の具体的な方向性について」を公表
	4月27日	日米両政府が新たな日米防衛協力の指針（ガイドライン）で合意
	29日	安倍首相が米上下両院合同会議で「希望の同盟へ」演説
	5月14日	政府が安全保障関連法案を閣議決定。26日、衆院で審議入り
	17日	「大阪都構想」の賛否を問う住民投票は僅差で否決。大阪市の存続決まる

	6月4日	衆院憲法審査会で長谷部恭男早稲田大学教授（自民推薦）ら3人の憲法学者が安全保障関連法案は「違憲」と表明
	7月16日	安全保障関連法案が衆院通過。27日、参院で審議入り
	8月6日	21世紀構想懇談会が報告書を安倍首相に提出
	14日	政府が戦後70年の「安倍首相談話」を閣議決定
	28日	女性活躍推進法が与野党の賛成で成立
	9月8日	自民党総裁選告示。安倍の無投票再選が決まる
	19日	安全保障関連法が3日連続の「未明国会」の末、参院本会議で成立
	24日	安倍首相が記者会見で「新・三本の矢」を打ち出す
	10月5日	TPP交渉参加12か国が大筋合意の声明を発表
	7日	第3次安倍改造内閣発足。新設の一億総活躍相に加藤勝信
	12月12日	地球温暖化対策の国際的枠組み「パリ協定」採択
	28日	慰安婦問題をめぐり日韓合意。日韓両外相は慰安婦問題が「最終的かつ不可逆的に解決されることを確認」
2016年（平成28）	1月6日	北朝鮮が4度目の核実験
	28日	甘利明経済再生相が違法献金疑惑で引責辞任
	29日	日銀が初のマイナス金利政策の導入を決定。2月16日実施
	3月27日	民主党と維新の党が新たに「民進党」を旗揚げ。代表は岡田克也
	4月14日	熊本地震。大きな余震が頻発し、16日の本震は益城町などで震度7を観測

2016年

5月6日	安倍首相がロシアのソチでプーチン大統領と会談。北方領土問題解決を含む平和条約交渉を「新たなアプローチ」で進めることで合意
26日	伊勢志摩サミット（主要7か国首脳会議）が三重県の賢島で開幕（〜27日）
27日	オバマ米大統領が広島を訪問。原爆死没者慰霊碑に献花し声明を発表
6月1日	安倍首相が17年4月の消費税率10％への引き上げを19年10月まで延期すると表明。増税再延期は「新しい判断」とし、衆参同日選は見送り
6月2日	政府が「ニッポン一億総活躍プラン」など4計画を閣議決定。600兆円経済の実現、希望出生率1・8、介護離職ゼロの目標を列挙
19日	選挙権年齢を18歳以上とする改正公職選挙法施行
23日	英国の国民投票で欧州連合（EU）離脱支持が過半数。20年1月離脱
7月10日	第24回参院選投開票。自公の与党が69議席を得て大勝。憲法改正に前向きな勢力の合計が3分の2以上に。民進は改選議席を割り込む
31日	東京都知事選で、新人で無所属の小池百合子元防衛相が当選
8月3日	第3次安倍・第2次改造内閣が発足。「働き方改革」を掲げる。自民党幹事長が谷垣から二階俊博に交代
8日	天皇陛下のおことば。国民向けビデオメッセージで退位の意向を示唆
27日	安倍首相がケニア・ナイロビでの「第6回アフリカ開発会議」（TICAD6）で、「自由で開かれたインド太平洋戦略」（FOIP）を公表
9月9日	北朝鮮が5度目の核実験
23日	政府が「天皇の公務の負担軽減等に関する有識者会議」を設置

	11月8日	米大統領選で、共和党のドナルド・トランプが当選
	17日	安倍首相がニューヨークのトランプの自宅を訪問して会談
	12月15日	カジノを含む「統合型リゾート（IR）整備推進法」成立
	15日	安倍首相がプーチンを地元・山口県長門市に招いて会談。16日、首相官邸で会談し、北方4島での共同経済活動の協議開始で合意
	27日	安倍首相が米ハワイの真珠湾を訪問。日本の真珠湾攻撃による犠牲者を慰霊
2017年（平成29）	1月20日	トランプが大統領就任演説で、「米国第一」主義を宣言
	2月7日	稲田朋美防衛相が記者会見で、国連平和維持活動（PKO）で南スーダンに派遣中の陸上自衛隊の日報が見つかったと発表。情報開示請求に対する不開示決定を取り消し
	10日	安倍首相が訪米しトランプと初の首脳会談。日米同盟と日米経済協力に関する共同声明発表。日米安保条約第5条の尖閣諸島への適用を確認と明記
	12日	安倍首相の訪米中、北朝鮮が弾道ミサイル「北極星2型」を発射
	13日	北朝鮮の金正恩朝鮮労働党委員長の異母兄、金正男がマレーシアの空港で殺害される
	17日	大阪府豊中市の国有地が評価額を大幅に下回る価格で学校法人「森友学園」に売却された問題が表面化。安倍首相は衆院予算委で「私や妻が関係していたということになれば、総理大臣も国会議員も辞める」と発言
	3月5日	自民党が定期党大会で、党総裁任期を「連続2期6年まで」から「連続3期9年まで」に延長する党則改正を正式決定

2017年

3月13日 愛媛県今治市の国家戦略特区で「加計学園」に獣医学部の新設が認められた問題が参院予算委で取り上げられる

23日 参院と衆院の各予算委員会が森友学園・籠池泰典理事長を証人喚問

4月26日 東日本大震災は「まだ東北の方だったから良かった」と発言した今村雅弘復興相更迭

26日 安倍首相が『読売新聞』のインタビューで、憲法改正を実現して20年の施行を目指すとともに、9条1項、2項を維持したまま、自衛隊に関する条文を追加する考えを表明。5月3日付の同紙朝刊で報道

5月9日 韓国大統領選で左派の「共に民主党」の文在寅が当選

5月17日 菅官房長官が記者会見で、加計学園の獣医学部新設をめぐり、文科省作成の文書に「総理の意向」などといった記述があることに関して、「怪文書みたいな文書」と批判

6月5日 安倍首相が講演で中国の巨大経済圏構想「一帯一路」への協力を表明

9日 天皇陛下の退位を実現する「皇室典範特例法」が成立

15日 松野文科相が「総理の意向」などと記した文書の存在を確認したと公表。一方、山本幸三地方創生相は16日、文書の記載内容の事実関係を否定

15日 テロ等準備罪の創設を柱とする改正組織犯罪処罰法成立

19日 安倍首相が通常国会閉幕を受けての記者会見で、加計学園問題をめぐり説明が二転三転し「国民の不信を招いた」と陳謝

22日 衆参両院の野党議員らが憲法第53条に基づき臨時国会の召集を要求

7月2日	東京都議選の投開票。小池都知事が率いる「都民ファーストの会」が都議会第1党に躍進。自民党は過去最低議席の歴史的惨敗。民進党は5議席しか獲得できず、野田幹事長が25日に辞任表明。蓮舫代表も27日に辞任表明
28日	防衛省の特別防衛監察の結果、同省による日報データの組織的隠蔽が判明。稲田防衛相、黒江哲郎防衛次官、岡部俊哉陸上幕僚長がそろって引責辞任
31日	大阪地検特捜部が、国の補助金をだまし取ったとする詐欺容疑で森友学園の籠池前理事長と妻を逮捕
8月3日	第3次安倍・第3次改造内閣が発足。党政調会長に岸田文雄前外相
17日	文在寅韓国大統領が就任100日の記者会見で、元徴用工に日本企業への個人請求権があるとの見解を示す
9月1日	民進党代表選で前原誠司元外相が枝野幸男元官房長官を破り新代表に就任
3日	北朝鮮が6度目の核実験を強行
25日	小池都知事が緊急記者会見で新党「希望の党」結成を発表。自ら代表に就任
28日	第194回臨時国会召集。安倍首相は冒頭で衆院を抜き打ち解散。北朝鮮の脅威と少子高齢化の「国難突破解散」。自民党は公約で憲法9条改正を初めて提示
28日	民進党が両院議員総会で、希望の党と合流するという前原提案を了承
10月2日	民進党が分裂。枝野代表代行は党内左派とリベラル勢力による「立憲民主党」結成を表明。3日に結党届提出
22日	第48回衆院選投開票。自民284、立憲民主55、希望50議席。自公の与党が憲法改正に必要な定数の3分の2を維持

2017年	11月1日	特別国会で安倍を第98代首相に選出。全閣僚再任で第4次安倍内閣発足
	5日	トランプ米大統領が初来日。6日の日米首脳会談で、北朝鮮への圧力を最大限高めることで一致。「インド太平洋」での日米連携を確認
	20日	トランプ米大統領が北朝鮮のテロ支援国家再指定を発表
	29日	北朝鮮が大陸間弾道弾ミサイル（ＩＣＢＭ）を発射。日本の排他的経済水域（ＥＥＺ）内に落下
	12月8日	天皇陛下の退位日となる皇室典範特例法施行日を19年4月30日と閣議決定
	20日	自民党憲法改正推進本部が改憲4項目に関する「論点とりまとめ」を了承
	28日	文韓国大統領が15年末の慰安婦日韓合意について、「この合意で慰安婦問題は解決されない」とする声明を発表
2018年（平成30）	2月9日	冬季五輪の韓国・平昌大会開幕。開会式で南北合同行進。安倍首相出席
	28日	厚労省のデータ処理のミスで、働き方改革関連法案から裁量労働制の対象拡大の削除を決定
	3月5日	韓国政府が大統領特使を平壌に派遣。南北首脳会談開催で合意
	7日	財務省近畿財務局で、森友学園への土地売却担当部署にいた男性職員が自殺
	8日	日豪など11か国が、チリで新ＴＰＰに署名。12月30日発効
	9日	佐川宣寿国税庁長官（前財務省理財局長）が辞任
	12日	財務省が、森友問題発覚後、本省の主導で14の文書が書き換えられたとする調査結果を国会に報告

22日 自民党憲法改正推進本部が「9条の2」を新設して自衛隊の保持を明記し、戦争放棄と戦力不保持を定めた9条1項、2項は維持するとの党改憲案を決定

23日 米国が鉄鋼とアルミニウムの輸入制限を発動

27日 衆参両院の予算委員会で佐川宣寿を証人喚問

4月24日 福田淳一財務次官が女性記者へのセクハラ疑惑で辞任

27日 文韓国大統領と金正恩朝鮮労働党委員長が板門店で南北首脳会談

5月7日 民進党を母体に希望の党が事実上合流して「国民民主党」結党

8日 中国の李克強首相が初来日。9日、日中韓首脳会談

14日 米政府が在イスラエル大使館をテルアビブからエルサレムに移転

23日 防衛省が、国会などで存在しないとしてきた陸上自衛隊のイラク派遣時の日報が見つかった問題で17人を処分

6月4日 財務省が森友問題の内部調査結果と関係者の処分を発表。当時の理財局長の佐川が実質的に「改竄の方向性を決定付けた」と認定

12日 トランプと金正恩がシンガポールで史上初の米朝首脳会談

29日 働き方改革関連法が自民、公明、日本維新の会などの賛成で成立

7月6日 一連のオウム真理教事件で死刑が確定した麻原彰晃こと松本智津夫死刑囚らの刑を執行

6日 西日本豪雨で広島など11府県に大雨特別警報。263人死亡、8人不明（～8日）

17日 安倍首相とEU首脳が首相官邸で経済連携協定（EPA）に署名

20日 IR実施法（カジノ法）成立

2018年	7月23日	埼玉県熊谷市で国内観測史上最高気温の41・1度を記録
	24日	自民党の岸田政調会長が9月の総裁選への不出馬を表明
	9月10日	安倍首相がウラジオストクでプーチンと会談。北方領土における共同経済活動の実現に向けた「ロードマップ」（行程表）を承認
	12日	プーチンが「東方経済フォーラム」の全体会合で、年末までに無条件の平和条約締結を提案。安倍首相は拒否
	20日	自民党総裁選で、安倍総裁が石破茂を破り連続3選を果たす
	25日	安倍首相が国連演説で、金正恩に対し直接対話を呼びかけ
	10月2日	第4次安倍改造内閣発足
	10月25日	安倍首相が中国を公式訪問。26日、習近平国家主席と会談
	11月14日	安倍首相がシンガポールでプーチン大統領と会談。1956年の日ソ共同宣言を基礎として平和条約交渉を加速させることで合意。2島返還に向けて舵を切る
	19日	日産自動車のカルロス・ゴーン会長を金融商品取引法違反容疑で逮捕
	12月20日	韓国海軍駆逐艦が能登半島沖で海自P－1哨戒機に火器管制レーダーを照射
2019年（平成31）	1月22日	毎月勤労統計の不適切調査で厚労次官らを処分
	2月27日	ベトナム・ハノイでトランプと金正恩との第2回米朝首脳会談（～28日）
	4月1日	政府が臨時閣議で「平成」に代わる新元号を「令和」に決定
	13日	東京・新宿御苑で安倍首相主催の「桜を見る会」開催
	30日	「退位礼正殿の儀」。天皇陛下が退位され平成に幕

（令和元）

5月1日　皇太子徳仁親王殿下が即位され、令和元年スタート

17日　米政府が中国通信機器大手「ファーウェイ」に輸出規制を発動

25日　トランプ米大統領が令和に入って初の国賓として来日

6月12日　安倍首相がテヘランでイランのロハニ大統領と会談。13日、最高指導者のハメネイ師と会談。日本の現職首相のイラン訪問は41年ぶり

13日　ホルムズ海峡近くのオマーン沖で、日本が運航しているタンカーが被弾

27日　習近平が大阪での主要20か国・地域首脳会議（Ｇ20サミット）出席のため来日。国家主席就任後初の来日。国家主席の来日は胡錦濤以来９年ぶり

28日　Ｇ20首脳会議が大阪市で開幕。29日、「Ｇ20大阪首脳宣言」採択

29日　トランプと習が大阪市内で会談し、中断していた貿易協議の再開で合意

30日　韓国訪問中のトランプが板門店を訪問。金正恩と握手を交わし、軍事境界線を越えて北朝鮮側に入り、その後、韓国側施設で３回目の米朝首脳会談

7月21日　第25回参院選投開票。与党は改選過半数に達し、国政選で６連勝。１人区では自民22勝、野党統一候補10勝。与党に憲法改正に前向きな日本維新の会などを加えても、定数の３分の２に達せず

8月2日　日本政府が輸出手続きで優遇措置を受けられる対象国（ホワイト国）から韓国を除外。韓国政府は22日、対抗措置として軍事情報包括保護協定（ＧＳＯＭＩＡ）を破棄。23年３月に破棄撤回。日本政府は同年７月、韓国をホワイト国に再指定

2日　米露の中距離核戦力（ＩＮＦ）全廃条約失効

28日　横浜市で第７回アフリカ開発会議（ＴＩＣＡＤ７）開幕（～30日）。成果文書に「自由で開かれたインド太平洋」構想を「好意的に留意」と明記

２０１９年	9月11日	第4次安倍・第2次改造内閣発足。全19閣僚ポストのうち、ポスト変更を含め17人を交代させ、安倍内閣としては最多の13人が初入閣
	10月1日	消費税率10％への引き上げ実施
	22日	皇位継承に伴う国の儀式「即位礼正殿の儀」が行われ、天皇陛下が即位を内外に宣言
	25日	菅原一秀経済産業相が香典問題で引責辞任
	31日	河井克行法相が妻の案里参院議員の選挙違反事件で辞表を提出
	11月8日	参院予算委員会で共産党議員が「桜を見る会」を追及
	10日	天皇陛下の即位を祝うパレード「祝賀御列の儀」挙行
	11月20日	安倍首相の在職日数が通算２８８７日に達し、憲政史上最長に
	12月8日	中国・武漢で最初の新型コロナウイルス感染症患者が発症（発表は20年1月）
	23日	安倍首相が訪中し、北京で習近平と会談
	24日	中国四川省成都で安倍、李克強、文在寅による日中韓首脳会談。日韓首脳会談で、安倍首相は「元徴用工」訴訟問題で解決策を示すよう要求
	25日	ＩＲ担当副大臣だった自民党の秋元司衆院議員を収賄容疑で逮捕
２０２０年（令和２）	1月16日	新型コロナウイルスによる肺炎患者を日本国内で初めて確認
	28日	政府が武漢などの在留邦人を帰国させるためチャーター機を派遣
	31日	黒川弘務東京高検検事長の定年を半年間延長することを閣議決定
	2月3日	クルーズ船「ダイヤモンド・プリンセス」で新型コロナウイルスの集団感染。政府は同船を横浜港沖に停泊させたまま、乗員・乗客を対象に検査を実施

13日	80歳代の日本人女性の感染者が国内で初めて死亡
27日	安倍首相が全国の小中学校、高校、特別支援学校を3月2日から春休みまで臨時休校とするよう要請
3月5日	日中両政府が習国家主席の国賓来日延期を正式発表
11日	世界保健機関（WHO）が新型コロナのパンデミック（感染症の世界的な大流行）を宣言
13日	改正新型インフルエンザ対策特別措置法成立
19日	政府の専門家会議が「オーバーシュート」（爆発的な患者急増）への懸念示す
23日	小池都知事が記者会見で、「ロックダウン」（都市封鎖）の可能性に言及
24日	安倍首相とIOC会長が東京五輪・パラリンピックの1年延期で合意
29日	人気コメディアンの志村けんさんが新型コロナによる肺炎のため死去
4月1日	安倍首相が布マスク（アベノマスク）を全世帯に配布すると表明
7日	安倍首相が7都府県に緊急事態宣言を発令。16日に47都道府県に拡大。5月4日、宣言を31日まで延長。14日に39県で宣言解除。25日に全面解除
30日	1人当たり10万円の一律給付を柱とする20年度補正予算成立
5月18日	政府が検察幹部の定年を特例で延長できる検察庁法改正案の成立見送り
21日	黒川東京高検検事長が賭けマージャンを認め、安倍首相に辞表提出
6月18日	東京地検特捜部が衆院議員の河井克行前法相と、妻の案里参院議員を公職選挙法違反（買収）容疑で逮捕

2020年	7月5日	東京都知事選で、無所属で現職の小池百合子が再選
	20日	新型コロナによる国内の死者数が1000人を超す
	22日	観光需要喚起策の「Go To トラベル」事業を東京を除いて開始
	8月7日	国内の1日当たり新規感染者数が第1～2波で最多の1605人を記録
	17日	内閣府が発表した20年4～6月期の国内総生産（GDP）が、実質で前期比7・8%減、年率換算で27・8%減と、戦後最悪の下落幅を記録
	28日	安倍首相が首相官邸で記者会見し、持病の潰瘍性大腸炎を理由に辞任する意向を表明
	31日	日本学術会議が会員候補105人を推薦。9月28日に菅義偉内閣は6人の任命見送りを決定
	9月16日	安倍内閣が臨時閣議で総辞職。安倍の首相在職日数は12年12月の第2次内閣発足から連続して2822日、第1次内閣を含めた通算では3188日

菅・岸田内閣

2020年	9月16日	自公連立の菅義偉内閣が発足
	11月3日	米大統領選で、民主党のジョー・バイデンが当選
	15日	日中韓など15か国が東アジア地域包括的経済連携（RCEP）に署名
	12月2日	ワクチン接種関連法が成立
	14日	政府が「Go To トラベル」を全国一斉停止

年	月日	事項
	24日	東京地検特捜部が「桜を見る会」の前夜祭をめぐる政治資金規正法違反事件で、安倍前首相の公設第1秘書を略式起訴。安倍本人は不起訴（嫌疑不十分）。安倍は記者会見し、国会答弁で事実と異なる部分があったとして陳謝
2021年（令和3）	1月6日	米連邦議会占拠事件。トランプの支持者が議事堂に乱入し警官隊と衝突
	7日	1都3県に2度目の緊急事態宣言を発令
	2月17日	新型コロナワクチンの国内での接種開始
	7月23日	東京五輪が無観客で開会
	9月24日	日米豪印4か国の安全保障の枠組み「Ｑｕａｄ（クアッド）」がワシントンで初の首脳会談
	10月4日	自公連立の岸田文雄内閣発足
	31日	第49回衆院選投開票。自民は単独で絶対安定多数を確保
	11月10日	自公連立の第2次岸田内閣発足
	11日	安倍元首相が清和政策研究会（清和会）会長に就任
2022年（令和4）	2月24日	ロシアがウクライナに侵攻
	7月8日	安倍元首相が奈良市の近鉄大和西大寺駅前で街頭演説中、背後から近づいた山上徹也容疑者に銃撃され死去
	10日	第26回参院選投開票。自民は単独で改選定数の過半数を確保
	9月27日	東京・日本武道館で安倍元首相の国葬（国葬儀）挙行

※読売新聞社の全国世論調査に基づく。＊は面接方式、それ以外は電話方式。肩書は当時

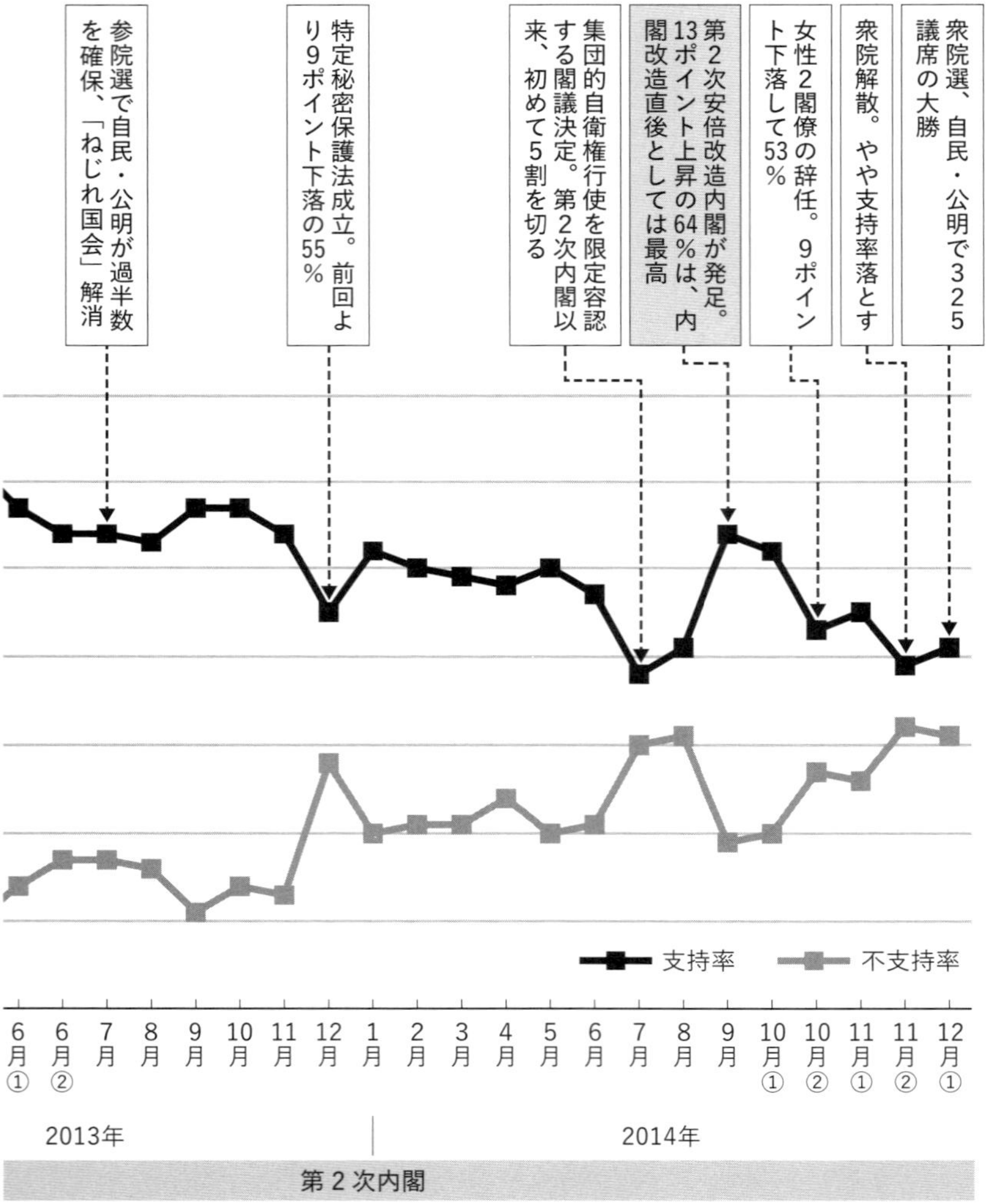

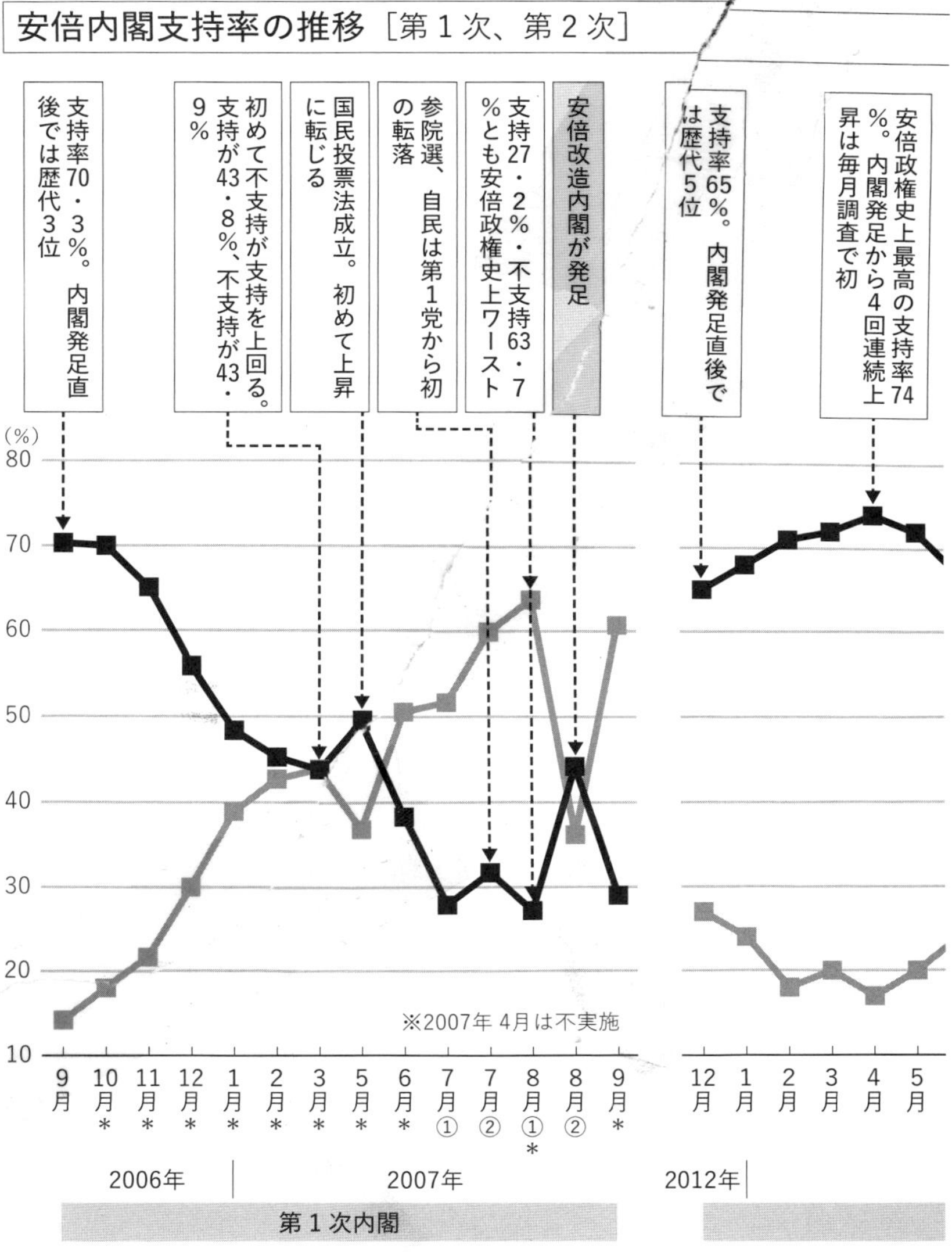
安倍内閣支持率の推移［第1次、第2次］
支持率70・3%。内閣発足直後では歴代3位
初めて不支持が支持を上回る。支持が43・8%、不支持が43・9%
国民投票法成立。初めて上昇に転じる
参院選、自民は第1党から初の転落
支持27・2%・不支持63・7%とも安倍政権史上ワースト
安倍改造内閣が発足
支持率65%。内閣発足直後では歴代5位
安倍政権史上最高の支持率74%。内閣発足から4回連続上昇は毎月調査で初
(%)
80
70
60
50
40
30
20
10
※2007年 4月は不実施
9月
10月*
11月*
12月*
1月*
2月*
3月*
5月*
6月*
7月①
7月②
8月①*
8月②
9月*
12月
1月
2月
3月
4月
5月
2006年
2007年
2012年
第1次内閣

安倍内閣支持率の推移

※読売新聞社の全国世論調査に基づく。電話方式、肩書は当時

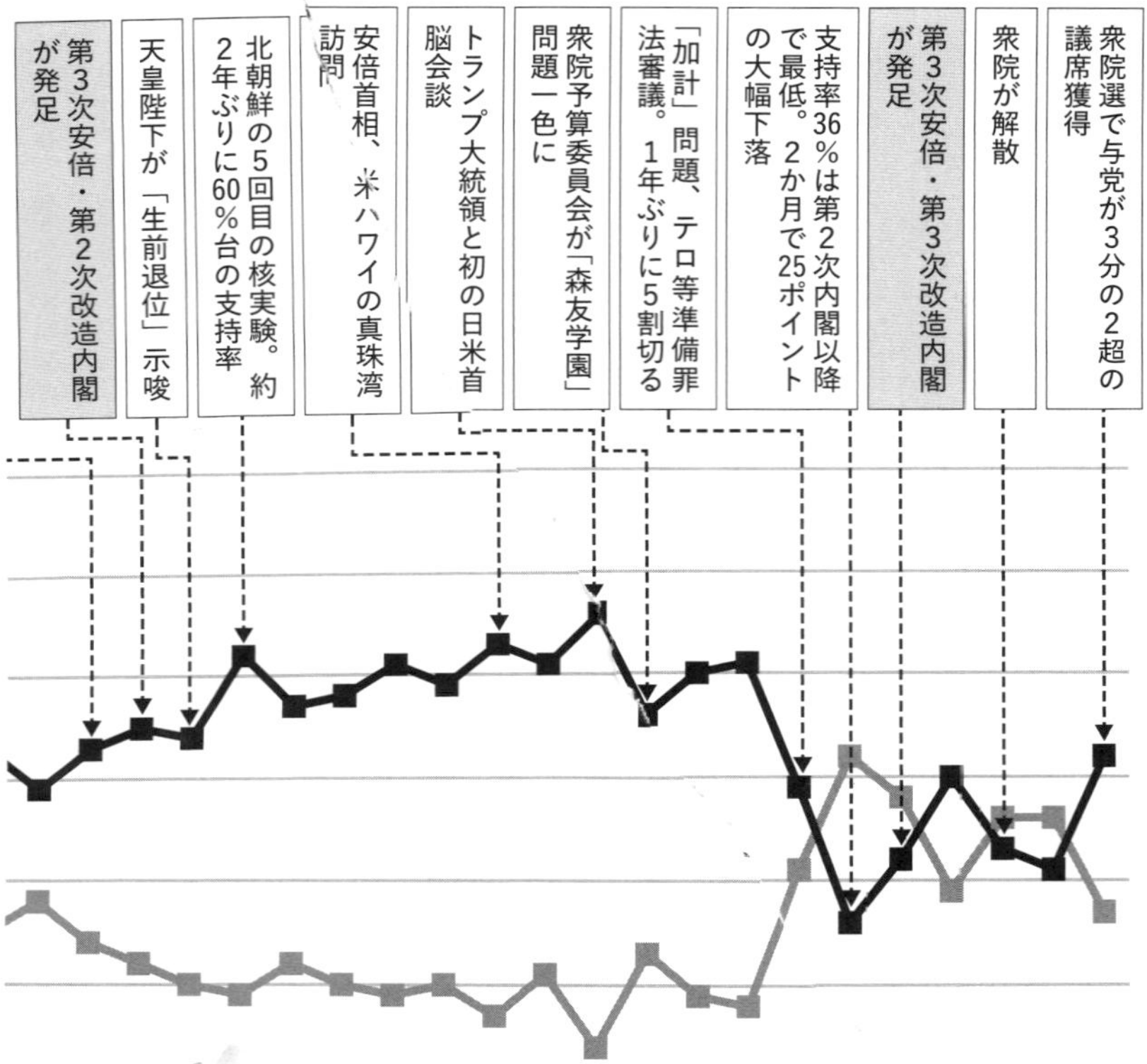

安倍内閣支持率の推移［第３次］

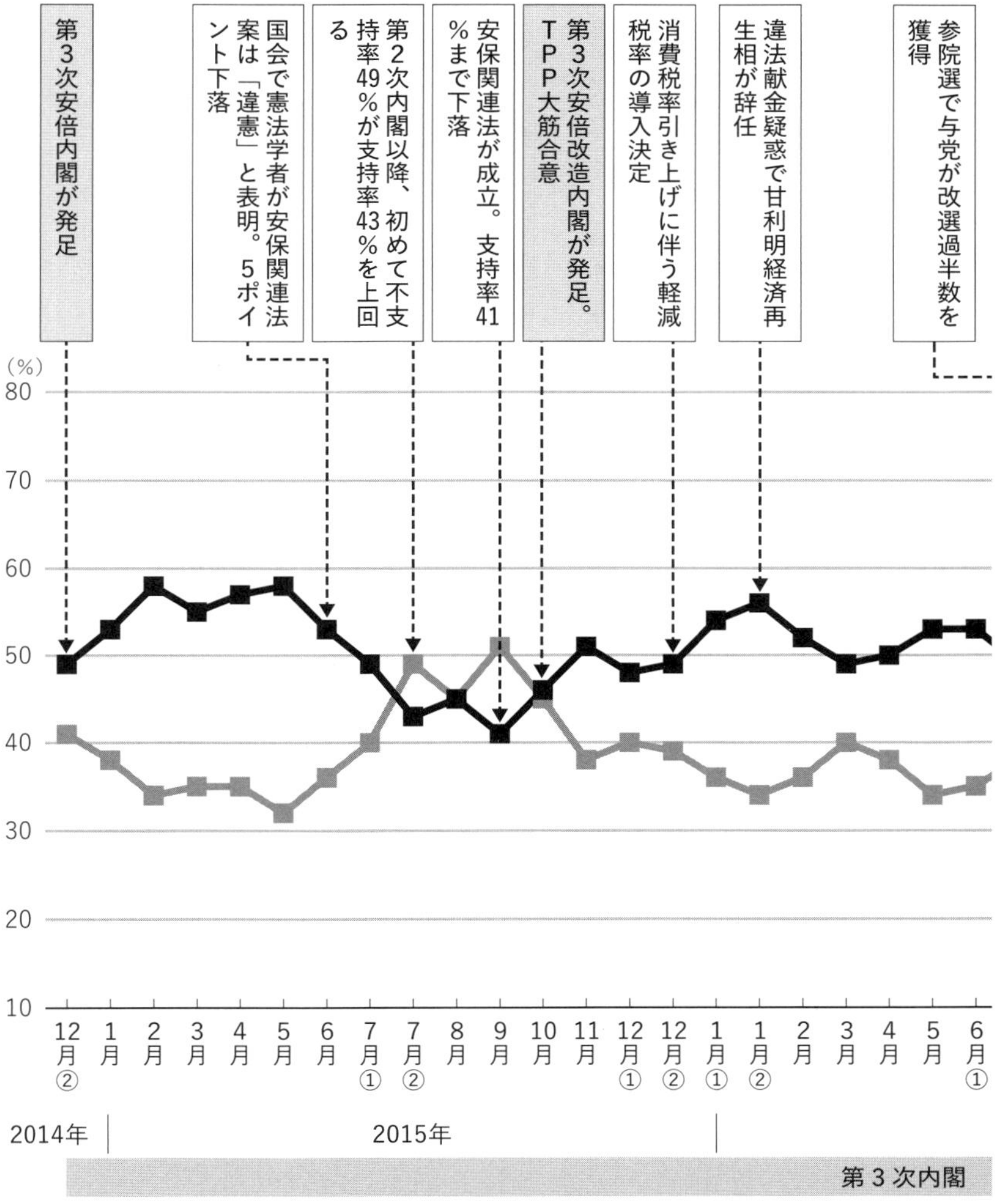

※読売新聞社の全国世論調査に基づく。電話方式。肩書は当時

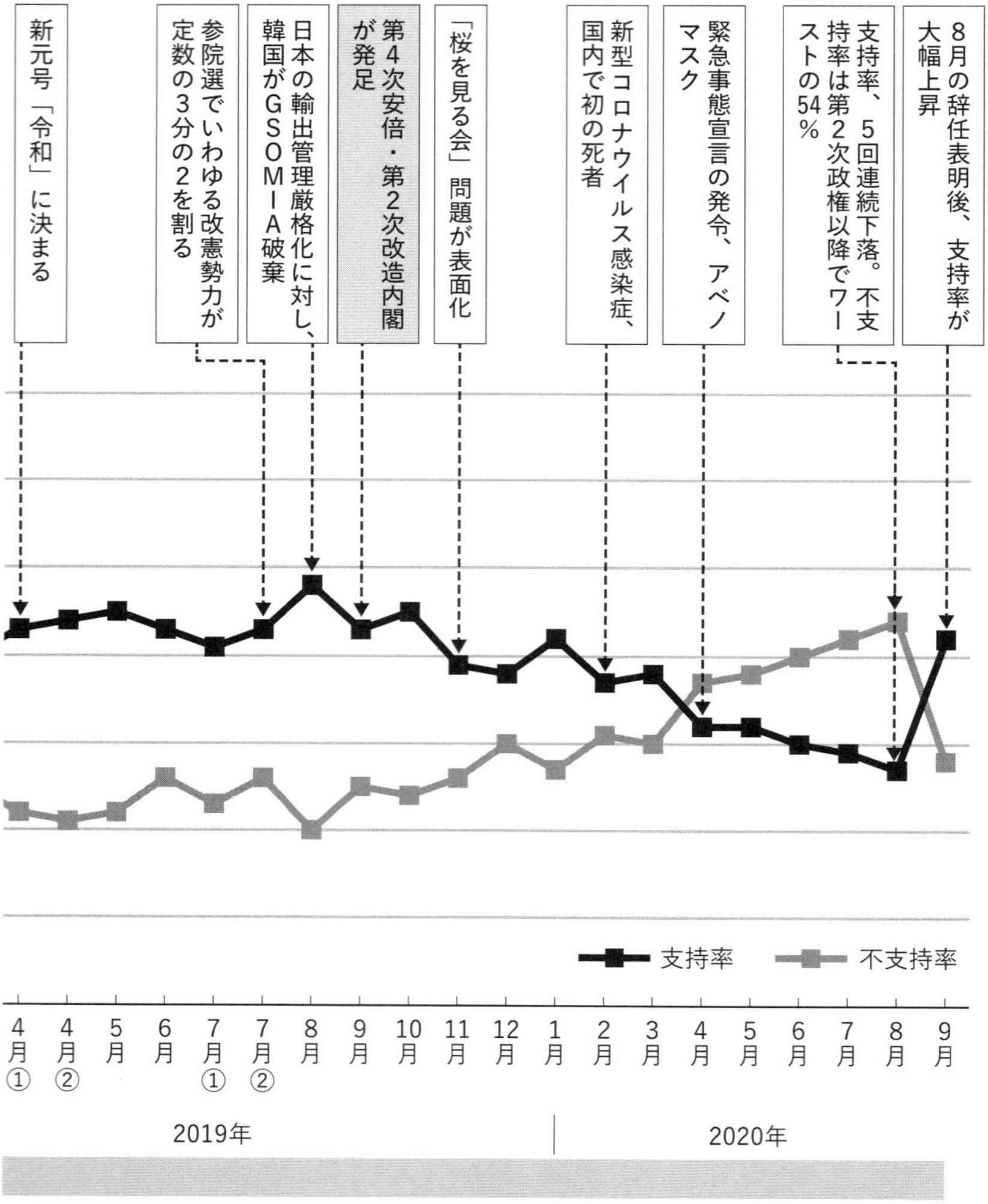

安倍内閣支持率の推移［第４次］

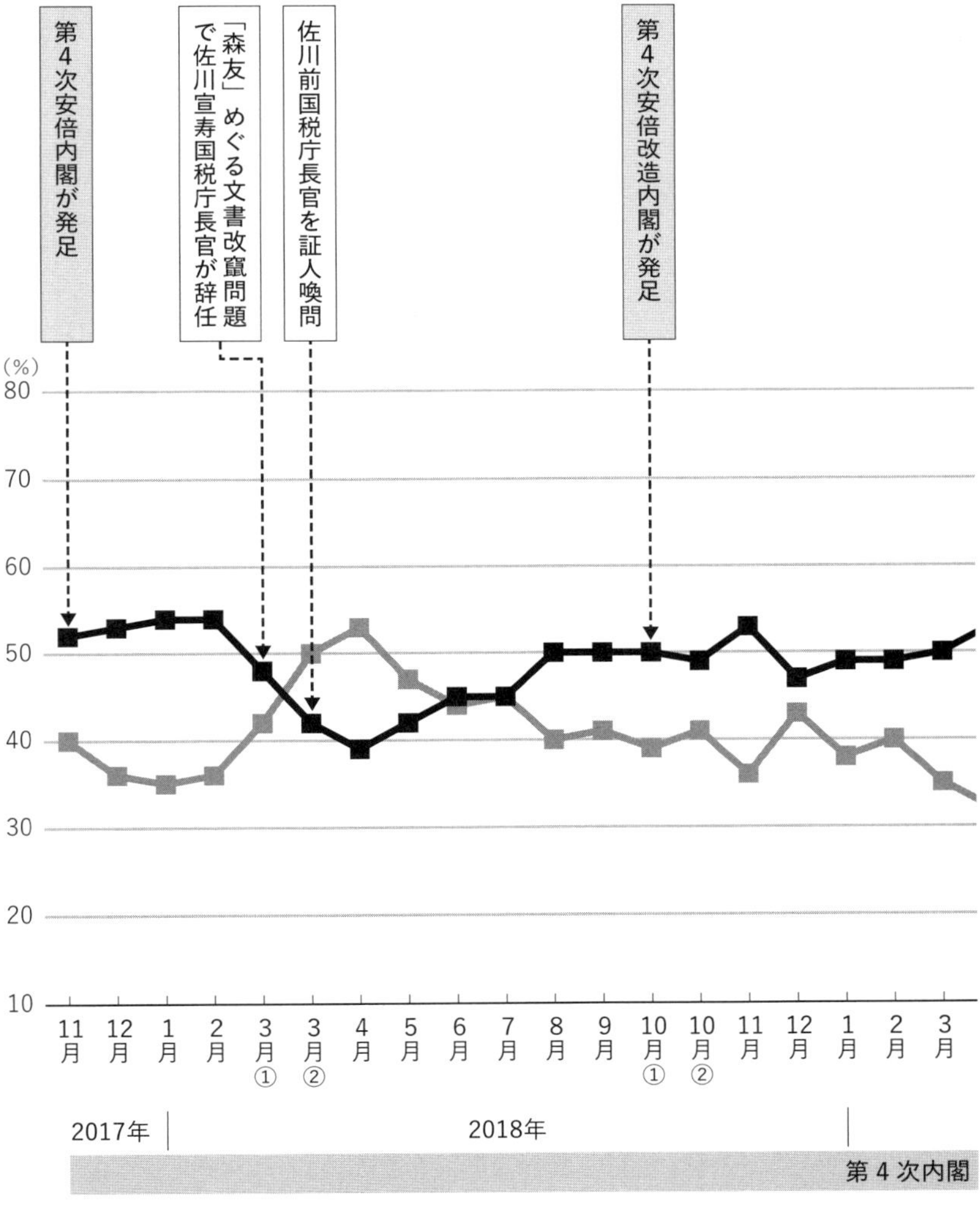

参議院選挙後の新勢力

※読売新聞社作成

2007年

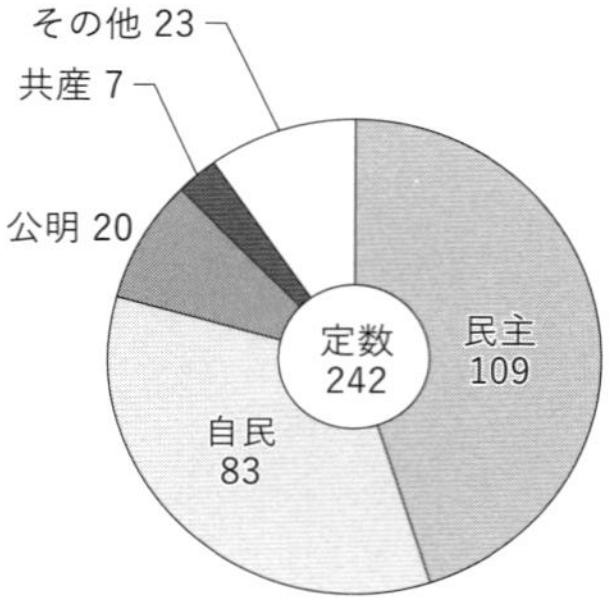

その他 内訳

社民	5
国民新党	4
新党日本	1
無所属	13

与党
(自公・与党系無所属)
105 (−29)
野党 137 (+31)

2013年

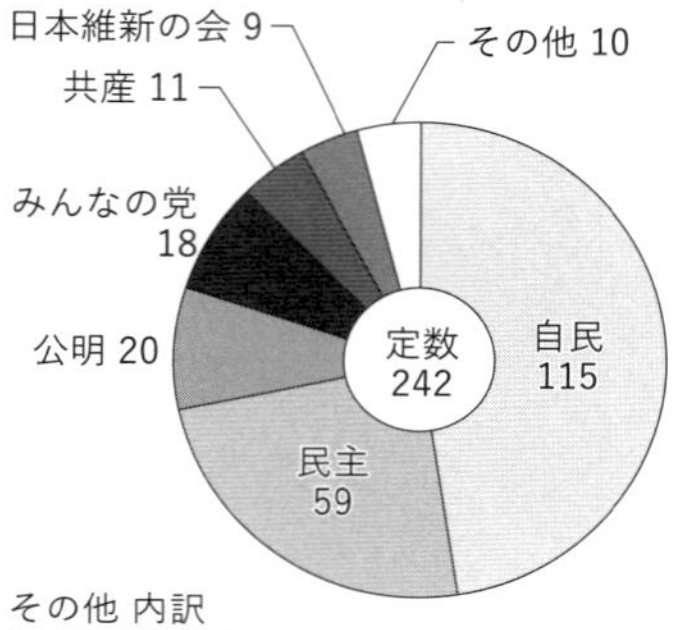

その他 内訳

社民	3
生活の党	2
新党改革	1
諸派	1
無所属	3

与党(自公)
135 (+32)
野党 107 (−27)

2016年

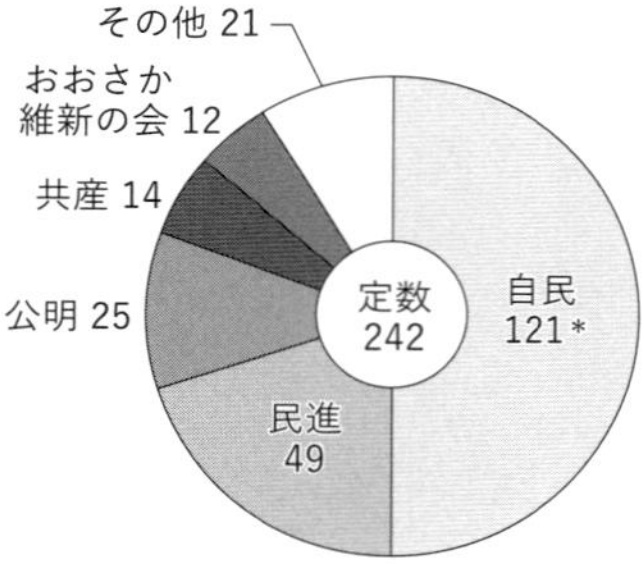

＊ 追加公認1含む

その他 内訳

日本のこころ	3
社民	2
生活の党	2
諸派	3
無所属	11

与党(自公)
146 (+11)
野党 96 (−10)

2019年

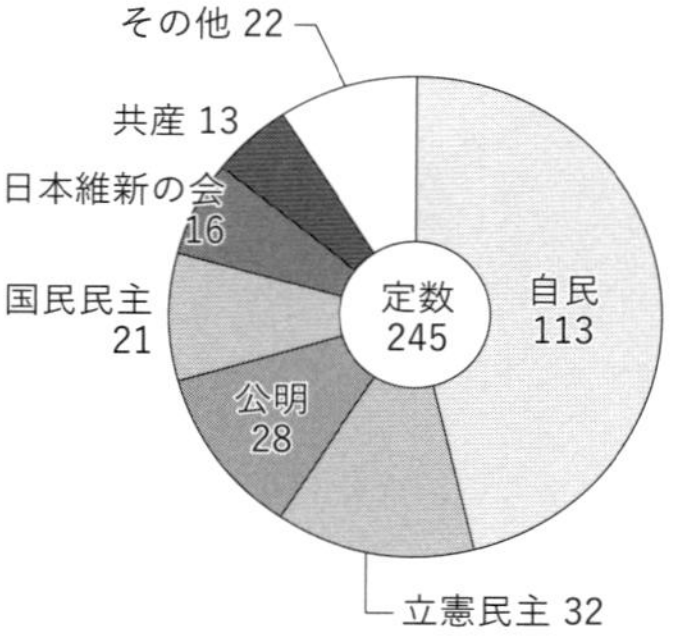

その他 内訳

社民	2
諸派	3
無所属	17

与党(自公)
141 (−6)
野党・野党系無所属
100 (+15)

衆議院選挙後の新勢力

※読売新聞社作成

2012年

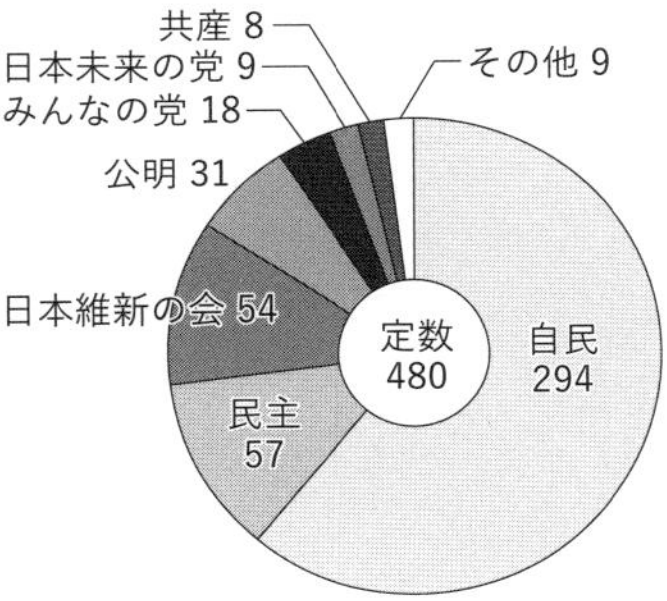

その他 内訳	
社民	2
国民新党	1
新党大地	1
無所属	5

自公	325（+186）
民主・国民	58（−175）
維新	54（+43）

2014年

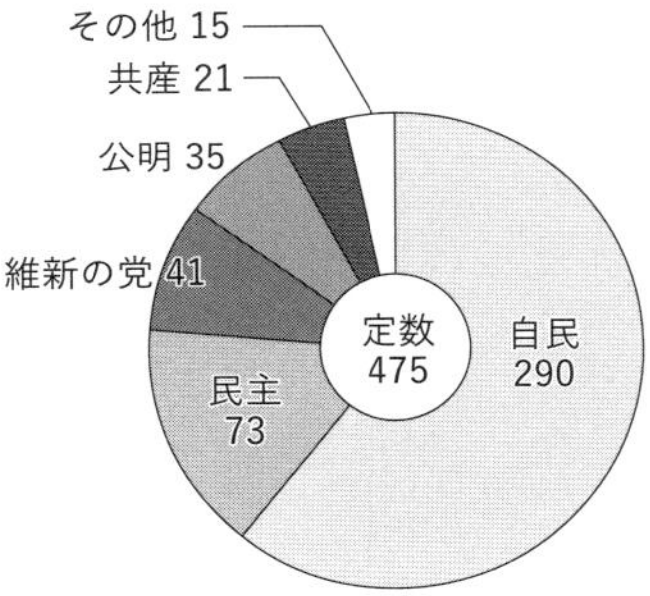

その他 内訳	
次世代の党	2
社民	2
生活の党	2
無所属	9

自公	325（+1）
野党など	150（−5）

2017年

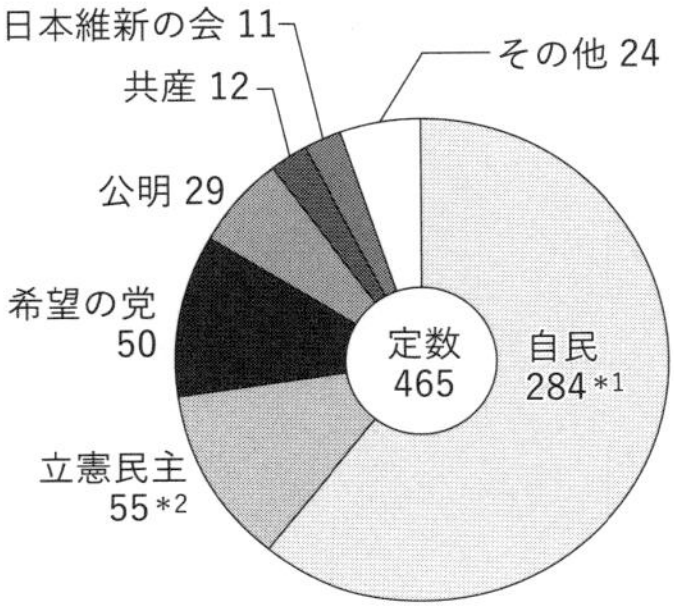

＊1 追加公認3含む　＊2 追加公認1含む

その他 内訳	
社民	2
無所属	22

自公	313（−5）
立憲民主	55（+40）
希望の党	50（−7）

※（　）内は公示前勢力比

スピーチ

安倍首相の米議会演説

［2015年4月29日　米議会上下両院合同会議］

安倍首相による米議会上下両院合同会議での演説「希望の同盟へ」（Toward an Alliance of Hope）の全文は以下の通り（演説は英語で行われ、和文は日本政府が翻訳したもの）。

議長、副大統領、上院議員、下院議員の皆様、ゲストと、すべての皆様、1957年6月、日本の総理大臣としてこの演台に立った私の祖父、岸信介は、次のように述べて演説を始めました。

「日本が、世界の自由主義国と提携しているのも、民主主義の原則と理想を確信しているからであります」

以来58年、このたびは上下両院合同会議に日本国総理として初めてお話しする機会を与えられましたことを、光栄に存じます。お招きに、感謝申し上げます。

申し上げたいことはたくさんあります。でも、「フィリバスター（議事妨害）」をする意図、能力ともに、ありません。

皆様を前にして胸中を去来しますのは、日本が大使としてお迎えした偉大な議会人のお名前です。

マイク・マンスフィールド、ウォルター・モンデール、トム・フォーリー、そしてハワード・ベーカー。

民主主義の輝くチャンピオンを大使として送って下さいましたことを、日本国民を代表して、感謝申し上げます。

キャロライン・ケネディ大使も、米国民主主義の伝統を体現する方です。大使の活躍に、感謝申し上げます。

私ども、残念に思いますのは、ダニエル・イノウエ上院議員がこの場においでにならないことです。日系アメリカ人の栄誉とその達成を、一身に象徴された方でした。

私個人とアメリカとの出会いは、カリフォルニアで過ごした学生時代にさかのぼります。家に住まわせてくれたのは、キャサリン・デル・フランシア夫人。寡婦でした。亡くした夫のことを、いつもこう言いました、「ゲイリー・クーパーより男前だったのよ」と。心から信じていたようです。

ギャラリーに、私の妻、昭恵がいます。彼女が日頃、私のことをどう言っているのかはあえて聞かないことにします。

デル・フランシア夫人のイタリア料理は、世界一。彼女の明るさと親切は、たくさんの人をひきつけました。その人たちがなんと多様なこと。「アメリカは、すごい国だ」。驚いたものです。

のち、鉄鋼メーカーに就職した私は、ニューヨーク勤務の機会を与えられました。

上下関係にとらわれない実力主義。地位や長幼の差に関わりなく意見を戦わせ、正しい見方なら躊躇《ちゅうちょ》なく採用する。

この文化に毒されたのか、やがて政治家になったら、先輩大物議員たちに、アベは生意気だと随分言われました。

私の苗字ですが、「エイブ」ではありません。アメリカの方に時たまそう呼ばれると、悪い気はしません。民主政治の基礎を、日本人は、近代化を始めてこのかた、ゲティスバーグ演説の有名な一節に求めてきたからです。

農民大工の息子が大統領になれる――、そういう国があることは、19世紀後半の日本を、民主主義に開眼させました。

日本にとって、アメリカとの出会いとは、すなわち民主主義との遭遇でした。出会いは150年以上前にさかのぼり、年季を経ています。

先刻私は、第2次大戦メモリアルを訪れました。神殿を思わせる、静謐《せいひつ》な場所でした。耳朶《じだ》を打つのは、噴水の、水の砕ける音ばかり。

一角にフリーダム・ウォールというものがあって、壁面には金色の、4000個を超す星が埋め込まれている。

その星一つ、ひとつが、斃《たお》れた兵士100人分の命を表すと聞いたとき、私を戦慄が襲いました。

金色《こんじき》の星は、自由を守った代償として、誇りのシンボルに違いありません。しかしそこには、さもなければ幸福な人生を送っただろうアメリカの若者の、痛み、悲しみが宿っている。家族への愛も。

真珠湾、バターン・コレヒドール、珊瑚海、メモリアルに刻まれた戦場の名が心をよぎり、私はアメリカの若者の、失われた夢、未来を思いました。

歴史とは実に取り返しのつかない、苛烈なものです。私は深い悔悟を胸に、しばしその場に立って、黙禱を捧げました。

親愛なる、友人の皆さん、日本国と、日本国民を代表し、先の戦争に斃れた米国の人々の魂に、深い一礼を捧げます。とこしえの、哀悼を捧げます。

みなさま、いまギャラリーに、ローレンス・スノーデン海兵隊中将がお座りです。70年前の2月、23歳の海兵隊大尉として中隊を率い、硫黄島に上陸した方です。

近年、中将は、硫黄島で開く日米合同の慰霊祭にしばしば参加してこられました。こう、仰っています。

「硫黄島には、勝利を祝うため行ったのではない、行っているのでもない。その厳かなる目的は、双方の戦死者を追悼し、栄誉を称えることだ」

もうおひとかた、中将の隣にいるのは、新藤義孝国会議員。かつて私の内閣で閣僚を務めた方ですが、この方のおじいさんこそ、勇猛がいまに伝わる栗林忠道大将・硫黄島守備隊司令官でした。

これを歴史の奇跡と呼ばずして、何をそう呼ぶべきでしょう。

熾烈に戦い合った敵は、心の紐帯《ちゅうたい》が結ぶ友になりました。スノーデン中将、和解の努力を尊く思います。ほんとうに、ありがとうございました。

戦後の日本は、先の大戦に対する痛切な反省を胸に、歩みを刻みました。自らの行いが、アジア諸国民に苦しみを与えた事実から目をそむけてはならない。これらの点についての思いは、歴代総理と全く変わるものではありません。

アジアの発展にどこまでも寄与し、地域の平和と、繁栄のため、力を惜しんではならない。自らに言い聞かせ、歩んできました。この歩みを、私は、誇りに思います。

焦土と化した日本に、子どもたちの飲むミルク、身につけるセーターが、毎月毎月、米国の市民から届きました。山羊も、２０３６頭、やってきました。

米国が自らの市場を開け放ち、世界経済に自由を求めて育てた戦後経済システムによって、最も早くから、最大の便益を得たのは、日本です。

下って１９８０年代以降、韓国が、台湾が、ＡＳＥＡＮ（東南アジア諸国連合）諸国が、やがて中国が勃興します。今度は日本も、資本と、技術を献身的に注ぎ、彼らの成長を支えました。一方米国で、日本は外国勢として２位、英国に次ぐ数の雇用を作り出しました。


こうして米国が、次いで日本が育てたものは、繁栄です。そして繁栄こそは、平和の苗床です。

日本と米国がリードし、生い立ちの異なるアジア太平洋諸国に、いかなる国の恣意的な思惑にも左右されない、フェアで、ダイナミックで、持続可能な市場をつくりあげなければなりません。

太平洋の市場では、知的財産がフリーライドされてはなりません。過酷な労働や、環境への負荷も見逃すわけにはいかない。

許さずしてこそ、自由、民主主義、法の支配、私たちが奉じる共通の価値を、世界に広め、根づかせていくことができます。

その営為こそが、ＴＰＰ（環太平洋経済連携協定）にほかなりません。

しかもＴＰＰには、単なる経済的利益を超えた、長期的な、安全保障上の大きな意義があることを、忘れてはなりません。

経済規模で、世界の４割、貿易量で、世界の３分の１を占める一円に、私たちの子や、孫のために、永続的な「平和と繁栄の地域」をつくりあげていかなければなりません。

日米間の交渉は、出口がすぐそこに見えています。米国と、日本のリーダーシップで、ＴＰＰを一緒に成し遂げましょう。

実は、いまだから言えることがあります。

20年以上前、ＧＡＴＴ（関税・貿易一般協定）農業分野交渉の頃です。血気盛んな若手議員だった私は、農業の開放に反対の立場をとり、農家の代表と一緒に、国会前で抗議活動をしました。

ところがこの20年、日本の農業は衰えました。農民の平均年齢は10歳上がり、いまや66歳を超えました。

日本の農業は、岐路にある。生き残るには、いま、変わらなければなりません。

私たちは、長年続いた農業政策の大改革に立ち向かっています。60年も変わらずにきた農業協同組合の仕組みを、抜本的に改めます。

世界標準に則って、コーポレート・ガバナンス（企業統治）を強めました。医療・エネルギーなどの分野で、岩盤のように固い規制を、私自身が槍の穂先となりこじあけてきました。

人口減少を反転させるには、何でもやるつもりです。女性に力をつけ、もっと活躍してもらうため、古くからの慣習を改めようとしています。

日本はいま、「クォンタム・リープ（量子的飛躍）」のさなかにあります。

親愛なる、上院、下院議員の皆様、どうぞ、日本へ来て、改革の精神と速度を取り戻した新しい日本を見てください。

日本は、どんな改革からも逃げません。ただ前だけを見て構造改革を進める。この道のほか、道なし。確信しています。

親愛なる、同僚の皆様、戦後世界の平和と安全は、アメリカのリーダーシップなくして、ありえませんでした。

省みて私が心から良かったと思うのは、かつての日本が、明確な道を選んだことです。その道こそは、冒頭、祖父の言葉にあったとおり、米国と組み、西側世界の一員となる選択にほかなりませんでした。

日本は、米国、そして志を共にする民主主義諸国とともに、最後には冷戦に勝利しました。

この道が、日本を成長させ、繁栄させました。そして今も、この道しかありません。

私たちは、アジア太平洋地域の平和と安全のため、米国の「リバランス」を支持します。徹頭徹尾支持するということを、ここに明言します。

日本は豪州、インドと、戦略的な関係を深めました。ASEANの国々や韓国と、多面にわたる協力を深めていきます。

日米同盟を基軸とし、これらの仲間が加わると、私たちの地域は格段に安定します。

日本は、将来における戦略的拠点の一つとして期待されるグアム基地整備事業に、28億ドルまで資金協力を実施します。

アジアの海について、私がいう3つの原則をここで強調させてください。

第一に、国家が何か主張をするときは、国際法にもとづいてなすこと。第二に、武力や威嚇は、自己の主張のため用いないこと。そして第三に、紛争の解決は、あくまで平和的手段によること。

太平洋から、インド洋にかけての広い海を、自由で、法の支配が貫徹する平和の海にしなければなりません。

そのためにこそ、日米同盟を強くしなくてはなりません。私たちには、その責任があります。

日本はいま、安保法制の充実に取り組んでいます。実現のあかつき、日本は、危機の程度に応じ、切れ目のない対応が、はるかによくできるようになります。

この法整備によって、自衛隊と米軍の協力関係は強化され、日米同盟は、より一層堅固になります。それは地域の平和のため、確かな抑止力をもたらすでしょう。

戦後、初めての大改革です。この夏までに、成就させます。

ここで皆様にご報告したいことがあります。一昨日、ケリー国務長官、カーター国防長官は、私たちの岸田外相、中谷防衛相と会って、協議をしました。

いま申し上げた法整備を前提として、日米がそのもてる力をよく合わせられるようにする仕組みができました。一層確実な平和を築くのに必要な枠組みです。

それこそが、日米防衛協力の新しいガイドラインにほかなりません。昨日、オバマ大統領と私は、その意義について、互いに認め合いました。皆様、私たちは、真に歴史的な文書に、合意をしたのです。

1990年代初め、日本の自衛隊は、ペルシャ湾で機雷の掃海に当たりました。後、インド洋では、テロリストや武器の流れを断つ洋上作戦を、10年にわたって支援しました。

その間、5万人にのぼる自衛隊員が、人道支援や平和維持活動に従事しました。カンボジア、ゴラン高原、イラク、ハイチや南スーダンといった国や、地域においてです。

これら実績をもとに、日本は、世界の平和と安定のため、これまで以上に責任を果たしていく。そう決意しています。そのために必要な法案の成立を、この夏までに、必ず実現します。

国家安全保障に加え、人間の安全保障を確かにしなくてはならないというのが、日本の不動の信念です。人間一人ひとりに、教育の機会を保障し、医療を提供し、自立する機会を与えなければなりません。紛争下、常に傷ついたのは、女性でした。わたしたちの時代にこそ、女性の人権が侵されない世の中を実現しなくてはいけません。

自衛隊員が積み重ねてきた実績と、援助関係者たちがたゆまず続けた努力と、その両方の蓄積は、いまやわたしたちに、新しい自己像を与えてくれました。

いまや私たちが掲げるバナーは、「国際協調主義にもとづく、積極的平和主義」という旗です。

繰り返しましょう、「国際協調主義にもとづく、積極的平和主義」こそは、日本の将来を導く旗印となります。

テロリズム、感染症、自然災害や、気候変動。日米同盟は、これら新たな問題に対し、ともに立ち向かう時代を迎えました。

日米同盟は、米国史全体の、4分の1以上に及ぶ期間続いた堅牢さを備え、深い信頼と、友情に結ばれた同盟です。

自由世界第一、第二の民主主義大国を結ぶ同盟に、この先とも、新たな理由付けは全く無用です。それは常に、法の支配、人権、そして自由を尊ぶ、価値観を共にする結びつきです。

まだ高校生だったとき、ラジオから流れてきたキャロル・キングの曲に、私は心を揺さぶられました。

「落ち込んだ時、困った時、目を閉じて、私を思って。私は行く。あなたのもとに。たとえそれが、あなたにとっていちばん暗い、そんな夜でも、明るくするために」

2011年3月11日、日本に、いちばん暗い夜がきました。日本の東北地方を、地震と津波、原発の事故が襲ったのです。

そして、そのときでした。米軍は、未曽有の規模で救難作戦を展開してくれました。本当にたくさんの米国人の皆さんが、東北の子供たちに、支援の手を差し伸べてくれました。

私たちには、トモダチがいました。

被災した人々と、一緒に涙を流してくれた。そしてなにものにもかえられない、大切なものを与えてくれた。

希望、です。

米国が世界に与える最良の資産、それは、昔も、今も、将来も、希望であった、希望である、希望でなくてはなりません。

米国国民を代表する皆様。私たちの同盟を、「希望の同盟」と呼びましょう。アメリカと日本、力を合わせ、世界をもっとはるかに良い場所にしていこうではありませんか。

希望の同盟。一緒でなら、きっとできます。

ありがとうございました。

（首相官邸ホームページ）

安倍首相の真珠湾での演説──［2016年12月27日　米ハワイ真珠湾］

オバマ大統領、ハリス司令官、御列席の皆様、そして、全ての、アメリカ国民の皆様。パールハーバー、真珠湾に、今、私は、日本国総理大臣として立っています。

耳を澄ますと、寄せては返す、波の音が聞こえてきます。降り注ぐ陽の、やわらかな光に照らされた、青い、静かな入り江。

私の後ろ、海の上の、白い、アリゾナ・メモリアル。

あの、慰霊の場を、オバマ大統領と共に訪れました。

そこは、私に、沈黙をうながす場所でした。

亡くなった、軍人たちの名が、記されています。

祖国を守る崇高な任務のため、カリフォルニア、ミシガン、ニューヨーク、テキサス、様々な地から来て、乗り組んでいた兵士たちが、あの日、爆撃が戦艦アリゾナを二つに切り裂いたとき、紅蓮《ぐれん》の炎の中で、死んでいった。

75年が経った今も、海底に横たわるアリゾナには、数知れぬ兵士たちが眠っています。

耳を澄まして心を研ぎ澄ますと、風と、波の音とともに、兵士たちの声が聞こえてきます。

あの日、日曜の朝の、明るく寛《くつろ》いだ、弾む会話の声。

自分の未来を、そして夢を語り合う、若い兵士たちの声。

最後の瞬間、愛する人の名を叫ぶ声。

生まれてくる子の、幸せを祈る声。

一人ひとりの兵士に、その身を案じる母がいて、父がいた。愛する妻や、恋人がいた。成長を楽しみにしている、子供たちがいたでしょう。

それら、全ての思いが断たれてしまった。

その厳粛な事実を思うとき、かみしめるとき、私は、言葉を失います。

その御霊《みたま》よ、安らかなれ——。思いを込め、私は日本国民を代表して、兵士たちが眠る海に、花を投じました。

オバマ大統領、アメリカ国民の皆さん、世界の、様々な国の皆さん。

私は日本国総理大臣として、この地で命を落とした人々の御霊に、ここから始まった戦いが奪った、全ての勇者たちの命に、戦争の犠牲となった、数知れぬ、無辜《むこ》の民の魂に、永劫の、哀悼の誠を捧げます。

戦争の惨禍は、二度と、繰り返してはならない。

私たちは、そう誓いました。そして戦後、自由で民主的な国を創り上げ、法の支配を重んじ、ひたすら、不戦の誓いを貫いてまいりました。

戦後70年間に及ぶ平和国家としての歩みに、私たち日本人は、静かな誇りを感じながら、この不動の方針を、これからも貫いてまいります。

この場で、戦艦アリゾナに眠る兵士たちに、アメリカ国民の皆様に、世界の人々に、固い、その決意を、日本国総理大臣として、表明いたします。

昨日、私は、カネオへの海兵隊基地に、一人の日本帝国海軍士官の碑《いしぶみ》を訪れました。

その人物とは、真珠湾攻撃中に被弾し、母艦に帰るのを諦め、引き返し、戦死した、戦闘機パイロット、飯田房太中佐です。

彼の墜落地点に碑を建てたのは、日本人ではありません。攻撃を受けていた側にいた、米軍の人々です。死者の、勇気を称え、石碑を建ててくれた。

碑には、祖国のため命を捧げた軍人への敬意を込め、日本帝国海軍大尉《だいい》と、当時の階級を刻んであります。

The brave respect the brave.

勇者は、勇者を敬う。

アンブローズ・ビアスの、詩《うた》は言います。

戦い合った敵であっても、敬意を表する。憎しみ合った敵であっても、理解しようとする。

そこにあるのは、アメリカ国民の、寛容の心です。

戦争が終わり、日本が、見渡す限りの焼け野原、貧しさのどん底の中で苦しんでいたとき、食べるもの、着るものを惜しみなく送ってくれたのは、米国であり、アメリカ国民でありました。

皆さんが送ってくれたセーターで、ミルクで、日本人は、未来へと、命をつなぐことができました。

そして米国は、日本が、戦後再び、国際社会へと復帰する道を開いてくれた。米国のリーダーシップの下、自由世界の一員として、私たちは、平和と繁栄を享受することができました。

敵として熾烈に戦った、私たち日本人に差し伸べられた、こうした皆さんの善意と支援の手、その大いなる寛容の心は、祖父たち、母たちの胸に深く刻まれています。

私たちも、覚えています。子や、孫たちも語り継ぎ、決して忘れることはないでしょう。

オバマ大統領と共に訪れた、ワシントンのリンカーン・メモリアル。その壁に刻まれた言葉が、私の心に去来します。

誰に対しても、悪意を抱かず、慈悲の心で向き合う。

永続する平和を、我々全ての間に打ち立て、大切に守る任務を、やり遂げる。

エイブラハム・リンカーン大統領の、言葉です。

私は日本国民を代表し、米国が、世界が、日本に示してくれた寛容に、改めて、ここに、心からの感謝を申し上げます。

あの「パールハーバー」から75年。歴史に残る激しい戦争を戦った日本と米国は、歴史にまれな、深く、強く結ばれた同盟国となりました。

それは、いままでにもまして、世界を覆う幾多の困難に、共に立ち向かう同盟です。明日を拓く、「希望の同盟」です。

私たちを結びつけたものは、寛容の心がもたらした、the power of reconciliation、「和解の力」です。

私が、ここパールハーバーで、オバマ大統領とともに、世界の人々に対して訴えたいもの。それは、この、和解の力です。

戦争の惨禍は、いまだ世界から消えない。憎悪が憎悪を招く連鎖は、なくなろうとしない。

寛容の心、和解の力を、世界は今、今こそ、必要としています。

憎悪を消し去り、共通の価値の下、友情と、信頼を育てた日米は、今、今こそ、寛容の大切さと、和解の力を、世界に向かって訴え続けていく、任務を帯びています。

日本と米国の同盟は、だからこそ「希望の同盟」なのです。

私たちを見守ってくれている入り江は、どこまでも静かです。

パールハーバー。

真珠の輝きに満ちた、この美しい入り江こそ、寛容と、そして和解の象徴である。

私たち日本人の子供たち、そしてオバマ大統領、皆さんアメリカ人の子供たちが、またその子供たち、孫たちが、そして世界中の人々が、パールハーバーを和解の象徴として記憶し続けてくれることを私は願います。

そのための努力を、私たちはこれからも、惜しみなく続けていく。オバマ大統領とともに、ここに、固く、誓います。

ありがとうございました。

（首相官邸ホームページ）

戦後70年の安倍首相談話

［2015年8月14日　首相官邸］

終戦七十年を迎えるにあたり、先の大戦への道のり、戦後の歩み、二十世紀という時代を、私たちは、心静かに振り返り、その歴史の教訓の中から、未来への知恵を学ばなければならないと考えます。

百年以上前の世界には、西洋諸国を中心とした国々の広大な植民地が、広がっていました。圧倒的な技術優位を背景に、植民地支配の波は、十九世紀、アジアにも押し寄せました。その危機感が、日本にとって、近代化の原動力となったことは、間違いありません。アジアで最初に立憲政治を打ち立て、独立を守り抜きました。日露戦争は、植民地支配のもとにあった、多くのアジアやアフリカの人々を勇気づけました。

世界を巻き込んだ第一次世界大戦を経て、民族自決の動きが広がり、それまでの植民地化にブレーキがかかりました。この戦争は、一千万人もの戦死者を出す、悲惨な戦争でありました。人々は「平和」を強く願い、国際連盟を創設し、不戦条約を生み出しました。戦争自体を違法化する、新たな国際社会の潮流が生まれました。

当初は、日本も足並みを揃《そろ》えました。しかし、世界恐慌が発生し、欧米諸国が、植民地経済を巻き込んだ、経済のブロック化を進めると、日本経済は大きな打撃を受けました。その中で日本は、孤立感を深め、外交的、経済的な行き詰まりを、力の行使によって解決しようと試みました。国内の政治システムは、その歯止めたりえなかった。こうして、日本は、世界の大勢を見失っていきました。

満州事変、そして国際連盟からの脱退。日本は、次第に、国際社会が壮絶な犠牲の上に築こうとした「新しい国際秩序」への「挑戦者」となっていった。進むべき針路を誤り、戦争への道を進んで行きました。

そして七十年前。日本は、敗戦しました。

戦後七十年にあたり、国内外に斃れたすべての人々の命の前に、深く頭《こうべ》を垂れ、痛惜の念を表すとともに、永劫の、哀悼の誠を捧げます。

先の大戦では、三百万余の同胞の命が失われました。祖国の行く末を案じ、家族の幸せを願いながら、戦陣に散った方々。終戦後、酷寒の、あるいは灼熱《しゃくねつ》の、遠い異郷の地にあって、飢えや病に苦しみ、亡くなられた方々。広島や長崎での原爆投下、東京をはじめ各都市での爆撃、沖縄における地上戦などによって、たくさんの市井の人々が、無残にも犠牲となりました。

戦火を交えた国々でも、将来ある若者たちの命が、数知れず失われました。中国、東南アジア、太平洋の島々など、戦場となった地域では、戦闘のみならず、食糧難などにより、多くの無辜《むこ》の民が苦しみ、犠牲となりました。戦場の陰には、深く名誉と尊厳を傷つけられた女性たちがいたことも、忘れてはなりません。

何の罪もない人々に、計り知れない損害と苦痛を、我が国が与えた事実。歴史とは実に取り返しのつかない、苛烈なものです。一人ひとりに、それぞれの人生があり、夢があり、愛する家族があった。この当然の事実をかみしめる時、今なお、言葉を失い、ただただ、断腸の念を禁じ得ません。

これほどまでの尊い犠牲の上に、現在の平和がある。これが、戦後日本の原点であります。

二度と戦争の惨禍を繰り返してはならない。

事変、侵略、戦争。いかなる武力の威嚇や行使も、国際紛争を解決する手段としては、もう二度と用いてはならない。植民地支配から永遠に訣別し、すべての民族の自決の権利が尊重される世界にしなければならない。

先の大戦への深い悔悟の念と共に、我が国は、そう誓いました。自由で民主的な国を創り上げ、法の支配を重んじ、ひたすら不戦の誓いを堅持してまいりました。七十年間に及ぶ平和国家としての歩みに、私たちは、静かな誇りを抱きながら、この不動の方針を、これからも貫いてまいります。

我が国は、先の大戦における行いについて、繰り返し、痛切な反省と心からのお詫びの気持ちを表明してきました。その思いを実際の行動で示すため、インドネシア、フィリピンはじめ東南アジアの国々、台湾、韓国、中国など、隣人であるアジアの人々が歩んできた苦難の歴史を胸に刻み、戦後一貫して、その平和と繁栄のために力を尽くしてきました。

こうした歴代内閣の立場は、今後も、揺るぎないものであります。

ただ、私たちがいかなる努力を尽くそうとも、家族を失った方々の悲しみ、戦禍によって塗炭の苦しみを味わった人々の辛い記憶は、これからも、決して癒えることはないでしょう。

ですから、私たちは、心に留めなければなりません。

戦後、六百万人を超える引揚者が、アジア太平洋の各地から無事帰還でき、日本再建の原動力となった事実を。中国に置き去りにされた三千人近い日本人の子どもたちが、無事成長し、再び祖国の土を踏むことができた事実を。米国や英国、オランダ、豪州などの元捕虜の皆さんが、長年にわたり、日本を訪れ、互いの戦死者のために慰霊を続けてくれている事実を。

戦争の苦痛を嘗《な》め尽くした中国人の皆さんや、日本軍によって耐え難い苦痛を受けた元捕虜の皆さんが、それほど寛容であるためには、どれほどの心の葛藤があり、いかほどの努力が必要であったか。

そのことに、私たちは、思いを致さなければなりません。

寛容の心によって、日本は、戦後、国際社会に復帰することができました。戦後七十年のこの機にあたり、我が国は、和解のために力を尽くしてくださった、すべての国々、すべての方々に、心からの感謝の気持ちを表したいと思います。

日本では、戦後生まれの世代が、今や、人口の八割を超えています。あの戦争には何ら関わりのない、私たちの子や孫、そしてその先の世代の子どもたちに、謝罪を続ける宿命を背負わせてはなりません。

しかし、それでもなお、私たち日本人は、世代を超えて、過去の歴史に真正面から向き合わなければなりません。謙虚な気持ちで、過去を受け継ぎ、未来へと引き渡す責任があります。

私たちの親、そのまた親の世代が、戦後の焼け野原、貧しさのどん底の中で、命をつなぐことができた。そして、現在の私たちの世代、さらに次の世代へと、未来をつないでいくことができる。それは、先人たちのたゆまぬ努力と共に、敵として熾烈に戦った、米国、豪州、欧州諸国をはじめ、本当にたくさんの国々から、恩讐《おんしゅう》を越えて、善意と支援の手が差しのべられたおかげであります。

そのことを、私たちは、未来へと語り継いでいかなければならない。歴史の教訓を深く胸に刻み、より良い未来を切り拓いていく、アジア、そして世界の平和と繁栄に力を尽くす。その大きな責任があります。

私たちは、自らの行き詰まりを力によって打開しようとした過去を、この胸に刻み続けます。だからこそ、我が国は、いかなる紛争も、法の支配を尊重し、力の行使ではなく、平和的・外交的に解決すべきである。この原則を、これからも堅く守り、世界の国々にも働きかけてまいります。唯一の戦争被爆国として、核兵器の不拡散と究極の廃絶を目指し、国際社会でその責任を果たしてまいります。

私たちは、二十世紀において、戦時下、多くの女性たちの尊厳や名誉が深く傷つけられた過去を、この胸に刻み続けます。だからこそ、我が国は、そうした女性たちの心に、常に寄り添う国でありたい。二十一世紀こそ、女性の人権が傷つけられることのない世紀とするため、世界をリードしてまいります。

私たちは、経済のブロック化が紛争の芽を育てた過去を、この胸に刻み続けます。だからこそ、我が国は、いかなる国の恣意にも左右されない、自由で、公正で、開かれた国際経済システムを発展させ、途上国支援を強化し、世界の更なる繁栄を牽引《けんいん》してまいります。繁栄こそ、平和の礎です。暴力の温床ともなる貧困に立ち向かい、世界のあらゆる人々に、医療と教育、自立の機会を提供するため、一層、力を尽くしてまいります。

私たちは、国際秩序への挑戦者となってしまった過去を、この胸に刻み続けます。だからこそ、我が国は、自由、民主主義、人権といった基本的価値を揺るぎないものとして堅持し、その価値を共有する国々と手を携えて、「積極的平和主義」の旗を高く掲げ、世界の平和と繁栄にこれまで以上に貢献してまいります。

終戦八十年、九十年、さらには百年に向けて、そのような日本を、国民の皆様と共に創り上げていく。その決意であります。

平成二十七年八月十四日

内閣総理大臣　安倍晋三

（首相官邸ホームページ）

TICAD6の安倍首相の開会演説

［2016年8月27日　ケニア・ナイロビ］

皆さま、こんにちは。

ついにTICAD（アフリカ開発会議）が、アフリカにやってまいりました！　お約束を、果たしました！

発足23年。TICADは、いまアフリカの土を踏みました。日本と、アフリカ諸国の関係に、新たな幕開けです。

アフリカの随所にいま、「クウォンタム・リープ」が起きている。私は、その思いを新たにいたします。

例えばすべての資金決済を、携帯電話が可能にするサービス。「フィンテック」の先端をいくものです。

アフリカ各国で広まるIDカード。もっていれば、社会保障給付を直接受け取れます。

アフリカはいま、旧来技術を飛び越え、最先端の質を目指している。ですから当然でしょう。面白い、関わりたいと思う日本の若者が、最近増えてきました。

例えば、「アフリカ・スキャン」。

青年海外協力隊員（JOCV）としてセネガルで働いた日本人女性、ハーバード大学でMBAを取った日本人男性、そしてケニアで育った男性。若者たちが出会い、ナイロビで作った会社です。

「ブルー・スプーン・キオスク」という、彼らの小売店に行くと、買い物ついでに、タダで血圧を測ってくれます。サービスのイノベーションです。

澤田霞《さわだかすみ》さん、おいででしたらお立ちください。元ＪＯＣＶ、いまアフリカ・スキャンを切り回す、若い日本の起業家をご覧ください！

大陸は、多くの協力隊員を鍛えてくれた。同じ大陸はいま、彼女のような、日本の若い起業家が、夢を追う場となりました。

ありがとうございます、澤田さん、どうぞお座りください。

そして皆さまはいま、２０６３年にはこんな国、大陸になっていたいと念じ、目標めがけて走っています。

構想の遠大さにおいて、アジェンダ２０６３に匹敵するものを知りません。

ところがこの巨大な大陸に、国連安保理の常任理事国がありません。アジェンダ２０６３は、２０２３年までに、これを正すと謳いました。全幅の支持を、私からお受け取りください。

国際社会に、自分たちの主張をより反映するよう求める当然の権利が、皆さまにはあります。２０２３年までに、アフリカは、常任理事国を送り出しているべきです。

国連安保理の改革こそは、日本とアフリカに共通の目標です。達成に向けともに歩むことを、皆さまに呼びかけます。ご賛同を、いただけますでしょうか。

アフリカはこの間、悲劇と無縁ではありませんでした。

エボラ出血熱が、１万人以上の命を奪いました。資源価格の低迷に悩む国があり、平和が破られた例があります。

でもそれで、アフリカは立ち止まってしまうのですか？

悲観主義くらい、アフリカの陽光と、大地に似合わない「主義」はない。そうじゃありませんか？

アフリカにあるどんな問題も、ひとえに、解決されることだけを目的に存在するのだと、私は思います。そして日本は、アフリカが直面する問題を共に解きたいと熱望し、努力をやめない国なのです。

ひたすら未来を見て歩む皆さまの活力、自信の一端に触れたいと、そう思ったからでしょう、今回のTICADには、およそ70に及ぶ日本企業が、経営幹部を送ってくれた。榊原定征経団連会長も来てくれました。まるで、日本の経済界がそっくり移動してきたようです。

アフリカが開く可能性は、日本と日本企業を、きっと力強く成長させる。――直感が、私たちを動かします。

日本企業には「質」への献身があり、人間一人、ひとりを大切にする、製造哲学があります。経済、社会の建設にひたすら質を求めるアフリカで、日本と、日本企業の、力を活かすときが来た。それが、私たちを動かす直感です。

好機はのがしません。「日アフリカ官民経済フォーラム」をつくり、常設することを、ここで申し上げます。

日本政府の閣僚、それに経済団体や企業のトップが、3年に1度アフリカを訪れます。相手方と会い、日本とアフリカの企業がもっと一緒に仕事をするため何が必要か、ビジネスの目線で課題を特定しては、官民力を合わせて解こうとするフォーラムです。

日本とケニアは、今回投資協定に署名します。租税条約の交渉も始めます。

コートジボワールと始める投資協定の協議が、これに続きます。後には、さらに多くが控えています。

TICADがアフリカの地を踏んだ本年、日本企業や日本の若者が、アフリカの将来に高まる期待を寄せる今、日本とアフリカをつなぐパートナーシップは、真に互恵の段階へ入ったのです。

これからお話する日本の約束も、互いにとって利益となるものです。

3年前横浜で発表した日本の約束は、期限まで2年を残し、67パーセントを実行しました。

本日の新たな約束は、3年前のプランを充実させ、発展させるもので、モチーフは、「クオリティ・アンド・エンパワーメント」です。今年、日本が、伊勢志摩という地を舞台に開いたG7サミットの成果を反映させました。

昨年は、SDGs（持続可能な開発目標）で合意を見、COP21（国連気候変動枠組条約第21回締約国会議）で、前進を遂げました。大きなアフリカ開発国際会議として、それらを受け初めてとなるのが今回のTICADです。

ちょうどその中間で、日本がG7サミットを催すからには、ぜひ、アフリカを後押しする場にしたい。それが私の願いでした。「クオリティ・アンド・エンパワーメント」の考えが生まれた背景です。

同じモチーフのもと、G7サミットは、保健分野に、アフリカを強くするカギがあるのだと強調しました。この分野で起きた近年の動きを集大成し、今後の方向を尖鋭にする理念を打ちだしました。この点には、後でまた戻ります。

「質の高い」、「強靭な」、「安定した」という、3つの修飾語をアフリカにつけてみます。それこそ日本が、皆さまとともに目指すアフリカの姿です。

「質の高いアフリカ」を、インフラ、人材、「カイゼン」の三要素がつくります。

インフラには、電力があり、都市交通システムがあります。資源開発のためにも、アフリカ全土のつながりを良くするにも、道路や、港の整備が必要です。

それらはあくまで、「質の高いインフラ」であるべきだ。G7サミットは決意を共有し、中身を「伊勢志摩原則」に書き込みました。

日本は率先し、インフラづくりのため、向こう3年で約100億ドルをアフリカへ振り向けます。一部はアフリカ開発銀行との協力で実行します。

発電容量は、2000メガワット増えるでしょう。有望なのが、日本の技術を使える地熱発電です。地熱が生む発電量は、2022年、300万世帯の需要をまかなっているはずです。

次に、人材。

「ABEイニシアティブ」でアフリカから日本に留学した将来の経営幹部たちは、じき1000人に達します。

ABEイニシアティブに、今回、新機軸を入れます。

育てたいのは、将来の職長、工場長。現場の指導者たちです。3年間で、約1500人育成します。

「コウセン（高専）」といって、エンジニア養成専門の高等教育システムが日本にあります。アフリカに、もってきます。

産業の基礎を支える人材を、2018年までに、合計3万人生み出したい。日本とアフリカの力で育てるのが狙いです。

そしてご存じの「カイゼン」です。

カイゼンは、製造ラインで働く人々の創意、工夫で生産性を上げ、不良品を減らします。根底に、働く一人、ひとりへの信頼がある。日本の生んだ思想と方法です。

日本はNEPAD（アフリカ開発のための新パートナーシップ）と協力し、カイゼンをアフリカ中に広めます。導入した工場の生産性が、3割伸びるのを目指します。

不可能ではありません。エチオピアに、ピーコック・シューという靴メーカーがあります。17回カイゼンの訓練を受けたら、日産500足が800足に、6割も増えました。

「強靭なアフリカ」は、病に負けないアフリカです。

エボラ出血熱のような公衆衛生危機が起きたら、大切なことは2つ。即応態勢が現地にあること。国際社会全体で取り組むことです。

日本は、感染症に立ち向かう専門家と政策人材を、3年で2万人育てます。

日本はG7サミットで、保健分野へ向けた貢献策を示しました。その5億ドル以上が、アフリカの保健システム強化、感染症対策のため、グローバル・ファンドや、世銀の「パンデミック緊急ファシリティ」を通じて向かいます。これによって、30万人以上の命を救えるはずです。

もとより、ユニバーサル・ヘルス・カバレッジ、UHCを進めることがすべての基礎になります。

UHCを推し進めるため、モデルとなる国を選んで支援を重点的につぎ込み、そこを突破口に、各地にUHCが広まるよう努めます。目標は、基礎的保健サービスに浴せる人口を、向こう3年で200万人増やすことです。UHCの推進には、もちろん国際機関と力を合わせて臨みます。

「食と栄養のアフリカ・イニシアティブ（IFNA）」を始めることも申し上げます。栄養こそは、保健の基礎ですから、そこをNEPADと一緒に進める施策です。

「安定したアフリカ」は、平和をもたらし、安全の基礎づくりに懸命なアフリカです。

日本の自衛隊はいま、ケニア政府ご協力のもと、ナイロビ郊外で、工兵に重機の操作を伝えています。紛争が終わり、国造りが始まっても、重機の操作ができないと仕事が進みません。自衛隊の活動は、国連PKO（平和維持活動）の地力を強めるものです。隊員諸君はその意味を深く理解し、奮闘しています。

自衛隊がアフリカのＰＫＯに初めて取り組んだのは、モザンビークにおいて、１９９３年のこと、ＴＩＣＡＤ発足と同じ年でした。

以来自衛隊の培った信頼が、可能とさせた人づくりの仕事です。「国際協調にもとづく積極的平和主義」を掲げる日本にとって、喜ぶべき発展です。

「安定したアフリカ」とはまた、若者たちが確かな自信をもち、自分を大切にするアフリカです。

若者に自信と夢をもたせるため、日本は向こう３年で、５万人に職業訓練を提供いたしましょう。

質の高い、強靭で、安定したアフリカのため、日本は２０１６年からの３年で、１０００万人のエンパワーメント、すなわち人づくりを実施します。

民間企業の投資を合わせると、総額は３００億ドルにのぼるでしょう。アフリカの未来を信じる投資、日本とアフリカが、互いに伸びていくための投資です。

ＴＩＣＡＤが始まって23年、日本がアフリカに向け実施したＯＤＡ（政府開発援助）の総額は、４７０億ドルにのぼります。いまや、民間企業が本格的に加わって、日本とアフリカの関係は、さらなる高みを目指そうとしています。

アジアの海とインド洋を越え、ナイロビに来ると、アジアとアフリカをつなぐのは、海の道だとよくわかります。

世界に安定、繁栄を与えるのは、自由で開かれた2つの大洋、２つの大陸の結合が生む、偉大な躍動にほかなりません。

日本は、太平洋とインド洋、アジアとアフリカの交わりを、力や威圧と無縁で、自由と、法の支配、市場経済を重んじる場として育て、豊かにする責任をにないます。

両大陸をつなぐ海を、平和な、ルールの支配する海とするため、アフリカの皆さまと一緒に働きたい。

それが日本の願いです。

大洋を渡る風は、わたしたちの目を未来に向けます。

サプライ・チェーンはもう、アジアとアフリカに、あたかも巨大な橋を架け、産業の知恵を伝えつつある。アジアはいまや、他のどこより多く、民主主義人口を抱えています。

アジアで根づいた民主主義、法の支配、市場経済のもとでの成長――、それらの生んだ自信と責任意識が、やさしい風とともにアフリカ全土を包むこと。それがわたしの願いです。

アジアからアフリカに及ぶ一帯を、成長と繁栄の大動脈にしようではありませんか。アフリカと日本と、構想を共有し、共に進めていきましょう。

未来は、明るい色彩に満ちています。激しくも心地よい、太鼓のビートが聞こえてくるようです。アフリカの友人たち、皆さま、これからも、未来の可能性を信じ、一緒に歩いてまいりましょう。

ありがとうございました。

（外務省ホームページ）

象徴としてのお務めについての天皇陛下のおことば——［2016年8月8日　ビデオ］

戦後70年という大きな節目を過ぎ、2年後には、平成30年を迎えます。

私も80を越え、体力の面などから様々な制約を覚えることもあり、ここ数年、天皇としての自らの歩みを振り返るとともに、この先の自分の在り方や務めにつき、思いを致すようになりました。

本日は、社会の高齢化が進む中、天皇もまた高齢となった場合、どのような在り方が望ましいか、天皇という立場上、現行の皇室制度に具体的に触れることは控えながら、私が個人として、これまでに考えて来たことを話したいと思います。

即位以来、私は国事行為を行うと共に、日本国憲法下で象徴と位置づけられた天皇の望ましい在り方を、日々模索しつつ過ごして来ました。伝統の継承者として、これを守り続ける責任に深く思いを致し、更に日々新たになる日本と世界の中にあって、日本の皇室が、いかに伝統を現代に生かし、いきいきとして社会に内在し、人々の期待に応えていくかを考えつつ、今日に至っています。

そのような中、何年か前のことになりますが、2度の外科手術を受け、加えて高齢による体力の低下を覚えるようになった頃から、これから先、従来のように重い務めを果たすことが困難になった場合、どのように身を処していくことが、国にとり、国民にとり、また、私のあとを歩む皇族にとり良いことであるかにつき、考えるようになりました。既に80を越え、幸いに健康であるとは申せ、次第に進む身体の衰えを考慮する時、これまでのように、全身全霊をもって象徴の務めを果たしていくことが、難しくなるのではないかと案じています。

　私が天皇の位についてから、ほぼ28年、この間《かん》私は、我が国における多くの喜びの時、また悲しみの時を、人々と共に過ごして来ました。私はこれまで天皇の務めとして、何よりもまず国民の安寧と幸せを祈ることを大切に考えて来ましたが、同時に事にあたっては、時として人々の傍らに立ち、その声に耳を傾け、思いに寄り添うことも大切なことと考えて来ました。天皇が象徴であると共に、国民統合の象徴としての役割を果たすためには、天皇が国民に、天皇という象徴の立場への理解を求めると共に、天皇もまた、自らのありように深く心し、国民に対する理解を深め、常に国民と共にある自覚を自らの内に育てる必要を感じて来ました。こうした意味において、日本の各地、とりわけ遠隔の地や島々への旅も、私は天皇の象徴的行為として、大切なものと感じて来ました。皇太子の時代も含め、これまで私が皇后と共に行《おこな》って来たほぼ全国に及ぶ旅は、国内のどこにおいても、その地域を愛し、その共同体を地道に支える市井の人々のあることを私に認識させ、私がこの認識をもって、天皇として大切な、国民を思い、国民のために祈るという務めを、人々への深い信頼と敬愛をもってなし得たことは、幸せなことでした。

　天皇の高齢化に伴う対処の仕方が、国事行為や、その象徴としての行為を限りなく縮小していくことには、無理があろうと思われます。また、天皇が未成年であったり、重病などによりその機能を果たし得なくなった場合には、天皇の行為を代行する摂政を置くことも考えられます。しかし、この場合も、天皇が十分にその立場に求められる務めを果たせぬまま、生涯の終わりに至るまで天皇であり続けることに変わりはありません。

　天皇が健康を損ない、深刻な状態に立ち至った場合、これまでにも見られたように、社会が停滞し、国民の暮らしにも様々な影響が及ぶことが懸念されます。更にこれまでの皇室のしきたりとして、天皇の終焉に当たっては、重い殯の行事が連日ほぼ2ヶ月にわたって続き、その後喪儀に関連する行事が、1年間続きます。その様々な行事と、新時代に関わる諸行事が同時に進行することから、行事に関わる人々、とりわけ残される家族は、非常に厳しい状況下に置かれざるを得ません。こうした事態を避けることは出来ないものだろうかとの思いが、胸に去来することもあります。

始めにも述べましたように、憲法の下、天皇は国政に関する権能を有しません。そうした中で、このたび我が国の長い天皇の歴史を改めて振り返りつつ、これからも皇室がどのような時にも国民と共にあり、相たずさえてこの国の未来を築いていけるよう、そして象徴天皇の務めが常に途切れることなく、安定的に続いていくことをひとえに念じ、ここに私の気持ちをお話しいたしました。

国民の理解を得られることを、切に願っています。

（宮内庁ホームページ）

オバマ米大統領の広島での声明

［日本語訳］——————［2016年5月27日　広島市］

71年前の快晴の朝、空から死が降ってきて、世界は変わってしまった。閃光《せんこう》と火の塊が街を破壊し、人類が自らを滅ぼす手段を手にしたことを見せつけた。

我々はなぜこの地、広島に来たのか。それほど遠くない過去に解き放たれた恐ろしい力について思いをはせるためであり、10万人を超える日本の男性、女性、子どもたち、多くの朝鮮半島出身者、捕虜になっていた米国人を含めた犠牲者を追悼するために来た。

彼らの魂は私たちに語りかけている。もっと内面を見て、我々が何者か、我々がどうあるべきかを振り返るように、と。

戦争は広島だけに特別なものではない。多くの遺跡は、人類が初期の頃から、暴力的な紛争を行っていたことを示している。

私たちの遠い祖先たちは、石から作った刃物や木から作ったヤリを狩猟の道具としてだけでなく、同じ人類に対して使うことを学んだ。

どの大陸の文明の歴史も戦争で満ちあふれている。食糧の欠乏や金に飢えて行われたり、国家主義の熱や宗教的な情熱で戦争に駆り立てられたりしたこともあった。帝国が台頭し、衰退した。人々は奴隷になり、そして解放された。それぞれの節目で、多くの無辜《むこ》の人々が苦しんだが、数え切れない犠牲者の名前は、時とともに忘れられた。

広島と長崎に残酷な結末をもたらした世界大戦は、世界の中で最も裕福で力のある国々の間で争われた。こうした国々の文明は世界の偉大な都市や素晴らしい芸術を生み出した。思想家は正義と調和と真実という思想を発展させた。だが戦争は、原始の時代と同様、紛争をもたらす支配欲や征服欲から生まれてきた。古くからのこのパターンが、制約を受けることなく新たな能力によって増幅された。

ほんの数年の間に、私たちと何ら変わりない6000万人もの男女や子どもたちが、撃たれ、殴られ、行進させられ、爆撃され、捕らわれ、飢えさせられ、毒ガスで殺された。世界中にこの戦争を記録した場所がたくさんある。慰霊碑は勇気や英雄的な物語を伝え、墓標と空っぽの収容所は、言語に絶する悪行をこだまさせる。

しかし、この空に広がったキノコ雲の姿は、我々にはっきりと人間性の中にある矛盾を想起させる。我々の考えや創造力、言語、道具を作る力といった、人類が自然とは違うことを示してくれる能力が、我々に不相応な破壊力も与えている。

物質的な進歩や社会的な向上が、私たちにどれだけこの事実を見失わせただろうか。すべての偉大な宗教は愛と平和と正義への道を約束する。それでも、どんな宗教にも、信仰ゆえに人を殺すことが許されると主張する信者がいる。

国家は、犠牲と協力のもとに国民を結束させる話をしながら勃興し、注目に値する功績を成し遂げることもあるが、これらはしばしば、自分たちと異なる人々に対する抑圧や人間性を奪うものとしても使われる。

科学によって我々は、海を越えて交流し、雲の上を飛び、病気を治し、宇宙を理解することができる。しかし、こうした同じ発見が、より効率的な殺人マシンに変わってしまうこともある。

現代の戦争は、我々にこの真実を伝える。広島がこの真実を伝えている。

人間社会の進歩を伴わない科学技術の発展は我々の破滅をもたらしかねない。原子の分裂に導いた科学の革命は、道徳的な革命も求めている。

それこそが我々がここに来た理由だ。

我々はこの街の中心に立ち、爆弾が落ちてきた瞬間に思いをはせずにはいられない。我々は、目にしたもので混乱していた子供たちの恐怖を感じずにはいられない。我々は静かな泣き声に耳を傾けている。我々は、あの悲惨な戦争、それ以前に起きた戦争、今後起こりうる戦争で命を落とした全ての無辜の人々に思いをはせる。

そうした苦しみを言葉で言い表すことはできないが、我々は、歴史を直視し、こうした苦しみが再び起きないように自問する責任を共有している。

いつの日か、証言する「ヒバクシャ」の声は失われていくことだろう。しかし、1945年8月6日のあの朝の記憶は、決して消えることはない。その記憶により、我々は現状に満足してしまうことに対して戦うことができる。我々の道徳的な想像力をかき立てる。変化をもたらす。

そして、その運命的な日から、我々は希望を与える選択を行ってきた。

米国と日本は同盟というだけでなく、友情を築いてきた。我々は戦争で得られるものより、はるかに多くのものを勝ち取った。

欧州の国々は連合を築き、戦場を貿易と民主主義の同盟に変えた。抑圧されていた人々や国々は、解放を勝ち取った。

国際社会は戦争を回避し、核兵器を制限し、減らし、廃絶する制度や条約を創設した。依然、国家間の侵略行為やテロ行為、政治的腐敗、残虐行為や圧政はこの世界に存在しており、我々の仕事が決して終わっていないことを示している。

我々は、悪を働く人間の能力をなくすことはできないかもしれないので、国家や同盟は自らを守る手段を持つべきだ。だが、我々のように核の備蓄を持つ国々の間で、核兵器が完全に廃絶される世界を求め、恐怖の論理から脱却する勇気を持たなければならない。

我々は、私が生きている間にこの目標を実現させることはできないかもしれない。

根気強い努力は破局の可能性を減らすことができる。我々は（核兵器の）備蓄の破棄につながる道筋を描くことができる。我々は、新たな拡散を止め、死をもたらす物質が狂信者の手にわたらないようにすることができる。

それでも、まだ、十分ではない。

私たちが住む今日のこの世界では、粗末なライフルやたる爆弾が、暴力をさらにひどい規模にしかねない。我々は、外交を通じて紛争を防ぐため、始まってしまった紛争を終わらせるため、戦争そのものに対する考え方を変えなければならない。暴力的な競争ではなく平和的な協力によって我々の相互依存を深化させる。破壊能力ではなく、我々が築いてきたものによって我々の国を位置づける。

おそらく何より、我々は人類の一員としての互いのつながりを考え直さなければならない。

これが、我々の（人間としての）種をほかにないものにしている。我々は過去の誤りを繰り返すように遺伝子に組み込まれているわけではない。

我々は学ぶことができる。

我々は選択することができる。

我々は子供たちに異なる物語を伝えることができる。共通の人間性を語り、戦争が起きる可能性を低減し、残酷な行いを容易に受け入れないという物語だ。

我々はそれらの物語を「ヒバクシャ」に見ている。ある女性は原爆を落とした飛行機のパイロットを許した。彼女は本当に憎んでいるのは戦争そのものだと気づいたからだ。ある男性は、ここで犠牲となった米国人の家族を捜し出した。彼にとって、米国の犠牲も日本の犠牲も同じだと信じていたからだ。

私の国の物語は、シンプルな言葉で始まった。「全ての人間は生まれながらにして平等であり、創造主によって、生命、自由と幸福の追求を含む不可侵の権利を与えられている」(米独立宣言)。その理想の実現は、米国の中でも、米国民の間でも容易だったことはない。しかし、その物語に対して正直であろうと努力する価値がある。

それは、懸命に努力するための理想だ。大陸や海を越えて広がる理想だ。全ての人に不可欠の価値だ。全ての命は貴重であるという主張だ。我々は人類という一つの家族を構成しているという根源的で不可欠な考え方だ。

それが、我々が伝えなくてはならない物語だ。

これが、我々が広島を訪れる理由だ。

だから、愛する人のことを考えることができるだろう。朝に我々の子供が見せる最初の笑顔。キッチンテーブル越しの配偶者の優しいふれ合い。親からの優しい抱擁。我々はそうしたことを考えることができ、71年前の広島で、同様の貴重な時間が営まれていたと知っている。

亡くなった人々は、私たちと同じような人々だった。ふつうの人はこうした考えが理解できると思う。彼らはもう戦争は望んでいない。科学の奇跡を、命を奪うためではなく、暮らしをよりよいものとするために使ってほしいと考えている。

国家の選択や、指導者の選択が、この単純な英知を反映した時、広島の教訓が生かされたということだ。

世界はここ（広島）で一変した。しかし今日、この街の子供たちは、平和な日々を歩むだろう。

それはなんと貴重なことか。

それは守るに値することで、全ての子供たちへ広げていく価値がある。

それは我々が選択できる未来だ。広島と長崎は、核戦争の夜明けとしてではなく、我々の道義的な目覚めの始まりとして知られなければならない。


（２０１６年５月28日付『読売新聞』朝刊）

主な参考文献

麻田雅文『日ソ戦争――帝国日本最後の戦い』（中公新書）２０２４年
朝日新聞取材班『秘録 退位改元――官邸VS.宮内庁の攻防１０００日』（朝日新聞出版）２０１９年
朝日新聞取材班『自壊する官邸「一強」の落とし穴』（朝日新書）２０２１年
朝日新聞政治部取材班『安倍政権の裏の顔――「攻防 集団的自衛権」ドキュメント』（講談社）２０１５年
芦名定道・宇野重規・岡田正則・小沢隆一・加藤陽子・松宮孝明『学問と政治――学術会議任命拒否問題とは何か』（岩波新書）２０２２年
アジア・パシフィック・イニシアティブ『検証 安倍政権――保守とリアリズムの政治』（文春新書）２０２２年
安倍晋三『美しい国へ』（文春新書）２００６年
安倍晋三『新しい国へ――美しい国へ 完全版』（文春新書）２０１３年
安倍晋三『日本の決意』（新潮社）２０１４年
安倍晋三『安倍晋三 回顧録』（聞き手 橋本五郎、聞き手・構成 尾山宏、監修 北村滋、中央公論新社）２０２３年
安倍晋三「独占手記 わが告白 総理辞任の真相」（『文藝春秋』２００８年２月号）
安倍晋三「安倍外交七年八ヵ月を語る」（『外交』Ｖｏｌ．６４）２０２０年
安倍晋三「安倍外交七年八ヵ月を語る」（『外交』Ｖｏｌ．６７）２０２１年
安倍晋三・日比紀文「潰瘍性大腸炎を克服する」（『消化器のひろば』２０１２年秋号）
安倍寛信『安倍家の素顔――安倍家長男が語る家族の日常』（オデッセー出版）２０２０年
安倍洋子『宿命――安倍晋三、安倍晋太郎、岸信介を語る』（文藝春秋）２０２２年

有田芳生『北朝鮮 拉致問題――極秘文書から見える真実』（集英社新書）２０２２年
飯島勲「横田めぐみさん奪還交渉記録」（『文藝春秋』２０２３年10月号）
五百旗頭真編『戦後日本外交史』（有斐閣）１９９９年
石井妙子『女帝 小池百合子』（文藝春秋）２０２０年
石川真澄・山口二郎『戦後政治史 第四版』（岩波新書）２０２１年
伊藤俊行『右傾化のからくり――漂流する日本政治の深層』（中央公論新社）２０２４年
岩田明子『安倍晋三実録』（文藝春秋）２０２３年
ボブ・ウッドワード『ＲＡＧＥ 怒り』（伏見威蕃訳、日経ＢＰ日本経済新聞出版本部）２０２０年
宇野重規『日本の保守とリベラル――思考の座標軸を立て直す』（中公選書）２０２３年
Ｇ・Ｒ・エルトン『政治史とは何か』（丸山高司訳、みすず書房）１９７４年
老川祥一『政治家の責任――政治・官僚・メディアを考える』（藤原書店）２０２１年
大嶽秀夫『平成政治史――政界再編とポスト冷戦型社会運動』（ちくま新書）２０２０年
小熊英二編著『平成史【増補新版】』（河出書房新社）２０１４年
柿﨑明二『検証 安倍イズム――胎動する新国家主義』（岩波新書）２０１５年
兼原信克・佐々木豊成・曽我豪・髙見澤將林『官邸官僚が本音で語る権力の使い方』（新潮新書）２０２３年
蒲島郁夫『戦後政治の軌跡』（岩波書店）２００４年
蒲島郁夫・大川千寿「安倍晋三の研究」（『世界』２００６年11月号）
かみかわ陽子『難問から、逃げない。』（静岡新聞社）２０２０年
軽部謙介『官僚たちのアベノミクス――異形の経済政策はいかに作られたか』（岩波新書）２０１８年
軽部謙介『ドキュメント 強権の経済政策――官僚たちのアベノミクス２』（岩波新書）２０２０年
北井邦亮『日米ガイドライン――自主防衛と対米依存のジレンマ』（中公選書）２０２４年
北村滋『情報と国家――憲政史上最長の政権を支えたインテリジェンスの原点』（中央公論新社）２０２１年
栗本慎一郎・安倍晋三・衛藤晟一『「保守革命」宣言――アンチ・リベラルへの選択』（現代書林）１９９６年

後藤謙次『ドキュメント 平成政治史2 小泉劇場の時代』(岩波書店) 2014年
後藤謙次『ドキュメント 平成政治史3 幻滅の政権交代』(岩波書店) 2014年
後藤謙次『ドキュメント 平成政治史4 安倍「一強」の完成』(岩波書店) 2023年
後藤謙次『ドキュメント 平成政治史5 安倍「超長期政権」の終焉』(岩波書店) 2024年
小林慶一郎『日本の経済政策——「失われた30年」をいかに克服するか』(中公新書) 2024年
小峰隆夫『平成の経済』(日本経済新聞出版社) 2019年
齋木昭隆「歴代外務次官が語る平成日本外交史」(『外交』Vol.58) 2019年
境家史郎『戦後日本政治史——占領期から「ネオ55年体制」まで』(中公新書) 2023年
櫻井義秀『統一教会——性・カネ・恨から実像に迫る』(中公新書) 2023年
佐々木毅・21世紀臨調編著『平成デモクラシー——政治改革25年の歴史』(講談社) 2013年
塩田潮『内閣総理大臣の日本経済』(日本経済新聞出版社) 2015年
嶋田博子『職業としての官僚』(岩波新書) 2022年
清水真人『平成デモクラシー史』(ちくま新書) 2018年
清水真人『憲法政治——「護憲か改憲か」を超えて』(ちくま新書) 2022年
菅義偉『政治家の覚悟』(文春新書) 2020年
鈴木エイト『自民党の統一教会汚染——追跡3000日』(小学館) 2022年
鈴木美勝『日本の戦略外交』(ちくま新書) 2017年
鈴木美勝『北方領土交渉史』(ちくま新書) 2021年
芹川洋一『平成政権史』(日本経済新聞出版社) 2018年
竹中治堅『コロナ危機の政治——安倍政権vs.知事』(中公新書) 2020年
田﨑史郎『安倍官邸の正体』(講談社現代新書) 2014年
只野雅人「首相の優位と解散総選挙——安倍政権下の選挙と憲法」(『選挙研究』36巻2号) 2020年
田中秀明『官僚たちの冬——霞が関復活の処方箋』(小学館新書) 2019年

谷垣禎一『一片冰心 谷垣禎一回顧録』（聞き手　水内茂幸・豊田真由美、扶桑社）２０２４年
谷口智彦『誰も書かなかった安倍晋三』（飛鳥新社）２０２０年
谷口智彦『安倍総理のスピーチ』（文春新書）２０２２年
千葉功『桂太郎――外に帝国主義、内に立憲主義』（中公新書）２０１２年
千葉涼「日本の全国紙による安倍政権に関する報道の多様性」（『選挙研究』36巻2号）２０２０年
塚田穂高編著『徹底検証 日本の右傾化』（筑摩選書）２０１７年
中央公論新社ノンフィクション編集部編『「安倍晋三 回顧録」公式副読本　安倍元首相が語らなかった本当のこと』（中央公論新社）２０２３年
天日隆彦『歴史認識を問う』（晃洋書房）２０２１年
中北浩爾『自民党政治の変容』（ＮＨＫ出版）２０１４年
中北浩爾『自民党――「一強」の実像』（中公新書）２０１７年
中北浩爾『自公政権とは何か――「連立」にみる強さの正体』（ちくま新書）２０１９年
中野雅至『没落官僚――国家公務員志願者がゼロになる日』（中公新書ラクレ）２０２４年
日本経済新聞社政治担当論説委員編『コロナ戦記――政治の中間決算』（日経ＢＰ日本経済新聞出版本部）２０２１年
日本再建イニシアティブ『「戦後保守」は終わったのか――自民党政治の危機』（角川新書）２０１５年
野上忠興『安倍晋三 沈黙の仮面――その血脈と生い立ちの秘密』（小学館）２０１５年
長谷川榮一『首相官邸の２８００日』（新潮新書）２０２２年
波多野澄雄『日本の歴史問題――「帝国」の清算から靖国、慰安婦問題まで』（中公新書）２０２２年
服部龍二『中曽根康弘――「大統領的首相」の軌跡』（中公新書）２０１５年
原武史『平成の終焉――退位と天皇・皇后』（岩波新書）２０１９年
原彬久『岸信介――権勢の政治家』（岩波新書）１９９５年
原彬久『戦後日本を問いなおす――日米非対称のダイナミズム』（ちくま新書）２０２０年

原彬久「岸信介と安倍晋三」（『世界』2006年11月号）
PHP研究所編『安倍晋三 対論集――日本を語る』（PHP研究所）2006年
樋口雄人「衆議院の解散――近年における『解散権制限論』の検討を中心に」（『憲法研究』第53巻）2021年
保阪正康『政治家と回想録――読み直し語りつぐ戦後史』（講談社文庫）2006年
北海道新聞社編『消えた「四島返還」――安倍政権 日ロ交渉2800日を追う』（北海道新聞社）2021年
ジョン・ボルトン『ジョン・ボルトン回顧録――トランプ大統領との453日』（梅原季哉監訳、関根光宏・三宅康雄ほか訳、朝日新聞出版）2020年
毎日新聞取材班『公文書危機――闇に葬られた記録』（毎日新聞出版）2020年
毎日新聞出版平成史編集室編『平成史全記録』（毎日新聞出版）2019年
牧原出『「安倍一強」の謎』（朝日新書）2016年
牧原出・坂上博『きしむ政治と科学 コロナ禍、尾身茂氏との対話』（中央公論新社）2023年
増田剛『日朝極秘交渉――田中均と「ミスターX」』（論創社）2023年
待鳥聡史『政治改革再考――変貌を遂げた国家の軌跡』（新潮選書）2020年
御厨貴編著『天皇退位 何が論じられたのか――おことばから大嘗祭まで』（中公選書）2020年
御厨貴・芹川洋一『日本政治 コロナ敗戦の研究』（日経BP日本経済新聞出版本部）2021年
御厨貴・芹川洋一編著『平成の政治』（日本経済新聞出版社）2018年
宮城大蔵『現代日本外交史――冷戦後の模索、首相たちの決断』（中公新書）2016年
宮城大蔵編著『平成の宰相たち――指導者一六人の肖像』（ミネルヴァ書房）2021年
宮城大蔵・渡辺豪『普天間・辺野古 歪められた二〇年』（集英社新書）2016年
三山秀昭『オバマへの手紙――ヒロシマ訪問秘録』（文春新書）2016年
村山治『安倍・菅政権vs.検察庁――暗闘のクロニクル』（文藝春秋）2020年
森功『官邸官僚――安倍一強を支えた側近政治の罪』（文藝春秋）2019年
森裕城・益田高成「2017年総選挙の分析」（『選挙研究』36巻2号）2020年

薬師寺克行『現代日本政治史――政治改革と政権交代』（有斐閣）２０１４年
山岡淳一郎『コロナ戦記――医療現場と政治の７００日』（岩波書店）２０２１年
山本健太郎『政界再編――離合集散の30年から何を学ぶか』（中公新書）２０２１年
与謝野馨『堂々たる政治』（新潮新書）２００８年
読売新聞経済部『図で読み解く「アベノミクス」のこれまで・これから』（中公新書ラクレ）２０１３年
読売新聞経済部『インサイド財務省』（中央公論新社）２０１９年
読売新聞国際部『トランプ劇場』（中央公論新社）２０１６年
読売新聞社編著『読売スタイルブック ２０２４』（中央公論新社）２０２４年
読売新聞社世論調査部編『日本の世論』（弘文堂）２００２年
読売新聞取材班編『報道記録 東京２０２０オリンピック・パラリンピック』（読売新聞東京本社）２０２２年
読売新聞政治部『外交を喧嘩にした男――小泉外交二〇〇〇日の真実』（新潮社）２００６年
読売新聞政治部『安倍晋三 逆転復活の３００日』（新潮社）２０１３年
読売新聞政治部『安倍官邸vs.習近平――激化する日中外交戦争』（新潮社）２０１５年
読売新聞政治部『令和誕生――退位・改元の黒衣たち』（新潮社）２０１９年
読売新聞政治部『喧嘩の流儀――菅義偉、知られざる履歴書』（新潮社）２０２０年
読売新聞政治部編著『安全保障関連法――変わる安保体制』（信山社）２０１５年
読売新聞東京本社調査研究本部編『報道記録 新型コロナウイルス感染症』（読売新聞東京本社）２０２１年
読売新聞東京本社世論調査部編著『二大政党時代のあけぼの――平成の政治と選挙』（木鐸社）２００４年
渡邉恒雄『反ポピュリズム論』（新潮新書）２０１２年
『読売新聞』、『朝日新聞』、『毎日新聞』、『日本経済新聞』、『産経新聞』等新聞各紙

【ヤ行】

【ラ行】

【ワ行】

【マ行】

【ハ行】

【タ行】

【ナ行】

【サ行】

【カ行】

人名索引

※～政権、～内閣などは採用していない

【ア行】

【マ行】

【ヤ・ラ行】

【ハ行】

【ナ行】

【タ行】

【サ行】

事項索引

＊は初出のみ

浅海伸夫（あさうみ・のぶお）

1951年、群馬県生まれ。74年、読売新聞東京本社入社。82年から18年間、政治部記者。その間、政治コラム「まつりごと考」連載。世論調査部長、解説部長、論説副委員長など歴任。現在、同社調査研究本部主任研究員。読売新聞の長期連載『検証 戦争責任』（上・下巻）と『昭和時代』（全５巻）（ともに中央公論新社）のプロジェクトリーダーを務めた。このほか、『政治記者が描く平成の政治家』（丸善ライブラリー）、『高校生のための「歴史総合」入門――世界の中の日本・近代史』（全３巻、藤原書店）等の著書がある。

安倍晋三回顧録《あべしんぞうかいころく》 史録編《しろくへん》
安倍内閣史《あべないかくし》

2025年３月25日　初版発行

著　者　浅海伸夫《あさうみのぶお》

発行者　安部順一

発行所　中央公論新社
〒100-8152　東京都千代田区大手町 1-7-1
電話　販売 03-5299-1730　編集 03-5299-1740
URL https://www.chuko.co.jp/

ＤＴＰ　市川真樹子
印　刷　TOPPANクロレ
製　本　小泉製本

Published by CHUOKORON-SHINSHA, INC.
Printed in Japan　ISBN978-4-12-005896-7 C0031